TEACHER'S EDITION —————————————————

EN COURS DE ROUTE

Deuxième édition

Ruth Matilde Mésavage

Rollins College

 HEINLE & HEINLE PUBLISHERS

Boston, Massachusetts 02116

Heinle & Heinle Publishers is a division of Wadsworth, Inc.

Publisher: Stanley J. Galek
Editor: Petra Hausberger
Developmental Editor: Katia Brillié Lutz
Project Editor: Carlyle Carter
Senior Production Editor: Barbara Browne
Design Supervision: Jaye Zimet
Cover Design: Barbara Anderson
Cover Illustration: Braque, *Paysage de l'Estaque*

ISBN 0-8384-37168   (Teacher's Edition)

10 9 8 7 6 5 4 3 2 1

CONTENTS

PEDAGOGICAL INTRODUCTION

En cours de route, Deuxième édition is designed to help students make the transition from beginning to advanced French. It provides a comprehensive study of French grammar appropriate to the intermediate level, a variety of expository and literary reading selections, vocabulary enrichment sections and oral communication materials, an indispensable guide to writing, and a wealth of information for expanding student awareness of culture and civilization in contemporary France and the Francophone world. The program includes audio tapes, a combined laboratory manual/workbook (*Cahier d'exercices oraux et écrits*), a tapescript, and this *Pedagogical Introduction*. The acquisition and expansion of communicative competence, including the development of listening, speaking, reading and writing skills, is accomplished through a situational approach that motivates student participation. *En cours de route* offers a wide variety of materials that allow maximum flexibility and choice for individualized learning. Students who are excited about a topic of personal importance to them will more easily make the transition to functioning and thinking in French, which is the critical step in passing from the beginning to the intermediate level of competence.

The *Introduction pour les étudiants* teaches students to recognize parts of speech. It further guides students in intelligent guessing of word meanings by considering etymology, cognates, and context.

Each of the fourteen lessons of *En cours de route* contains two reading passages linked thematically, one expository, one literary, preceded by prereading exercises. They explore a wide variety of cultural, literary, social, political and philosophical themes. The reading selections, chosen for their intrinsic value, also serve as a vehicle for grammar and vocabulary enrichment. The *Cahier d'exercices oraux et écrits,* coordinated with the audio program, is designed to bring students' passive knowledge into the sphere of active use.

This pedagogical introduction suggests a variety of ways in which *En cours de route* may be most effectively adapted to your French program. It explains the pedagogical concepts that structure the main text, the program's objectives, and the principal features that set *En cours de route* apart from other second-year French textbooks. It provides two sample syllabi, one for classes meeting three hours per week in a one-year program, and one for classes meeting five hours per week in a semester program. It also includes a sample lesson plan and corresponding sample test. It provides a complete description of the audio program and *Cahier d'exercices oraux et écrits.*

En cours de route integrates, in one text, all the materials needed for an intermediate course. This efficient program eliminates the frustration of flipping back and forth from one volume to another and minimizes cost to the student. Although the lessons are largely independent, earlier lessons feature simpler readings and grammar points.

RATIONALE FOR THE PROGRAM

Experience and current research have revealed that students who learn French within the structure of the French language acquire a better grasp of French than those who learn by constant referral and deferral to their native tongue. They also acquire a better accent, since they hear the language more frequently. *En cours de route* is written entirely in French, freeing students from their dependence on their native tongue and allowing them to move toward thinking in French more quickly. Studying a culture from within its own means of expression offers students a vantage point from which to evaluate their own culturally conditioned values.

Grammatical explanations are based on examples taken from the preceding reading selection or on the lesson theme. This contextualized presentation helps students understand how the structures are actually used. The explanations are presented inductively, so that students may discover for themselves the general rules from specific examples. Ample practice, in the form of situational exercises and creative, individualized activities, helps students move from highly structured activities to free expression.

OBJECTIVES

Upon completion of *En cours de route,* students may be expected to have attained the following goals:

1. A thorough review of first-year grammar and vocabulary, as well as an active knowledge of more advanced features of grammar, conversation, and composition.
2. A greatly enlarged vocabulary attained through active application of the *Étude du lexique* and *Expressions utiles* sections, class discussion, reading, and writing.
3. Significantly increased communicative competence attained through the tape program and intensive oral class work. Specifically, students will develop the ability to deal with real-life situations they are likely to encounter in a Francophone setting, such as making a phone call, opening a bank account, ordering tickets, planning a trip, making a purchase, answering a classified ad.
4. Enhanced reading skills accomplished through the active study of the reading strategies and the many expository and literary passages in the main text, as well as through doing the *Exercices pratiques* of the *Cahier d'exercices oraux et écrits.* Specifically, students will develop the ability to read globally for meaning. They will read newspaper articles, want ads, instructions, practical explanations, as well as more complex literary prose. They will be prepared for the transition from reading edited selections—"textbook French"—to reading unabridged expository and literary passages.
5. An ability to express their ideas in clear, simple, written French. The step-by-step guide to composition leads students gradually from composing a personal paragraph to the more complex task of presenting and defending their ideas in more formal writing.
6. An increased understanding and appreciation of French and Francophone culture and civilization. Both reading passages in each lesson of the main text as well as the abundant cultural materials in the *Cahier d'exercices* contribute to this goal. In addition, a wealth of visual materials, including *bandes dessinées, dessins humoristiques,* and photographs, aid students to understand French humor, the contemporary equivalent of philosophy.

Students successfully completing *En cours de route* should be well prepared to enter courses such as conversation and composition, advanced French grammar, introduction to literature, or civilization classes, depending upon the offerings and requirements of their schools.

CHAPTER ORGANIZATION AND PRINCIPAL FEATURES

Following is a description of each section of the lesson along with practical suggestions for adapting the materials so as to attain maximum effectiveness in your classroom. *En cours de route* contains thirteen regular lessons plus one optional lesson; appendices consisting of a verb and preposition list with examples, French proverbs, a *Tableau des nombres cardinaux et ordinaux,* verb conjugations, maps; a French-English lexicon with a *Tableau d'abréviations;* and an index. The material in each lesson is organized as follows.

Dessin humoristique

Laughing is always a good way to begin a class or a lesson. Each cartoon, which is thematically linked to the lesson in which it appears, gives students a chance to reflect upon French humor as well as upon the issues that are satirized.

Lire et comprendre, and Exercices de prélecture

These exercises prepare students for the following reading. While *Prédire le contenu* and *Trouvez l'idée principale* encourage global understanding, *Devinez le sens des mots* aims at understanding unknown words in comprehensible contexts. The section *Mobilisez vos connaissances* encourages drawing on one's own knowledge in order to understand new situations and cultural differences.

Étude du lexique

The *Étude du lexique* presents the active vocabulary, some review and some new, used in the following reading passage. All items are defined in French. Illustrative sentences and questions are provided. Two or three ways of using an entry are often exemplified, according to its complexity. For ease of reference, items are arranged in order of their appearance in the reading selection. You may wish to give additional information on items as you present them to students. For example, in the first lesson, you may wish to present the verb *accueillir* along with the entry *un accueil,* or the noun *avertissement* with the entry *avertir.* Or you may wish to give other examples for *au fond,* such as *au fond de la salle.* In this way, each *Étude du lexique* can be creatively adapted to the level of the class. Note that it is important for students to hear the words and expressions as well as the sentences in which they appear. This is why they are instructed to read aloud each item. Orally presenting the *lexique* before students have read the text removes some barriers inherent in reading a foreign language.

Texte 1

The first text in each lesson, selected from publications such as *L'Express, Psychologies, Marie Claire,* and *L'Actualité,* is designed to introduce students to expository and journalistic prose as well as to issues of contemporary cultural interest. These passages may be prepared before coming to class.

All selections are relatively brief and may be covered in one class meeting. Each passage is glossed by marginal definitions in French so that the flow of reading is not interrupted. Readings are arranged in order of difficulty, becoming longer and more demanding as the student progresses.

You may choose either to assign reading selections ahead of time or introduce them yourself, according to the classroom time available. If you assign a passage in advance, encourage students to do the prereading exercises, then to read quickly through the passage the first time without referring to a dictionary or to the French-English lexicon at the end of the book. Explain that their first reading should be simply to get the gist of the passage in order to answer the question, *De quoi s'agit-il?* Instruct students to do their second reading with pencil in hand, underlining only those words indispensable to understanding (verbs, nouns). Encourage them to try to guess the meanings of these words from the context of the passage, the etymology of the word, and knowledge of cognates. Tell them to refer to the lexicon or a dictionary only upon their third reading and then, only if absolutely necessary. Impress upon students that they need not know every word in a passage in order to understand its meaning. Further, encourage students to ask questions about vocabulary in class. This method should remove the frustration of reading a foreign language that has not yet been mastered.

If you have the time to present the reading selection in class, you may elect to introduce your own knowledge of the subject, or you may begin immediately by reading aloud, at normal speed, the first paragraph of the selection. Then ask questions about what was just read. This benefits students by allowing them to hear what is written, an important step in correlating the visual and auditory aspects of a non-phonetic language such as French. Students can then complete the reading at home for the following class period, with a feeling of familiarity with the passage. This will remove the barrier inherent in approaching an unfamiliar passage.

Each reading is followed by a section entitled *Vérifiez votre compréhension,* whose objective is to test students' understanding of the passage as well as to encourage them to use structures and vocabulary found in the selection. This is a highly structured exercise. It may be done either with books open or closed, depending upon the level of the class. As students advance, it is preferable to have books closed, or at least to encourage students, who rely too heavily upon the open book, to repeat their answers without looking at their books, in order to make sure they understand what they are saying. You may wish to assign the questions as written homework as well, but oral responses should not be read from written homework. There are true/false, completions, and straight questions, in order to accommodate different levels of preparation.

À votre avis

These communicative exercises can be done in pairs or threes. They encourage personal reflection upon the subject and related issues of the preceding article, as well as cultural reflection. They contain contemporary topics, which will appeal to a wide range of age groups, for use in informal discussion or composition. Assign this material a day ahead so that students have the time to prepare. Give them the choice of preparing orally one or more of the various topics, and at least one topic in writing. In class, call on two or three students to present their views on the subject. Encourage other students to comment upon what has been said. This may be done simply, by asking «*Êtes-vous d'accord avec ce que Marc a dit?*», and then calling upon a student who seems eager to agree or disagree. For the *Petit écrit,* ask students to write a paragraph of clear, simple French in which they express their opinion on the subject chosen. It is a good idea to require students to provide a corrected version of their paragraph after you have underlined or circled the errors and designated the type of error in the margin (for example, by writing *mot* for a poor choice of word, *acc.* for lack of agreement between noun and verb, or *temps* for the incorrect choice of tense). A sample correction key that may be used for this purpose is provided in this *Introduction,* as well as a corrected student essay.

Grammaire

Items in the section *Grammaire* are presented inductively so that students may first see each grammar point in context before studying its formulation as a "rule." Example sentences are always related to the reading selection or lesson theme. Different uses of a particular structure or tense are presented individually, for clarity, and more obvious usages are presented before more complex or idiomatic ones. Once again, it is preferable to explain the grammar points of a lesson with the books closed and *before* students study them at home. This chronology will eliminate the frustration encountered by students who do not understand a particular point by themselves. It will also save time by reducing the number of questions students ask.

It is a good idea to provide several example sentences for each grammar point, writing at least one of them on the blackboard. This is equivalent to the method followed in the *Observez* section of the text. You may use the example sentences presented in the book or invent your own sentences in order to enlarge upon the reading or to bring the theme into the realm of your students' experience. Then, solicit the *Analyse* from the students. Encourage them to respond in French and correct them by saying «*Oui, bien . . .*» and repeating their sentences in correct French. In this way you reward students for the content of their answers and, at the same time, provide them with a correct model for future reference.

After each major grammar point, a selection of *Exercices* helps students make the transition from passive knowledge to active usage. Since grammar is useful only insofar as it facilitates communication, all exercises are situational. Keep in mind that although you may not be able to cover all the exercises in class, students can easily do them at home. Several items from each group of exercises may then be chosen for review in class in order to verify students' understanding and progress.

Texte 2

The second reading selection of each lesson is literary. It is also preceded by an *Étude du lexique* and prereading exercises. A brief introduction presents the author and raises key questions for reflection, so that students will read more actively and effectively. A wide range of literary passages has been selected for their intrinsic and exemplary value, as well as for their appropriateness for students at the intermediate level. Michel Tournier, Daudet, Maupassant, Marcel Aymé, Gabrielle Roy, Roch Carrier, Ferdinand Oyono, Driss Chaïbi, and Jacques Godbout are among the many fine writers represented. A wide variety of topics are explored, covering cultural, sociological, philosophical, political, and artistic themes.

While the questions under the section *Vérifiez votre compréhension* may be done selectively in class, students should prepare the answers orally at home. They should not be allowed to read their answers in class.

The *Résumé* is a guided writing exercise that teaches students to reconstruct in clear, simple prose, the major points of the passage they have read. Students must assimilate the major points of the text before they can successfully answer the guided questions for the *Résumé*. The *Résumé* should be brief and to the point. Students should be discouraged from copying sentences from the passage. Give students the chance to correct errors and submit a revised version.

The sections *Expression écrite* and *Expressions utiles* go hand in hand, since phrases indispensable to essay writing in general, or to the topic in particular, are presented in *Expressions utiles*. Some lessons provide a chart of *Articulations logiques* that will also be useful for preparing essays in subsequent lessons. A narrative section precedes the choice of topics.

Expression écrite

The first lesson provides detailed instructions on writing and an *Exemple de dissertation*. A choice of at least four topics along with a step-by-step method of presenting ideas are provided. Encourage students to limit their essays to a page and to write a short, high-quality essay, rather than a long rambling, error-filled discourse. As with the *Petit écrit,* they should prepare a corrected version of their essays to be handed in the day after they have received their annotated copy from the instructor.

The section *Sujets de discussion* includes discussions, and occasional *concours* that encourage interaction on a more analytical level. The entries under *Expressions utiles* will also be useful here. The discussion topics are intentionally presented in a polemical fashion in order to elicit a strong positive or negative reaction from students. «*Non, je ne suis pas d'accord parce que je pense que . . .*» may be one of the ways the discussion gets off the ground. The length of the discussion will be determined by both student interest and the class time available.

The *Mini-théâtre* section should be assigned in advance. It offers scenarios for students to use in constructing skits in class. They provide maximum flexibility in role-playing and imagining other points of view. In preparing and performing their skits, students should be encouraged to use a variety of the skills they have acquired during the study of the lesson. For example, their "performance" should contain some natural interaction; they should not simply read scenes from a page. You may also encourage students to bring in props or costumes to make their presentations as realistic as possible. Depending on the group of students, the *Mini-théâtre* could be a first step in the presentation of a one-act play in French.

Do not be overwhelmed by the wealth of materials in each lesson. You may not, for example, have time to conduct both a *Mini-théâtre* and a discussion or *Concours* for each lesson. Be prepared to choose those activities that best suit the needs and interests of your particular group of students. It is always preferable to have more material from which to choose than not enough.

SAMPLE SYLLABUS FOR A ONE-YEAR PROGRAM

The following syllabus is designed for intermediate French classes meeting three hours per week, with a total of 84 class hours per year, divided into two 14-week semesters of 42 hours each. During the first semester, each of seven lessons is taught for $5\frac{1}{2}$ days, plus $\frac{1}{2}$ day for testing. At the end of the second semester, depending on the class level, you may wish to present *Leçon 14 (Leçon facultative),* which introduces the literary tenses necessary for more advanced reading. In schools where semesters are 13 or 15 weeks, you may add or subtract a class hour where necessary according to the goals of the particular class.

Days allotted per lesson	Material to be covered
1	Dessin humoristique, Exercices de prélecture au Texte 1
1	Vérifiez votre compréhension, À votre avis, Grammaire
1	Grammaire et Exercices, Dictée, Lecture à haute voix
1	Petit écrit (à rendre), Étude du lexique, Exercices de prélecture, et Introduction au Texte 2
1	Vérifiez votre compréhension, Résumé (à rendre), Expression écrite et Expressions utiles, Sujets de discussion
1/2	Rédaction (à rendre), Mini-théâtre
1/2	Évaluation 1

You may elect to give a test only every two lessons and devote the entire period to it. Pages of the *Cahier d'exercices oraux et écrits* should be assigned directly following class presentation of the corresponding items: i.e., students should ideally turn in the vocabulary exercises from the *Cahier d'exercices écrits* during the class following the presentation of such items. In this way, students will have short, daily assignments, plus corrections from the previous assignments, rather than having to complete 15 pages of written work at the end of a lesson. It is highly recommended to give a dictation for every lesson, drawn from one of the reading passages, or constructed from the vocabulary they have studied in the lesson.

Programme d'un an: premier semestre

Semaine	lundi	mercredi	vendredi
1	Introduction ECR, Leçon 1: Exercices de prélecture, Texte 1	Vérifiez votre compréhension, À votre avis, le présent et l'impératif	Petit écrit (à rendre), Exercices de gram., le futur proche, le passé récent, Conversation
2	Étude du lexique, Exercices de prélecture, Texte 2, Vérifiez votre compréhension	Texte 2, Résumé (à rendre), Expression écrite, Expressions utiles, Discussion, Dictée	Rédaction (à rendre), Mini-théâtre Évaluation 1
3	Révisez le test Dessin, Leçon 2: Texte 1, Vérifiez votre compréhension, À votre avis	Petit écrit (à rendre), Grammaire: l'article défini et indéfini, le partitif	Exercices de gram., compléments d'objet direct et indirect, adjectifs possessifs
4	Exercices de gram., Texte 2, Vérifiez votre compréhension, Résumé (à rendre)	Sujets de discussion (à choisir), Expression écrite, Expressions utiles, Dictée	Rédaction (à rendre), Mini-théâtre Évaluation 2
5	Révisez le test, Dessin, Leçon 3: Texte 1, Vérifiez votre compréhension, À votre avis	Petit écrit (à rendre), Grammaire: le passé composé et l'imparfait	Exercices de gram., distinction entre le passé composé et l'imparfait, le plus-que-parfait
6	Exercices de gram., Texte 2, Vérifiez votre compréhension, Résumé (à rendre)	Présentation des lettres, Expressions utiles, Dictée, Sujets de discussion (à choisir)	Lettres (à rendre), Mini-théâtre Évaluation 3
7	Révisez le test, Dessin, Leçon 4: Texte 1, Vérifiez votre compréhension, À votre avis	Petit écrit (à rendre), Grammaire: interrogation, précis de la négation	Exercices de gram., pronoms objets «y» et «en», expressions géographiques

Programme d'un an: premier semestre

Semaine	lundi	mercredi	vendredi
8	Exercices de gram., Texte 2, Vérifiez votre compréhension, Résumé (à rendre)	Expression écrite, Expressions utiles, Sujets de discussion, Dictée	Rédaction (à rendre), Mini-théâtre Évaluation 4
9	Révisez le test, Dessin, Leçon 5: Texte 1, Vérifiez votre compréhension, À votre avis	Petit écrit (à rendre), Grammaire: adjectifs	Exercices de gram., adjectifs, comparatif et superlatif, «meilleur» et «mieux»
10	Texte 2, Vérifiez votre compréhension, Résumé (à rendre)	Expression écrite, Expressions utiles, Sujets de discussion, Dictée	Rédaction (à rendre), Mini-théâtre Évaluation 5
11	Révisez le test, Dessin, Leçon 6: Texte 1, Vérifiez votre compréhension, À votre avis	Petit écrit (à rendre), Grammaire: futur simple, futur antérieur	Exercices de gram., conditionnel, conditionnel passé, passé simple
12	Exercices de gram., Texte 2, Vérifiez votre compréhension, À votre avis	Expression écrite, Expressions utiles, Sujets de discussion, Dictée	Rédaction (à rendre), Mini-théâtre Évaluation 6
13	Révisez le test, Dessin, Leçon 7: Texte 1, Vérifiez votre compréhension, À votre avis	Petit écrit (à rendre), Grammaire: verbes pronominaux, l'infinitif passé	Exercices de gram., pronoms toniques et possessifs, «tout»
14	Exercices de gram., Texte 2, Vérifiez votre compréhension, Résumé (à rendre)	Expression écrite, Expressions utiles, Sujets de discussion, Dictée	Rédaction (à rendre), Mini-théâtre (Évaluation 7)*

*You may wish to eliminate the seventh evaluation and include this material in the final exam. In semesters of 15 weeks, extra time may be spent in review and conversation. For a 13-week semester, the reading passage of Leçon 7 may be eliminated, if necessary.

Programme d'un an: deuxième semestre

The spring term follows the same pattern as the fall.

Semaine	lundi	mercredi	vendredi
1	Introduction, Dessin, ECR, Leçon 8: Texte 1, Vérifiez votre compréhension, À votre avis	Petit écrit (à rendre), Grammaire: l'adverbe, le participe présent et le gérondif	Exercices de gram., les pronoms démonstratifs, les pronoms et les adjectifs indéfinis
2	Exercices de gram., Texte 2, Vérifiez votre compréhension, Résumé (à rendre)	Expression écrite, Sujets de discussion, Dictée	Rédaction (à rendre), Mini-théâtre Évaluation 8
3	Révisez le test, Dessin, Leçon 9: Texte 1, Vérifiez votre compréhension, À votre avis	Petit écrit (à rendre), Grammaire: pronoms relatifs	Exercices de gram., pronoms relatifs
4	Exercices de gram., Texte 2, Vérifiez votre compréhension, Résumé (à rendre)	Expression écrite, Expressions utiles, Sujets de discussion, Dictée	Rédaction (à rendre), Mini-théâtre Évaluation 9
5	Révisez le test, Dessin, Leçon 10: Texte 1, Vérifiez votre compréhension, À votre avis	Petit écrit (à rendre), Grammaire: le subjonctif présent	Exercices de gram., le subjonctif passé et la concordance des temps
6	Texte 2, Vérifiez votre compréhension, Résumé (à rendre)	Expression écrite, Expressions utiles, Sujets de discussion, Dictée	Rédaction (à rendre), Mini-théâtre Évaluation 10
7	Révisez le test, Dessin, Leçon 11: Texte 1, Vérifiez votre compréhension, À votre avis	Petit écrit (à rendre), Texte 1, Grammaire: les conjonctions qui gouvernent le subjonctif	Exercices de gram., le subjonctif dans les propositions indépendantes et avec le superlatif, subjonctif hypothétique, expressions avec «n'importe»

Programme d'un an: deuxième semestre

Semaine	lundi	mercredi	vendredi
8	Exercices de gram., Texte 2, Vérifiez votre compréhension, Résumé (à rendre)	Expression écrite, Expressions utiles, Sujets de discussion, Dictée	Rédaction (à rendre), Mini-théâtre Évaluation 11
9	Révisez le test, Dessin, Leçon 12: Texte 1, Vérifiez votre compréhension, À votre avis	Petit écrit (à rendre), Grammaire: Discours indirect et concordance des temps	Exercices de gram., continuation du discours indirect et la concordance
10	Exercices de gram., Texte 2: Vérifiez votre compréhension, Résumé (à rendre)	Expression écrite, Expressions utiles, Dictée, Sujets de discussion (à choisir)	Rédaction (à rendre), Mini-théâtre Évaluation 12
11	Révisez le test, Dessin, Leçon 13: Texte 1, Vérifiez votre compréhension, À votre avis	Petit écrit (à rendre), Grammaire: la voix passive	Exercices de gram., faire «causatif»
12	Exercices de gram., Texte 2, Vérifiez votre compréhension, Résumé (à rendre)	Expression écrite, Expressions utiles, Sujets de discussion, Dictée	Rédaction (à rendre), Mini-théâtre Évaluation 13
13	Révisez le test, Dessin, Leçon 14 (facultative): Texte 1, Vérifiez votre compréhension, À votre avis	Petit écrit (à rendre), Grammaire: l'imparfait et le plus-que-parfait du subjonctif	Exercices de gram., le passé antérieur, le passé surcomposé
14	Exercices de gram., Texte 2, Vérifiez votre compréhension, Résumé (à rendre)	Sujets de discussion, Dictée, Expression écrite, Expressions utiles	Mini-théâtre Évaluation 14

If there is time left at the end of the semester, you may wish to mention the new «orthographe» proposed for French, which is discussed in the following article.

In le Français, It Will Be Huitres Instead of Huîtres

Steven Greenhouse

PARIS, June 23—The French will never again have to complain about having oignons (onions) and huîtres (oysters) at their pique-niques.

As a result of new rules that the French Government is recommending to simplify the sometimes mind-bending complications of French spelling, the French will now be able to eat ognons (no i) and huitres (no circumflex) at their piqueniques (no hyphen). (The i in the word oignon, pronounced OHN-yonh, with a diphthong, has long been silent; huître is pronounced HWEE-truh.)

Aware of France's deep pride in the language of Molière and Proust, Prime Minister Michel Rocard cautiously called on the nation's schools this week to begin teaching the new rules in September 1991. The changes affect about 1,200 French words.

The High Commission on the French Language, which was appointed by the Prime Minister, issued its report this week after it won the approval of l'Académie française, the academy of intellectuals that has for centuries been the guardian of the French language.

"It was never a question that the Government legislate in such matters," Mr. Rocard said. "The language belongs to those who use it." Nevertheless, he said, it is the Government's role to recommend usage that "appears most satisfactory."

The spelling report comes after years of angry debate between purists who say their beautiful language should not be tinkered with and dissenters who complain that French school children—as well as those who learn French in Belgium, Quebec and Africa—are wasting thousands of hours memorizing illogical spellings when that time could be better spent studying computers and quarks.

Hoping to fend off a backlash by the purists, the High Council played down the importance of its recommendations, saying they were not full-scale reforms but "rectifications" that were "modest in content and scope."

The High Commission, which included writers, journalists, corporate leaders, scientists and the director Jean-Luc Godard, noted that it was careful not to make recommendations so sweeping that "a novel of the past century would become unintelligible." The commission said that on average just one word per page would be changed in a novel like Hugo's *Les Misérables*.

The recommendations focused on eliminating many hyphens and circumflex accents, removing some nettlesome anomalies and creating uniform rules for the plurals of many words.

The circumflex accent that often appears over the letters "i" and "u" will be eliminated in many words. Thus «île» (island) becomes ile, dîner (dinner) becomes diner and coût (cost) becomes cout. The circumflex will remain on well-known verbs like apparaître (to appear) and naître (to be born). Circumflexes will remain on the word «sûr» (sure), to distinguish it from «sur,» meaning "on."

The commission also called for a huge reduction in the number of hyphens, so that «contre-espionnage» becomes the fused word «contrespionnage» and «croque-monsieur,» the grilled ham-and-cheese sandwich, becomes «croquemonsieur.»

Some American imports, like «week-end,» «cow-boy» and «strip-tease,» drop their hyphens. But hyphens will be added in numbers over 100, so that cent vingt-neuf (129) will become cent-vingt-neuf.

Bernard Pivot, who for 15 years has run a popular television program on literature called "Apostrophes," said, "The purists are going to scream, but children and foreigners will be happy."

The National Association of Schoolteachers backed the recommendations. But the Société des Agrégés, an elite group of scholars with advanced teaching degrees, said: "Once more, parents and teachers will be disoriented and will no longer come to accept any rule. Once again under the pretext of remedying supposed anomalies, new ones are being introduced."

Prime Minister Rocard asked the High Commission last October to issue recommendations on spelling after a series of books were published attacking the illogic of French spelling. In addition, some Government officials pushed for the changes because they believed that making French spelling easier would help France gain in its fight with English to be taught as the second language in many countries.

But the High Council said current spelling rules should continue to be tolerated for many years.

Other recommendations include changing many anomalies. Thus «bonhomie» will become «bonhommie,» so that it is consistent with «homme» (man), while «imbécillité» becomes imbécilité.

«Combatif» will become «combattif» to agree with the verb combattre (to combat).

The rules also call for changing some plurals. The plural of «après-midi» becomes «après-midis» rather than simply «après-midi.» It also seeks to regularize the plurals of foreign words that have been adopted in France, although those plurals might cause many foreigners to wince.

The plurals of «ravioli» and «graffiti» become «raviolis» and «graffitis,» and the plural of «match» becomes «matchs.»

In discussing the *«réforme de l'orthographe»*, it is interesting to note that major French intellectuals such as Sollers, Finkielkraut and Bernard-Henri Lévy are against it, and have presented convincing reasons for their position.*

New York Times, Saturday, June 23, 1990

*Since several countries such as Switzerland have refused to apply the proposed reforms because they were not consulted, it is more than likely that the "nouvelle orthographe" will be abandoned.

SAMPLE SYLLABUS FOR A ONE-SEMESTER PROGRAM

This syllabus is designed for intermediate French classes meeting five times per week, with a total of 70 class hours per 14-week semester. Four and a half days are allotted for each lesson. Testing is scheduled after every two lessons. You may, of course, arrange your schedule differently and choose to omit *Leçon 14 (Leçon facultative),* thus freeing four days to use as necessary. (See the charts on pages T16–T19.)

Days allotted per lesson	*Material to be covered*
1	Dessin humoristique, Exercices de prélecture, Étude du lexique, and Texte 1
1	Vérifiez votre compréhension, À votre avis, Grammaire
1	Grammaire, Exercices de grammaire, Petit écrit (à rendre), Texte 2, Étude du lexique, Exercices de prélecture, Introduction
1	Texte 2, Vérifiez votre compréhension, Résumé et Rédaction (à rendre), Sujets de discussion, Dictée
1/2	Mini-théâtre
1/2	Évaluation (every 2 lessons, total of seven tests)

Programme d'un semestre

Semaine	lundi	mardi	mercredi	jeudi	vendredi
1	Introduction, Dessin, Leçon 1: Lexique, Exercices de prélecture, Texte 1	Vérifiez votre compréhension, Grammaire: présent, impératif, futur proche, À votre avis	Exercices de gram., passé récent, Petit écrit (à rendre), Texte 2, Étude du lexique	Exercices de gram., Vérifiez votre compréhension, Résumé (à rendre), Expression écrite, Expressions utiles, Sujets de discussion	Rédaction (à rendre), Mini-théâtre, Dictée, Leçon 2: Texte 1 Lexique, Exercices de prélecture, Dessin
2	Vérifiez votre compréhension, À votre avis, Texte 2, Grammaire: article défini, indéfini, partitif, objet direct	Exercices de gram., objet indirect, adj. possessifs, Petit écrit (à rendre), Étude du lexique	Prélecture, Exercices de gram., Texte 2, Résumé (à rendre), Vérifiez votre compréhension	Expression écrite, Expressions utiles, Mini-théâtre, Sujets de discussion	Évaluation 1 (Leçons 1 et 2)
3	Révisez le test, Leçon 3: Texte 1, Vérifiez votre compréhension, À votre avis, Petit écrit (à rendre)	Grammaire: le passé composé et l'imparfait, Étude du lexique, Exercices de prélecture	Exercices de gram., Texte 2, Vérifiez votre compréhension, Résumé (à rendre)	Présentation des lettres, Composition des lettres, Sujets de discussion, Dictée	Rédaction (à rendre), Mini-théâtre, Leçon 4: Texte 1, Lexique, Prélecture, Dessin
4	Vérifiez votre compréhension, À votre avis, Grammaire: interrog., précis de la négation, Petit écrit (à rendre)	Exercices de gram., pronoms objets «y» et «en», expressions géographiques	Exercices de gram., Lexique, Exercices de prélecture, Texte 2, Vérifiez votre compréhension, Résumé (à rendre)	Rédaction (à rendre), Sujets de discussion, Mini-théâtre, Dictée	Évaluation 2 (Leçons 3 et 4)

Programme d'un semestre

Semaine	lundi	mardi	mercredi	jeudi	vendredi
5	Révisez le test, Leçon 5: Texte 1, Vérifiez votre compréhension, À votre avis, Petit écrit (à rendre)	Grammaire: adjectifs	Exercices de gram., comparatif et superlatif, «meilleur» et «mieux»	Exercices de gram., Texte 2, Vérifiez votre compréhension, Résumé (à rendre), Sujets de discussion	Rédaction (à rendre), Mini-théâtre, Dictée, Dessin, Leçon 6: Texte 1, Lexique, Exercices de prélecture
6	Texte 1: Vérifiez votre compréhension, À votre avis, Petit écrit (à rendre), Grammaire: futur simple, futur antérieur	Exercices de gram., conditionnel et conditionnel passé, passé simple	Exercices de gram., Texte 2, Vérifiez votre compréhension, Résumé (à rendre)	Rédaction (à rendre), Sujets de discussion, Mini-théâtre	Évaluation 3 (Leçons 5 et 6)
7	Révisez le test, Leçon 7: Texte 1, Vérifiez votre compréhension, À votre avis	Petit écrit (à rendre), Grammaire: verbes pronominaux, accord du participe passé, infinitif passé	Exercices de gram., pronoms toniques et possessifs	Exercices de gram., Texte 2, Vérifiez votre compréhension, Résumé (à rendre), Sujets de discussion	Mini-théâtre, Dictée, Dessin, Leçon 8: Texte 1, Étude du lexique, Exercices de prélecture
8	Vérifiez votre compréhension, À votre avis, Texte 1, Grammaire: l'adverbe, le participe présent et le gérondif	Exercices de gram., les pronoms démonstratifs, pronoms et adjectifs indéfinis, Petit écrit (à rendre)	Exercices de gram., Texte 2, Vérifiez votre compréhension, Résumé (à rendre)	Rédaction (à rendre), Mini-théâtre, Sujets de discussion, Dictée	Évaluation 4 (Leçons 7 et 8)

Programme d'un semestre

Semaine	lundi	mardi	mercredi	jeudi	vendredi
9	Révisez le test, Leçon 9: Texte 1, Vérifiez votre compréhension, À votre avis	Petit écrit (à rendre), Grammaire, pronoms relatifs	Exercices de gram., pronoms relatifs	Lexique, Exercices de prélecture, Texte 2, Résumé (à rendre), Sujets de discussion, Dictée	Rédaction (à rendre), Mini-théâtre, Dessin, Leçon 10: Lexique, Exercices de prélecture, Texte 1
10	Texte 1, Vérifiez votre compréhension, À votre avis, Grammaire: le subjonctif présent	Exercices de gram., subj. passé et la concordance des temps, Petit écrit, Texte 2, Lexique	Exercices de gram., Texte 2, Vérifiez votre compréhension, Résumé (à rendre)	Rédaction (à rendre), Sujets de discussion, Mini-théâtre, Dictée	Évaluation 5 (Leçons 9 et 10)
11	Révisez le test, Dessin, Leçon 11: Texte 1, Vérifiez votre compréhension, À votre avis	Petit écrit (à rendre), Grammaire: conjonctions + le subj., propositions indépendantes et superlatif	Exercices de gram., subjonctif hypothétique, expressions avec «n'importe»	Exercices de gram., Texte 2, Lexique, Exercices de prélecture, Résumé (à rendre), Sujets de discussion	Rédaction (à rendre), Mini-théâtre, Dessin, Dictée, Leçon 12: Texte 1, Lexique, Exercices de prélecture
12	Texte 1, Vérifiez votre compréhension, À votre avis, Grammaire: discours indirect et concordance des temps	Exercices de gram., discours indirect et concordance, Texte 2, Lexique, Exercices de prélecture	Exercices de gram., Texte 2, Vérifiez votre compréhension, Résumé (à rendre), Expression écrite, Expressions utiles	Rédaction (à rendre), Mini-théâtre, Sujets de discussion	Évaluation 6 (Leçons 11 et 12)

Programme d'un semestre

Semaine	lundi	mardi	mercredi	jeudi	vendredi
13	Révisez le test, Leçon 13: Dessin, Lexique, Exercices de prélecture, Texte 1, Vérifiez votre compréhension, À votre avis	Petit écrit (à rendre), Grammaire: la voix passive	Exercices de gram., faire «causatif»	Exercices de gram., Résumé (à rendre), Texte 2, Vérifiez votre compréhension, Sujets de discussion	Rédaction (à rendre), Mini-théâtre, Dictée, Dessin, Leçon 14 (facultative): Lexique, Exercices de prélecture, Texte 1
14	Texte 1: Vérifiez votre compréhension, À votre avis, Grammaire: l'imparfait et le plus-que-parfait du subjonctif	Petit écrit (à rendre), Exercices de gram., le passé antérieur et le passé surcomposé	Exercices de gram., Texte 2, Lexique, Exercices de prélecture, Vérifiez votre compréhension, Résumé (à rendre)	Sujets de discussion, Mini-théâtre, Dictée, Révision, si nécessaire	Évaluation 7 (Leçons 13 et 14)

Instead of giving the *Évaluation 7* on the last day of class, you may prefer to include the material of the last two lessons in the final examination, thus freeing the final day for students' questions and a *Révision complète*.

T19

SAMPLE LESSON PLAN: *LEÇON 1*

The following lesson plan for *Leçon 1,* as scheduled in the syllabus for a one-year program, is intended to aid you in organizing your class schedule. Feel free to implement suggestions useful to your class, while incorporating your own ideas; variety and enthusiasm are at the core of the language class.

Since students will be expected to attend the language laboratory and complete their workbooks on their own time, no class time has been allotted to those activities. Encourage students to ask questions after class or visit you during office hours for extra help, if necessary. An exchange student or student assistant from France is a plus, as well as peer-tutors conducting drill sessions.

As it is often impossible for all exercises to be covered, select those activities that are most appropriate to the needs of your students.

Day 1 (based on a 50-minute class period).

The first day of class sets the tone, the atmosphere, and the pace of the semester. During this first class, students often decide whether or not to continue language study, so it is essential to establish a warm, friendly, enthusiastic atmosphere in which students feel at home. For this reason, it is useful for students to get to know each other in a sort of *journée d'intégration.* If possible, divide students into groups of two and have them interview each other about their likes and dislikes, where they and their families are from, and so forth. Then, have them present their new acquaintances to the class. In large classes, one can play *la chaîne des prénoms.* Ask the first student his or her name and where he or she is from. The second student repeats *«Jean, qui vient de New York,»* for example, after which he or she gives the same personal information. The third student must repeat, in order, information of students one and two before presenting personal details. In this way, everyone must make an effort to remember everyone else's name, thus forging a bond between students on the first day. Activities become more pleasant when engaged in with friends. This may take up 25 minutes, leaving 25 minutes to distribute and explain the syllabus and course description, as well as to introduce the *Étude du lexique* and the *Exercices de prélecture* for *Texte 1.*

In introducing the items of the *Étude du lexique,* you may use a variety of approaches. One method that is particularly effective is the following: with books closed, present a number of items deemed unfamiliar to the class by providing various contexts for the word. Then ask a question requiring an answer in which the word must appear. For example: *«Quand je vais à Paris, j'habite chez un ami. Il est amusant de loger chez lui parce que nous pouvons parler toute la nuit. Comme la majorité des logements parisiens, son logement est petit. Quand vous voyagez, préférez-vous loger chez un(e) ami(e) ou à l'hôtel? Pourquoi? Où logez-vous maintenant?»* In this way, you have presented the item *loger* in context, as well as a useful way of using it: *loger chez quelqu'un.* You have also given a synonym: *habiter,* as well as the related noun *logement.* Since many of the lexical items are review, not all need be presented.

You may also present a substitution exercise drill, such as the following: «*Je loge à Paris. David? Il loge à Paris. Ingrid?*» Then point to a student who should answer «*Elle loge à Paris.*» All pronouns can be reviewed in this way, as well as verbs ending in *-er*.

After presenting the vocabulary items deemed necessary, you may wish to introduce the reading passage by doing the *Exercices de prélecture* with the class. Again, with books closed (students are most attentive when looking at the instructor), you may wish to ask a question or two, such as «*Quel est le titre du passage que vous allez lire pour la prochaine fois? De quoi est-il question?*» If time permits, you may wish to have several students read aloud. This will help you ascertain the reading level and pronunciation level of those students.

Devoirs:

Introduction
Leçon 1, Étude du lexique, Exercices de prélecture
Texte 1: «18–25 ans: une génération sacrifiée»
Préparez oralement *Vérifiez votre compréhension* et *À votre avis.*
Cahier d'exercices oraux (CEO): Leçon 1, Première partie: prononciation et discrimination auditive.
Préparez par écrit le *Cahier d'exercices écrits* (CEE): Leçon 1: Étude du lexique, exercices A–E.

Day 2

Warm-up (5 minutes)

You may wish to begin by finishing up the interviews of the previous day, thus giving everyone a chance to speak. You may also wish to quiz the students on each other, for example: «*Comment s'appelle cette fille?*» «*D'où vient-elle?*» Remind students of their assignment: «*Qu'est-ce que vous avez préparé pour aujourd'hui? Quel passage avez-vous lu?*» This will lead directly into *Texte 1.* Some observations on the *Dessin humoristique* may be appropriate here as well.

«18–25 ans: une génération sacrifiée» (20 minutes)

Use the questions from *Vérifiez votre compréhension* and encourage use of vocabulary from the *Étude du lexique* to check comprehension of the passage. When you are satisfied that students have understood, move directly into the more personalized questions of *À votre avis.*

Either pick one or two questions for the whole class, or divide the class into small groups of three or four, having them choose one of the questions. Then move from group to group, listening, approving, making short remarks, providing vocabulary. When correcting, it is useful to repeat correctly what the student has said wrong, so that he or she hears the correct answer without feeling personally ill at ease. In this manner, communication is stressed rather than perfect individual phrases.

Le présent et l'impératif (25 minutes)

In explaining the present, give several examples from *«18–25 ans: une génération sacrifiée»* or from a class situation (*Aujourd'hui, il fait beau. Aujourd'hui, je suis en forme. Aujourd'hui, nous étudions un article de l'Express*) rather than reading the examples from the book. Students can do that at home to verify if they have understood you. Then ask them what tense you are using: *«Est-ce le passé composé? Est-ce l'imparfait? Est-ce le présent?»* Someone is sure to answer correctly. Briefly explain the use: *«En général, le présent indique une action ou un état qui a lieu au moment où l'on parle.»* To explain the idiomatic usage of the present, give a situation: *«Marie a perdu son travail en avril, nous sommes actuellement en septembre. Depuis combien de temps est-elle au chômage?»* When someone answers correctly (with some prompting), give the three other equivalent phrases: *«Oui, il y a 5 mois qu'elle est au chômage.»* Write them all on the board. Then ask: *«Depuis combien de temps étudiez-vous le français?»* or *«Depuis combien de temps habitez-vous dans cette ville?»* Students may then briefly refer to their *Tableau des verbes réguliers.* Briefly remind them of the four conjugations: -er, -ir, -re, et -ir *irrégulier,* moving directly on to the *Tableau des verbes qui représentent des changements orthographiques.* Briefly explain the six categories: *amener, appeler, (jeter), commencer, manger, préférer, essayer.* If there are no questions, do one or two of the *Exercices* with the students. Tell them to prepare the rest orally for the next class meeting.

Move on to *l'impératif,* presenting it in the same manner: *«Faites le reste des exercices chez vous! Préparez-les oralement pour la prochaine fois! Arrivez en classe à l'heure! Donnez-moi les exercices écrits maintenant! Quel temps est-ce que je viens d'employer dans ces phrases? Est-ce le présent, le passé, l'impératif?»* Someone will surely say *«l'impératif!»* Then, proceeding as with the previous grammar point, give other examples. Make sure students have heard all forms with various verbs, both regular and irregular. Remind them of the peculiarity of the verb *aller: «Va là-bas! Mais vas-y!»* You may also remind them of the form *«Parles-en!,»* remarking the imperative form of the second person singular. If time permits, do one or two exercises with the class, telling them to prepare the others for the following class session.

Devoirs:

ECR: Étudiez le présent et l'impératif

Préparez oralement les exercices de grammaire et CEO: Deuxième partie: Grammaire et syntaxe I et II

Préparez par écrit CEE: Grammaire I et II

Day 3

Warm-up (10 minutes)

While handing back the previous day's written work and collecting work for the day, ask questions using vocabulary and verbs from the lesson, such as *«Quels problèmes existent actuellement pour les jeunes?»* (*À votre avis,* no. 1) . This will prepare students for the following class when they must hand in their first *Petit écrit.* You may wish to continue another 5 or 10 minutes on *À votre avis* questions. Check grammar of the previous day by doing spot exercises related to *le présent* and *l'impératif* (10 minutes). Concentrate on idiomatic usage of the present, and irregular verbs. Show them the verb table in *Appendice D.*

Le futur proche et le passé récent (15 minutes)

In keeping with the inductive method, rather than announcing that you are going to explain the *futur proche ou immédiat,* ask: *«Ce week-end, je vais inviter des amis chez moi, je vais préparer un petit dîner et puis nous allons bavarder ou jouer au Scrabble, en français, bien sûr! Qu'est-ce que vous allez faire ce week-end?»* After several students have responded in a satisfactory manner, quickly write a short phrase that one of them has said: for example, *«Je vais aller à la plage.»* And ask if this is the past, the present, or the future. There may be some confusion at first, depending on how long it has been since your students have taken their last French course. Remind them that you are talking about this weekend, which starts the following day. *«Est-ce le futur **lointain** ou le futur **proche**?,»* making a gesture to indicate far off in front of you or close to you. Someone will surely answer *«proche.»* *«Oui, le futur proche ou immédiat, le futur qui va arriver très bientôt.»*

Then present the *passé récent* in the same manner. *«Il y a quelques jours, nous avons commencé la première leçon. Nous **venons de** commencer la première leçon. Avant le cours de français, j'ai déjeuné (dîné). Je **viens de** déjeuner (dîner). Il y a quelques minutes, vous avez étudié le futur proche. Vous **venez** d'étudier le futur proche. Quel temps est-ce? Le présent, le futur ou le passé? Oui, le passé, mais est-ce un passé lointain?* (gesture of distance behind you) *ou plutôt récent?»* (gesture of closeness behind you).

Pass immediately to the exercises, doing one to illustrate each grammar point. Tell students to prepare the others orally for the following day.

Dessins humoristiques (5 minutes)

By now, most students will have gained enough vocabulary and verb mastery to make a few remarks concerning the cartoons. You may elect to have them answer the questions in the book concerning these drawings, and then, for example, ask what their personal fears are (see the cartoon following the grammar section in *Leçon 1*).

Étude du lexique (5 minutes)

Introduce several items such as *faire bon accueil,* always presenting items in context. One might say: *«J'aime aller chez mes grands-parents parce qu'ils me reçoivent bien, ils me font bon accueil.»* (Make a gesture of affection, such as a kiss on both cheeks.) *«Ils sont très accueillants. Ils préparent un apéritif, suivi d'un bon repas. Est-ce que vos grands-parents vous font bon accueil quand vous allez chez eux?»*

Devoirs:

Étudiez le futur proche ou immédiat et le passé récent.
Préparez oralement les exercices qui y correspondent.
Petit écrit: Écrivez un petit paragraphe sur la question de votre choix.
CEO: Le futur proche et le passé récent, *Troisième partie: Compréhension orale*
ECR: *Étude du lexique 2; La Maison de papier,* Préparez oralement la section *Vérifiez votre compréhension*

Day 4

Warm-up (10 minutes)

As you return the previous day's work and collect the day's work, ask questions which test structures, such as: «*Qu'est-ce que vous venez de faire avant de venir en classe?*» «*Posez la même question à votre camarade.*» «*Qu'allez-vous faire après le cours?*»

Étude du lexique (10 minutes)

Ask several questions using items from the *Étude du lexique,* such as: «*Vos parents font-ils bon ou mauvais accueil aux amis que vous amenez à la maison?*»

Texte 2: *La Maison de papier* (20 minutes)

Begin with some general questions, such as: «*Qu'est-ce que vous avez lu pour aujourd'hui? Qui en est l'auteur? Quelle est sa nationalité? De quoi s'agit-il dans ce passage?*» Then move on to the questions in *Vérifiez votre compréhension.*

Résumé (5 minutes)

Explain to students that they should not copy sentences from the book, but paraphrase.

Devoirs:

Écrivez un résumé du passage *La Maison de papier*
CEO: *Quatrième partie: Dictée*
Préparez les *Sujets de discussion* pour la prochaine fois

Day 5

Return homework and collect the *résumés.*

Dictée (10 minutes)

Have a strong student go to the board. Other students will write in their notebooks. Dictate several lines from one of the reading selections, or invent your own dictation. Check the dictation by asking the student to read back the first sentence, then ask the class if there are any errors. Have the student who wrote the *dictée* correct the errors noted by his or her classmates. In this manner, students will be interacting in French.

Expression écrite and *Expressions utiles* (20 minutes)

Read through the section *Expression écrite* with your students, asking them to stop you if they do not understand. Tell students to pick one topic for their first writing assignment, which will be due the next time, or the day following the exam, according to your choice. Go through, step-by-step, how to: (1) present a problem (refer to the suggestions following the *Articulations logiques*), (2) enumerate the arguments using the *Articulations logiques,* (3) refute the opponent's arguments (*le pour et le contre*). After covering the material as well as time permits, tell students to begin writing their essays before the next class period so that they may ask questions, if necessary, before the essay is due. Show them how the *Articulations logiques* and the *Expressions utiles* are used in the *Exemple de dissertation.*

Sujets de discussion (15 minutes)

The subjects may be approached as a group, in smaller classes, or in small groups in larger classes, so that the maximum amount of speaking is done by each student.

Take the last five minutes of class time to assign the *Mini-théâtre,* telling students that several groups will perform their skit during the next class meeting, and the others, the following period. Each skit should be no longer than five minutes per group. This will leave you half an hour for the *Évaluation.* Encourage students to bring in props, in order to make their presentations as realistic as possible. Again, you may prefer to give tests only every two lessons, to give maximum time for learning.

Devoirs:

Préparez le *Mini-théâtre.*
Étudiez toute la Leçon 1 pour l'Évaluation 1.
Préparez un brouillon de votre rédaction.

Day 6

Hand back any remaining written work (dictées, rewritten work).

Mini-théâtre (20 minutes)

Évaluation 1 (30 minutes)

SAMPLE TEST: *LEÇON 1*

Nom du cours   Nom _____

Nom du professeur   Date _____

Évaluation 1

I. *Dictée* (15 points): The entire set of dictées can be found in the tapescript. You may draw from the part of the dictée that has not yet been written by the students. For example:

«75% des jeunes Français entre 15 et 25 ans habitent chez leurs parents qui leur donnent une certaine sécurité dans un monde devenu très froid en cette fin de siècle.»

You may wish to add a few more sentences relating to the theme of the lesson. In administering the dictée, give students the following instructions: *«Dictée: Je vais lire la dictée trois fois. La première fois, n'écrivez pas, écoutez seulement et essayez de comprendre de quoi il s'agit. La deuxième fois, écrivez. La troisième fois, vérifiez ce que vous avez écrit.»*

II. (35 points) Répondez aux questions suivantes par une phrase complète. (These questions will not appear on student copies. You should read each question twice.)

1. Est-ce que vos parents font bon ou mauvais accueil aux amis que vous amenez à la maison?
2. Avertissez-vous vos parents quand vous comptez amener un(e) ami(e) à la maison?
3. À quels jeux jouez-vous avec vos amis?
4. De quel instrument jouez-vous?
5. Quand on est étudiant(e), vaut-il mieux loger chez ses parents ou à l'université?

III. Grammaire (36 points)

A. (18 points) Répondez aux questions suivantes par une phrase complète. (These questions may be drawn from those in the *Étude du lexique.*)

1. Depuis combien de temps étudiez-vous le français? (Donnez *trois* réponses équivalentes.) _____
_____

2. Allez-vous amener un(e) ami(e) chez vous ce soir? _____

3. Qu'est-ce que vous venez d'apprendre en français? _____

4. Connaissez-vous assez de français pour vous débrouiller en France?
_____

B.   (18 points) Complétez les phrases suivantes.

   1, 2. _____ la robe que vous _____, Madame! (choisir, vouloir)
   3, 4. N' _____ pas peur! _____-y, mon ami! (avoir, aller)
   5.   Vous _____ bien la cuisine! (faire)
   6.   Je _____ avec lui depuis deux mois. (sortir)
   7.   Nos enfants _____ vite! (grandir)
   8.   Il _____ l'autobus. (attendre)
   9.   Ils _____ rester chez eux ce soir. (préférer)

IV.   (14 points) Petit écrit: Écrivez quelques phrases sur le sujet suivant: Quels problèmes existent actuellement pour les jeunes de 18 à 25 ans?

SYMBOLS FOR CORRECTING *PETITS ÉCRITS, RÉSUMÉS,* AND *DISSERTATIONS*

   O erreur d'orthographe, d'accord, de grammaire (orth., acc., gr.)
   〰 choix de mot (mot)
   | erreur de syntaxe (syn.)
   ✓ ponctuation (ponc.)
   ⌐⌐ erreur de place (ordre) or an arrow indicating correct place

Other remarks may be written into the margins to clarify the error and guide the student in correcting his or her writing.

Student composition corrected

(Students were asked to comment on a text by Félix Leclerc, written February 1979, fifteen months before the referendum held by the Parti Québécois.)

Les mots de Félix Leclerc, écrit en 1979, reflètent les sentiments d'un assez grand minorité de Québécois pendant la période du Parti Québécois. Leclerc a écrit ces mots quelque mois avant le référendum de 1980. Il avait présumé que les Québécois avaient plus d'esprit révolutionnaire qu'en réalité, ils n'en avaient. Ce qui est intéressant dans le document, c'est les sentiments de fierté qu'il exprime.

La tonalité romantique de ces mots révèle l'ésprit de qulq'un qui se sent comme une victime. Aussi romantique est son idée que tou les Québécois seront unis a *en raison* cause de leur héritage commune. Il espère que les Québécois voteront en bloc pour le OUI, ce qui mènerait à l'indépendence de Québec.

Bien que la rétorique de Lecler prédicte la victoire du OUI, à mon avis, il prend ses désirs pour la réalité. *expression des réalités*

Rewritten version of the student composition

Les mots de Félix Leclerc, écrits en 1979, reflètent les sentiments d'une assez grande minorité de Québécois, pendant le mandat du Parti Québécois. Leclerc a écrit ces mots quelques mois avant le référendum de 1980. Il avait présumé que les Québécois avaient plus d'esprit révolutionnaire qu'ils n'en avaient en réalité. Ce qui est intéressant dans le document, c'est le sentiment de fierté qu'il exprime.

Le ton romantique de ses mots révèle l'esprit de quelqu'un qui se sent une victime. Tout aussi romantique est son idée que tous les Québécois seront unis en raison de leur héritage commun. Il espère que les Québécois voteront en bloc pour le OUI, ce qui mènerait à l'indépendance du Québec.

Bien que la rhétorique de Leclerc prédise la victoire du OUI, à mon avis, il prend ses désirs pour des réalités.

STUDENT SUPPLEMENTS

The audio program

The audio program of *En cours de route* consists of fourteen cassette or reel-to-reel tapes, each one 30 to 40 minutes in length. A complete tapescript is provided. Each lesson is divided into four parts.

Première partie: Prononciation. Each lesson begins with pronunciation exercises. In this section, all aspects of pronunciation will be reviewed, including vowels, consonants, clusters, liaison and style, intonation, phrasing, and finally recitation. Words and phrases are read by native speakers, and students are given time to repeat. Tell students to work with their *Cahier d'exercices oraux et écrits* open to the appropriate page, so that they can correlate the written and spoken aspects of the language.

Deuxième partie: Grammaire. This section helps students develop oral mastery of the language while contextualizing grammar so that it becomes meaningful and communicative in everyday situations. For clarity, all exercises are preceded by a model sentence and follow the established laboratory pattern of question, time for student response, and correct response.

Troisième partie: Compréhension orale. Each dialogue expands the lesson theme as it develops student capacity to listen and think in French. The dialogues give students practice in functioning in real-world situations, such as a job interview, a telephone conversation, a discussion in which ideas are defended and challenged, a conversation interrupted by background noises, etc. The passages are not written in the *Cahier,* but are simple enough to be understood by the intermediate student. In some cases, a few vocabulary words are provided. Tell students to have their *Cahier* open to the correct page and follow along as the words are introduced. Each passage is followed by several multiple-choice questions of a general nature to test

En cours de route

ᴇN COURS DE ROUTE

Deuxième édition

Ruth Matilde Mésavage

Rollins College

HH HEINLE & HEINLE PUBLISHERS

A division of Wadsworth, Inc.
Boston, Massachusetts 02116

Publisher: Stanley J. Galek
Editor: Petra Hausberger
Developmental Editor: Katia Brillié Lutz
Project Editor: Carlyle Carter
Senior Production Editor: Barbara Browne
Design Supervision: Jaye Zimet
Cover Design: Barbara Anderson
Cover Illustration: Braque, *Paysage de l'Estaque*

Photo Credits

6, 30, 83 Stuart Cohen/Comstock; **21, 95, 126** Peter Menzel/Stock, Boston; **52** Henri Cartier-Bresson/Magnum; **61** Owen Franken/Stock, Boston; **115, 385** Mark Antman/The Image Works; **129** Abbas/Magnum; **148, 279** UPI/Bettmann; **159** A. Brucelle/Sygma; **181** A. Nogues/Sygma; **188** Peter Menzel; **214** Mike Mazzaschi/Stock, Boston; **223** Hugh Rogers/Monkmeyer; **240** Michael Dwyer/Stock, Boston; **253, 297** Beryl Goldberg; **269** Gabor Demjen/Stock, Boston; **292** Stuart Cohen; **307** Ogust/The Image Works; **324** Foto Marburg/Art Resource; **335** Gontier/The Image Works; **346** Marc & Evelyne Bernheim/Woodfin Camp & Assoc.; **355** Jacques Boissinot/Canapress; **368** Guy Le Querrec/Magnum; **397** Ulrike Welsch/Photo Researchers

Art Credits

1, 17, 26, 48, 91, 154, 208, 248, 300 Jean Plantu, *Wolfgang, tu feras informatique* (Hachette, 1988); **57, 173, 192, 236–37, 263, 270, 303, 327, 330, 337, 351, 366, 388** Sempé © Charillon-Paris; **80–81** Sempé © Éditions Denoël; **186** Dessin de Jacques Charmoz dans *Vacances à tout prix* (Daninos, 1958). Avec la permission de Jacques Rémy et Frédérique Charmoz; **110, 139, 281** © 1976, 1977 by Ronald Searle from *Paris! Paris!*—Irwin Shaw & Ronald Searle (Weidenfeld & Nicholson). Reprinted by permission of Tessa Sayle Agency; **119–21** Raymond Lichet, *Cuisine facile en français facile* (Hachette, 1976); **122** Dubout (Droits réservés); **218, 375, 401** Piem, *Cent meilleurs dessins* (Le Cherche Midi Éditeur, 1984); **312, 378** Dessins de Georges Wolinski dans *100% Français* de Jérome Duhamel & Georges Wolinski (Éditions Belfond, 1987); **273** Dessin de Siné dans *Les Français, passions et tabous* (Éditions Alain Moreau)

Manufactured in the United States of America.

ISBN 0-8384-37125   (Student's Edition)

10 9 8 7 6 5 4 3 2 1

À mon cher K qui sait si bien m'inspirer.

T ABLE DES MATIÈRES

Leçon 5: La mode   **122**

Leçon 6: Et l'avenir...?   **154**

Leçon 7: Les vacances et les voyages   **186**

Leçon 14 (facultative): L'amour et l'amitié — 378

PRÉFACE

En cours de route, Deuxième édition, is designed for intermediate French students at the university level and more advanced students at the high school level. In each lesson, *En cours de route* provides a comprehensive review of French grammar in context, a variety of expository and literary passages from France and the Franco-phone world, reading strategies, vocabulary enrichment materials, and an extensive section on writing. The sections that develop oral proficiency also encourage students to reflect upon foreign cultures, which, in turn, can provide a perspective from which to appraise their own culturally conditioned perceptions and values.

En cours de route aims to develop proficiency in five areas: speaking, listening, reading, writing, and culture. Special attention is given to help students achieve a degree of autonomy in speaking and writing French. *En cours de route* is written entirely in French in order to encourage students to think in French, thus freeing them from their dependence upon English grammatical structures. There is, how-ever, a French-English glossary at the end of the book for reference

Highlights of the Second Edition

This second edition of *En cours de route* incorporates the many helpful recom-mendations and suggestions made by the users of the first edition. Some sections have been expanded; new readings have been introduced both for their cultural content and accessibility to the intermediate student; pertinent reading and writing strategies have been incorporated into each lesson; and now, an introductory lesson is included that provides students with definitions of the parts of speech, helps them identify cognates, sheds light on the structure of words and etymology, and encourages contextual guessing.

Rather than relegating *la francophonie* to a single lesson, *En cours de route* integrates French and Francophone cultures throughout the text. This presentation demonstrates to students that the Francophone world is not to be considered a marginal curiosity of France. The readings represent France, Québec, Belgium, Morocco, Algeria, the Ivory Coast, and Cameroun.

The writing section is now entitled *Expression écrite* and includes *Expressions utiles.* Writing strategies have also been added. An *Exemple de dissertation* in the first lesson guides students in their first writing activity. Writing and discussion topics have been expanded, as well as the *Mini-Théâtre* scenes.

Many new cartoons and photos have been added to enrich the visual and cultural dimensions of the text.

Lesson format

With the exception of *Leçon 14 (facultative),* the material in each of the 13 lessons of *En cours de route* is organized in the following manner: The chapter opens with a *dessin humoristique,* which introduces students to French humor. Key questions based on these cartoons help students to understand what makes the French laugh. For example, in *Leçon 1* the instructor can guide students in reconstructing the French proverb *«Plus ça change, plus c'est la même chose».*

There are two **Études du lexique** in each chapter, which present lexical items appearing in *Textes 1* and *2.* Each item is briefly defined in French, and example sentences illustrate usage. A question including the new word or expression or necessitating its usage in the answer helps students move from passive understanding to active usage. After the first **Étude du lexique,** a main section called **Lire et comprendre** presents *Texte 1* and accompanying exercises and activities: **Vérifiez votre compréhension, À votre avis, Petit écrit,** and **Débat.**

Exercices de prélecture encourage students to read globally for meaning by having them scan titles, subtitles, illustrations, and key sentences. In the section, *Devinez le sens des mots inconnus,* students practice guessing new vocabulary using various strategies. Another subsection, *Mobilisez vos connaissances,* allows them to bring their personal knowledge to bear on the subject at hand.

Texte I is an article selected to introduce students to expository and journalistic prose as well as to questions of contemporary cultural interest.

Vérifiez votre compréhension contains true and false questions, completions and questions that test the comprehension of the passage.

À votre avis and **Petit écrit** personalize *Texte I* by encouraging students to reflect upon their own lives and culture.

Grammaire, the next major section, presents grammatical material inductively. A series of examples, taken from *Texte I* or related to its theme, is presented for students to examine (*Observez*). A concise explanation of the grammatical point follows *(Analyse).* Structural exercises, tied to meaningful contexts, are provided for each grammatical point. These exercises move from the highly structured to the communicative and creative.

A second **Lire et comprendre** section is preceded by an **Étude du lexique** presenting lexical items appearing in *Texte II.*

Exercices de prélecture prepare students for the intelligent reading of the following literary passage.

Texte II is a reading passage selected to acquaint students with the literary use of French. The passage is preceded by a paragraph introducing the author and the text. Questions are presented that encourage thoughtful reading.

Vérifiez votre compréhension provides questions related to *Texte II.*

Résumé is a guided writing exercise that teaches students to reconstruct the major points of the passage they have read in clear, simple prose.

The **Expression écrite** section shows students how to write a coherent, persuasive composition on a subject related to the lesson theme. Techniques of writing clearly and effectively as well as the language of logic are introduced progressively.

The final section, **Mise en œuvre,** provides culminating activities that put into practice the knowledge obtained in the lesson. The section **Sujets de discussion** provides subjects and questions that encourage personal and creative expression by expanding the lesson theme. They may be developed in oral and/or written form.

The **Mini-théâtre** provides scenarios, related to the lesson theme, that allow students to role-play in French and to examine other points of view.

Supplementary materials

En cours de route, Deuxième édition, has a fully coordinated ensemble of supplements. The *audio-cassette program,* available for duplication or purchase, contains eight and one-half hours of aural/oral discrimination and listening comprehension exercises, pronunciation practice, dictations, and structural exercises that develop correct speaking and writing patterns. To evaluate the program, a demonstration tape may be ordered from the publisher. A *tapescript* is also available upon adoption.

The *Cahier d'exercices oraux et écrits* is a combined laboratory manual and workbook containing laboratory exercises that are coordinated with the taped material and writing exercises and activities that give students practice in the kinds of real-life situations they may expect to encounter when visiting a French-speaking country. Examples include reading train schedules, writing a check, deciphering a street map, and choosing courses at a foreign university. The *Cahier d'exercices oraux et écrits* stresses active, meaningful communication.

The *Teacher's Edition* contains a pedagogical introduction that provides many practical suggestions for enriching the course and adapting the materials to a variety of student levels and interests. It also contains syllabi for teaching *En cours de route* in one-year, two-quarter, and one-semester course formats, as well as a sample lesson plan and a sample test.

I would like to express my appreciation to all those who reviewed the former edition of this book, and the manuscript of the present edition: George F. Aubin, Assumption College; Marianne Beauvilain, Mount Royal College, Calgary; Maurice G. A. Elton, Southern Methodist University; David L. Gobert, Southern Illinois University at Carbondale; Claudine Hastings, Golden West College; Nelle N. Hutter, Iowa State University; Reginald Hyatte, University of Tulsa; Hannelore Jarausch, University of North Carolina, Chapel Hill; Angele Kingue, Bucknell University; Galen R. Kline, Virginia Polytechnic Institute and State University; Jacqueline Konan, Columbus College; Marie-Christine W. Koop, University of North Texas; Carol Lazzaro-Weis, Southern University; Leona B. LeBlanc, Florida State University; June Legge, Clayton State College; Jeanette Ludwig, University at Buffalo; Anne D. Lutkus, University of Rochester; Margaret M. Marshall, Southeastern Louisiana University; Margaret C. McDiarmio, Xavier University; Josy McGinn, Syracuse University; D. Hampton Morris, Auburn University; Ruth E. Nybakken, Ohio University; Kenneth H. Rogers, University of Rhode Island; Kathleen W. Smith, Kalamazoo College; Stan Shinall, University of Illinois at Urbana; Madeleine Soudée, Georgetown University; Benné Willerman, University of Texas at Austin; Owen Wollam, Arizona State University.

I would like to express my special thanks to Jean-Marc Victor of the École Normale Supérieure à Paris both for his original article, written expressedly for the present edition of *En cours de route,* and for his careful and intelligent correction of my manuscript. And how could this edition ever have come to fruition without the patience and painstaking work of my editor and dear friend Katia Brillié Lutz? Merci mille fois.

Ruth Matilde Mésavage

INTRODUCTION POUR LES ÉTUDIANTS

Comment peut-on apprendre le français? Pour apprendre le français, nous allons entendre le français, nous allons parler français, nous allons lire et écrire le français.

I. La Fonction des mots

Pour faciliter votre apprentissage du français, il est nécessaire d'apprendre les parties du discours, c'est-à-dire, les catégories grammaticales traditionnelles: le nom, l'article, l'adjectif, le pronom, le verbe, l'adverbe, la préposition, la conjonction et l'interjection.

Analysons la phrase suivante:

Les jeunes Français s'intéressent particulièrement à la musique.

Pourriez-vous identifier le verbe?
Pourriez-vous identifier les noms?
Pourriez-vous identifier l'adjectif?
Quels sont les articles?
Y a-t-il un adverbe?
Y a-t-il une préposition?

Étudiez les définitions suivantes pour vérifier vos réponses.

le verbe   mot qui exprime une action, un état ou le passage d'un état à un autre. Le verbe est le cœur d'une phrase.

le nom   mot qui indique les êtres, les choses, les idées, souvent appelé un *substantif*. En français, les noms sont précédés par des mots tels que: *un, des, le, la, les, quelque(s), certain(s),* etc.

l'adjectif   mot qui modifie un nom

l'adverbe   mot qui modifie un verbe, un adjectif, ou un autre adverbe

l'article   mot placé devant un nom: *le, la, les, l', un, une, des*

la préposition   mot invariable marquant un rapport entre deux mots, ex.: La clé est **sur** la table. Principales prépositions: *à, après, avant, avec, chez, contre, dans, de, depuis, en, entre, par, parmi, pour, sans, selon, sous, sur, vers.*

S'il y a des mots de ce groupe que vous ne connaissez pas, vérifiez leur signification. Vous lirez plus facilement.

Maintenant, analysons la phrase suivante:

Oh, vous possédez une voiture et une carte de crédit!

En vous référant aux définitions précédentes, identifiez le verbe, les noms, les articles, la préposition. Pourriez-vous identifiez le pronom? Et la conjonction? Et l'interjection?

Étudiez les définitions suivantes pour vérifier vos réponses.

le pronom   mot qui peut remplacer un nom, ex: *Les jeunes recherchent le bonheur, mais **ils** s'inquiètent de l'avenir.* Il y a aussi les pronoms toniques: *moi, toi, eux,* etc.; les pronoms relatifs: *que, qui, lequel, dont,* etc.; et les pronoms réfléchis: *me, te, se,* etc.

la conjonction   mot qui joint deux mots ou groupes de mots, ex.: *et, ou, mais, ni, donc, ainsi, enfin, comme, quand, que,* etc.

l'interjection   mot invariable pouvant être employé isolément. Exclamation. Ex.: *eh!, oh!, ho!, hé!*

Dans les phrases suivantes, écrivez la partie du discours (nom, verbe, adjectif, etc.) directement au-dessus du mot qui lui correspond. Les verbes et les noms sont les plus importants. Vous pouvez travailler avec un ou deux camarades de classe.

1. On remarque que les enfants sont adolescents plus tôt, mais qu'ils ne deviennent économiquement adultes que très tard.

2. La France est l'un des pays industrialisés où le taux de chômage des moins de 25 ans est le plus fort.

3. Il n'est pas facile de trouver un travail.

4. Les jeunes ont plus de liberté, de maturité, d'énergie, mais ils ne sont pas autonomes.

II. Le vocabulaire

Pour lire plus facilement, vous aurez besoin d'enrichir votre vocabulaire. Comment faire?

A. Les mots apparentés

Étudiez les similarités entre les mots français dans la colonne de gauche et les mots anglais dans la colonne de droite.

français	*anglais*
génération	*generation*
consommation	*consumption*
explication	*explanation*
diplôme	*diploma*
écologie	*ecology*
offrir	*to offer*
les transports	*transportation*
le domaine	*domain*

Maintenant, couvrez la colonne de droite avec votre main. Pourriez-vous donner l'équivalent en anglais des mots français?

destin	*destiny*
liberté	*liberty*
espace	*space*
autonome	*autonomous*
logement	*lodging*
deviner	*to divine, to guess*
le conflit	*conflict*
protégé	*protected*
cas	*case*
le loisir	*leisure*
retraite	*retirement*
rémunérer	*to remunerate*
contenir	*to contain*

Essayez toujours de deviner la signification d'un mot avant de consulter un dictionnaire.

B. La structure des mots

Certains mots ont des prefixes et/ou des suffixes en plus du radical.
Observez: commence   recommence   recommencement

préfixe: **re-** encore une fois
radical: **commence**
suffixe: **-ment** (indiquant un nom)

Observez: inconnu

préfixe: **in-** négation
radical: connu (connaitre)

C. Les mots déjà connus

Quelquefois, vous verrez un mot qui contient un élément que vous connaissez déjà. Essayez de deviner le sens du mot nouveau.

mot connu	mot inconnu	mot anglais
perdre	un perdant	*a loser*
venir	l'avenir (à l'avenir)	*future*
chercher	rechercher	*to seek*
bon	le bonheur	*happiness*
gagner	un gagnant	*a winner*

D. Le contexte

Souvent, on peut deviner le sens d'un mot par l'ensemble du texte ou du passage qui l'entoure, c'est-à-dire, par le contexte. Exemple:

Les jeunes sont plus intéressés par **le magnétoscope** que par **l'ordinateur,** le walkman ou le compact-disc.

Les deux mots inconnus, **le magnétoscope** et **l'ordinateur,** font partie d'une liste d'instruments électroniques. Vous savez déjà ce que c'est qu'un *walkman* et qu'un *compact-disc.* Par conséquent, un **magnétoscope** est aussi un objet technique. Analysons le mot:

magnéto-   (magnet)
-scope   observer (instruments et techniques d'observation)

Un magnétoscope est donc un instrument qui permet l'enregistrement (enregistrer) des images et des sons sur une bande magnétique = vidéo. On peut donc mettre une vidéocassette dans un magnétoscope.

Un **ordinateur** est aussi un instrument électronique qui ordonne, organise, met en ordre des informations. Par conséquent, on peut deviner qu'un **ordinateur** est un *computer.*

Récapitulation

Pour faciliter la compréhension du français, nous avons étudié un certain nombre de choses:

 I. La fonction des mots: identification de la partie du discours du mot (verbe, nom, adjectif, etc.).
II. Le vocabulaire: on peut deviner le sens d'un mot par:

a. sa ressemblance avec un mot anglais—les mots apparentés;

b. la structure du mot: préfixe, radical, suffixe;

c. un mot *déjà* connu: perdre, perte = loss;

d. le contexte: étudiez le sens de la phrase où se trouve le mot inconnu.

Maintenant, étudiez le lexique qui précède l'article «18–25 ans; une génération sacri-fiée». Lisez chaque mot à haute voix, la définition et l'exemple. Essayez de donner une réponse personnelle aux questions. Répondez toujours par une phrase complète.

L E S J E U N E S

En quoi les choses
sont-elles restées les mêmes
depuis 1968?
En quoi ont-elles changé?

Étude du lexique

Une bonne connaissance du vocabulaire suivant rendra la lecture de l'article «18–25 ans: une génération sacrifiée» plus facile. En lisant l'article, soulignez (mettez une ligne sous) chaque mot qui se trouve dans le lexique suivant.

Lisez à haute voix chaque mot ou expression, définition et exemple. Employez le mot nouveau ou l'expression nouvelle dans votre réponse à chaque question.

1. **se débrouiller**   se tirer d'une situation difficile, s'arranger pour faire quelque chose

   Il parle français assez bien pour se débrouiller en France.
   Pourriez-vous vous débrouiller en Suisse?

2. **décrocher**   enlever (sens littéral); obtenir (sens figuré et familier)

   Quand on décroche le récepteur téléphonique, on entend la tonalité.
   Comment peut-on décrocher un bon travail?

3. **gâter**   mettre en mauvais état, détruire

   Cette année, l'humidité a gâté nos fruits.
   Pensez-vous qu'on gâte un enfant en lui donnant des cadeaux?

4. **l'avenir** (*m.*)   ≠ passé

   L'avenir est plein d'incertitudes.
   Avez-vous peur de l'avenir?

5. **éviter**   faire en sorte de ne pas rencontrer, empêcher, fuir

   Comme il n'a pas fait ses devoirs, il a évité de rencontrer son professeur.
   Comment peut-on éviter la guerre?

6. **la poubelle**   récipient destiné aux ordures (ce qu'on jette)

   Chaque matin, on met les poubelles sur le trottoir pour être vidées.
   Où mettez-vous la poubelle dans votre chambre?

7. **la pilule**   médicament en forme de petite boule, une tablette, un cachet; *spécialement:* pilule anticonceptionnelle

   La pilule a entièrement changé le rôle de la femme dans la société.
   A quel âge les jeunes femmes commencent-elles à prendre la pilule?

8. **loger**   avoir sa demeure (le plus souvent temporairement); installer, héberger

   J'ai logé un ami pendant sa visite au campus.
   Où logerez-vous quand vous serez à Paris?

9. **un stage**   période d'études pratiques, de formation professionnelle ou de perfectionnement

   Il a fait un stage dans une maison d'exportation.
   Où peut-on faire un stage si on veut travailler pour Disney en France?

10. **le chômage**   inactivité forcée due au manque de travail

Quand on est au chômage, on n'a pas d'argent.
Qu'est-ce qui cause le chômage?

11. **améliorer**   rendre meilleur, plus satisfaisant, perfectionner

Nous voulons améliorer notre logement.
Comment peut-on améliorer son français?

12. **priver**   refuser à quelqu'un ce qu'il espère ou ce dont il a besoin

Les terroristes ont privé les otages de leurs droits.
Que se passe-t-il quand on prive un fumeur de cigarettes?

13. **le taux**   le niveau, la proportion

Quand le taux d'intérêt est trop élevé, on n'achète plus à crédit.
Pourquoi le taux de divorces augmente-t-il?

14. **actuellement**   aujourd'hui, à présent, à l'heure actuelle, au moment présent

Actuellement, le taux de chômage est très élevé en France.
Quels sont les problèmes aux États-Unis à l'heure actuelle?

15. **valoir**   avoir de la valeur; coûter
il vaut mieux   il est préférable

Ses arguments ne valent rien; il perdra le débat.
Il vaut mieux décrocher un bon diplôme.
Pourquoi une maison en Californie vaut-elle plus qu'une maison en Floride?

16. **le résultat**   effet, conséquence ≠ cause

J'espère recevoir de bons résultats à mes examens.
Quels sont les résultats de la révolution technologique?

17. **gratuit**   qui ne coûte rien

L'enseignement est gratuit et obligatoire dans les pays occidentaux.
Si vous prenez l'avion quelles boissons gratuites vous offre-t-on en première
   classe?

18. **un nid**   ce que les oiseaux construisent pour y pondre leurs œufs

Une colombe a fait son nid sous notre toit.
Où les oiseaux construisent-ils leurs nids?

19. **un copain, une copine** (*fam.*)   un ami, une amie, camarade (*m. ou f.*)

Les copains sont très importants pour les Français.
De quoi parlez-vous avec vos copains?

LIRE ET COMPRENDRE

Pour comprendre le passage suivant, il est nécessaire de le lire activement, avec un crayon.

Exercices de prélecture

A. *Prédire le sens du passage*

Regardez rapidement le titre et le paragraphe d'introduction. De qui est-il question dans cet article? De quoi est-il question?

B. *Trouvez les idées principales*

Lisez le premier paragraphe rapidement en entourant les mots (c'est-à-dire en faisant un cercle autour des mots) qui indiquent le sens. Ensuite, soulignez les mots qui ajoutent un sens. Nous allons faire le premier paragraphe ensemble.

«On leur a dit: «Vous ne pensez pas». Et ce fut la «bof génération». On leur a dit: «Travaillez plus». Et ce fut la «boss génération». On leur dit: «Débrouillez-vous». Voici le temps de la génération galère. Décrocher le bon diplôme, éviter les filières poubelles, trouver un job, tenir un rôle».

En considérant les mots encerclés et soulignés, quelle est l'idée principale du paragraphe?

Maintenant, faites le deuxième paragraphe vous-même. Continuez votre lecture rapidement. Ensuite, relisez tout l'article sans consulter un dictionnaire.

C. *Devinez le sens des mots inconnus*

En étudiant le contexte, pourriez-vous deviner le sens des mots en italique?

1. La société est en crise, parce qu'un nombre *croissant* de jeunes obtiennent un emploi sans avenir.
   a. qui diminue   b. qui augmente   c. inchangé
2. Un travail à temps partiel est d'habitude mal *rémunéré.*
   a. considéré   b. vu   c. payé
3. Les étudiants qui peuvent *entassent* frénétiquement les diplômes.
   a. accumulent   b. cherchent   c. montrent
4. La famille est toujours là pour *compenser* les ennuis de ses enfants.
   a. contre-balancer   b. causer   c. comprendre

D. *Mobilisez vos connaissances*

Quels sont les problèmes des jeunes Américains? Pensez-vous que ce soient les mêmes problèmes que ceux des jeunes Français? Comment est-ce que le chômage affecte les jeunes Américains? Croyez-vous qu'on sacrifie votre génération?

Maintenant, lisez l'article suivant deux fois avant de répondre aux questions de la section *Vérifiez votre compréhension*.

18–25 ans: une génération sacrifiée

Agnès Baumier et Sylvie Perez

Plus gâtés, mais plus stressés; plus libres, mais moins autonomes; plus studieux, mais moins sûrs de l'avenir...Les enfants de la crise en sont aussi les perdants. Leurs parents s'en sont bien sortis.

On leur a dit: «Vous ne pensez pas.» Et ce **fut** la «**bof** génération». On leur a dit: «Travaillez plus.» Et ce fut la «boss génération». On leur dit: «Débrouillez-vous.» Voici le temps de la génération **galère**. Décrocher le bon diplôme, éviter les **filières** poubelles, trouver un job, tenir un rôle. A 20 ans,
5   la vie n'est pas un long fleuve tranquille.[1] [. . .]

   Malheureux, les jeunes? Jamais ils n'ont été aussi gâtés. Des **baladeurs**, des compacts, le monde merveilleux de la consommation s'est **mis** à leurs pieds. Leurs parents les adorent tellement qu'ils les gardent plus longtemps. Ils ont leur culture (le rock), leurs films («Le Cercle des poètes disparus»),
10   leurs stars (Prince). Ils ont plus de liberté, de maturité, d'énergie. Alors, le problème? Ils ne sont pas autonomes. Hyperprotégés par papa-maman, ou **ballottés** de TUC en ANPE,[2] «ils ne deviennent économiquement adultes que très tard, **parfois** à 30 ans.

   [. . .] Mais même l'amour a changé. L'insouciance de la génération pilule
15   n'est plus **de mise**. Le **sida** est passé par là. «Les jeunes n'ont pas l'impression que la menace s'adresse à eux individuellement, mais qu'elle est collective, comme celle sur l'environnement», estime Françoise Héritier-Augé, professeur au Collège de France et présidente du Conseil national du sida. Voilà en tout cas une génération marquée par l'inquiétude.
20   [. . .] De l'école à la retraite, la vie **aura coulé** doucement pour la génération des parents: pour travailler (pas de chômage), pour se loger (du crédit pas cher), pour s'aimer (la pilule sans le sida).

was / interjection exprimant l'indifférence

bateau manié par des condamnés / formations professionnelles

walkmen

placé

poussés dans un sens et dans l'autre/quelquefois

recommandée / syndrome d'immuno-déficience acquise

sera passée

---

[1]Jeu de mots sur le nom d'un film français récent «La Vie est un long fleuve tranquille».

[2]TUC   Travaux d'utilité collective; ANPE   Agence nationale pour l'emploi.

Les jeunes Français se réunissent à la terrasse d'un café pour discuter. C'est un lieu de rencontre populaire dans toute la France.

Elle s'annonce autrement pour leurs enfants! [. . .]

—Les gagnants: les retraités jeunes et vivant en couple. [. . .]

25 —Les perdants: les retraités les plus âgés (non touchés par l'amélioration des retraites), les femmes seules, les ouvriers non qualifiés et, enfin, les jeunes. [. . .]

Stages rémunérés, contrats à durée déterminée, **intérim** ont été le **lot** d'une fraction croissante des jeunes. L'explication est simple: le chômage et

30 la désinflation—qui ont profondément marqué ces dix dernières années— ont fait surtout des victimes chez les moins âgés.

travail temporaire / destin

Le chômage, l'inégalité la plus injuste, les prive de ressources, d'autonomie, d'identité. Il n'y a pas de quoi **pavoiser:** la France est l'un des pays industrialisés où le taux de chômage des moins de 25 ans est le plus

35 fort. Actuellement, il touche 17% des garçons et 23% des filles. [. . .]

être fier

Alors, sortir avec le bon diplôme est devenu vital. [. . .]

Aujourd'hui, 40% d'une génération décroche le **bac.** Mais que vaut un bachelier? Il y a trente ans, il pouvait devenir instituteur, et il était quelqu'un. Maintenant, il faut un Deug.[3] Ceux qui le peuvent entassent frénétiquement

40 les titres. Pour un résultat incertain. [. . .]

baccalauréat

Et la famille? Ouf! Elle est là, protectrice et généreuse. Comme pour compenser. C'est bien naturel: assurés de leur retraite par la collectivité, les parents peuvent aider leurs enfants. [. . .]

Aujourd'hui, 53% des 20—24 ans résident chez leurs parents, pour 45%

45 en 1982. On cohabite plus. Mais cette promiscuité prolongée est-elle vraiment saine? «Les enfants n'apprennent pas leur autonomie et les parents doivent endurer la vie à 3 ou à 4 sur le même territoire», constate Bruno Ribes, de l'Institut de l'enfance et de la famille. La maison ressemble souvent

[3]Diplôme d'études universitaires générales.

plus à un hôtel gratuit où l'on **se croise** qu'à un nid **douillet** où l'on s'adore.   se voit / doux
50 «Les conflits de générations n'ont pas disparu, mais on les évite en ne par-
lant pas de ce qui fâche», affirme Louis Roussel, conseiller scientifique à
l'Institut national d'études démographiques. [. . .]

Emmanuel, en informatique[4] à Orsay, **s'indigne:** «Mon frère a 28 ans, il   se fâche
est en médecine et habite encore à la maison. Mes parents en ont **marre.**»   (*fam.*) assez
55 **Lui a plié bagage,** son bac en poche, pour vivre avec sa copine. Rare audace.   Emmanuel est parti
Résultat: quatre ans pour passer son Deug, des dettes, plus de sport, plus de
musique, plus de vacances. Le prix de la liberté. [. . .]

L'Express, 29 juin 1990, pp. 29–36

Vérifiez votre compréhension

A. Marquez chaque affirmation qui suit *vraie* ou *fausse.* Si elle est fausse, corrigez-la.

1. Les jeunes Français veulent décrocher un bon diplôme.
2. Pourtant, les jeunes ne veulent pas travailler.
3. Le problème des jeunes est qu'ils manquent de maturité.
4. Ils sont surprotégés par leurs parents.
5. La génération des parents a souffert aussi.

B. Complétez les phrases suivantes en consultant l'article.

1. Si les gagnants sont les retraités jeunes et vivant en couple, les perdants
sont . . .
2. Le chômage et la désinflation ont fait des victimes chez . . .
3. La France est un des pays industrialisés où le taux de chômage . . .
4. Actuellement, 53% des 20–24 ans résident . . .
5. Les conflits des générations n'ont pas disparu, mais . . .

À votre avis

Préparez les questions suivantes avec un(e) ou deux camarades pour discuter en
classe.

1. Discutez des problèmes qui se posent aux jeunes de nos jours. Quels problèmes existent actuellement pour les jeunes de 18–25 ans? Selon vous,
qu'est-ce qui cause ces problèmes?
2. Quels problèmes aurez-vous après vos études? Quelle profession aimeriez-
vous exercer? Pensez-vous pouvoir vous débrouiller sans l'aide de vos
parents? Est-il possible que vous logiez chez vos parents après vos études?

[4]Science de l'information; ensemble des techniques de la transmission et de l'utilisation des informations
traitées automatiquement et mis en oeuvre sur ordinateurs.

3. Qu'est-ce que c'est qu'un enfant «gâté»? Les Américains sont-ils plus gâtes que les Européens? Comment est-ce que la société de consommation gâte les jeunes?
4. Demandez à vos camarades quelle sorte de société ils souhaitent pour leurs enfants. Êtes-vous d'accord avec eux? À votre avis, qu'est-ce qui manque à votre société?
5. Demandez à vos camarades ce qui leur fait le plus peur pour les années à venir. Comparez vos peurs à celles de vos camarades. Craignez-vous les mêmes choses?

Débat

Quelles sont les richesses que les années 90 offrent aux jeunes? Est-ce que tous les jeunes du monde peuvent en profiter? Pourquoi?

Petit écrit

Écrivez un paragraphe sur la question suivante: De quoi avez-vous peur pour les années qui viennent?

GRAMMAIRE

Le présent de l'indicatif

Dans cette section, nous allons réviser l'emploi et la formation du présent de l'indicatif. Remarquez l'emploi idiomatique suivant du présent.

1. OBSERVEZ —**Depuis combien de temps est**-elle au chômage?
(On demande la durée.)
—Elle **est** au chômage **depuis** 5 mois.
—**Il y a** 5 mois **qu'**elle **est** au chômage.
—**Voilà** 5 mois **qu'**elle **est** au chômage.
—**Cela fait** 5 mois **qu'**elle **est** au chômage.
(Ces quatre phrases ont le même sens.)
—**Depuis quand sont**-ils mariés?
(On demande le point de départ.)
—Ils sont mariés **depuis 1989.**

ATTENTION! Dans l'usage courant, ces nuances tendent à se perdre.

ANALYSE On emploie *le présent* avec les expressions en caractères gras pour indiquer *une action commencée dans le passé mais qui continue* *dans le présent.* L'expression **depuis combien de temps** met l'accent sur la longueur de temps que dure l'action, tandis que l'expression **depuis quand** met l'accent sur le point de départ de l'action. Avec **depuis quand,** on demande *à quel moment* (plus ou moins précis) dans le passé l'action a commencé.

REMARQUES   Ne confondez pas les deux phrases suivantes:

- **Il y a** quelques jours **que** je connais ce garçon.
  (L'action a commencé dans un passé récent et continue dans le présent, donc on emploie le présent.)
- **Il y a** quelques jours, j'**ai vu** mon ami.
  (Pour marquer un moment dans le passé, on emploie le passé composé.)

2. OBSERVEZ   Si vous **constatez** une erreur, dites-le-moi.
    S'il **a** un magnétoscope, je lui donnerai une vidéocassette pour sa fête.
    Si je n'**ai** pas de devoirs, je vais au cinéma.

    ANALYSE   Dans les phrases avec **si** (conjonction de condition), employez le présent si la proposition[5] principale est à l'impératif, au futur ou au présent.

3. OBSERVEZ   Ce soir, nous **allons** au cinéma.
    C'est décidé, l'année prochaine, on **va** au Maroc.

    ANALYSE   On peut employer le présent pour une action future.

TABLEAU DES VERBES RÉGULIERS

Premier groupe

-er   poser une question

je pose	nous pos**ons**
tu pos**es**	vous pos**ez**
il	ils
elle } pose	elles } pos**ent**

D'autres verbes en -er
jouer (d'un instrument)
étudier (le français)
regretter (le temps passé)
rencontrer (un ami)
travailler (dur)
porter (un beau costume)
éviter (un problème ou une personne)
fermer (la radio)
arriver (à l'heure)
améliorer (son français)
décrocher (un travail)
loger (chez un copain)

[5]Rappel: une proposition consiste en un sujet, un verbe et un complément.

Deuxième groupe

-ir   réfléchir sur un problème

je réfléchis	nous réfléchissons
tu réfléchis	vous réfléchissez
il elle } réfléchit	ils elles } réfléchissent

D'autres verbes conjugués ainsi
choisir (un cadeau)
finir (un travail)
applaudir (un acteur)
accomplir (une tâche)
obéir (à ses parents)
établir (un horaire)
grandir (vite)
remplir (ses obligations)
réussir (à un examen)

Verbes irréguliers en -ir

-ir   servir un repas

je sers	nous servons
tu sers	vous servez
il elle } sert	ils elles } servent

D'autres verbes conjugués de la sorte
sortir (de la maison)
partir (à la campagne)
dormir (profondément)
mentir (à ses parents)
sentir (un parfum)
suivre[6] (un cours)

Troisième groupe

-re   perdre patience

je perds	nous perdons
tu perds	vous perdez
il elle } perd	ils elles } perdent

D'autres verbes conjugués de la sorte
descendre (de sa chambre)
défendre (ses idées)
entendre (un oiseau)
répondre (à une question)
vendre (son auto)
attendre (l'autobus)
tendre à (faire quelque chose)
rendre (son livre à la bibliothèque)
se rendre compte de (quelque chose)

TABLEAU DES VERBES QUI PRÉSENTENT DES CHANGEMENTS ORTHOGRAPHIQUES

1. amener (un ami chez soi)

j'amène	nous amenons
tu amènes	vous amenez
il elle } amène	ils elles } amènent

D'autres verbes conjugués ainsi
mener (une vie réglée)
emmener (un ami à la fête)
ramener (quelqu'un chez lui)
acheter (un cadeau)
lever (le store)
geler
modeler (une poterie)

[6]**Suivre** et **poursuivre** se terminent en **-re** mais se conjuguent comme **servir**.

cette vie déréglée, je serai aussi content que tes parents. Ils _____ (craindre) ton échec à l'école, ils se _____ (plaindre) de ta frivolité et ils ne _____ (comprendre) pas pourquoi tu _____ (envoyer) si peu de lettres. _____ -tu (pouvoir) me l'expliquer? Tu _____ (rire) ? Tu _____ (être) impossible, mais tu _____ (être) tout de même mon ami et je _____ (devoir) essayer de te comprendre. Il _____ (falloir) faire un effort pour t'améliorer!

D. Complétez les phrases suivantes de façon imaginative.

1. On constate que les jeunes Français . . .
2. Pour se débrouiller dans la vie, il faut . . .
3. Quand on est au chômage, on . . .
4. Je voudrais faire un stage . . .
5. Pour moi, l'avenir . . .
6. Mes copains et moi, nous . . .
7. Ce qui me fait le plus peur, c'est . . .
8. Pour améliorer son français, il vaut mieux . . .
9. Si vous avez un ordinateur, . . .
10. J'ai vu des nids . . .

E. Maintenant, mettez-vous deux par deux et discutez le problème suivant.

Vous voulez inviter un(e) ami(e) à la maison, mais votre mère s'y oppose en vous donnant ses raisons. Vous cherchez à la convaincre en trouvant une réponse à chacune de ses raisons.

L'impératif

Ne parle pas!	**Jouons** au tennis!
Amène tes amis!	**Faisons** de la musique!
Regardez cette tenue!	**Dînons!**
Soyez raisonnables!	**Va** à la boulangerie!

L'impératif exprime un ordre, un conseil. La première personne du pluriel exprime une invitation à faire quelque chose ensemble.

Utiliser avec précaution.	Ne pas **se pencher**
Battre les blancs d'œufs.	par la fenêtre.

Pour indiquer des directives à suivre (recettes de cuisine, mode d'emploi) on emploie l'infinitif.

TABLEAU DE L'IMPÉRATIF

Impératif = indicatif présent (sans **-s** à la 2ᵉ personne du singulier pour tous les verbes dont l'infinitif se termine en **-er**[8]). D'autres verbes suivent cette règle aussi: **cueillir, offrir, ouvrir, souffrir, couvrir,** etc.

(tu parles)
(nous parlons)
(vous allez)

Parle!	Ne parle pas!
Parlons!	Ne parlons pas!
Allez-y!	N'y allez pas!

Exception: Vas-y, penses-y, parles-en![8]

Verbes des autres groupes

finir
vendre
sortir
voir
venir
dire
faire

Finis!	Finissons!	Finissez!
Vends!	Vendons!	Vendez!
Sors!	Sortons!	Sortez!
Vois!	Voyons!	Voyez!
Viens!	Venons!	Venez!
Dis!	Disons!	Dites!
Fais!	Faisons!	Faites!

ATTENTION!   être
avoir
savoir

Sois!	Soyons!	Soyez!
Aie!	Ayons!	Ayez!
Sache!	Sachons!	Sachez!

Pourriez-vous employer l'impératif correctement?

Exercices

A. En employant les verbes suivants, donnez des conseils à un(e) étudiant(e) qui veut bien travailler. Servez-vous de l'impératif à la 2ᵉ personne du pluriel *(employez vous).* Ex.: Travaill*ez* bien!

écouter le professeur
prendre des notes
étudier les leçons avec soin
recopier les corrections
apprendre les verbes
ne pas sortir le soir pendant la
    semaine
ne pas trop boire
manger modérément

dormir huit heures chaque nuit
faire un plan de travail
avoir du courage
avoir de la patience
choisir ses buts avec soin
réfléchir avant d'écrire
être toujours préparé pour ses
    cours

[8]La 2ᵉ personne du singulier de l'impératif de tous les verbes en **-er** prend un **s** final (prononcé [z]) devant les pronoms **en** et **y: Manges-en!,** mais **Mange!; Va** au magasin!, mais Va**s**-y!

B. En vous appuyant sur les suggestions précédentes, donnez les mêmes conseils à un(e) bon(ne) ami(e) *(employez tu)*. Ex.: Travaille bien!

C. Maintenant, invitez quelques amis à travailler avec vous *(employez nous)*. Ex.: Travaillons bien!

D. Écrivez la recette de cuisine pour un pouding au riz «grand-mère» *(employez tu)*.

Cuire le riz, mais pas complètement. Mélanger le riz avec un œuf battu, du beurre, du sucre et une cuillerée de vanille. Beurrer un plat allant au four. Verser le mélange dans le plat. Cuire le mélange au four à 200° C (392° F) jusqu'à consistance ferme. Servir chaud avec du lait ou de la confiture.

Le futur proche ou immédiat

OBSERVEZ   Que **vas-tu faire** cette année?
Je **vais partir** pour l'étranger l'été prochain.

ANALYSE   Pour marquer une action qui aura lieu dans un avenir proche, on emploie le présent du verbe **aller** + *l'infinitif.*

ATTENTION!   L'intention du locuteur d'accomplir l'action est, en général, ce qui distingue ce temps du futur simple.

EXEMPLE: Je vais partir. = J'ai *l'intention de* partir.

Le passé récent

OBSERVEZ   Il **vient d'arriver** avec son ami.
Nous **venons de rencontrer** ma copine.
Ils **viennent d'acheter** un vélo.

ANALYSE   Pour marquer une action qui s'est passée il y a peu de temps (récemment), on emploie le présent de **venir** + **de** + *l'infinitif.*

Le futur proche et le passé récent sont très utiles pour parler des actions de tous les jours.

Exercices

A. Imaginez que vous êtes malade et qu'un ami est là pour vous soigner. Demandez-lui de faire certaines choses pour vous. L'ami répond qu'il va le faire.

MODÈLE: *ouvre* la radio, s'il te plaît
Oui, je vais l'ouvrir.

1. *éteindre* la lumière, s'il te plaît
2. *allumer* la petite lumière à côté du lit

3. *fermer* la radio
4. *vous lire* une histoire
5. *vous faire* un bouillon de poulet
6. *vous apporter* un autre oreiller
7. *ne pas partir*
8. *rester* auprès de vous
9. *ne pas parler* trop fort
10. *aller* chercher le Scrabble
11. *jouer* au Scrabble avec vous
12. *vous laisser* dormir maintenant

B. Vous projetez une semaine à Paris. En vous servant des suggestions suivantes, dites ce que vous allez faire.

1. descendre dans une auberge de jeunesse
2. boire un coup au café
3. visiter le Louvre
4. voir la Tour Eiffel
5. manger au restaurant
6. acheter des disques français
7. flâner dans le Quartier Latin
8. prendre un bateau sur la Seine
9. visiter Beaubourg
10. envoyer des cartes postales à ma famille

C. Vous recontrez un(e) ami(e) pendant votre voyage. Décidez de ce que vous allez faire ensemble.

D. Vous organisez une fête pour célébrer l'anniversaire de votre amie Caroline. Dites à chacun ce qu'il doit faire.

> MODÈLE: acheter les bougies / Marianne
> Marianne va acheter les bougies.

1. faire le gâteau / je
2. mettre le couvert / vous
3. acheter les fleurs / Daniel
4. téléphoner à Yvette / Jeanne et Sara
5. inviter les Bouchard / je
6. préparer la glace / Lise et moi, nous
7. fermer la lumière / tu
8. être prêt pour 8 heures / tout le monde
9. crier «Bon Anniversaire!» / tous

E. Vous vous réunissez à 7h30 le soir de la fête pour vérifier si tout est prêt.

MODÈLE: acheter les bougies / Marianne
Marianne vient d'acheter les bougies.

1. faire le gâteau / je
2. mettre le couvert / vous
3. acheter les fleurs / Daniel
4. téléphoner à Yvette / Jeanne et Sara
5. inviter les Bouchard / je
6. préparer la glace / Lise et moi, nous
7. voir Caroline / ma mère
8. monter l'escalier / Caroline
9. sonner à la porte / elle

F. Vous rencontrez un ami au restaurant universitaire. Dites-lui ce que vous venez de faire et qui vous venez de voir. Ensuite, il vous raconte ce qu'il vient de faire et qui il vient de voir.

redoubler une classe	refaire la même année de scolarité à cause d'un échec
orientation	En France, un élève est orienté vers le baccalauréat ou vers la formation professionnelle à partir de 15 ans.
viré	chassé, renvoyé

Les adultes pensent souvent que les jeunes mènent une vie de plaisir et de loisir. Quelles sont les préoccupations du jeune garçon dans le dessin ci-dessus? Et vous? Quelles sont vos préoccupations?

Étude du lexique

Voici des mots utiles pour la lecture du passage littéraire qui suit. Lisez à haute voix chaque mot ou expression, définition et exemple. Donnez une réponse à chaque question en employant le mot nouveau ou l'expression nouvelle.

1. **jouer d'un instrument de musique**

   Daniel joue du piano et de la guitare.
   Jouez-vous d'un instrument de musique? De quel instrument jouez-vous?

   jouer à un jeu, jouer à un sport

   Je n'aime pas jouer aux cartes. Tu veux jouer au tennis?

2. **un accueil**   manière de recevoir, de traiter quelqu'un

   Le public a fait un accueil enthousiaste à ce film.
   Vos parents font-ils bon ou mauvais accueil aux amis que vous invitez chez vous?

3. **avoir du bon et du mauvais**   avoir un côté positif et un côté négatif

   La relation entre Marc et son amie a du bon et du mauvais.
   Que peut-on dire des rapports familiaux?

4. **un soupir**   respiration forte occasionnée par une émotion
   soupirer   pousser des soupirs

   —Qu'elle est belle! soupire Daniel.
   Dans quelles circonstances soupirez-vous?

5. **supporter**   tolérer, endurer

   Elle ne supporte pas les questions indiscrètes de son ami.
   Qu'est-ce que vous ne supportez pas? la chaleur? les insectes? les serpents? les enfants qui pleurent?

6. **amener**   accompagner quelqu'un à un endroit

   Mon frère amène souvent ses amies chez nous. Qui amenez-vous chez vous?

7. **avertir**   annoncer, informer quelqu'un de quelque chose

   Avertis-moi, si tu trouves mon porte-monnaie.
   Dans quelles circonstances avertissez-vous vos parents?

8. **s'attacher à**   prendre de l'attachement pour quelqu'un ou quelque chose

   Les jeunes s'attachent rapidement à leurs camarades.
   Vous attachez-vous facilement à une personne du sexe opposé?

9. **se brouiller (avec quelqu'un)**   se fâcher contre lui, cesser d'être amis

   Elles se sont brouillées à cause d'un garçon.
   Dans quelles circonstances vous brouillez-vous avec un(e) ami(e)?

10. **s'inquiéter (de quelqu'un ou de quelque chose)**   se faire du souci, s'alarmer

   Ne t'inquiète pas, je te téléphone ce soir.
   Nous nous inquiétons de notre fille.
   Quand vous inquiétez-vous?

11. **une tenue**   manière dont une personne est habillée

   Elle est en tenue de sport, mais ce soir, elle sera en tenue de soirée parce qu'elle va à l'opéra.
   Et vous? Changez-vous de tenue pour sortir le soir? Que mettez-vous?

12. **oser**   avoir le courage, essayer quelque chose avec audace

   Il n'ose pas me demander de sortir avec lui.
   Osez-vous parler à une personne intéressante que vous voyez pour la première fois?

LIRE ET COMPRENDRE

La Maison de papier

Françoise Mallet-Joris

Romancière française d'origine belge, Françoise Mallet-Joris est née en 1930 à Anvers. Elle passe son enfance en Belgique, puis séjourne en Amérique pendant deux ans et y finit ses études avant de se fixer en France. Elle fait son début littéraire très remarqué avec Le Rempart des Béguines *(1951) où elle étudie l'âme adolescente face au monde des adultes. Les personnages de ce livre poursuivent leur aventure dans* La Chambre rouge *(1955). D'autres romans et nouvelles suivent. En 1970,* La Maison de papier *paraît et Françoise Mallet-Joris est élue à l'Académie Goncourt.*

Dans le passage suivant, extrait de La Maison de papier, *la narratrice présente son fils Daniel, qui a 20 ans. Qu'est-ce qui caractérise le comportement d'une personne de son âge selon le texte? Connaissez-vous des gens qui lui ressemblent?*

Exercices de prélecture

A.   *Prédire le contenu du passage*

   1. Qu'est-ce que vous savez déjà sur le passage? Qui en est l'auteur? Quelle sorte d'auteur est-ce? Est-il question de faits, d'opinion ou de fiction? Est-ce un poème, une pièce de théâtre ou un roman?
   2. Lisez rapidement les sous-titres et la première phrase de chaque paragraphe. Pouvez-vous prédire le contenu du passage?

B. *Trouvez les idées principales*

Maintenant, lisez le premier paragraphe sans consulter le dictionnaire, et encerclez les mots qui indiquent le sens du passage. Quelles sont les idées principales?

C. *Devinez le sens des mots inconnus*

Soulignez les mots inconnus dans le premier paragraphe et à la deuxième lecture, essayez de deviner leur signification en considérant

1. leur fonction grammaticale: verbe, nom, adjectif, etc.;
2. la structure du mot;
3. leur ressemblance avec l'anglais ou avec un autre mot français que vous connaissez déjà; et
4. le contexte.

D. *Mobilisez vos connaissances*

Qu'est-ce qui caractérise les jeunes de 20 ans? Comment s'habillent-ils? Comment se coiffent-ils? Qu'est-ce qu'ils aiment?

En lisant l'extrait de *La Maison de papier,* marquez les mots qui se trouvent dans le lexique qui précède.

Jeunes filles

Daniel amène **parfois** des jeunes filles à la maison. Elles font de la musique, dînent, regardent la télévision avec nous, puis leurs visites **s'espacent,** elles disparaissent. Nous les regrettons. Sur la première apparition nous **échafaudons** toujours un roman. Où l'a-t-il rencontrée? Joue-t-elle d'un instrument?
5 Chante-t-elle? Aime-t-elle les enfants? Devant une **chevelure** blonde, Pauline s'écrie: «Est-ce que tu es enfin fiancé, Daniel?»

Daniel trouve qu'un si cordial accueil a du bon et du mauvais. C'est que si nous le suivons avec ardeur dans ses **emballements, nous nous déprenons** moins vite. Nous avons pleuré deux Michèle, une Marianne, une Fanny.
10 Simone nous a consolés, nous n'aimions pas Pascale. Sara nous plaisait beaucoup, nous aurions voulu la connaître mieux.

—Et pourquoi tu ne la vois plus, Jeannine? soupire Pauline. On l'aimait bien, nous...

Daniel supporte notre intérêt avec patience. Cependant, depuis quelque
15 temps, quand il amène une jeune fille à la maison, il m'avertit:

—Ne t'attache pas, hein? Ce n'est pas sérieux. Pas de sentiment!

Daniel:

—Je n'ose plus amener mes amies à la maison, parce que vous les recevez si cordialement qu'après, quand je veux me brouiller, je ne peux pas.

de temps en temps
deviennent plus rares
construisons

les cheveux

enthousiasme
irréfléchi / nous
détachons

Étudiantes en art d'une école secondaire à Paris

Papa

20 Papa **émet** quelques doutes sur la longueur des cheveux de Daniel. Mais au   exprime
fond cela n'est pas grave. Daniel a mille mérites que sa chevelure cache
peut-être aux yeux de certains, mais pas aux nôtres. On pourrait s'inquiéter
des phases par lesquelles il est passé (bijoux, saxophone, rentrées tardives,
tenues bizarres) mais il a quelque chose, à travers toutes les excentricités, de
25 solide et de rassurant. Quoi? Je cherche, papa trouve.
    —Il n'est pas raisonnable, dit-il, mais il est sérieux. Je trouve toute une
philosophie de la vie dans cette définition.

Extrait de Françoise Mallet-Joris, *La Maison de papier* (Paris: Bernard Grasset, 1970), pp.
136, 138

Vérifiez votre compréhension

1. Quel âge a Daniel? Dans quelle mesure son comportement est-il typique d'une personne de cet âge?
2. Qui amène-t-il chez lui? Que font-elles?
3. Quelles questions la famille pose-t-elle à propos des jeunes filles? Pourquoi pose-t-elle ces questions?
4. Quelle est la réaction de Daniel au bon accueil fait à ses amies?
5. Quelle est l'attitude de Daniel devant les questions de sa famille?
6. Quelle est l'attitude de Daniel envers les jeunes filles?
7. Pourquoi n'ose-t-il plus amener ses amies à la maison?
8. Décrivez Daniel. Par quelles phases est-il passé?
9. Quel jugement le père porte-t-il sur son fils?
10. Connaissez-vous des jeunes comme Daniel? Êtes-vous pareil(le)? En quoi êtes-vous différent(e)?

Résumé

En vous servant des questions suivantes comme guide, faites un résumé du passage *La Maison de papier*. Attention! Ne copiez pas des phrases du texte. Essayez plutôt de paraphraser le passage.

De quoi est-il question? Qui est Daniel et qu'est-ce qu'il fait? Quels sont les rapports entre sa famille et ses amies? Pourquoi n'aime-t-il pas que sa famille accueille si bien ses amies? Par quelles phases est-il passé? Que pense son père?

EXPRESSION ÉCRITE

L'apprentissage et l'amélioration du français passent à travers l'expression écrite. Il faut pouvoir exposer une idée, la défendre, la comparer. L'étudiant(e) va vouloir exprimer un point de vue, le justifier, convaincre le lecteur (celui qui lit) de changer d'avis.

Dans la rédaction (écriture) scolaire, on appelle cet exercice une *dissertation*.

Pour écrire une dissertation organisée, il est nécessaire de faire un plan. En général, la composition française demande trois parties: une introduction (on présente le sujet), un développement (on donne le pour et le contre de l'idée présentée et on choisit entre les deux), et une conclusion (on répond clairement au problème posé par l'introduction).

Mais d'abord, il faut choisir une question. *Puis,* il faut décider si vous êtes *pour* ou *contre,* d'accord ou pas d'accord avec l'opinion énoncée. Allez-vous défendre l'opinion énoncée ou allez-vous donner une opinion contraire? *Ensuite,* étudiez les *Articulations logiques* et les *Expressions utiles* des tableaux ci-dessous. Elles vous aideront à présenter et à développer votre sujet. *Par la suite,* faites une liste des arguments *pour* et des arguments *contre.* Exemple: vous choisissez la question suivante:

Il est dangereux de ne pas s'intéresser à la politique.

Supposez que vous êtes d'accord avec cette opinion.

Articulations logiques

1	2	3	4
D'abord	ensuite	de plus	enfin
Tout d'abord	puis	en outre	en résumé
Primo	secundo	tertio	tout compte fait

Expressions utiles

Aujourd'hui, il est fortement question de De nos jours, on parle beaucoup de + *nom*	Par contre, en revanche Toutefois + *proposition*
Il est exact que + *proposition* Il est vrai que On peut dire que + *proposition*	Mais + *proposition* Cependant + *proposition* Il faut cependant noter que + *proposition*
Tout en admettant l'importance de + *nom*	il convient d'examiner aussi
Certains {affirment que + *proposition* {soutiennent que	Mais sait-on que + *proposition* N'oublions pas que + *proposition*
Tout en reconnaissant + *nom*	Il faut dire aussi que + *proposition*
S'il est vrai que + *proposition* On pourrait penser que + *proposition*	Néanmoins

Arguments pour et contre:

contre

1. Plus ça change, plus c'est la même chose.

2. La première responsabilité qu'on a, c'est envers soi-même.

pour

1. Les jeunes peuvent changer beaucoup de choses en votant avec intelligence.

2. Ne pas s'intéresser à la vie de son pays, c'est une preuve d'irresponsabilité. L'égoïsme peut détruire le pays.

3. La politique est une perte de temps, on peut faire confiance aux experts.

3. Si l'on ne sait pas ce qui se passe, les autres décideront pour nous.

En écrivant un brouillon (une première version) de votre dissertation, présentez en premier les arguments que vous voulez réfuter.

Exemple de dissertation

Titre	**Il est dangereux de ne pas s'intéresser à la politique**
Présentation du sujet	De nos jours, beaucoup de jeunes ne s'intéressent pas à la politique. Ils préfèrent faire du sport, aller au cinéma ou écouter de la musique.
1er argument de l'adversaire *Votre 1er argument pour*	**D'abord,** certains jeunes soutiennent que la politique n'est pas importante, parce que plus ça change, plus c'est la même chose. **Il faut cependant noter que** chaque année, des millions de jeunes entre 18 et 21 ans ont le droit de voter et en votant avec intelligence, ils peuvent changer beaucoup de choses.
2e argument contre *Votre 2e argument*	**Ensuite, certains affirment que** la première responsabilité qu'on a, c'est envers soi-même. **Tout en reconnaissant** l'importance de cette responsabilité personnelle, n'oublions pas que ne pas s'intéresser à la vie collective de son pays est une preuve d'irresponsabilité. Nous vivons en société, et l'égoïsme peut la détruire.
3e argument contre *Votre 3e argument* *Résultat*	**De plus, on peut dire que** la politique est une perte de temps et que l'on peut faire confiance aux experts, **mais sait-on que** si on ne sait pas ce qui se passe en politique et qu'on ne vote pas, ou qu'on vote n'importe comment, les autres décideront pour nous? Si nous permettons aux autres de décider à notre place, nous risquons l'arrivée d'une dictature!
Conclusion	**Enfin,** il est évident par les arguments précédents qu'il est dangereux de ne pas s'intéresser à la politique.

Voici maintenant une liste de questions que vous pouvez traiter. Choisissez-en une et dites si vous êtes d'accord ou si vous n'êtes pas d'accord. Ensuite, étudiez encore une fois les tableaux d'expressions précédentes. Puis, faites une liste des arguments *pour* et *contre.* Bonne chance! Commençons!

1. Les jeunes sont trop matérialistes.
2. Les jeunes sont égoïstes.
3. Actuellement, les jeunes ont plus de problèmes que pendant les années 60.
4. Il vaut mieux vivre chez ses parents que tout seul quand on est étudiant.
5. La génération actuelle est plus gâtée que celle de leurs parents.

M ISE EN ŒUVRE

Sujets de discussion

Préparez les sujets suivants pour en discuter en classe.

1. En quoi le monde a-t-il changé depuis que vos parents étaient jeunes? Ces changements sont-ils plutôt positifs ou plutôt négatifs?
2. Pourquoi les jeunes Français sont-ils en général plus au courant de ce qui se passe dans le monde que les jeunes Américains? Qu'en pensez-vous? Quand vous discutez avec vos amis, combien de temps passez-vous à discuter des problèmes nationaux ou globaux?
3. Par ordre d'importance, établissez une liste de vos plus grandes peurs pour les années à venir. En quoi votre liste diffère-t-elle de la liste des jeunes Français? Comparez votre liste à la liste de vos camarades de classe.
4. Êtes-vous tout à fait satisfait(e) de la société dans laquelle vous vivez actuellement? Par ordre d'importance, faites une liste des changements que vous voulez voir dans les années à venir. Quels aspects voulez-vous conserver?

Mini-théâtre

Avant de venir en classe, préparez oralement, avec un ou deux camarades de classe, une des scènes suivantes.

1. Un(e) étudiant(e) décide de déménager de chez ses parents, mais il (ou elle) veut emmener son frère (ou sa sœur), qui n'a que 16 ans. Le frère (ou la sœur) veut bien l'accompagner, mais leur mère s'y oppose catégoriquement.
2. Vous amenez un(e) ami(e) du sexe opposé à la maison. Votre sœur commence à lui poser toutes sortes de questions. Vous devez arrêter ces questions avec diplomatie.
3. Vous voulez sortir avec votre camarade, et votre sœur cadette (plus jeune que vous) veut vous accompagner. Vous ne voulez pas. Comment pouvez-vous la convaincre de rester à la maison?
4. Votre copain vient d'avoir ses 18 ans, mais il a décidé de ne pas exercer son droit de vote. Essayez de le convaincre de l'importance du vote.

L E T R A V A I L

En quoi consiste le comique de la situation?

Étude du lexique

Une bonne connaissance du lexique ci-dessous vous aidera à lire le passage suivant plus facilement. Lisez à haute voix chaque mot ou expression, définition et exemple. Employez le mot nouveau ou l'expression nouvelle dans votre réponse à chaque question.

1. **lancer**   jeter, engager *(fig.)*

    Il me lance la balle, et je l'attrape.
    Nous avons lancé un projet audacieux.
    Quels programmes le gouvernement a-t-il lancés récemment?

2. **un entretien**   une conversation, une discussion

    Demain, j'ai un entretien avec le chef d'une entreprise.
    Qu'est-ce qu'il faut dire dans un entretien avec un futur employeur?

3. **se tromper**   commettre une erreur, avoir tort

    Je me suis trompé de numéro de téléphone.
    Que dites-vous à une personne qui téléphone chez vous et qui demande à
       parler à quelqu'un qui n'habite pas là?

4. **un état**   une manière d'être

    Elle est dans un état d'anxiété, d'inquiétude, d'indifférence.
    Dans quel état êtes-vous avant un examen? Et après?

5. **une affiche**   un poster

    Nous venons de mettre des affiches françaises dans la salle de classe.
    Quelles affiches aimez-vous mettre dans votre chambre?

6. **fournir**   donner

    La secrétaire vous fournira les renseignements nécessaires.
    Qu'est-ce qu'une entreprise devrait fournir à un nouvel employé?

7. **se vanter (de)**   exagérer ses mérites

    Il faut mettre en avant ses qualités, sans se vanter.
    Que pensez-vous d'une personne qui se vante de ses possessions?

8. **avoir confiance en**   se fier à

    C'est mon copain; j'ai confiance en lui.
    Quand vous cherchez un emploi, pourquoi faut-il donner l'impression que
       vous avez confiance en vous?

9. **s'apercevoir de quelque chose**   se rendre compte de, comprendre

    L'employé s'aperçoit de ses obligations envers son chef.
    Vous apercevez-vous de vos capacités et de vos limites?

10. **avouer** reconnaître pour vrai

    Après quelques semaines, il m'a avoué son amour.
    Quand vous vous trompez, avouez-vous votre erreur?

11. **il vaut mieux** il est préférable

    Il vaut mieux ne pas se vanter.
    Qu'est-ce qu'il vaut mieux dire quand on veut obtenir un travail?
    Que vaut-il mieux ne pas dire?

12. **se renseigner** obtenir des informations

    Il vaut mieux se renseigner avant de voter.
    Pourquoi vaut-il mieux se renseigner avant d'avoir un entretien avec un futur
       employeur?

13. **mettre au point** préciser, polir, travailler en perfectionnant quelque chose

    Demain, il mettra au point la situation dans laquelle se trouve son entreprise.
    Aidez-vous votre frère ou sœur à mettre au point son projet?

14. **le but** l'objectif

    Le but de la vie varie selon l'individu.
    Quels sont vos buts à l'université? Et après?

15. **quant à (lui, moi, nous)** à (son, mon, notre) avis, selon (lui, moi, nous)

    Quant à elle, son but est d'obtenir un emploi intéressant.
    Et vous? Quel est votre objectif?

LIRE ET COMPRENDRE

Pour comprendre le passage suivant, il est nécessaire de le lire activement, avec un crayon.

Exercices de prélecture

A. *Prédire le sens du passage*

Regardez le dessin humoristique au début de la leçon. Ensuite, lisez le titre et les sous-titres du passage. Pourriez-vous deviner quelles sont les idées qui seront développées dans ce passage? Est-ce un passage de fiction, de faits ou d'opinion?

B. *Trouvez les idées principales*

Lisez le premier paragraphe en encerclant les mots essentiels: verbes et noms. Qu'est-ce que vous apprenez de plus sur la matière de l'article?

C. *Devinez le sens des mots inconnus*

Lisez rapidement la première partie de l'article en soulignant tous les mots inconnus. Essayez de deviner leur sens en considérant leur fonction, leur structure, leur ressemblance avec un mot anglais ou avec un mot français connu, et le contexte de la phrase.

D. *Mobilisez vos connaissances*

Selon vous, que faut-il faire quand on veut obtenir un travail? Qu'est-ce qu'on doit envoyer au futur employeur? Comment faut-il s'habiller si l'on est convoqué pour un entretien avec le patron?

Maintenant, lisez l'article suivant deux fois avant de répondre aux questions de la section *Vérifiez votre compréhension.*

Vendez-vous! Informations pratiques pour ceux qui cherchent un travail

Sophie Osgun

Soyons honnêtes: ce n'est pas facile. Mais il n'y a pas à paniquer **pour autant.** Simplicité, naturel, imagination, sont la clé de la réussite. — pour cela

Vous avez un diplôme superbe et généreux . . . Tous les espoirs vous sont permis. Mais comment réussir victorieusement le **parcours** d'obstacles qui — circuit, itinéraire
5 mène à la première **embauche** dans un monde où l'on vous **rabâche** en non- — le fait d'être employé / répète
stop qu'il faut de l'expérience [. . .]

Votre plan de **campagne** doit porter sur quatre terrains. — activité

Le curriculum vitae — résumé de sa vie professionnelle

Précaution d'emploi: ne vous trompez pas [. . .]. Le but du curriculum vitae
(C.V.) n'est pas de **dénicher** un job du premier coup (il ne faut pas rêver) mais — découvrir, trouver
10 d'obtenir un entretien, [. . .]. Conclusion: le C.V. est votre ambassadeur et il
doit donner envie de **lier** connaissance avec vous. Quant à vous, vous devez — faire
vous lancer dans sa **rédaction** comme dans une campagne de publicité. — composition

Et comment sont les meilleures **pubs**? Courtes et **percutantes.** [. . .] Votre — publicités / frappantes
C.V. doit obligatoirement **afficher** les deux éléments **accrocheurs:** — annoncer / captivants
15 1. *Votre profil,* c'est-à-dire vos diplômes. Mais attention, ne soyez pas ridicule en en faisant trop. Si vous venez en ligne directe de Polytechnique ou
d'un doctorat, inutile de préciser qu'*auparavant* vous avez obtenu le C.E.P.,[1] — avant
[. . .] le bac, etc. [. . .]
2. *Vos résultats,* c'est en quelque sorte un **bilan** de vos activités. Dans — liste
20 n'importe quel domaine intéressant. Si vous avez été héros départemental

[1]C.E.P.—Certificat d'Études Primaires

La transition entre la vie d'étudiant et la vie professionnelle demande du courage et de la patience.

d'**aviron** ou si vous avez passé un ou deux étés aux États-Unis (même **à la plonge**), ça **dévoile** des aspects de votre personnalité. L'important est de fournir des éléments pour vous faire connaître [. . .].

 Voici, selon le *Guide du curriculum vitae*, d'Alain Baden (Fleurus), les six
25 commandements du ***marathon-man de l'embauche.***

- Sachez vous vendre sans vous vanter. [. . .]
- Ne vous diminuez pas et ne **pleurnichez** pas. La sous-estimation n'est pas un signe d'équilibre.
- Offrez vos services, mais ne **mendiez** pas un emploi. Vous devez donner
30 l'impression que vous avez confiance en vous.
- Comprenez ce qu'attend votre futur employeur. Pas pour jouer au **lèche-bottes** mais pour parler le même langage que lui.
- Oubliez ce qui vous **nuit** ou qui peut **ternir** votre image. [. . .]
- Ne laissez pas de vide dans votre C.V.: rien ne semble plus bizarre que de
35 s'apercevoir que, entre 1980 et 1982, vous vous êtes absenté du monde des vivants. Service militaire? Tentative de création d'entreprise? Tour du monde en solitaire et à vélo? Mieux vaut avouer que cacher.

(glossaire)

sport du canotage
as a dishwasher / révèle

celui qui cherche un travail

se plaindre comme un enfant

solliciter humblement

flatteur

fait du mal / rendre moins brillante

La lettre d'accompagnement

Le plus souvent, cette lettre, dans les grandes entreprises, sert à une étude **graphologique.**[2] [. . .] Alors soyez prudent et adaptez-vous à votre future
40 société. Si vous **postulez** auprès d'une banque ou d'une bonne vieille société [. . .], restez classique. Si c'est dans une boîte de pub, où votre créativité jouera le premier rôle, soyez moins strict. [. . .]

    Pas d'écriture qui descend en diagonale (sous-estimation de la personnalité) ni qui monte avec agressivité (surestimation de la même chose) [. . .].

45   [. . .] Le *niveau* général de l'écriture donne le niveau de notre éducation intellectuelle. Il permet de **déchiffrer** notre vie sociale et notre vie relationnelle, comme par exemple dynamisme, vitalité, capacité de réalisation ou, au contraire, tendance à **virer au mollasson.**

de l'écriture
sollicitez un emploi

degré
décoder

devenir apathique

Les tests

Ils **font** encore **fureur** chez les chasseurs de têtes et ils **sèment** stress et
50 angoisse chez les chassés. . . .

    En gros, il y a deux familles:

    • *Les tests d'efficience:* ils sont destinés à savoir comment vous mettez **en œuvre** vos aptitudes et votre logique. [. . .] On va vous mettre en compétition avec le facteur temps. Double but: voir si vous cédez à la panique et
55 perdez ainsi du temps supplémentaire, et surtout comment vous allez mobiliser à la fois la rapidité et la précision qui sont en vous.

    • *Les tests de personnalité:* [. . .] intéressant, dit-on, pour connaître la structure d'une personnalité et, **au-delà,** pour essayer de percevoir votre compétence pour le job offert. En gros, apprenez que les couleurs que vous
60 **direz remarquer** sont l'expression de **votre affectivité,** tandis que les formes sont celles de votre composante intellectuelle.

*excitent des
  passions / causent*

en pratique

plus loin

*indiquerez / vos
  émotions*

L'entretien

[. . .] Vous avez *le* rendez-vous. Comment vous y présenter?

    D'abord, sans improvisation. Renseignez-vous quand même un peu sur votre future société [. . .] et tentez de mettre au point pourquoi, plus qu'un
65 autre, vous êtes fait pour ce job. [. . .]

    • Enfin, n'oubliez pas que le jean peut traumatiser votre futur chef, comme [. . .] le **nœud papillon.** Moralité: soyez brillant dans la sobriété. Et **rabâchez-vous,** jusqu'à en être convaincu, que c'est vous le plus beau et le plus capable. Vous ne mendiez pas un job, vous proposez des services.
70 **Nuance.**

*cravate en forme de
  papillon*
répétez-vous
(il y a une) différence

Extrait du magazine *Le Monde de l'Éducation,* juillet–août 1983, pp. 63–65

[2]En France, votre lettre d'accompagnement peut être écrite à la main.

Vérifiez votre compréhension

Complétez les phrases suivants en consultant l'article.

1. Les quatre éléments qu'il faut considérer dans la recherche d'un travail sont . . .
2. Selon l'auteur, le but du C. V. est de . . .
3. Selon le *Guide du curriculum vitae* d'Alain Baden, il faut . . . , mais il ne faut pas . . .
4. La lettre d'accompagnement sert à . . . En France, il est permis d'écrire une lettre d'accompagnement . . .
5. Une écriture qui descend indique . . . Le niveau général de l'écriture donne . . .
6. Les deux familles de tests que l'on doit souvent subir quand on cherche un emploi sont les tests . . . et les tests . . .
7. On limite le temps pour compléter un test d'efficience pour voir si . . .
8. Quand on est convoqué à un entretien, il ne faut pas porter de . . . ni de . . .

À votre avis

Préparez les questions suivantes avec un ou deux camarades pour en discuter en classe.

1. On compare souvent la vie universitaire à une tour d'ivoire et la vie à l'extérieur de l'université à la «réalité». Pourquoi cette comparaison est-elle si courante? Êtes-vous d'accord? Pourquoi?
2. Comment la vie universitaire prépare-t-elle un étudiant pour les années qui suivent les études? À votre avis, quels sont les buts d'une éducation universitaire? Quelle est la relation entre une éducation et la vie pratique? Un travail payant est-il le seul but d'une éducation? Qu'est-ce que c'est qu'une personne éduquée?
3. En ce qui concerne le marché du travail, est-il possible d'être naturel et en même temps de se «vendre» comme un produit de publicité? Comment peut-on parler de soi et ne pas se vanter?
4. Pensez-vous que les tests de personnalité révèlent la vérité? Les employeurs affirment qu'ils peuvent prédire la qualité du travail accompli par une personne et, par conséquent, ils feront des économies. Les adversaires de ces tests considèrent un tel examen comme une violation de la vie privée. Qu'en pensez-vous? Seriez-vous prêt à passer un test de personnalité?
5. Faut-il travailler ou ne pas travailler pendant qu'on est étudiant à l'université? Quel est le rôle de la responsabilité et de l'indépendance financière d'un étudiant? Quelles sont des raisons valables qui soutiennent la thèse qu'il faut travailler? Comment un travail peut-il nuire (constituer un danger) aux études?

6. Demandez à vos camarades dans quelle sorte d'entreprise ils aimeraient travailler? Dressez une petite liste de questions qu'il faut poser à votre futur employeur.

Petit écrit

Écrivez un paragraphe sur la question 2, 4 ou 5 ci-dessus.

Si vous choisissez la question numéro 2, faites une liste des cours obligatoires à votre école et montrez comment ces cours préparent un étudiant à son avenir. Qu'est-ce qu'un étudiant peut apprendre à l'extérieur de la salle de classe?

Si vous choisissez le numéro 4, pourriez-vous imaginer quelles sortes de questions figureraient dans un test de personnalité? Pourriez-vous inventer des questions auxquelles vous n'aimeriez pas répondre?

Si vous choisissez le numéro 5, exposez les avantages et les inconvénients d'être employé pendant que l'on est étudiant.

GRAMMAIRE _____

L'article défini

L'article défini masculin est **le.**
L'article défini féminin est **la.**
L'article défini masculin ou féminin devant un substantif (nom) commençant par une voyelle ou un **h** muet (non aspiré) est **l'.**

EXEMPLES: l'homme, l'hôpital, l'hiver, l'horoscope, l'héroïne, l'horloge, l'histoire
EXCEPTION: le onze
EXEMPLES DU H ASPIRÉ: la hache, le haricot, le héros, le hibou, la Hollande, la Hongrie, le hors-d'œuvre

PRÉCISIONS SUR L'EMPLOI DE L'ARTICLE DÉFINI

1. OBSERVEZ   Monsieur **le** directeur est prêt à vous recevoir.
              Le niveau général de l'écriture donne **le** niveau de votre éducation intellectuelle.
              Les tests d'efficience mobilisent **la** rapidité et **la** précision qui sont en vous.

   ANALYSE   L'article défini présente un nom pris dans un sens complètement déterminé. Il désigne un genre, une espèce, un individu précis.

Photocopier ton C.V. coûte 50 centimes **la** page.
Il a roulé à 120 kilomètres à l'heure pour arriver à son entretien.

L'article défini peut avoir la valeur de **chaque.**

3. OBSERVEZ **La** France, **le** Québec, **les** Alpes, **le** Saint-Laurent . . .

ANALYSE Les noms géographiques prennent en général l'article défini. Exceptions: certaines îles: Cuba, Chypre, Malte, Madagascar, Bornéo, etc., et les noms de villes.

EXEMPLE: Il habite à Paris, mais il vient de Dakar.

4. OBSERVEZ Il a levé **la** main en classe.
Le professeur a hoché **la** tête pour signaler son accord.
«Haut les mains!» dit le voleur.
Ferme **les** yeux et ouvre **la** bouche!
Chaque matin, je me lave **les** mains et je me brosse **les** dents.
J'ai mal **à la** tête et **aux** jambes, je dois avoir la grippe.

ANALYSE Avec les parties du corps, on emploie l'article défini quand il est clair à qui appartient la partie. Il est surtout question de gestes ordinaires.

EXEMPLES:
baisser (lever) la tête (la main, les yeux)
serrer (tendre) la main
hausser les épaules
élever la voix
se laver la figure (les mains, etc.)
se brosser les cheveux (les dents)
se peigner les cheveux
se brûler la main (la langue, etc.)

La contraction

OBSERVEZ L'imagination est la clé **de la** réussite.
Il faut **de l'**expérience.
Le but **du** *curriculum vitae* est d'obtenir un entretien.
Proposez **des** services à votre futur employeur.
Il ne faut pas céder **à la** panique.
Mettez **au** point votre lettre d'accompagnement.
Il va travailler **aux** États-Unis.

ANALYSE à + le = au, à + les = aux, de + le = du, de + les = des.

L'article indéfini

L'article indéfini (**un, une**) présente un nom encore indéterminé. Au pluriel (**des**), il exprime un nombre indéterminé.

1. OBSERVEZ   Il a **un** diplôme, mais il n'a pas **de** travail.
Il y a **des** affiches dans leur chambre, mais il n'y a pas **d'**affiches dans le corridor.

ANALYSE   **Un** et **des** deviennent **de** ou **d'** dans la construction négative. *Mais* l'article se maintient dans les cas suivants pour suggérer une autre possibilité.

   a.   Ce n'est pas **une** flûte; c'est **un** piccolol.
   b.   Je ne joue pas **du** piano, mais je sais danser.
   c.   Il ne fait pas **du** vélo, il fait de la natation.

2. OBSERVEZ   **de** beaux jeunes gens
plus bizarre que **d'**autres
D'autres ont réussi, pourquoi pas moi?

ANALYSE   **Des** devient **de** devant un adjectif au pluriel et devant **autres.** Le pluriel de **un autre** est **d'autres.** Pourtant, l'expression **des beaux hommes** n'est pas incorrecte.

Exercices

A.   Complétez les phrases suivantes en ajoutant les mots qui manquent.

   1.   _____ but _____ curriculum vitae est d'obtenir _____ entretien.
   2.   _____ important est de fournir _____ éléments pour vous faire connaître.
   3.   Si vous avez passé _____ an _____ États-Unis ou _____ Canada, il faut l'écrire sur votre C. V.
   4.   Parmi _____ six commandements _____ *marathon-man* _____ embauche, _____ suivants sont _____ plus importants:
Ne vous diminuez pas, _____ sous-estimation _____ personnalité n'est pas _____ signe _____ équilibre.
Ne mendiez pas. Donnez _____ impression que vous avez confiance en vous.
Parlez _____ même langage que votre futur employeur.
Ne laissez pas _____ vide dans votre C. V.
   5.   _____ niveau général _____ écriture donne _____ niveau _____ votre éducation.

6. _____ tests _____ efficience montrent comment vous mettez en œuvre vos aptitudes.

7. Ne cédez pas à _____ panique. Ces tests montrent comment vous mobilisez _____ rapidité et _____ précision qui sont en vous.

8. _____ tests _____ personnalité sont destinés à faire connaître _____ structure _____ personnalité.

9. _____ couleurs expriment votre affectivité, _____ formes révèlent votre composante intellectuelle.

10. _____ jean et _____ nœud papillon peuvent traumatiser votre futur employeur.

B. Récrivez le passage suivant en mettant tous les mots possibles au pluriel. N'oubliez pas de changer les verbes quand c'est nécessaire.

Je suis étudiante américaine et je cherche une chambre au Quartier Latin où je vois souvent un beau jeune homme assis dans le Jardin du Luxembourg. Il lit son journal ou discute avec un ami. Dans ce quartier, il y a un café intéressant où je peux rencontrer mes amis. De plus, je sais qu'il y a une librairie qui vend des livres étrangers et une autre dont le patron est très aimable. Un appartement coûte trop cher; c'est pourquoi je veux louer une chambre.

C. Parlez à un(e) ami(e) de vos préférences.

1. la télévision ou le théâtre?
2. la bière ou le vin?
3. le jus de tomate ou le jus d'orange?
4. la machine à écrire ou l'ordinateur?
5. les concerts ou l'opéra?
6. le magnétoscope ou le cinéma?
7. un Walkman ou la radio?
8. les motos ou les voitures?
9. les voitures américaines ou les voitures japonaises?
10. aller voir un ballet ou une pièce de théâtre?

D. Vous arrivez dans une nouvelle ville où vous ne connaissez personne. Vous cherchez un travail, un appartement, des amis. Formez des phrases avec les mots donnés, selon le modèle.

MODÈLE   situation / intéressante
        Je cherche *une* situation, mais *la* situation doit être intéressante.

1. appartement / de prix modeste
2. meubles / de style Empire
3. emploi / bien payé

4. poste / sans beaucoup de responsabilités
5. travail / facile à faire
6. appareil de photos / de prix raisonnable
7. amis / pouvoir parler français
8. livres / sur le marketing
9. chaises / de bonne qualité
10. clients / riches

E.   Complétez le paragraphe suivant avec l'article approprié.

Aujourd'hui, notre directeur nous a convoqué à _____ réunion. Il a baissé _____ tête pour étudier _____ rapport de son sous-chef. Quand il a levé _____ tête, il avait _____ yeux fermés. En ouvrant _____ yeux, il a posé _____ question aux employés. Le préféré _____ directeur a levé _____ main pour répondre. Comme _____ réponse a plu _____ directeur, il a hoché _____ tête. Moi, j'ai haussé _____ épaules parce que je pensais que _____ réponse n'était pas très intelligente. _____ directeur a serré _____ dents car il était fâché contre moi. Comme j'avais déjà mal à _____ tête de voir répéter _____ même cirque chaque semaine, je me suis levé et j'ai quitté _____ bureau. _____ relations employeur / employés ne sont pas toujours faciles.

F.   Parlez avec un(e) ami(e) de ce que vous aimez et de ce que vous n'aimez pas dans la ville que vous habitez.

L'article partitif

1. OBSERVEZ   Mon employeur est français; il aime **le** café noir, mais moi, je préfère **le** thé.
Nous n'aimons ni **la** bière ni **le** coca.
MAIS:
Certains Anglais mettent **du** sucre et **du** lait dans leur thé; d'autres y mettent **de la** crème. Moi, j'y mets **du** citron.
Quand je sors avec mon patron, nous commandons **du** vin et **de** l'eau minérale.

ANALYSE   L'article partitif est formé de la préposition **de** + *l'article défini* pour indiquer *une partie* (d'où le terme *partitif*) ou *une quantité déterminée* d'une masse.

2. OBSERVEZ   Je viens de rentrer de vacances; par conséquent, il n'y a pas **de** sel, ni **de** sucre, ni **d'**eau minérale chez moi. Il n'y a plus **de** haricots verts, ni **d'**épinards non plus.

ANALYSE   A la forme négative, on omet l'article partitif, on ne conserve que **de.**

Omission de l'article

1. OBSERVEZ   un instrument **de** musique   du jus **d'**orange
un cours **de** français   un verre **de** vin
une tasse **de** thé   un livre **de** poésie

ANALYSE   On omet l'article devant les noms quand ils servent à caractériser un nom précédent: **de** musique, **de** thé, **d'**orange, **de** français, etc.

2. OBSERVEZ   Il a **beaucoup d'**imagination et **d'**originalité.
Une foule de jeunes cherchent un travail.
Peu de jeunes comprennent le monde.
Il ne gagne pas **assez d'**argent pour vivre; il a **trop de** dettes.
Les étudiants ont **moins de** travail que leurs professeurs, mais **plus de** travail que les lycéens. Ils ont **un tas d'**examens à préparer.
Il a acheté **un kilo de** café.
Il me faut **10 litres d'**essence.

ANALYSE   Après les expressions de quantité, on omet l'article. Il y a pourtant quelques exceptions.

EXEMPLES: **La moitié du** corps enseignant fait la grève.
La plupart des employés partent à 17 h. (verbe au pluriel)
Bien des emplois sont ennuyeux.
Voulez-vous **encore du** thé?

Exercices

A. Complétez les paragraphes suivants avec les mots qui manquent, *si nécessaire.*

1. _____ plupart _____ jeunes d'aujourd'hui cherchent _____ situation après avoir quitté _____ école. Ils ont _____ tas _____ choses à préparer pour leur campagne. Il faut composer _____ *curriculum vitae* et _____ lettre _____ accompagnement pour envoyer _____ directeur _____ entreprise où l'on désire être embauché. Moins de _____ moitié _____ candidats seront choisis pour passer _____ tests. Il y a _____ tests _____ efficience, et il y en a _____ autres qui s'appellent _____ tests _____ personnalité. Si vous obtenez _____ entretien, essayez de mettre _____ point _____ raison pour laquelle vous êtes fait pour ce poste.

2. _____ foule _____ étudiants attendaient _____ bureau des inscriptions _____ premier jour _____ classe. Beaucoup _____ étudiants voulaient suivre _____ cours _____ français et _____ espagnol, mais peu _____ étudiants s'intéressaient _____ cours _____ chimie ou _____ physique. Pourtant, il y a

autant _____ devoirs dans _____ cours _____ langue que dans _____ cours _____ science. Cette année, je suis _____ cours _____ mathématiques, _____ cours _____ français, _____ cours _____ anglais et _____ cours _____ économie. J'aime beaucoup _____ cours _____ français, mais _____ cours _____ anglais m'ennuie un peu.

3. Maman revient _____ maison ce soir, et j'ai _____ peur, parce qu'elle va me demander s'il y a _____ viande, _____ légumes, _____ fromage et _____ fruits pour notre dîner. Je n'ai pas eu le temps de faire _____ courses et par consé-quent, il n'y a plus _____ viande, ni _____ légumes, ni _____ fromage. Il n'y a plus _____ fruits non plus.

B. Vous invitez votre patron à dîner chez vous. Cependant, vous savez qu'il n'aime pas les produits laitiers. Vous discutez avec votre époux (épouse) de ce qu'on peut servir et de ce qu'on doit éviter de servir.

> MODÈLE: les haricots verts / le beurre
> On peut lui servir des haricots verts, mais il ne prendra pas de beurre.

1. les frites / la quiche lorraine
2. les moules / la crème
3. le poulet / le fromage
4. le veau / le camembert
5. les bonbons / le brie

6. les fruits / le yaourt
7. la salade / le roquefort
8. la tarte / la glace à la vanille
9. le café / le lait
10. le thé / le lait

C. Mettez-vous deux par deux. Vous êtes au restaurant avec la patronne d'une entreprise pour laquelle vous voulez travailler. Elle veut vous connaître mieux et vous pose beaucoup de questions sur vos activités et vos préférences. Vous voulez l'impressionner. En employant les suggestions suivantes, créez un dia-logue.

> MODÈLE: Quelles sont vos qualités?
> J'ai de la patience.

1. Quelles sont vos qualités?
   le courage, la discipline, l'énergie, la persévérance, la volonté
2. Que voulez-vous prendre ce soir pour le dîner?
   le poulet, le steak, le veau, la salade, les frites, les épinards, les escargots, l'eau minérale, le vin rouge / blanc, les fruits, le fromage, le café
3. Qu'aimez-vous faire?
   lire / poésie, romans, journaux, pièces de théâtre
   jouer / tennis, golf, basket, échecs, cartes
   jouer / violon, piano, clarinette
   aller / cinéma, théâtre, ballet

Les pronoms objets directs et indirects

1. OBSERVEZ   Il fait **le travail.** Il **le** fait.
Il étudie **les dossiers.** Il **les** étudie.
Il corrige **sa lettre.** Il **la** corrige.
La lettre qu'il a écrite n'est pas arrivée.
Les dossiers que j'ai reçus viennent du directeur.
Je **les** ai regardés avec intérêt.
Le directeur a posé **plusieurs questions** à l'employé. **Les** a-t-il comprises? Non, il ne **les** a pas comprises.
Ne prends pas **ce dossier!** Ne **le** prends pas!
N'appelez pas **le patron!** Ne **l'**appelez pas!
Est-ce que vous **m'**avez appelé? Oui, je **vous** ai appelé.
Attention! Notre patron **nous** regarde.
Je **t'**appellerai demain.

ANALYSE   *L'objet direct* se place devant le verbe aux temps simples, devant l'auxiliaire aux temps composés. (Il ne **nous** a pas vus.) Voir *Leçon 3* pour l'accord entre le participe passé et l'objet direct qui précède le verbe.

2. OBSERVEZ

Faites-le!   Étudiez-les!
Prends-la!   Appelle-moi!
Regarde-toi

ANALYSE   On emploie **moi** ou **toi,** forme tonique, au lieu de **me** ou **te,** après l'impératif affirmatif. On place l'objet direct *après le verbe* à l'impératif affirmatif.

MAIS: Ne le faites pas!   Ne les étudiez pas!
Ne la regarde pas!   Ne m'appelle pas!

3. OBSERVEZ   On demande **à l'employé** de voir le chef. On **lui** demande de voir le chef.
On apprend **aux employés** à corriger les textes. On **leur** apprend à corriger les textes. On ne **leur** apprend pas à bien écrire.
Le chef ne peut pas **nous** parler.
Il ne veut pas **lui** donner le cahier.
Ne **lui** parlez pas! Ne **leur** parlons pas! Ne **me** parle pas!
Je **te** (**vous**) dis que c'est vrai!
Lui demande-t-on de voir le chef?
Ne **leur** a-t-on pas appris à bien écrire?

ANALYSE   Comme l'objet direct, *l'objet indirect* se place devant le verbe aux temps simples, devant l'auxiliaire aux temps composés et, dans la construction *verbe + infinitif,* devant le verbe qui gouverne l'objet.

EXEMPLE: Je dois **lui** parler.
(Voir *Leçon 13* pour l'exception de **faire** causatif.)

Exercices

A. Il faut deux personnes pour jouer cette scène. Vous parlez à votre patron d'une lettre perdue. Remplacez les mots en italique par le complément d'objet.

PATRON: Avez-vous écrit *cette lettre?*

EMPLOYÉ: Oui, j'ai écrit *la lettre.*

PATRON: Avez-vous envoyé *la lettre?*

EMPLOYÉ: Non, je n'ai pas envoyé *la lettre.*

PATRON: Pourquoi?

EMPLOYÉ: Parce que vous n'avez pas rendu *la lettre* à mon bureau.

PATRON: Où avez-vous mis *la lettre* après avoir écrit *la lettre?*

EMPLOYÉ: J'ai mis *la lettre* sur votre bureau pour votre signature.

PATRON: Mais je n'ai pas vu *la lettre.*

EMPLOYÉ: Je pense que M. Jacob a pris *la lettre.*

PATRON: Est-ce que vous avez parlé *à M. Jacob* de cette lettre?

EMPLOYÉ: Non, je n'ai pas parlé *à M. Jacob* de la lettre.

PATRON: Mais, comment a-t-il pu prendre *la lettre?*

EMPLOYÉ: Il m'a vu mettre *la lettre* sur votre bureau quand vous n'étiez pas là.

B. Racontez à un(e) ami(e) une conversation que vous avez eue au téléphone en employant les pronoms objets indirects selon le modèle.

MODÈLE: J'ai parlé *à ma mère* hier soir.
Je *lui* ai parlé hier soir.

1. J'ai parlé *à ma mère et à mon père* hier soir.
2. J'ai demandé *à mon père* de m'envoyer de l'argent.
3. J'ai dit *à ma mère* de venir me voir.
4. J'ai confié *à ma mère* mes problèmes sentimentaux.
5. Je n'ai pas dit *à mon père* que j'avais des problèmes sentimentaux.
6. Je n'ai pas dit *à ma mère* que j'avais des ennuis financiers.
7. J'ai demandé *à mes parents* de faire suivre mon courrier.

C. Au lieu de déjeuner au restaurant avec un de vos collègues, vous décidez de profiter de l'heure de déjeuner pour lui apprendre à jouer au Scrabble. Vous lui expliquez les règles.

MODÈLE: Dites-lui d'ouvrir le jeu.
Ouvre-le!

1. Dites-lui de choisir ses lettres.
2. Dites-lui d'arranger les lettres sur son chevalet.
3. Dites-lui de former son mot à partir des sept lettres choisies.
4. Dites-lui de placer son mot sur le tableau de jeu.
5. Dites-lui de ne pas mettre son mot n'importe où.
6. Dites-lui de mettre son mot au milieu du tableau sur l'étoile.

7. Dites-lui de ne pas regarder vos lettres.
8. Dites-lui de ne pas retourner les lettres avant de les choisir.
9. Dites-lui de compter les points.
10. Dites-lui d'inscrire les points sur son bloc-notes.

D. Vous êtes moniteur d'auto-école et vous expliquez les règles de conduite à un client. Donnez-lui des instructions selon le modèle.

> MODÈLE: Dites-lui d'attacher sa ceinture de sécurité.
> Attachez-la!

1. Dites-lui d'ajuster le rétroviseur.
2. Dites-lui de mettre le contact.
3. Dites-lui de mettre son pied légèrement sur la pédale d'accélérateur.
4. Dites-lui de ne pas trop emballer le moteur.
5. Dites-lui de mettre la voiture en première vitesse.
6. Dites-lui de faire démarrer la voiture lentement.
7. Dites-lui de ne pas regarder les phares des voitures qui viennent en face de lui.
8. Dites-lui de passer en seconde, puis de passer en troisième.
9. Dites-lui de ne pas ralentir dans un virage.
10. Dites-lui d'arrêter la voiture lentement.

E. Votre ami(e) a des difficultés avec son employeur, avec ses collègues, avec ses parents, ou avec son ami. Essayez de l'aider à les résoudre. Employez les pronoms objets directs et indirects.

> MODÈLE: A: Je voudrais une augmentation de salaire, mais j'ai peur de la demander à mon employeur.
> B: Tu peux le regarder dans les yeux et lui demander s'il apprécie ton travail. S'il dit «oui», dis-lui de te donner une augmentation bien méritée.
> A: Mais. . .

L'ordre des pronoms combinés

1. OBSERVEZ   Je prête **mon livre** à mon ami.
Je **le** lui prête.
Je prête **mes livres** à mon ami.
Je **les** lui prête.
Je prête **mon livre** à mes amis.
Je **le** leur prête.
Je prête **mes livres** à mes amis.
Je **les** leur prête.

Il **me** montre **le livre, la carte, les provisions.**

Il **me le** montre. Il **me la** montre. Il **me les** montre.

Il **ne me le** montre pas. Il **ne me la** montre pas. Il **ne me les** montre pas.

Il $\begin{Bmatrix} \textbf{te} \\ \textbf{nous} \\ \textbf{vous} \end{Bmatrix}$ **le** montre. Il $\begin{Bmatrix} \textbf{te} \\ \textbf{nous} \\ \textbf{vous} \end{Bmatrix}$ **la** montre. Il $\begin{Bmatrix} \textbf{te} \\ \textbf{nous} \\ \textbf{vous} \end{Bmatrix}$ **les** montre.

Ne $\begin{Bmatrix} \textbf{le} \\ \textbf{la} \\ \textbf{les} \end{Bmatrix}$ **lui** prêtez pas.

ANALYSE   Les pronoms objets se placent devant le verbe dans l'ordre suivant.

(ne) $\begin{Bmatrix} \textbf{me} \\ \textbf{te} \\ \textbf{nous} \\ \textbf{vous} \end{Bmatrix}$ $\begin{Bmatrix} \textbf{le} \\ \textbf{la} \\ \textbf{les} \end{Bmatrix}$ $\begin{Bmatrix} \textbf{lui} \\ \textbf{leur} \end{Bmatrix}$ $\textbf{y}^3 \}$ $\textbf{en}^3 \}$ *verbe* **(pas)**

2. OBSERVEZ   Rends-**le-lui!**   Prêtez-**la-leur!**

                      Donnez-**le-moi!**   Montre-**les-nous!**

ANALYSE   L'ordre change avec l'impératif affirmatif.

verbe $+ \begin{Bmatrix} \textbf{-le} \\ \textbf{-la} \\ \textbf{-les} \end{Bmatrix}$ $+ \begin{Bmatrix} \textbf{-moi} \\ \textbf{-toi} \\ \textbf{-lui} \\ \textbf{-nous} \\ \textbf{-vous} \\ \textbf{-leur} \end{Bmatrix}$ *(pronoms toniques)*

Exercices

A.   Un de vos collègues est poli et généreux. Décrivez-le en employant les pronoms objets directs et indirects selon le modèle.

MODÈLE: Il me montre toujours *ses dossiers.*
          Il me *les* montre toujours.

1.   Il m'offre souvent *son dictionnaire.*
2.   Il me rappelle *mes obligations.*
3.   Il dit *la vérité à notre patron.*

³Voir *Leçon 4* pour les pronoms adverbiaux **y** et **en.**

4. Il me confie *ses secrets.*
5. Il me prête *ses livres.*
6. Il me prête *son argent.*
7. Il offre *son vin aux clients.*
8. Il donne *les renseignements nécessaires aux nouveaux employés.*
9. Il prête *ses rapports aux assistants.*
10. Il aide *les nouveaux employés* à comprendre *leurs obligations.*

B. Un de vos collègues est impoli et peu généreux. Décrivez-le.

MODÈLE: Il ne me montre jamais *ses dossiers.*
Il ne me *les* montre jamais.

1. Il n'offre jamais *son vin aux clients.*
2. Il ne dit pas *la vérité au patron.*
3. Il ne nous confie jamais *ses secrets.*
4. Il ne prête jamais *ses livres à son assistant.*
5. Il ne m'explique pas *la raison de ses actions.*
6. Il ne lit jamais *les rapports de son assistant.*
7. Il ne nous prête jamais *son journal.*
8. Il ne veut jamais prêter *son argent à ses amis.*
9. Il ne donne jamais *ses affaires aux autres.*

C. Répondez selon le modèle.

MODÈLE: Dites à un(e) collègue de travail de vous prêter son livre.
Prête-le-moi, s'il te plaît.

1. Dites à un(e) collègue de vous donner la réponse.
2. Dites à votre secrétaire de ne pas vous regarder comme ça.
3. Dites à Monsieur Bouchard de venir vous voir demain.
4. Dites au patron de vous rendre votre rapport dès que possible.
5. Dites à votre secrétaire de vous donner les dossiers.
6. Dites à un client de ne pas vous donner la réponse avant d'avoir réfléchi.
7. Dites à vos collègues de vous rendre votre dictionnaire.
8. Dites à vos amis de ne pas donner leurs notes à la secrétaire.
9. Dites à un ami de ne pas vous rendre votre auto maintenant.
10. Dites à un(e) ami(e) de ne pas prêter son argent à ses camarades.

D. Donnez une réponse affirmative ou négative aux questions suivantes en employant les pronoms objets directs et indirects.

1. Écrivez-vous cette lettre à vos parents? (Oui, nous . . .)
2. Me parlez-vous?

3. Voulez-vous me donner ce cahier?
4. Comprenez-vous mes questions?
5. Est-ce que ce monsieur vous regarde?
6. Est-ce que vos parents vous croient?
7. Pouvez-vous m'aider à comprendre cette leçon?
8. Allez-vous me lire votre réponse?
9. Voulez-vous me montrer vos notes?
10. Pouvez-vous donner cette place à ma mère?

E. Vous entendez une conversation téléphonique. Essayez de reconstituer ce que dit la personne que vous ne pouvez pas entendre.

> MODÈLE: Non, pas très bien, il est toujours malade.
> Questions possibles: Comment va ton patron/ta patronne, ta (ton) secrétaire, etc.?

1. Oui, je les ai reçus hier, merci beaucoup.
2. Oui, ils sont très bien écrits.
3. Oui, il les a lu(e)s toute la matinée.
4. Oui, je peux vous l'envoyer demain, il n'est pas encore prêt.
5. Non, elle ne l'a pas encore tapé(e) à la machine.
6. Désolé(e), je suis pris(e) cette semaine, mais la semaine prochaine?

F. Votre ami revient de France après un court séjour. Vous êtes étonné car il n'a presque rien fait. Exprimez votre surprise en employant la forme interro-négative.

> MODÈLE: Je n'ai pas visité le Louvre.
> Ne l'as-tu pas visité? Cela me surprend! C'est étonnant!

1. Je n'ai pas vu la Pyramide du Louvre.
2. Je n'ai pas visité le musée de Cluny.
3. Je n'ai pas visité les châteaux de la Loire.
4. Je n'ai pas visité la Bretagne.
5. Je n'ai pas vu le film «La Vie est un long fleuve tranquille».
6. Je n'ai pas lu *le Monde*.

G. Expliquez à votre ami pourquoi vous êtes fâché(e) contre votre camarade de chambre. Ensuite, votre ami vous donne son opinion.

> MODÈLE: A: Il/Elle me demande mes notes. Je les lui donne, mais il/elle ne me les rend pas.
> B: Pourquoi les lui donnes-tu alors?
> A: Parce que . . .

Les adjectifs possessifs

TABLEAU DES ADJECTIFS POSSESSIFS

Un seul possesseur		Plusieurs possesseurs	
Un seul objet	*Plusieurs objets*	*Un seul objet*	*Plusieurs objets*
mon père *(m.)* **ma** mère *(f.)* **mon** ami(e)[4] *(m. ou f.)*	**mes** parents **mes** ami(e)s	**notre** mère **notre** père **notre** ami(e)	**nos** parents **nos** ami(e)s
ton livre *(m.)* **ta** table *(f.)* **ton** histoire[4] *(f.)*	**tes** livres **tes** tables **tes** histoires	**votre** livre **votre** table **votre** histoire	**vos** livres **vos** tables **vos** histoires
son livre *(m.)* **sa** robe *(f.)* **son** idée[4] *(f.)*	**ses** livres **ses** robes **ses** idées	**leur** livre **leur** robe **leur** idée	**leurs** livres **leurs** robes **leurs** idées

Remarquez la différence entre **son (sa, ses)** et **leur (leurs).** Employez **leur(s)** seulement quand il y a plusieurs possesseurs.

EXEMPLES:
Le directeur étudiait **ses** dossiers dans **son** bureau.
(un seul possesseur) (plusieurs objets) (un seul objet)

Dans la grande salle, **ses** employés étudiaient **leurs** dossiers à **leur** table ronde.
        (un seul possesseur)   (plusieurs possesseurs)

Exercices

A. Vous organisez un voyage avec des enfants. Vous rappelez à leurs parents ce que chaque enfant doit apporter avec lui. Complétez les phrases suivantes avec l'adjectif possessif approprié.

    1. Joachim doit apporter _____ manteau et _____ gants.
    2. Anne doit apporter _____ foulard et _____ chaussettes.

[4]Devant un nom féminin commençant par une voyelle, on emploie les formes masculines de l'adjectif possessif: **mon** amie, **ton** idée, **son** histoire.

3. Il ne faut pas que Christophe oublie _____ médicaments et _____ écharpe.

4. Les jumeaux doivent apporter _____ appareil de photo et _____ vitamines.

5. Il faut que Guy et Yves apportent _____ vélo et _____ lunettes.

6. N'oubliez pas de donner à votre enfant _____ vitamines.

B. Vous êtes professeur et vous parlez à un(e) collègue d'un étudiant qui suit votre cours. Complétez le paragraphe suivant en employant l'adjectif possessif approprié.

Bernard est un étudiant intelligent. _____ travail est assez bon, mais _____ capacité est bien supérieure à _____ résultats. _____ attitude laisse à désirer. _____ paresse est évidente. _____ amie est dans la même classe. Mimi fait bien _____ travail. Elle rend _____ devoirs toujours à l'heure et _____ attitude est très positive. Je voudrais que Bernard imite _____ amie.

C. Vous parlez à un copain des employés d'un restaurant où vous mangez souvent. Employez l'adjectif possessif convenable pour compléter le paragraphe.

J'aime _____ accueil et _____ service. _____ vêtements sont toujours propres, et _____ comportement est impeccable. Pourtant, une fois, un des nouveaux garçons m'a fâché. Il a pris _____ assiette avant que j'aie fini de manger, et il a apporté _____ addition avant que je ne la lui aie demandée! J'ai trouvé _____ manières inacceptables et je lui ai demandé de faire venir _____ patron. Le maître d'hôtel m'a expliqué que c'était le premier jour de cet employé, et que _____ apprentissage restait à faire. Je lui ai fait des compliments sur _____ restaurant et sur _____ employés, car j'avais toujours aimé _____ service, mais j'ai ajouté que cette fois-là, j'avais été déçu.

D. Vous parlez au téléphone avec un copain ou une copine qui compte vous rendre visite cet hiver. Il/Elle vous demande ce qu'il faut apporter.

MODÈLE: L'ami(e): Est-ce que je devrais apporter mes skis?
Vous: Oui, apporte-les parce qu'il neige beaucoup ici.

E. Vous avez rencontré une personne intéressante à l'école. Elle vous pose des questions sur votre famille. Décrivez-la-lui. Parlez-lui de votre ville, et de vos amis. Ensuite, posez-lui des questions à votre tour.

1. Pourquoi ce jeune homme n'aura-t-il pas le travail?
2. Que pensez-vous du patron?
3. Quels conseils donneriez-vous à ce jeune homme?

Étude du lexique

Lisez à haute voix chaque mot ou expression, définition et exemple. Répondez à cha-que question en essayant d'employer le nouveau mot ou la nouvelle expression dans votre réponse.

1. **dehors** à l'extérieur ≠ dedans = à l'intérieur

   À la campagne, on travaille dehors; en ville, on travaille dedans.
   Quand il fait beau, préférez-vous aller dehors ou rester dedans?

2. **nourrir** alimenter, donner à manger, faire vivre

   C'est la grand-mère qui nourrit toute la famille et les animaux aussi.
   Quand il n'y a pas de viande, on se nourrit de légumes.
   Si l'on habite une ferme, quels animaux est-on obligé de nourrir?
   De quoi vous nourrissez-vous?

3. **un panier** objet qui sert à transporter des provisions

   Quand on va à la campagne, on met des fleurs dans son panier.
   Que mettez-vous dans votre panier quand vous faites un pique-nique?

4. **s'en aller**   partir, quitter

    Il s'en va, mais moi, je reste.
    Hier, il s'en est allé à minuit.
    Il leur a dit: «Allez-vous-en, la fête est finie!»
    Si vous n'aimez pas les personnes avec qui vous vous trouvez, est-ce que vous
        vous en allez, ou restez-vous avec elles?

5. **pousser**   déplacer une chose ou une personne; grandir

    Il y aura de la place, si nous poussons les chaises.
    Ces fleurs poussent bien dans un climat humide.
    Si quelqu'un hésite à plonger, faut-il le pousser dans l'eau?

6. **baisser**   mettre plus bas, descendre ≠ monter, lever, augmenter

    Baissez la radio, je veux étudier.
    Quand on veut acheter une voiture, faut-il demander au vendeur de baisser
        son prix?

7. **maigre**   excessivement mince, squelettique, émacié

    Elle est si maigre qu'on dirait qu'elle est anorexique.
    Que devient une personne si elle mange peu?

8. **le poids**   la pesanteur d'un corps

    Quand je mange trop, je prends du poids; quand je mange peu, je perds du
        poids.
    Voulez-vous prendre ou perdre du poids? Pourquoi?

9. **s'occuper de**   employer son temps à

    Si tu t'occupes des invitations, je m'occuperai de la réception.
    De quoi vous occupez-vous quand vous arrivez à l'école en septembre?

10. **couper**   diviser avec un instrument tranchant

    Coupe le pain et je couperai le fromage.
    À qui a-t-on coupé la tête pendant la Révolution française?

11. **arroser**   mettre de l'eau sur

    J'arrose mes fleurs avec un arrosoir.
    Arrosez-vous vos plantes tous les jours?

12. **ranger**   mettre en ordre les affaires

    Nous rangeons notre chambre quand nous avons un invité.
    Rangez-vous vos affaires avant l'arrivée de vos parents?

13. **un repas**   nourriture qu'on prend à des heures fixes

    À table! Le repas est servi!
    Combien de repas prenez-vous par jour?

14. **le toit**   ce qui couvre une maison ou une voiture

Il y a un oiseau sur le toit.
Où peut-on mettre ses skis si l'on a une petite voiture?

15. **avoir honte (de)**   être humilié

Elle avait honte de l'état de sa chambre.
De quoi avez-vous honte?

LIRE ET COMPRENDRE

Le Grand Cahier

Agota Kristof

Premier roman d'une émigrée hongroise installée en Suisse, Le Grand Cahier *a connu dès sa parution en 1986 un grand succès international. Il est traduit dans une quinzaine de langues. Nous sommes dans un pays en guerre où deux enfants, des jumeaux (deux enfants nés en même temps de la même mère) apprennent à survivre dans un milieu hostile où la méchanceté et la cruauté dominent.*

Dans l'extrait que vous allez lire, les jumeaux se trouvent chez leur grand-mère où leur mère les a laissés à cause de la guerre qui a rendu les villes inhabitables.

Quelle transformation peut-on remarquer chez les jumeaux, et pourquoi? Quelle est l'attitude de la grand-mère envers ses petits-fils?

Exercices de prélecture

A.   *Prédire le contenu du passage*

Que savez-vous déjà sur l'auteur? Est-ce un article, un essai, un poème? Selon le titre du chapitre, de quoi s'agit-il (de quoi est-il question) dans ce passage? Lisez très rapidement les deux premiers paragraphes. Entourez les mots qui communiquent l'idée principale du paragraphe. Quels sont les rapports entre la grand-mère et ses petits-fils?

B.   *Devinez le sens des mots inconnus*

En considérant la partie du discours, la structure du mot et son contexte, essayez de deviner le sens des mots en caractères gras.

1.   Les pierres du chemin **déséquilibrent** la vieille femme; mais elle continue à marcher.

préfixe: **dés—dé**—élément négatif qui indique la séparation, la privation
radical: **équilibre**—stable, stabilise

2.   «Elle va nourrir les animaux, elle trait les **chèvres.**»

Quels mots dans la phrase vous donnent une indication du sens du mot **chè-vres?** La note dans la marge vous apprend que **trait** veut dire *prend leur lait.* Par conséquent, quel est un des attributs des chèvres? En dehors d'une vache, quel autre animal peut-on traire?

3.   «Elle va dans la forêt, en rapporte des champignons et du bois sec, elle fait des fromages, elle **sèche** des champignons et des haricots.»

À quel autre mot dans la phrase est-ce que **sèche** ressemble? Que fait-elle alors avec les champignons? Essayez de deviner.

4.   «Le travail est **pénible,** mais regarder, sans rien faire, quelqu'un qui travaille, c'est encore plus **pénible,** surtout si c'est quelqu'un de vieux.»

Vous connaissez peut-être le mot **peine.** Prononcez le mot à haute voix et vous entendrez sa ressemblance avec un mot anglais que vous connaissez. Le contexte de la phrase vous aidera aussi.

C.   *Mobilisez vos connaissances*

Que savez-vous déjà sur le travail à la campagne?

En lisant l'extrait du roman *Le Grand Cahier,* soulignez les mots qui se trouvent dans le lexique qui précède.

Les travaux

Nous sommes obligés de faire certains travaux pour Grand-Mère, sans quoi elle ne nous donne rien à manger et nous **laisse** passer la nuit dehors. — *oblige à*

Au début, nous refusons de lui obéir. Nous dormons dans le jardin, nous mangeons des fruits et des légumes **crus.** — *non cuisinés*

5   Le matin, avant le lever du soleil, nous voyons Grand-Mère sortir de la maison. Elle ne nous parle pas. Elle va nourrir les animaux, elle **trait** les chè- — *prend leur lait* vres, puis elle les conduit au bord de la rivière où elle les attache à un arbre. Ensuite elle arrose le jardin et **cueille** des légumes et des fruits qu'elle — *ramasse* **charge** sur sa **brouette.** Elle y met aussi un panier plein d'œufs, une petite — *met / wheelbarrow*
10   cage avec un lapin et un poulet ou un canard aux pattes attachées.

Elle s'en va au marché, poussant sa brouette dont la **sangle,** passée sur — *strap* son cou maigre, lui fait baisser la tête. Elle **titube** sous le poids. Les **bosses** — *va d'un côté à l'autre /* du chemin et les pierres la déséquilibrent, mais elle marche, les pieds en — *protubérances* dedans, comme les canards. Elle marche vers la ville, jusqu'au marché, sans
15   s'arrêter, sans avoir posé sa brouette une seule fois.

En rentrant du marché, elle fait une soupe avec les légumes qu'elle n'a pas vendus et des confitures avec les fruits. Elle mange, elle va faire la sieste dans sa vigne, elle dort une heure, puis elle s'occupe de la vigne ou, s'il n'y a rien à y faire, elle revient à la maison, elle coupe du bois, elle nourrit de
20   nouveau les animaux, elle ramène les chèvres, elle les trait, elle va dans la

forêt, en rapporte des champignons et du bois sec, elle fait des fromages, elle sèche des champignons et des haricots, elle fait des **bocaux** d'autres légumes, arrose de nouveau le jardin, range des choses à la **cave,** et ainsi de suite jusqu'à la nuit tombée.

récipients en verre
cellar

25   Le sixième matin, quand elle sort de la maison, nous avons déjà arrosé le jardin. Nous lui prenons des mains les **seaux** lourds de la nourriture des cochons, nous conduisons les chèvres **au bord de** la rivière, nous l'aidons à

pots à eau
à côté de

Les travaux de la campagne exigent une grande capacité de travail.

charger la brouette. Quand elle rentre du marché, nous sommes en train de
scier du bois.   couper avec une scie

30   Au repas, Grand-Mère dit:
      —Vous avez compris. Le toit et la nourriture, il faut les mériter.
      Nous disons:
      —Ce n'est pas cela. Le travail est pénible, mais regarder, sans rien faire,
quelqu'un qui travaille, c'est encore plus pénible, surtout si c'est quelqu'un
35 de vieux.
      Grand-Mère **ricane**:   rit avec méchanceté
      —Fils de chienne! Vous voulez dire que vous avez eu pitié de moi?
      —Non, Grand-Mère. Nous avons seulement eu honte de nous-mêmes.
      L'après-midi, nous allons chercher du bois dans la forêt.
40 **Désormais** nous faisons tous les travaux que nous sommes capables de   à partir de ce moment
faire.

Extrait d'Agota Kristof, *Le Grand Cahier* (Paris: Éditions du Seuil, 1986), pp. 14–15

Vérifiez votre compréhension

A. Complétez les phrases suivantes selon le sens du passage précédent.

   1. Si les jumeaux ne font pas les travaux pour leur grand-mère, elle _____
   2. Chaque matin la grand-mère _____
   3. Avec les fruits qu'elle n'a pas vendus, la grand-mère _____
   4. Après la sieste, la grand-mère _____
   5. Le sixième matin, les jumeaux _____

B. Répondez aux questions suivantes par une phrase complète.

   1. Que met la grand-mère sur sa brouette? Où va-t-elle avec ces objets? Pourquoi? La grand-mère est-elle riche? Comment le savez-vous?
   2. Comment sait-on que sa brouette pèse lourd?
   3. En quoi est-ce que la remarque que la grand-mère fait aux jumeaux révèle toute une philosophie de la vie?
   4. Que peut-on dire du caractère de la grand-mère?
   5. En quoi les jumeaux ont-ils changé en regardant travailler la vieille femme?

Résumé

En vous appuyant sur les questions suivantes, faites un résumé du texte «Vendez-vous!»

Quel est le but principal du texte? Quels sont les conseils proposés par l'auteur pour mener à bien cette recherche? Quelles sont les erreurs à éviter? Quelle est l'importance des quatre éléments qui constituent la recherche d'un travail?

EXPRESSION ÉCRITE

Avant d'écrire le brouillon de votre deuxième rédaction, révisez les instructions sous la rubrique *Expression écrite* dans *Leçon 1,* pages 22–24. Ensuite:

1. choisissez l'une des questions suggérées ci-dessous et décidez si vous êtes pour ou contre l'opinion énoncée. Par la suite,
2. étudiez les *Articulations logiques* et les *Expressions utiles* qui suivent. Puis,
3. faites une liste des idées que vous voulez défendre aussi bien que des idées que votre adversaire pourrait proposer.

Dans votre deuxième rédaction, vous allez peut-être vouloir mettre en question ce que dit tout le monde, ou bien vous allez vouloir utiliser un exemple pour soutenir votre point de vue. Vous pourriez aborder la question de manières diverses; voici deux possibilités.

1. ce que dit tout le monde
$\begin{cases} \text{On dit qu'il faut . . . Mais est-ce} \\ \text{réaliste?} \\ \text{Tout le monde croit que . . . Mais} \\ \text{est-ce exact?} \end{cases}$

2. un exemple particulier
$\begin{cases} \text{Exposez le problème) Considérons} \\ \text{par exemple, le cas de . . .} \\ \text{L'exemple de . . . confirme ce fait.} \\ \text{(Donnez l'exemple) Son cas ne fait} \\ \text{qu'illustrer celui des étudiants qui...} \end{cases}$

Maintenant, choisissez l'une des questions suivantes.

1. Faut-il travailler ou ne pas travailler pendant que l'on est étudiant(e) à l'université?
2. Faut-il suivre des cours pratiques ou des cours que l'on aime à l'université?
3. Pendant que l'on est à l'université, faut-il sacrifier ou ne pas sacrifier sa vie personnelle à ses études?
4. Les Américains accordent trop d'importance au travail.
5. Un travail bien rémunéré est plus important qu'un travail intéressant.

Articulations logiques

1	2	3	4
Premièrement En premier lieu Pour commencer	deuxièmement en second lieu	troisièmement en troisième lieu par ailleurs	finalement en dernier lieu pour conclure

Expressions utiles

Les expressions suivantes vous aideront à mieux vous exprimer:

travailler, étudier à plein temps, à mi-temps, à temps partiel
gagner de l'argent, suffisamment d'argent, assez d'argent pour faire quelque chose
chercher un travail, un poste, un emploi, une bonne situation (de vendeur/vendeuse,
    de secrétaire, de réceptionniste, de garçon/serveuse dans un restaurant, de garde
    d'enfants, d'infirmier/infirmière)
s'inscrire à une université, s'inscrire en anglais, en sciences
les différentes matières, une spécialisation, se spécialiser en . . .
suivre un cours de math(s), de science(s), de langue, de littérature
faire des études de médecine, de droit, de commerce
préparer un examen
passer un examen (être présent) = se présenter à un examen
réussir (à) un examen = être reçu à un examen
échouer à un examen = rater un examen, être recalé (à un examen)
recevoir, avoir une bonne, mauvaise note
sécher un cours = ne pas y aller ≠ assister à un cours
avoir un horaire, un emploi du temps (très) chargé
arranger son emploi du temps (de façon à pouvoir faire quelque chose)
avoir, faire des dettes, pouvoir payer ses dettes
avoir, recevoir, obtenir une bourse
faire des économies, économiser de l'argent, surveiller son budget
travailler de nuit, de jour, le week-end, les jours de semaine
interrompre ses études

M ISE EN ŒUVRE

Sujets de discussion

1. Donnez votre opinion sur les conseils de l'article «Vendez-vous!» Est-il possible d'être naturel et en même temps de se «vendre» comme un produit de publicité?

2. On dit que les Américains vivent pour travailler tandis que les Français travaillent pour vivre. Ces derniers ont cinq semaines de congés payés par an tandis que les Américains n'en ont que deux ou trois. De plus, les Français prennent souvent leur retraite à 55 ans. Selon vous, quel est le rôle du travail dans la vie? Y a-t-il d'autres choses plus importantes? Par exemple?

3. En France, on considère le travail intellectuel supérieur au travail manuel, et ce n'est pas pour des raisons économiques. Par contre, on dit que le travail en

plein air est bon pour la santé. Selon vous, quel est le travail idéal, et que pensez-vous de l'attitude française? Aimeriez-vous travailler dans une ferme? Pourquoi?

Mini-théâtre

Il faut deux étudiants pour jouer ces scènes. Choisissez une scène et préparez votre rôle chez vous. Soyez prêt à le jouer avec un camarade devant la classe.

1. *Le candidat* devrait essayer de se présenter comme la personne idéale pour l'emploi annoncé.

   L'employeur, en posant des questions telles que «Pourquoi voulez-vous travailler pour nous?» et «Qu'est-ce que vous pourriez nous offrir?», devrait chercher à découvrir si le candidat est celui qu'il faut engager pour le poste.
2. Vous rendez visite à un(e) ami(e) qui habite à la campagne. Posez-lui des questions sur les travaux à faire. Il (elle) vous explique comment effectuer ces travaux.
3. Vous désirez une augmentation de salaire. Comment allez-vous aborder votre employeur? Votre employeur apprécie votre travail, mais sa compagnie a des problèmes financiers qu'il ne veut pas révéler aux employés.
4. Vous voulez acheter des animaux pour votre ferme, mais le marchand demande des prix trop élevés. Essayez de le convaincre de baisser ses prix. Référez-vous à la *Leçon 5* pour une liste d'animaux.

LA COMMUNICATION

TEXTE I

36—15: le Sésame de la France câblée, Jean-Marc Victor

GRAMMAIRE

L'emploi et la formation du passé composé et sa négation
L'emploi et la formation de l'imparfait
La distinction entre le passé composé et l'imparfait
Le présent et l'imparfait avec depuis
L'emploi et la formation du plus-que-parfait

TEXTE II

La Lettre, Jean-Jacques Sempé et René Goscinny

Quelle est l'attitude manifestée par les publicitaires envers le public?

© Charillon-Paris

Étude du lexique

Lisez à haute voix chaque expression et sa définition. Employez le nouveau mot dans votre réponse à chaque question.

1. **le foyer**   cheminée, feu; *par extension:* maison, demeure, famille

   Dans presque tous les foyers de la France, on a le téléphone.
   À quel âge est-ce que la majorité des jeunes quittent le foyer?

2. **le déroulement**   le développement, la succession

   Le déroulement de l'action dans ce film est rapide.
   Avec quel instrument un journaliste peut-il capter le déroulement des faits?

3. **envahir**   conquérir, occuper, remplir

   L'armée a envahi tout le pays.
   Quel pays a envahi la France pendant la Deuxième Guerre mondiale?

4. **un fourre-tout** (*fam.*)   un placard, un meuble, un sac où on fourre (met) toute sorte de choses

   Mets ton manteau dans le fourre-tout à côté de la porte d'entrée.
   Où mettez-vous vos valises et vos vieilles affaires?

5. **appuyer sur**   presser sur, poser sur

   Pour faire marcher la machine, appuyez sur le bouton.
   Que se passe-t-il quand on appuie le pied sur l'accélérateur?

6. **un annuaire**   livre publié chaque année contenant des renseignements variables; annuaire des Téléphones

   En France, le minitel a presque remplacé l'annuaire.
   Où peut-on trouver le numéro de l'École Polytechnique?

7. **ramasser**   réunir, prendre en divers endroits

   Nous allons ramasser du bois mort pour faire un feu.
   Combien de fois par semaine votre professeur ramasse-t-il les cahiers d'exercices?

8. **un cauchemar**   un mauvais rêve

   La vie dans un pays totalitaire est un vrai cauchemar.
   Quelles sortes de cauchemars faites-vous?

9. **taper**   écrire avec une machine à écrire

   Le patron s'est fait taper une lettre par la secrétaire.
   Tapez-vous vos dissertations ou les écrivez-vous à la main?

10. **autrefois**   dans un temps passé ≠ maintenant, à présent

    On n'avait pas de téléphone autrefois.
    Autrefois, avant l'invention du minitel, où trouvait-on un numéro de téléphone?

11. **l'écran**   surface sur laquelle se reproduit l'image d'un objet; cinéma

On a porté son roman à l'écran.
Est-ce que vous vous endormez quelquefois devant l'écran de votre télévision?

12. **apparaître**   se présenter, se révéler

Tôt ou tard la vérité apparaît.
Que voyez-vous sur l'écran d'un ordinateur quand vous insérez une disquette?

13. **un guichet**   petite fenêtre par laquelle le public communique avec les employés d'une banque, d'un bureau, etc.

Il y a toujours plusieurs guichets au bureau de poste.
Où peut-on acheter un billet de train?

14. **désobligeant**   désagréable, peu aimable

Ses remarques désobligeantes révèlent son mauvais caractère.
Connaissez-vous des gens désobligeants?

15. **l'horaire** (*m.*)   liste des heures de départ et d'arrivée des services de transport; programme

L'administration a affiché l'horaire des cours.
Pourquoi est-il préférable de consulter l'horaire des chemins de fer ou l'horaire des avions quand on veut faire un voyage?

16. **par le temps qui court**   dans le temps où nous sommes

Par le temps qui court, rien n'est gratuit, tout s'achète.
Par le temps qui court, est-il facile de trouver un travail?

17. **attirant**   qui exerce une séduction; séduisant, attrayant

Cette femme est bien attirante.
Comment trouvez-vous les jeux de hasard comme la roulette?

LIRE ET COMPRENDRE

Exercices de prélecture

A.   *Prédire le sens du passage*

Quel est le titre de cette leçon? Regardez la photo à la page 61. Ensuite, lisez la première phrase de chaque paragraphe. De quoi s'agit-il dans ce passage? Est-ce un passage de fiction, de faits ou d'opinion?

B. *Trouver les idées principales*

Lisez le premier paragraphe en encerclant les mots essentiels: verbes et noms. Qu'apprenez-vous de plus sur la matière de l'article?

C. *Deviner le sens des mots inconnus*

1. Lisez le titre de l'article. Ensuite, lisez le premier paragraphe. En considérant le contexte de la deuxième phrase, que veut dire le mot *sésame?* Connaissez-vous le conte d'«Ali Baba et les 40 voleurs»?
2. Regardez la carte de France dans *l'Appendice* F. Pourquoi appelle-t-on la France «l'hexagone»?
3. À votre avis, qu'est-ce que c'est que le minitel?
4. Si vous êtes à Paris et que vous désirez visiter Rouen et revenir à Paris, vous demandez un billet aller et retour. Pourriez-vous expliquez ce que c'est qu'un aller simple?
5. En considérant le sens de la phrase suivante, pourriez-vous deviner le sens de l'expression *faire une queue interminable?*

   «Finie l'époque détestable où il fallait faire une queue interminable devant l'Olympia pour acheter un billet de spectacle.»

D. *Contenu culturel*

Prenez en note tout ce que vous apprenez sur la France et les Français en lisant cet article.

36—15: le Sésame de la France câblée[1]

Jean-Marc Victor

Il est sur toutes les bouches, il **s'étale** sur toutes les affiches, il résonne dans   est montré
tous les foyers de **l'hexagone.** Son nom de code: 36—15, le sésame qui vous   la France
ouvre toutes les portes d'une France révolutionnée par une nouvelle ère de
communication.
5   La radio nous faisait déjà entendre la voix du monde, la télévision nous
montrait le visage des hommes qui le peuplent et le déroulement des événements qui l'agitent. À présent, le minitel met en contact l'individu avec l'individu, et l'individu avec la société, comme dans une nouvelle version des
«Français parlent aux Français».[2] Mais quel est donc ce mystérieux **engin** qui   instrument
10 a commencé à envahir les chaumières?[3]

---

[1]Câblée   littéralement: reliée par câble; en argot: qui suit la mode.

[2]«Les Français parlent aux Français»   phrase qui annonçait, pendant la Seconde Guerre mondiale, des messages radiophoniques émis par la Résistance française depuis Londres.

[3]Une chaumière est une petite maison rustique, souvent un stéréotype de la maison campagnarde française.

Que cherche cet utilisateur du minitel? Dans quelle ville habite la personne qu'il cherche? Comment le savez-vous?

Regardez-le bien. Oh! bien sûr, il a l'air banal. Apparemment, ce n'est qu'une petite boîte **marron** posée à côté du téléphone. Fourre-tout? Boîte à ouvrage? Pas du tout! Appuyez sur ce petit bouton et la boîte s'ouvre sur un monde magique, révélant un écran-miniature et **un clavier** aux **touches** atti-
15 rantes. Le minitel, invention française, est à votre disposition pour vous faire entrer à votre tour dans l'univers fascinant de la communication «made in France».

Il s'agit en fait d'une sorte de mini-terminal d'ordinateur, directement relié au téléphone, qui à la fois sert d'annuaire, remplaçant le vieux Bottin[4] devenu
20 obsolète, et donne accès à une multitude de services offerts par des entreprises publiques ou privées.

Les avantages sont certains. Vous souvenez-vous de la terreur qui vous saisissait autrefois lorsque vous recherchiez le numéro de M. Dupont ou Martin,[5] **domicilié** à Paris, **l'index** glissant **fébrilement** sur une liste sans fin,
25 ramassant au passage toute l'encre grise sur le papier recyclé? Aujourd'hui, le cauchemar est fini! Vous n'avez qu'à composer le 11 sur votre téléphone, à taper le nom de M. Dupont ou Martin sur votre minitel, suivi de l'adresse de celui-ci, et aussitôt, le numéro autrefois tant attendu apparaît sur l'écran, comme par magie.

brun clair

keyboard / notes sur un clavier

habitant / doigt qui indique / d'une agitation excessive

[4]Le Bottin est le nom familier de l'annuaire téléphonique.
[5]M. Dupont ou Martin sont des équivalents français de *Mr. Smith* ou *Mr. Brown* aux États-Unis. Le patronyme français le plus commun est Martin, après quoi viennent Bernard et Thomas.

30   Mais il y a mieux . . . beaucoup mieux! Plus besoin de vous déplacer: c'est le monde qui vient jusqu'à vous à travers cette «drôle de lucarne»,[6] version revue et corrigée pour les besoins de la communication moderne. Fini le temps où vous deviez attendre des heures au guichet de la gare de l'Est[7] pour un malheureux aller simple Paris-Rouen! Révolue l'époque **maudite** où   *détestable*

35 il vous fallait faire une queue interminable devant l'Olympia[8] afin d'acheter un billet pour le prochain spectacle d'Yves Montand![9] Oubliées les grimaces et les remarques désobligeantes de la vendeuse de l'agence de voyages lors- que vous lui faisiez vérifier les horaires des vols pour Tahiti pour vos vacances à venir! À présent, il vous suffit de composer le fameux 36—15 sur le **cadran**   *dial*

40 de votre téléphone, de taper sur votre minitel le code du service que vous souhaitez obtenir, et vous voilà directement en contact avec la gare de l'Est, l'Olympia, ou votre agence de voyages. Vous pouvez réserver, de chez vous, votre billet de chemin de fer, de spectacle, d'avion, etc. . . . Rouen, Montand

45 et Tahiti sur un plateau! Et ce n'est pas tout! Vous vous demandez ce qui passe en ce moment à la télé? Vous voulez connaître la météo pour le week- end? Vous désirez acheter par correspondance? La solution est simple: 36—15, et vous saurez tout!

     Mais le minitel—qui n'est pas français pour rien!—va encore plus loin: il a

50 créé les célèbres «messageries roses», pour tous les cœurs solitaires. Ce sont des services privés—très privés!—accessibles par la formule magique 36—15, qui mettent en rapport, de manière parfaitement anonyme, des **par-**   *individus* **ticuliers** entre eux, lesquels peuvent échanger des messages en direct sur l'écran de leur minitel. Un exemple: Monsieur X est seul ce soir. Autrefois, il

55 passait des petites annonces dans le *Chasseur Français*:[10] «Monsieur bien sous tous rapports cherche dame **idem**». Ou bien, en désespoir de cause, il   *(fam.)* de même se promenait aux environs du Bois de Boulogne.[11] Mais, ce soir, cela n'est plus la peine, car Monsieur X est branché sur 36—15, et quelque part en France, Madame Z, également seule ce soir, et branchée elle aussi sur

60 36—15, lui écrit des messages **coquins** sur l'écran de son minitel. Prix à la   *séduisants* minute: 98 centimes. Rien ne se donne, par le temps qui court . . . surtout pas l'amour!

---

[6]«Drôle de lucarne» est une des expressions employées par Charles de Gaulle pour décrire la télévision, «lucarne» étant une petite fenêtre.

[7]La gare de l'Est est une des grandes gares de Paris.

[8]L'Olympia est une célèbre salle de music-hall à Paris.

[9]Yves Montand était un célèbre chanteur et acteur français. Il est mort en novembre 1991.

[10]*Le Chasseur Français*   revue célèbre pour ses annonces matrimoniales.

[11]Bois de Boulogne   bois parisien connu dernièrement pour ses prostituées.

Vérifiez votre compréhension

1. À quoi se réfère le pronom «il» dans la première phrase? Relisez le premier paragraphe de l'article et donnez-lui un titre.
2. Quels moyens de communication sont énumérés dans le deuxième paragraphe? Comment l'auteur maintient-il l'intérêt du lecteur dans les deux premiers paragraphes?
3. Décrivez l'aspect physique de l'objet exposé dans le troisième paragraphe. Que faut-il faire pour ouvrir l'objet? Donnez un titre au troisième paragraphe.
4. Quelle est la fonction du minitel? Quels services offre-t-il à l'usager?
5. Quel numéro faut-il composer sur le cadran de votre téléphone pour avoir accès aux services du minitel?
6. Qu'est-ce que c'est que les «messageries roses»? Quel est le prix à la minute quand on se sert du minitel?
7. Qu'est-ce que vous avez appris sur la France dans cet article?

À votre avis

Préparez les questions suivantes avec un ou deux camarades pour en discuter en classe.

1. Énumérez les services qu'offre le minitel. Comment a-t-il révolutionné la France? Selon vous, pourquoi les États-Unis n'ont-ils pas encore adopté cet instrument?
2. **Les cadeaux et les lettres.** Recevez-vous des paquets, des cadeaux, des lettres? De qui? Quels paquets avez-vous reçus dernièrement? Envoyez-vous des lettres, des cadeaux? À qui? À quelles occasions? Qu'allez-vous envoyer à vos parents pour leur anniversaire, pour Noël?
3. **Communication sociale.** Préférez-vous téléphoner ou écrire des lettres? Pourquoi? En quoi est-ce que les communications téléphoniques diffèrent des communications épistolaires? Écrivez-vous un brouillon avant la lettre définitive? En quoi une lettre diffère-t-elle d'une dissertation? d'un article de journal? Pour quelles occasions est-il préférable d'écrire une lettre? Souffrez-vous de paresse épistolaire ou entretenez-vous une vaste correspondance?
4. Étudiez le dessin humoristique au début de cette leçon. Quelle est la profession des personnages? Qu'est-ce qu'ils préparent? Quel est leur problème? Imaginez que vous et votre (vos) partenaire(s) souhaitez lancer une revue (un magazine). À quel public, selon vous, faudra-t-il vous adresser? Quel sera le contenu des articles, quelles sortes d'illustrations et de photos faudra-t-il utiliser? Après avoir pris ces décisions, présentez votre projet à la classe.
5. Faites la description d'un moyen de communication (la radio, la télévision, la correspondance, le télégraphe, l'ordinateur, la publicité, le téléphone, les journaux, les revues, le baladeur (le Walkman), le magnétoscope, le cinéma, etc.)

sans nommer l'objet. Votre camarade essaiera de deviner quel moyen de communication vous avez décrit. Ensuite, c'est son tour.

6. Avec un associé, vous avez monté une petite société qui marche bien. Vous souhaitez la moderniser pour qu'elle reste compétitive. Vous recommandez l'achat de certains instruments. Votre associé est très économe et préfère garder la société comme elle est. Vous discutez.

Petit écrit

Écrivez un paragraphe sur numéro 1, 2 ou 3.

GRAMMAIRE

L'emploi et la formation du passé composé et sa négation

1. OBSERVEZ Le minitel **a envahi** la France. Il **a rendu** la vie plus facile.
J'ai travaillé deux ans pour acheter un magnétoscope!
Il **a appuyé** sur le bouton et le minitel **s'est ouvert.**
Je **me suis assis** au bureau et j'**ai composé** le 36–15.
Nous **sommes allés** en France pour voir le minitel.

ANALYSE Le *passé composé* (ou *passé indéfini*) répond à la question: «Qu'est-ce qui est arrivé?» Il indique un fait accompli à un moment du passé et que l'on estime comme étant en contact avec le présent. On envisage *l'aspect ponctuel ou le résultat final* de l'action.

2. OBSERVEZ «Longtemps, je **me suis couché** de bonne heure.» (Proust)
Il **a vécu** deux ans en France.
J'**ai étudié** le français pendant plusieurs années.

ANALYSE Lorsque le *passé composé* marque un fait qui a duré ou qui se répète, il est accompagné d'une expression de temps comme **longtemps, un an, (pendant) des années, plusieurs jours,** etc. Voir *Leçon 6,* p. 170 pour une comparaison avec le passé simple (temps littéraire) qui s'emploie de la même façon.

RAPPEL: Le *passé composé* se forme avec le présent du verbe auxiliaire **avoir** ou **être** et le participe passé. Les 18 verbes dans le tableau à la page 65, aussi bien que les verbes pronominaux, se conjuguent avec **être.** Les verbes entre parenthèses dans ce tableau se conjuguent avec **être** quand ils sont intransitifs (sans objet direct) et avec **avoir** quand ils sont transitifs (avec un objet direct).

ATTENTION! Pour les verbes qui se conjuguent avec **avoir**, on fait l'accord entre le participe passé et l'objet direct si l'objet direct précède le verbe:

EXEMPLES: **la** lettre que j'ai écrit**e**
les paquets qu'elle a envoy**és**
les filles qu'il a vu**es**

LES PARTICIPES PASSÉS

1. Pour *tous les verbes* en **-er** (**danser, aller,** etc.), le participe passé est en **-é** (**dansé, allé,** etc.).
2. Pour *les verbes réguliers* en **-ir** (**choisir, sortir, dormir,** etc.), le participe passé est en **-i** (**choisi, sorti, dormi,** etc.).
3. Pour *les verbes réguliers* en **-re** (**rendre, attendre, entendre,** etc.), le participe passé est en **-u** (**vendu, attendu, entendu,** etc.).

Tableau des verbes conjugués avec ÊTRE

aller	Je **suis allé(e)** faire la queue à la gare.
apparaître	Il **est apparu** à minuit.
arriver	Maman **est arrivée** en courant.
(descendre)	Nous **sommes descendu(e)s** à 19 heures.
devenir	Il **est devenu** médecin.
entrer	Tu **es entré(e)** en criant.
(monter)	**Es-tu monté(e)** dans ma chambre?
mourir	Les fleurs **sont mortes** hier soir.
naître	Ce matin, un enfant **est né.**
partir	Maman **est partie** dans la cuisine.
(passer)	Je **suis passé(e)** vous voir.
(rentrer)	**N'êtes-vous pas rentré(e)(s)** avant minuit?
rester	Elle **n'est pas restée** très longtemps.
retourner	Ils **ne sont jamais retournés** en France.
revenir	Papa est allé dans la cuisine, et il **est revenu** tout rouge.
(sortir)	**Es-tu sorti(e)** voir le beau coucher du soleil?
tomber	Tout **est tombé** de l'armoire.
venir	L'autre soir, le facteur **est venu** apporter un paquet.

REMARQUES:

1. Le participe passé des verbes conjugués avec **être** fait fonction d'adjectif et ainsi s'accorde avec le sujet de la phrase. Il y a, pourtant, des règles spéciales pour les verbes pronominaux (voir *Leçon 7*).
2. Pour tous les temps composés à la forme négative, **ne** se place devant l'auxiliaire; **pas, plus, jamais,** etc., après: *Elle n'est jamais allée en Gaspésie.* À la forme interro-négative, **ne . . . pas** se place autour de l'auxiliaire suivi de son sujet: *N'êtes-vous pas allé avec eux?*

3. Les verbes de la liste qui sont placés entre parenthèses (**descendre, monter, passer, rentrer, sortir**) sont conjugués avec **avoir** quand ils ont *un objet direct.*

   EXEMPLES: J'**ai** passé **mes vacances** en Suisse.
   Je suis passé voir mes amis à Berne.

   J'**ai** sorti **ma Renault** du garage.
   Je suis sorti avec mes amis.

   Nous **avons** monté et descendu **la rue principale.**
   Ensuite, nous sommes montés nous coucher.

   Avant de me coucher, j'**ai** rentré **ma voiture.**
   Je suis rentré à minuit.

Exercices

A. Imaginez que vous (A) parlez au téléphone avec un(e) ami(e) (B) que vous n'avez pas vu(e) depuis quelques mois. Formulez des questions et des réponses avec les éléments donnés, selon le modèle.

   MODÈLE: A: Où / passer / tu / vacances / l'été dernier?
   Où as-tu passé tes vacances l'été dernier?

   B: Je / aller / plage.
   Je suis allé(e) à la plage.

   1. A: Qu'est-ce que / tu / faire / à Noël?
      B: Je / rendre visite à / mes amis / en France.

   2. B: Et où / passer / tu / les vacances de Noël?
      A: Je / aller / montagne.

   3. B: Faire / tu / du ski?
      A: Oui, je / faire / du ski alpin et du ski de fond.

   4. A: Quand / rentrer / tu / à l'université?
      B: Je / rentrer / le 15 janvier.

   5. A: Quels cours / suivre / tu / le semestre dernier?
      B: Je / suivre / des cours de langue et de littérature.

   6. A: Revoir / tu / tous tes amis?
      B: Oui, je / les / revoir / à la rentrée.

   7. A: Écrire / tu / une lettre de remerciement / à tes amis en France?
      B: Oui, je / la / leur / écrire / tout de suite.

   8. B: Ne pas / me / écrire / tu / une carte postale?
      A: Si, ne pas / la / recevoir / tu?

   9. B: Je / ne rien / recevoir.
      A: Pourtant, je / la / mettre / à la poste / moi-même!

B. Votre professeur vous décrit un voyage que vous allez faire ensemble. Lisez sa description. Ensuite, imaginez que vous avez déjà fait le voyage et que vous le décrivez à vos parents.

L'avion *atterrit* à Montréal. Nous *récupérons* nos bagages et nous *prenons* l'autobus tout de suite. L'autobus *s'arrête* à Québec vers 13h et nous *descendons* pour nous reposer. Nous *dînons* dans un restaurant typiquement québécois où l'on *sert* un civet de lièvre. Nous *nous promenons* un petit peu et ensuite nous *remontons* dans l'autobus pour le voyage à Chicoutimi. Quand nous *arrivons* là-bas, nous *faisons* la connaissance des animateurs du programme pour non-francophones. Ils *font* une petite présentation et ensuite nous *amènent* dans les familles qui nous *accueillent* avec chaleur. Chaque étudiant *est logé* avec une famille québécoise afin de parler français tout le temps. Nous *prenons* le souper en famille et puis nous *revenons* à l'Université du Québec pour le spectacle du soir. Après le spectacle, on *va* en ville au café. Là, on *peut* faire la connaissance des étudiants venant d'autres provinces du Canada et des États-Unis. Nous *rentrons* très fatigués et tout le monde *dort* bien.

Le lendemain matin, il y *a* un test de classement. Ainsi, chacun *est* sûr de suivre le cours à son niveau de compétence. Après le dîner, on *a* l'occasion de choisir les activités sportives et culturelles offertes. Les cours *commencent* le lendemain. On *rentre* trois semaines plus tard, complètement transformés par l'expérience.

C. Vous vous intéressez beaucoup aux activités de votre ami(e) pendant son voyage récent en Europe. Posez-lui des questions qui correspondent aux réponses suivantes. Une réponse qui commence avec **si** demande la forme interro-négative. Inventez une question originale si la réponse commence avec **non.**

MODÈLES: Si, je les ai vus.
N'as-tu pas vu tes amis?

Non, j'ai pris le train.
As-tu pris l'autocar?

1. Oui, je suis arrivé à Londres.
2. Oui, j'ai pris l'aéroglisseur pour traverser la Manche.
3. Si, j'ai eu le mal de mer.
4. Si, j'ai mangé un croque-monsieur.
5. Oui, j'ai débarqué à Calais.
6. Non, j'ai pris le train pour Paris.
7. Non, je suis descendu chez une amie.
8. Oui, j'ai visité le Louvre.
9. Non, nous avons dîné chez des amis.
10. Non, nous sommes allés voir un spectacle à l'Olympia.
11. Oui, je lui ai rendu visite. (René)
12. Si, je les ai vus pendant le week-end. (les Pelletier)

D. Votre ami est curieux de savoir comment vous avez passé le week-end. Répondez-lui en employant les pronoms objets directs et indirects selon le cas. N'oubliez pas de faire l'accord entre le participe passé et l'objet direct.

E. Inventez un week-end idéal que vous rêvez de passer. Employez le *passé composé.*

F. Inventez un mauvais week-end. Qu'est-ce qui est arrivé?

L'emploi et la formation de l'imparfait

1. OBSERVEZ La radio nous **faisait** déjà entendre la voix du monde.

ANALYSE On emploie l'imparfait pour *décrire,* dans le passé, une situation passée, un personnage ou un objet.

2. OBSERVEZ Nous **pensions** que la vendeuse **était** désobligeante.

ANALYSE L'imparfait indique *l'état* d'une personne, un sentiment, une qualité, un état d'esprit, ou une pensée dans le passé.

3. OBSERVEZ Quand j'étais petit, j'**allais** au cinéma toutes les semaines.

ANALYSE L'usage de l'imparfait dans le deuxième verbe indique *une action répétée dans le passé.*

4. OBSERVEZ Il a dit qu'il **fallait** se présenter au guichet de la gare de l'Est.

ANALYSE Quand on rapporte ses propres paroles ou celles d'autrui, on emploie *le discours indirect.* Quand la proposition principale (**il a dit que, il pensait que**) est au passé, le discours indirect exprime les faits simultanés à celles de la proposition principale par l'imparfait.

5. OBSERVEZ Si nous **avions** un minitel, nous serions contents.

ANALYSE Quand la proposition conditionnelle exprime un fait futur considéré comme *possible,* on emploie *l'imparfait dans la proposition subordonnée* introduite par **si.**

LA FORMATION DE L'IMPARFAIT

Remplacez la terminaison **-ons** de la Ière personne du pluriel du présent par les terminaisons de l'imparfait: **-ais, -ais, -ait, -ions, -iez, -aient.**

Présent de l'indicatif	*Imparfait*
nous **jou**ons	je jou**ais**
nous **finiss**ons	tu finiss**ais**
nous **vend**ons	elle vend**ait**
nous **étudi**ons	nous étudi**ions**
nous **av**ons	vous av**iez**
nous **écriv**ons	ils écriv**aient**

EXCEPTION: **être**

nous sommes   nous **étions**

ATTENTION!   Notez les changements orthographiques pour maintenir la prononciation des verbes ayant un **g** ou un **c:**

je mang**e**ais, il mang**e**ait, ils mang**e**aient
je pla**ç**ais, elle pla**ç**ait, elles pla**ç**aient
mais:
nous mangions, vous mangiez
nous placions, vous placiez

Exercice

Mettez les verbes entre parenthèses à l'imparfait.

1. Quand je _____ *(être)* petit, je ne _____ *(aimer)* pas écrire des lettres.
2. Lorsque je _____ *(avoir)* quinze ans, je _____ *(étudier)* énormément.
3. Il _____ *(finir)* son travail pendant que nous _____ *(lire)* le journal.
4. Ils _____ *(manger)* pendant que tu _____ *(écrire)* ton essai.
5. Il _____ *(faire)* beau, le soleil _____ *(briller),* les oiseaux _____ *(chanter).*
6. Si tu _____ *(vouloir),* tu pourrais y aller.
7. S'il _____ *(savoir)* ce qui _____ *(se passer),* il en serait malade.
8. Nous réussirions à l'examen, si nous _____ *(comprendre)* la leçon.
9. Je _____ *(placer)* mes choses bien en ordre pendant que tu _____ *(être)* au lit.
10. Il _____ *(pleuvoir)* ce jour-là, et je _____ *(vouloir)* rester à l'intérieur.

La distinction entre le passé composé et l'imparfait

OBSERVEZ   Quand le téléphone **a sonné,** nous **étions** en train de dîner.

ANALYSE   Les deux actions ont lieu dans la même période de temps, mais on les
envisage sous des aspects différents:

1. le téléphone **a sonné** *(passé composé)*
2. nous **étions** en train de dîner *(imparfait)*

L'imparfait raconte quelles étaient les conditions, il crée un décor pour
les actions que l'on raconte au passé composé. Le passé composé
répond à la question, «Qu'est-ce qui s'est passé?» On considère

l'action au passé composé comme *un point,* tandis que l'action à l'imparfait est envisagée comme une action (ou un état) *qui s'étend* sur la ligne du temps et qui n'est pas finie.

Nous dînions quand le téléphone a sonné.

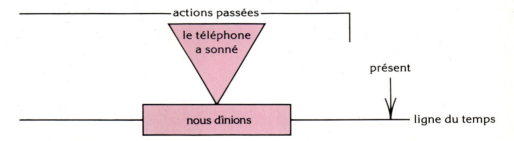

Nous avons commencé à dîner avant le coup de téléphone et nous étions en train de dîner au moment même où le téléphone a sonné.

La même relation existe entre les actions des phrases suivantes.

Je lisais quand tu es arrivé.

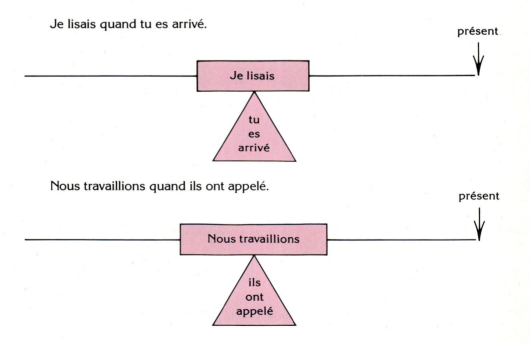

Nous travaillions quand ils ont appelé.

Le présent et l'imparfait avec *depuis*

La phrase **J'étudie le français depuis un an** indique une action qui a commencé à un certain moment du passé et qui continue dans le présent (voir *Leçon 1*). Lorsqu'on met cette phrase à l'imparfait, on indique une action commencée à un certain moment du passé qui continue jusqu'à un autre moment du passé, où une deuxième action se produit. Cette deuxième action s'exprime au passé composé. Comparez:

J'**étudie** le français depuis un an.

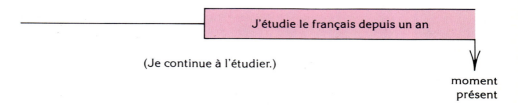

J'**étudiais** le français depuis un an quand je **suis allé** en France pour la première fois.

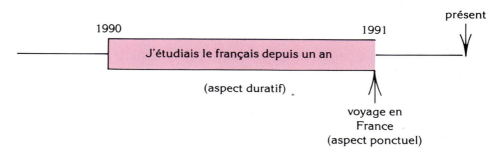

La phrase suivante maintient le même rapport entre l'imparfait et le passé composé.

J'**habitais** en France depuis trois ans quand on **a inventé** le minitel. (J'ai commencé à vivre en France en 1977 et on a inventé le minitel en 1980.)

Exercices

A. Vous êtes un envoyé spécial pour un journal de langue française. Votre mission est de rapporter les événements d'une guerre qui se prepare. Décrivez ce que vous voyez en remplaçant le présent par l'imparfait ou le passé composé, selon le cas.

Quand j'*arrive*, je *vois* un grand nombre de soldats qui *se préparent* à la guerre. Les magasins *sont* fermés et les habitants *sont* sans doute enfermés chez eux. J'*écris* quelques notes quand un jeune soldat *vient* envers moi en courant. Il *veut* me communiquer un message, mais il *parle* une langue que je ne *reconnais* pas. Tout d'un coup, une bombe *éclate* et nous *nous jetons* par terre. De grandes pierres *tombent* tout près de nous, mais heureusement, elles *ne nous touchent pas*. En me relevant, je *découvre* que mes lunettes *sont* cassées. Ensuite, le jeune soldat m'*amène* dans une église où *se trouvent* des femmes et des enfants. Tout le monde *a* très peur. Cette nuit-là, nous *ne dormons pas*. Le lendemain, tout *est* très calme.

B. Xavier est un amant inquiet qui n'a pas confiance en son amie, Gilberte; il lui pose toujours des questions. Formulez ses questions et les réponses, selon le modèle.

> MODÈLE: XAVIER: Que / faire / tu / quand je / te téléphoner?
> Que faisais-tu quand je t'ai téléphoné?
> GILBERTE: Je / écrire / une lettre / quand tu / téléphoner.
> J'écrivais une lettre quand tu as téléphoné.

1. XAVIER: Que / faire / tu / quand / je / t'appeler?
   GILBERTE: Je / composer / une dissertation / quand tu / appeler.
2. XAVIER: À quoi / penser / tu / quand je / partir?
   GILBERTE: Je / penser / à ce que je / aller / préparer pour le dîner / quand tu / partir.
3. XAVIER: Que / faire / tu / quand je / entrer?
   GILBERTE: Je / vérifier un rendez-vous sur mon agenda / quand tu / entrer.
4. XAVIER: Avec qui / dîner / tu / quand je / te téléphoner à 20 heures?
   GILBERTE: Je / dîner / avec Gatien / quand tu / me téléphoner.
5. XAVIER: Que / lui / dire / tu / quand le téléphone / sonner?
   GILBERTE: Quand le téléphone / sonner, / je / lui / dire / que toutes tes questions / m'embêter à la fin!

C. Répondez aux questions suivantes.

1. Depuis combien de temps Rose Marie étudiait-elle le français quand elle est allée au Québec pour la première fois? *(depuis un an)*
2. Depuis combien de temps suivait-elle des cours de langue quand elle a fait la connaissance de Claude? *(depuis six mois)*
3. Depuis combien de temps sortait-elle avec lui quand il est tombé malade? *(depuis deux ans)*
4. Depuis combien de temps habitait-elle à Québec quand il lui a demandé de l'épouser? *(depuis trois ans)*

5. Depuis combien de temps était-elle mariée avec lui quand il est allé chez le spécialiste? *(depuis deux mois)*
6. Depuis combien de temps était-il guéri quand ils ont déménagé pour aller à Montréal? *(depuis quelques années)*

D. Vous êtes à la maison de campagne d'un bon ami. Il y a cinq autres personnes là. Le téléphone sonne. Décrivez les actions de chaque personne lorsque le téléphone sonne. Employez l'imparfait ou le passé composé selon le cas.

E. Racontez à un(e) ami(e) une conversation téléphonique que vous avez eue avec un autre copain qui a de gros problèmes.

L'emploi et la formation du plus-que-parfait

1. OBSERVEZ Il m'a invité à dîner, mais j'**avais** déjà **mangé.**

Le minitel que j'**avais commandé** en septembre est arrivé en octobre. Comme nous sommes en novembre, je l'ai depuis un mois.

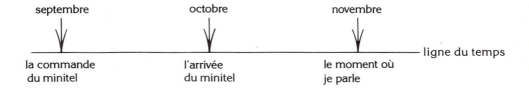

septembre	octobre	novembre
la commande du minitel	l'arrivée du minitel	le moment où je parle

ligne du temps

ANALYSE Le plus-que-parfait exprime une action ou un fait qui a eu lieu *avant un autre fait passé.*

2. OBSERVEZ S'il **avait consulté** le minitel hier soir, il **aurait pu** réserver son billet d'avion.

ANALYSE Après **si,** conjonction de condition, le plus-que-parfait indique *une hypothèse non réalisée* (irréelle). Il n'a pas obtenu son billet parce qu'il n'a pas consulté le minitel.

3. OBSERVEZ Il m'a demandé ⎫
Il me demandait ⎭ ce que la France **avait inventé** avant le minitel.

ANALYSE On emploie le plus-que-parfait dans *le discours indirect au passé* pour indiquer des actions antérieures à (avant) celle de la proposition principale.

4. OBSERVEZ Ah, si seulement tu **avais su** . . .
Ah, si nous **avions su** . . .

ANALYSE Le plus-que-parfait exprime un regret dans la proposition principale.

LA FORMATION

Le plus-que-parfait se forme de l'imparfait du verbe **avoir** ou **être** + *le participe passé du verbe conjugué.*

j'avais vu	j'étais allé
tu avais vu	tu étais allé
il avait vu	elle était allée
nous avions vu	nous étions allés
vous aviez vu	vous étiez allés
ils avaient vu	elles étaient allées

ATTENTION! Le participe passé des verbes qui se conjuguent avec **être** s'accorde en genre et en nombre avec le sujet de la phrase; le participe des verbes qui se conjuguent avec **avoir** s'accorde avec l'objet direct seulement si l'objet direct le précède. (Voir *Leçon 7* pour les verbes pronominaux.)

Exercices

A. Vous êtes un journaliste qui assiste à une réunion du Congrès-Jeunes du Parti Libéral du Québec. Mettez les verbes en italique au temps nécessaire du passé.

Quand j'*entre* dans l'auditorium, je *vois* plus de mille jeunes qui *parlent* de façon animée. La séance *n'a pas encore commencé* parce qu'on *attend* l'arrivée du chef du parti qui *est* en retard. Un des jeunes me *dit* que c'*est* la première réunion depuis l'échec de l'accord constitutionnel. Tout le monde autour de moi *parle* de la pleine autonomie politique du Québec. Comme ils *ont déjà ratifié* leur document, tout ce qui *reste* à faire c'*est* d'écouter les propos de leur chef. Quand il *arrive* sur la scène, les gens *crient* pendant plus de cinq minutes. Il *a* bonne mine parce qu'il *a passé* plusieurs jours de vacances en Nouvelle Angleterre avant la réunion. Il ne *porte* pas de cravate afin de se donner un air plus amical et plus accessible aux jeunes. Il *est* en manches de chemise et *porte* sa veste sur l'épaule. Les applaudissements et les cris *sont* assourdissants. Je *sors* mon carnet et je *commence* à noter tout ce qui *se passe* autour de moi. Je ne *veux* rien manquer de son discours non plus.

B. Complétez la lettre suivante avec la forme correcte des verbes entre parenthèses.

Québec, le 2 novembre

Mon cher Lucien,

Tous les enfants _____ (être) bien contents samedi, parce qu'il _____ (tomber) un pied de neige. Que nous _____ (avoir) du plaisir! La neige _____ (être) merveilleusement glissante et nous _____ (descendre) la côte en traîneau jusqu'au soir. Gaston _____ (bâtir) un bonhomme de neige et Roland nous _____ (jeter) des boules de neige.

Il y _____ (avoir) un grand souper samedi soir, car c' _____ (être) l'anniversaire de Gilles. M. Ouellette _____ (venir) de Trois-Rivières le fêter avec nous. Maman _____ (préparer) un grand repas qu'elle _____ (servir) à 20h30. Moi, je _____ (acheter) les bougies pour le gâteau que Papa _____ (faire) et Mémé lui _____ (tricoter) un chandail. Fernand _____ (apporter) deux bouteilles de champagne qu'il _____ (rapporter) de France.

Je te _____ (dire) que je _____ (commander) un beau pull pour Gilles, avec des rennes dessus. Je le lui _____ (donner) à minuit, et tout le monde _____ (sortir) au clair de lune qui _____ (faire) briller la neige. Comme il _____ (faire) très froid, nous _____ (rentrer) peu après. Quand les invités _____ (partir), nous _____ (se coucher). Il _____ (être) presque midi quand je _____ (se lever). Heureusement, c' _____ (être) dimanche.

J' _____ (attendre), avec impatience, ton retour la semaine prochaine.

Mireille

C. Vous avez reçu une lettre de votre mère. Votre ami vous demande ce qu'elle a dit. Vous le lui dites et il vous pose d'autres questions. Vous discutez. Attention au discours indirect (voir p. 68, no. 4 et p. 73, no. 3).

PRÉCIS DES PHRASES HYPOTHÉTIQUES: LES PROPOSITIONS DE CONDITION INTRODUITES PAR SI

I. l'hypothèse simple   une simple condition Si tu m'**écris**, je **serai** content.   *présent   futur*
II. le potentiel   une condition imaginée Si tu m'**écrivais**, je **serais** content.   *imparfait   conditionnel*

III. l'hypothèse   contraire à la réalité
Si tu m'**avais écrit**, j'**aurais été** content. (Mais tu ne m'as pas écrit,
                          alors je ne suis pas content.)
    plus-que-parfait   conditionnel passé

Remarquez que le futur et le conditionnel sont exclus des propositions subordonnées avec **si** hypothétique.[12]

[12]Pourtant, quand **si** introduit une proposition interrogative indirecte (*Je me demande s'il viendra.*) ou une proposition à valeur de complétive (*On ne savait pas si une guerre éclaterait.*), on emploie le temps exigé par la phrase. Dans ces cas, **si** veut dire *whether* et non pas *if*.

A. Finissez les phrases suivantes selon les règles qui s'appliquent aux phrases hypothétiques.

   1. Je serai content(e), si . . .
   2. Nous irons en France, si . . .
   3. J'obtiendrai une bonne note en français, si . . .
   4. Il achèterait un minitel, si . . .
   5. Tu n'aurais pas besoin de chercher le numéro dans l'annuaire, si . . .
   6. Les affiches publicitaires seraient plus intéressantes, si . . .
   7. La vie serait plus attirante, si . . .
   8. J'aurais réservé deux billets de spectacle, si . . .
   9. Il n'aurait pas été nécessaire de faire la queue, si . . .
  10. Nous serions allés à Tahiti, si . . .

B. Mettez-vous deux par deux et faites une liste d'hypothèses concernant les remarques suivantes. Ensuite, présentez vos hypothèses à la classe.

   1. Le mur de Berlin ne serait jamais tombé, si . . .
   2. Le mur serait tombé plus vite, si . . .
   3. On aurait parlé allemand en France, si . . .
   4. Les relations entre l'Est et l'Ouest seraient encore mauvaises, si . . .
   5. La communication entre l'Est et l'Ouest serait encore meilleure, si . . .

Étude du lexique

Lisez à haute voix chaque mot ou expression, définition et exemple. Employez le mot nouveau ou l'expression nouvelle dans votre réponse à chaque question.

1. des histoires (*f.*)   des ennuis, des plaintes

Papa m'a fait des histoires parce que je ne voulais pas écrire une lettre de remerciement.
Quand est-ce que vos parents vous font des histoires?

2. le patron, la patronne   directeur, employeur, chef

La patronne m'a donné une augmentation de salaire.
Pour quelle sorte de patron aimeriez-vous travailler?

3. travailleur, travailleuse   *n.,* personne qui travaille; *adj.,* qui aime travailler

Un travailleur assidu accomplit beaucoup.
Anne est travailleuse, mais son frère est paresseux.
Êtes-vous travailleur (travailleuse) ou paresseux (paresseuse)?

Je suis **drôlement** inquiet pour Papa, parce qu'il n'a plus de mémoire du tout.

extrêmement

L'autre soir, le **facteur** est venu apporter un grand paquet pour moi [...] et c'est toujours des cadeaux que m'envoie Mémé, qui est la maman de ma
5 Maman, [...] [mais le paquet était] de M. Moucheboume, qui est le patron de Papa. C'était un **jeu de l'oie**—j'en ai déjà un—et il y avait une lettre dedans pour moi:

celui qui distribue les lettres

un jeu de hasard pour enfants

«À mon cher petit Nicolas, qui a un papa si travailleur. Roger Moucheboume.»

10 —En voilà une idée! a dit Maman.

—C'est parce que l'autre jour, je lui ai rendu un service personnel, a expliqué Papa. Je suis allé faire la queue à la gare, pour lui prendre des places pour partir en voyage. [...]

—Une augmentation aurait été une idée encore plus charmante, a dit
15 Maman.

—Bravo, bravo! a dit Papa. Voilà le genre de remarques à faire devant le petit. [...] Et puis après il m'a dit que je devrais remercier M. Moucheboume par téléphone.

—Non, a dit Maman. Ce qui se fait dans ces cas-là, c'est écrire une petite
20 lettre. [...]

—Moi, j'aime mieux téléphoner, j'ai dit. [...]

—Toi, m'a dit Papa, on ne t'a pas demandé ton avis. Si on te dit d'écrire, tu écriras!

Alors là, c'était pas juste! Et j'ai dit que je n'avais pas envie d'écrire. [...]
25 —Tu veux une claque et aller te coucher sans dîner? a crié Papa.

Alors, je me suis mis à pleurer, [...] et Maman a dit que si on n'avait pas un peu de calme, c'est elle qui irait se coucher sans dîner, et qu'on se débrouillerait sans elle.

—Écoute, Nicolas, m'a dit Maman. Si tu es sage et si tu écris cette lettre
30 sans faire d'histoires, tu pourras prendre deux fois du dessert. [...]

—Bon, a dit Papa. Nous allons faire un brouillon. [...] Voyons, qu'est-ce que tu vas lui dire, à ce vieux Moucheboume?

—**Ben,** j'ai dit, je sais pas.[13] Je pourrais lui dire que même si j'ai déjà un jeu de l'oie, je suis très content parce que le sien je vais l'échanger à l'école
35 avec les copains; il y a Clotaire qui a une voiture bleue **terrible,** et ...

bien *(langage parlé)*

formidable

—Oui, bon, ça va, a dit Papa. Je vois ce que c'est. Voyons ... Comment allons-nous commencer? ... Cher monsieur ... Non ... Cher monsieur Moucheboume ... Non, trop familier ... Mon cher monsieur ...

—Je pourrais mettre: «Monsieur Moucheboume», j'ai dit.
40 Papa m'a regardé, et puis il s'est levé et il a crié vers la cuisine:

—Chérie! Cher monsieur, Mon cher monsieur, ou Cher monsieur Moucheboume?

---

[13]Dans le langage parlé, on omet souvent **ne.**

—Qu'est-ce qu'il y a? a demandé Maman en sortant de la cuisine. [. . .]

Papa lui a répété, et Maman a dit qu'elle mettrait «Cher monsieur Mou-
45 cheboume», mais Papa a dit que [. . .] justement «Cher monsieur Moucheboume» ça n'allait pas pour un enfant, que ce n'était pas assez respectueux.

—Si tu as décidé, a demandé Maman, pourquoi me déranges-tu? J'ai
mon dîner à préparer, moi.

—Oh! a dit Papa, je te demande pardon de t'avoir dérangée dans tes
50 occupations. Après tout, il ne s'agit que de mon patron et de ma situation!

—Parce que ta situation dépend de la lettre de Nicolas? a demandé
Maman. En tout cas, on ne fait pas tant d'histoires quand c'est maman qui
envoie un cadeau!

Alors, ça a été **terrible!** Papa s'est mis à crier, Maman s'est mise à crier, et   horrible, terrifiant
55 puis elle est partie dans la cuisine en claquant la porte. —Bon, m'a dit Papa,
prends le crayon et écris.

Sempé
© Éditions Denoël

Je me suis assis au bureau et Papa a commencé la dictée:

—Cher monsieur, virgule, à la ligne . . . C'est avec joie . . . Non, **efface** . . .   enlève, fais disparaître
Attends . . . C'est avec plaisir . . . Oui, c'est ça . . . C'est avec plaisir que j'ai eu
60 la grande surprise . . . Ou non, tiens, il ne faut rien exagérer . . . Laisse la
grande surprise . . . La grande surprise de recevoir votre beau cadeau . . . Non
. . . Là, tu peux mettre votre merveilleux cadeau . . . Votre merveilleux cadeau
qui m'a fait tant plaisir . . . Ah! non . . . On a déjà mis plaisir . . . Tu effaces
plaisir . . . Et puis tu mets Respectueusement . . . Ou plutôt, Mes salutations
65 respectueuses . . . Attends . . .

© Éditions Denoël

Et Papa est allé dans la cuisine, j'ai entendu crier et puis il est revenu tout rouge.

© Éditions Denoël

—Bon, il m'a dit, mets: «Avec mes salutations respectueuses», et puis tu signes. Voilà.

70 Et Papa a pris mon papier pour le lire, il a ouvert des grands yeux, il a regardé le papier **de nouveau,** il a fait un gros soupir et il a pris un autre papier pour écrire un nouveau brouillon. [. . .]

encore une fois

J'ai recopié la lettre de Papa et j'ai dû recommencer plusieurs fois, à cause des fautes. [. . .] Maman est venue nous dire que **tant pis,** le dîner serait
75 brûlé, et puis j'ai fait l'enveloppe trois fois, [. . .] et j'ai demandé un timbre à Papa, et Papa a dit «Ah! oui» et il m'a donné un timbre, et j'ai eu deux fois du dessert. Mais Maman ne nous a pas parlé pendant le dîner.

c'est dommage ≠ tant mieux

Et c'est le lendemain soir que j'ai été drôlement inquiet pour Papa, parce que le téléphone a sonné, Papa est allé répondre et il a dit: —Allô . . . Oui . . .
80 Ah! Monsieur Moucheboume! . . . Bonsoir, monsieur Moucheboume . . . Oui . . . Comment?

Alors, Papa a fait une tête tout étonnée et il a dit:

—Une lettre? . . . Ah! c'est donc pour ça que ce petit **cachottier** de Nico-las m'a demandé un timbre, hier soir!

celui qui cache des choses insignifiants

Extrait de Jean-Jacques Sempé et René Goscinny, *Joachim a des ennuis* (Folio Junior, © Édi-tions Denoël, Paris, 1964), pp. 16–24.

Vérifiez votre compréhension

Complétez les phrases suivantes en consultant le passage précédent.

1. Nicolas est inquiet pour son père parce que _____.
2. _____ est venu l'autre soir. Il a apporté _____ pour _____.
3. Mémé est _____. M. Moucheboume est _____.
4. M. Moucheboume a donné un _____ à Nicolas parce que _____.
5. Les parents de Nicolas se sont disputés parce que _____.
6. Le père de Nicolas se fâche contre Nicolas parce que _____.
7. La mère de Nicolas persuade Nicolas d'écrire la lettre de remerciement à M. Moucheboume en lui promettant _____.
8. Avant d'écrire la lettre définitive, il faut faire _____.
9. Le père sait que Nicolas est incapable de composer la lettre de remercie-ment parce que Nicolas veut écrire qu'il _____.
10. Le père pousse un grand soupir lorsqu'il regarde le brouillon de Nicolas à cause de _____.
11. La mère de Nicolas ne leur a pas parlé pendant le dîner parce que _____.
12. Le père de Nicolas n'a pas dit la vérité à M. Moucheboume parce que _____.

Résumé

En vous basant sur les questions suivantes, écrivez un résumé de «La Lettre». Qu'est-ce qui est arrivé un soir dans la maison du petit Nicolas, et en quoi ce cadeau cause-t-il un problème pour toute la famille? Comment l'histoire se termine-t-elle?

Dans bien des boîtes téléphoniques en France, il suffit d'avoir une carte-téléphone pour téléphoner.

L E S L E T T R E S

À notre époque on écrit de moins en moins; on téléphone surtout. Pourtant il y a beaucoup de circonstances où il est obligatoire de savoir écrire une lettre. Il faut remercier, demander des renseignements, demander un emploi, offrir des vœux, etc. Comme la correspondance française est plus stylisée que la correspondance anglaise et américaine, il est essentiel de savoir comment tourner une lettre en français.

Il faut toujours commencer par un brouillon avant d'écrire la lettre définitive. Il faut du temps et de la réflexion pour formuler les idées. N'oubliez pas que vous écrivez pour un lecteur spécifique. Choisissez avec soin vos phrases, car le mot écrit est chargé d'un sens et d'une importance qu'il n'a pas dans une conversation.

On vous présente ci-dessous des conseils ainsi que quelques lettres modèles sur lesquelles vous pourriez baser votre propre correspondance à l'étranger.

Les formules de politesse

Les formules de politesse ont une importance particulière dans l'en-tête et dans les formules finales.

L'EN-TÊTE

À une personne inconnue, on écrit **Monsieur, Madame, Mademoiselle (Messieurs, Mesdames, Mesdemoiselles** au pluriel) en toutes lettres et avec une majuscule, comme sur l'enveloppe. Évitez les abréviations **M., Mme, Mlle, MM., Mmes, Mlles** que vous pouvez utiliser en vous référant à une autre personne qui ne risque pas de lire la lettre.

> EXEMPLE: Comment va M. Martin depuis son opération?

LES FORMULES FINALES

Comme avec l'en-tête, l'usage a force de loi, bien que les formules semblent vides de sincérité et de sens. À ne pas oublier, *répétez toujours,* dans la formule finale, les mots employés dans l'en-tête.

> EXEMPLE: Recevez, *Madame,* l'assurance de mes sentiments les meilleurs.

Si vous voulez marquer une déférence, employez la formule suivante:

> Veuillez agréer, Monsieur, l'expression de mes sentiments respectueux.

Voici une liste des principales formules que l'on peut employer pour terminer une lettre:

1. **Vous écrivez à quelqu'un que vous ne connaissez pas.**

   Soyez assuré, Monsieur le Directeur, de ma haute (parfaite) considération.
   Recevez, Madame, l'assurance de ma considération (très) distinguée.
   Recevez, Monsieur, mes bien sincères salutations.
   Veuillez croire, Monsieur, à l'assurance de mes sentiments dévoués.
   Veuillez agréer, Madame, mes respectueux hommages.
   Croyez, Madame, à l'expression de mes sentiments les plus respectueux.

2. **Vous écrivez à quelqu'un que vous connaissez.**

   Veuillez agréer, Monsieur et cher collègue, l'assurance de mes sentiments distingués.
   Je vous prie d'accepter, Monsieur le Professeur, l'expression de mes sentiments les plus respectueux.
   Croyez, chère Mademoiselle, à l'expression de mes sentiments les meilleurs.
   Croyez, chère Madame, à tous mes meilleurs sentiments.

3. **Vous écrivez à un ami ou une amie.**

Croyez, cher Nicolas,   À toi,
   à mon amical souvenir.   Je t'embrasse,
Bien amicalement,   Bons baisers,
Toutes mes amitiés,   Bises,
Affectueusement,   Bizous,
Bien affectueusement,

Les différentes sortes de lettres

Voici quelques exemples de lettres que vous aurez peut-être l'occasion d'écrire.

Mettez l'adresse de l'expéditeur en haut à gauche, ensuite la date un peu plus bas à droite. Laissez un interligne entre la date et l'adresse du destinataire. Commencez votre lettre à gauche avec l'en-tête. Laissez un interligne entre l'en-tête et le corps de la lettre.

UNE DEMANDE DE RENSEIGNEMENTS: LES VACANCES À L'ÉTRANGER

Lise Bissonnette
Pavillon De Koninck
Faculté des Lettres
Université Laval
Québec G1K 7P4
Canada

Québec, 3 mars 19____

Monsieur Guy Bouchard
Bon Voyage
26, rue d'Odessa
75014 Paris, France

Monsieur,

Je souhaite faire un voyage de deux semaines à Paris du 1er jusqu'au 15 juin.

Auriez-vous l'obligeance de m'indiquer les différentes formules possibles (voyages individuels, voyages en groupe), leurs tarifs, et s'il existe des réductions pour étudiants?

Dans l'attente de votre réponse, je vous prie de croire, Monsieur, à l'assurance de mes sentiments les meilleurs.

Lise Bissonnette

Lise Bissonnette

UNE DEMANDE DE RENSEIGNEMENTS: ÉTUDIER À L'ÉTRANGER

Marc Tanguay
25 Via Tuscany
Winter Park, Florida 32789
U.S.A.

Winter Park, le 3 mai 19___

Université de Dijon
U. E. R.[14] de Lettres
2, boulevard Gabriel
21000 Dijon, France

Madame/Monsieur,

Je suis étudiant en français à Rollins College, en Floride, depuis deux ans. Afin de me perfectionner, j'ai l'intention de m'inscrire dans une université française pour la prochaine année scolaire.

Pourriez-vous m'envoyer le programme des cours ainsi que les formulaires nécessaires à l'inscription?

D'autre part, j'aimerais trouver soit un logement sur le campus, soit un petit appartement près de l'université. Je vous serais très reconnaissant de me faire parvenir en même temps les renseignements utiles à ce sujet.

Avec tous mes remerciements, je vous prie d'agréer, Madame/Monsieur, l'expression de mes sentiments les meilleurs.

Marc Tanguay

Marc Tanguay

DES VŒUX À QUELQU'UN QUI VOUS A RENDU SERVICE

Chère Madame,

Permettez-moi de vous présenter mes vœux sincères pour un très joyeux Noël et de vous renouveler, en même temps, l'expression de ma profonde reconnaissance. Je n'ai pas oublié le service que vous m'avez rendu en octobre dernier et je ne saurais vous remercier assez de votre gentillesse.

---

[14]Unité d'Enseignement et de Recherches

Que la nouvelle année vous apporte mille joies.

Veuillez croire, chère Madame, à l'assurance de mes sentiments reconnaissants.

Lucien Richard

DES VŒUX À L'OCCASION DE NOËL ET DU NOUVEL AN

Ma chère Denise,

Hier soir, il a commencé à neiger. De gros flocons sont tombés toute la nuit et ce matin, on ne voit plus le trottoir. Je crois que nous aurons un Noël tout blanc cette année. Déjà on voit des arbres de Noël attachés sur le toit des voitures, et des couronnes commencent à paraître sur les portes.

Que fais-tu pour la Noël? Nous resterons ici car toute la famille rentrera de toutes les régions du globe. Ma sœur rentre de France et mon frère de Suisse.

Je te présente mes vœux les plus sincères pour un joyeux Noël et une bonne année remplie de tout ce que tu souhaites.

Embrasse ton cher papa pour moi et dis-lui combien il me manque. Ecris-moi quand tu auras une petite minute de libre.

Je t'embrasse,

Yvon

UNE LETTRE DE REMERCIEMENTS

Chère Madame, Cher Monsieur

Comment vous remercier de la semaine délicieuse que j'ai passé chez vous dernièrement? Je vous suis très reconnaissant de la manière dont vous avez su me mettre à l'aise; j'avais vraiment l'impression de faire partie de votre famille. Grâce à votre hospitalité, ce séjour a été une véritable fête.

Avec toute ma gratitude, je vous prie de croire, chère Madame, cher Monsieur, à l'assurance de ma sincère amitié.

Ghislan Meron

Des cartes postales

La carte postale est associée de près aux voyages et aux vacances. On l'envoie pour faire plaisir au destinataire et non pour lui prouver qu'on est monté sur la Tour Eiffel. Mieux vaut mettre votre carte sous enveloppe: elle arrivera plus rapidement et personne ne l'aura lue en cours de route.
Quelques exemples:

1. Vous écrivez à votre professeur.

Chère Madame,
Me voici enfin en France. Cela valait vraiment la peine d'apprendre le français. Grâce à vous, je peux communiquer avec les Français!
En vous remerciant de votre patience à mon égard, je vous envoie mes amitiés sincères.
Diane Chambers

Mme Elaine La Marche
2520 Dayton
St.Paul, Minnesota

États-Unis

2. Vous écrivez à une amie.

Ma chère petite Christabel,

Arrivée à Québec, j'ai eu des difficultés infinies à trouver un hôtel. Il faut vraiment réserver à l'avance à l'époque du Carnaval de février. Je suis finalement logée dans une famille qui me loue une petite chambre mignonne. Dommage que tu ne sois pas ici avec moi. Je t'embrasse.

Emanuelle

3. Vous écrivez à un(e) ami(e) intime.

Ma chérie/Mon chéri,

Je ne suis parti(e) que deux jours et déjà tu me manques. J'essaie de profiter de mon séjour à l'étranger, mais comment faire sans toi? Les cours à l'université commencent lundi et j'aurai l'occasion de faire la connaissance des autres étudiants. J'ai très hâte de te voir à Noël. Écris-moi vite. Je t'aime.

Martin(e)

Composition des lettres

En vous servant du vocabulaire et des expressions de la section suivante, *Expressions utiles*, composez une lettre de remerciement, une demande de renseignements, une offre de vœux, et deux cartes postales. Voici quelques suggestions:

1. *Une lettre de remerciement.* Vous avez été malade pendant une semaine et la mère de votre copain est venue vous voir avec un bouquet de fleurs.

2. *Une lettre de renseignements.* Vous avez vu une petite annonce dans *Le Nouvel Observateur.* Il s'agit d'un appartement à louer sur la Côte d'Azur. Vous voulez avoir des renseignements sur la grandeur de l'appartement, le loyer pour l'été, sa situation (s'il est près de la mer), son orientation (est-il exposé au nord, au sud, etc.).

3. *Une offre de vœux.* C'est l'anniversaire d'un(e) ami(e) français(e) avec qui vous avez passé le mois d'août.

Expressions utiles

Les expressions suivantes vous aideront à composer vos lettres.

Je vous serais très obligé(e) de me faire savoir
Je vous remercie de
J'apprécie la peine que vous vous êtes donnée
En vous remerciant à l'avance
Désirant me perfectionner, je souhaiterais étudier
                                        me proposer pour un travail
Je vous serais reconnaissant de bien vouloir m'envoyer
Auriez-vous l'obligeance de me renseigner sur / me faire parvenir / me faire savoir
Je viens de recevoir votre beau cadeau, votre lettre, etc.
En espérant bien vivement que vous trouverez mon dossier intéressant
En référence à l'annonce que vous avez fait paraître hier dans
Quel admirable bouquet de fleurs / cadeau, etc.
Merci à vous, de tout coeur, d'avoir pensé à moi.
Permettez-moi de vous remercier de, de vous dire combien je suis touché par
Comment vous remercier du beau cadeau que je viens de recevoir?
Vous m'avez vraiment gâté! Merci de votre splendide bouquet qui m'a fait tant plaisir.
Vous êtes infiniment bon d'avoir pensé à moi.
Vous êtes vraiment trop aimable de m'avoir envoyé

M ISE EN ŒUVRE

Sujets de discussion

Préparez les questions suivantes pour en discuter en classe.

1. Comparez la communication téléphonique et la communication par écrit. En quoi sont-elles différentes? Laquelle préférez-vous? Pourquoi?
2. Au début du 20ᵉ siècle, nous avons assisté à l'avènement de la radio, du téléphone et de la télévision. En quoi est-ce que chacune de ces inventions a modifié la vie de tous les jours? Les changements sont-ils positifs ou négatifs? Donnez des exemples.
3. On a surnommé le 20ᵉ siècle le siècle de la communication. L'ordinateur sera bientôt notre compagnon quotidien au bureau et à la maison. Il est possible que l'ordinateur modifie notre civilisation encore plus que la télévision. Quels changements directement liés à l'ordinateur remarquez-vous dans la société? Quels changements imaginez-vous pour l'avenir?
4. En 1989, 37% des Français pensaient que les ordinateurs menaçaient nos libertés. En quoi les menacent-ils? Que peut-on faire pour se protéger?
5. En France, la loi de 1970 protège la vie privée des citoyens contre la curiosité de la presse. En revanche, aux États-Unis, on accepte que la presse expose au grand jour la vie personnelle des hommes politiques et celle des personnalités. Selon vous, est-il nécessaire de tout savoir sur un homme politique afin de juger s'il est qualifié? Si les journalistes révèlent tant de choses sur les politiciens, comment se fait-il qu'il existe encore autant de corruption dans le gouvernement?

Mini-théâtre

Avant de venir en classe, préparez l'une des scènes suivantes avec un(e) camarade de classe.

1. Une jeune fille adore recevoir des lettres d'amour, mais son petit ami préfère les appels téléphoniques. Leur discussion devient une dispute.
2. Il est 8h du soir et vous voulez regarder les informations, mais votre sœur / frère / ami veut regarder un film. Vous discutez.
3. Vous venez d'employer le magnétoscope de votre ami et vous pensez l'avoir cassé. Il rentre à la maison avec beaucoup de travail à faire. Comment allez-vous le lui dire?
4. Vous sortez dîner avec un(e) jeune avocat(e) très attirant(e). Mais, pendant le dîner, il (elle) commence à passer des coups de téléphone à table.

À TABLE!

Que pensez-vous de la cuisine à votre école ou dans votre université?

Étude du lexique

Lisez à haute voix chaque mot ou expression, définition et exemple. Employez le mot nouveau ou l'expression nouvelle dans votre réponse à chaque question.

1. **nourriture**   substance que l'on mange, aliment

   Actuellement, nous nourrissons nos bébés d'aliments industriels.
   Quelle sorte de nourriture préférez-vous?

2. **la poudre**   substance solide pulvérisée

   Actuellement, on peut acheter beaucoup de produits en poudre.
   À quelles occasions est-ce qu'une femme met de la poudre et du rouge?

3. **une conserve**   substance alimentaire conservée dans un récipient hermétiquement fermé

   en conserve   en boîte

   Certaines personnes se nourissent de conserves.
   Préférez-vous les petits pois en conserve ou des petits pois frais?

4. **la chimie**   science de la constitution des divers corps, de leurs transformations et de leurs propriétés

   Nous allons faire une expérience de chimie au laboratoire.
   Qu'est-ce qu'on apprend dans un cours de chimie?

5. **savourer**   manger ou boire avec toute la lenteur et l'attention nécessaires pour apprécier, déguster

   Le gourmand mange beaucoup, mais le gourmet savoure chaque plat.
   Préférez-vous manger rapidement ou savourer un bon repas dans un restaurant de qualité?

6. **paraître**   sembler; avoir l'air

   Savourer un bon repas paraît difficile de nos jours.
   Quand est-ce que vous paraissez fatigué?

7. **une usine**   établissement de la grande industrie, une fabrique

   Il travaillait dans une usine d'automobiles.
   Aimeriez-vous travailler dans une usine? Pourquoi?

8. **un plat**   chacun des aliments qui entrent dans un repas, un mets

   Le repas consiste en un plat de poisson, un plat de légumes et un plat de viande. Ensuite, il y a le plat des fromages.
   Quels sont vos plats préférés?

9. **une recette**   indication détaillée de la manière de préparer un mets

   On peut acheter des livres de recettes dans presque toutes les librairies.
   Pourquoi les recettes sont-elles principalement dans les revues féminines?

10. **laisser**   permettre, ne pas importuner; ne pas prendre

Laissez-moi dormir! Laissez-moi tranquille!
Mangez-vous tout ce qui est dans votre assiette ou laissez-vous toujours
quelque chose?

11. **appétissant**   ce qu'on a envie de manger, alléchant

Elle a servi des mets appétissants.
Quels aliments trouvez-vous appétissants?

12. **s'intéresser à**   prendre intérêt à, cultiver

En France, on s'intéresse beaucoup à la gastronomie.
À quoi vous intéressez-vous?

13. **emmener**   mener avec soi quelqu'un d'un lieu dans un autre

Tu vas en France? Emmène-moi avec toi!
Vos parents vous emmènent-ils souvent au restaurant ou préfèrent-ils manger
à la maison?

14. **jusqu'à**   marquant la limite que l'on ne dépasse pas

Cendrillon a dansé jusqu'à minuit et pas une minute de plus.
Nous sommes plongés jusqu'au cou dans nos études.
Faites-vous vos devoirs chaque soir, ou attendez-vous toujours jusqu'à la der-
nière minute?

15. **le goût**   saveur; aptitude à remarquer les beautés et les défauts d'une œuvre
d'art, d'une production de l'esprit

Le citron a un goût acide.
Comment peut-on développer son goût?

avoir . . . goût   Cette sauce a bon goût

Les croissants ont meilleur goût quand ils sont chauds.
Quel goût ont ces oranges?

LIRE ET COMPRENDRE

Pour comprendre le passage suivant, il faut le lire activement avec un crayon.

Exercices de prélecture

A.   *Prédire le contenu du passage*

D'après le titre de cette leçon, le dessin humoristique, et la première phrase de l'article, quelle est l'idée générale de l'article?

B. *Enrichissez votre vocabulaire*

Soulignez tous les mots dans le passage suivant qui font référence à l'alimentation. Savez-vous à quelle partie du discours chacun appartient (nom, verbe, adjectif, adverbe)?

C. *Mobilisez vos connaissances*

En considérant ce que vous savez déjà sur l'évolution de la cuisine en France, donnez votre avis sur les quatre déclarations suivantes. Si vous êtes d'accord, écrivez «d'accord», et si vous n'êtes pas d'accord, écrivez «pas d'accord». Ensuite, lisez l'article. Finalement, marquez les déclarations encore une fois selon les idées de Raymond Lichet.

Votre avis avant de lire l'article	*L'avis de Lichet*	
_____	_____	1. En France, il existe toujours des restaurants gastronomiques.
_____	_____	2. Le goût de bien manger n'a pas disparu.
_____	_____	3. En France, on ne donne pas d'aliments industriels aux bébés.
_____	_____	4. Les Français ne s'intéressent plus à préparer des plats compliqués.

Les Français à table

Manger demain . . .

Les enfants actuellement nourris dès leur plus jeune âge d'aliments industriels (lait en poudre, conserves de légumes, extraits de viande, céréales vitaminées, etc.) seront adultes vers l'an 2000. Que mangeront-ils alors?

Sans doute, la nourriture qui leur sera proposée, sera préparée et conser-
5 vée industriellement. On peut imaginer que le «biftek au pétrole» (s'il reste du pétrole) **figurera** au menu. . . .   sera mentionné

Il sera peut-être possible de reconstituer chimiquement beaucoup d'aliments naturels. Le temps passé à préparer et à savourer un bon repas paraîtra peut-être du temps perdu.
10 Dès aujourd'hui, les restaurants où la nourriture est préparée, servie et mangée en quelques minutes sont de plus en plus nombreux. Leurs noms sont significatifs; c'est «Le prêt à manger», «La **bouffe** non-stop», «Le quick   *(fam.)* nourriture
lunch», «Le snack», «Le hot-dog».

Quels détails montrent que cette scène a lieu dans une famille bourgeoise en France?

Le repas traditionnel semble disparaître dans ce futur déjà commencé.
15 Mais à côté de ces «usines à manger», les restaurants gastronomiques sont de plus en plus appréciés.

Les jeunes Français semblent très souvent intéressés par la bonne cuisine et n'hésitent pas, quand ils le peuvent, à préparer des plats compliqués. On édite des livres de recettes pour enfants. On conseille aux parents de
20 laisser leurs enfants s'amuser à faire la cuisine. Les journaux, les revues proposent tous des recettes illustrées de plats appétissants.

La gourmandise, le goût de bien manger ne semblent donc pas près de disparaître. . . . Pourtant les groupes financiers qui s'intéressent à l'alimentation industrielle sont décidés à «prendre le **nourrisson** à la maternité pour   petit bébé
25 l'emmener jusqu'à son dernier repas à l'hôpital. . . .»

On peut juger, dit un sociologue, de la qualité d'une société en allant voir ses cuisines. Mais dans la société future les cuisines entièrement automatisées seront-elles encore des cuisines ou plutôt des laboratoires?

Raymond Lichet, *Les Français à table* (Paris: Hachette, 1976), pp. 20–21.

Vérifiez votre compréhension

A. Complétez les phrases suivantes selon le sens du passage précédent.

1. Les enfants en France sont nourris de _____
2. Vers l'an 2000, il sera peut-être possible de _____
3. Les établissements qui s'appellent «Le prêt à manger» et «La bouffe non-stop» sont des restaurants où _____
4. À côté de ces «usines à manger», il existe toujours _____

B. Répondez aux questions suivantes par une phrase complète.

1. À quoi les jeunes Français s'intéressent-ils très souvent?
2. Qu'est-ce que les livres de recettes pour enfants conseillent aux parents de faire?
3. Où peut-on trouver des recettes illustrées de plats appétissants?
4. Comment l'auteur imagine-t-il les cuisines de la société future?

À votre avis

Préparez les questions suivantes avec un(e) camarade pour en discuter en classe.

1. À quelle heure déjeunez-vous? Où déjeunez-vous: chez vous, au restaurant universitaire, chez vos amis? Qu'est-ce que vous avez pris hier au déjeuner: un sandwich au jambon, au rosbif? une salade verte, une salade de tomates ou de cresson? des crêpes? Quels fruits préférez-vous: les fraises, les abricots, les poires, les cerises, les brugnons, les mandarines, le raisin, les pêches, les mûres, les framboises, les prunes, les pruneaux? Aimez-vous mieux la tarte aux pommes ou la tarte à la crème? Inventez un menu que vous aimeriez servir à un(e) bon(ne) ami(e).

2. Avez-vous jamais dîné dans un restaurant français? Qu'est-ce que vous avez pris à boire? du champagne? de l'eau minérale? Qu'est-ce qu'on a servi comme hors-d'œuvre? des tranches de saucisson, des radis au beurre, des cœurs de palmiers, des hors-d'œuvre variés? Décrivez le plat principal: un bifteck (saignant, à point, bien cuit) et des frites, une escalope de veau à la crème et aux champignons? Quelles sortes de légumes? du chou-fleur au gratin, du riz, des pommes de terre au persil, des pâtes, des artichauts? Qu'avez-vous pris comme dessert? une tarte au citron, un chou à la crème, un millefeuille, des fraises Chantilly? Avez-vous pris un digestif après le café? (une liqueur: anis, anisette, Bénédictine, cassis, Chartreuse, Calvados, curaçao, mirabelle, menthe, framboise, prunelle).

3. Vous êtes dans un restaurant français traditionnel avec une personne que vous voulez impressionner. Vous voulez lui montrer que vous savez qu'en France, on sert la salade verte ou au cresson *après* le plat principal, et le fromage (brie, bleu, roquefort, camembert, etc.) après la salade et avant le dessert. Quelquefois, on sert une soupe (à l'oignon, aux légumes, etc.) ou un potage avant le plat principal au lieu d'un hors-d'œuvre. Pendant que vous commandez le dîner, votre ami fait des commentaires.

4. Vous êtes dans un hôtel à Paris et vous souhaitez prendre un petit déjeuner à l'anglaise. (Référez-vous à la liste ci-dessous). La serveuse vous dit qu'il n'y a pas de jus d'orange, d'œufs, etc., qu'il n'y a qu'un petit déjeuner à la française. Vous lui demandez de quoi il se compose.

un café noir	le jus d'orange, de pamplemousse, d'ananas,
un café au lait	de tomate
un chocolat chaud	un œuf à la coque
un thé au lait	les œufs brouillés
un thé citron	les œufs sur le plat
un lait chaud	une omelette
le pain	la céréale
les croissants (*m.*)	les toasts (*au Québec, on dit* les rôties)
la brioche	les saucisses (*f.*)
la tartine	le bacon
le beurre	les pommes (*f.*) de terre
la confiture	les fruits frais
la marmelade	

5. Vous rentrez chez vos parents, qui ont préparé un grand repas et un gâteau au chocolat plein de crème. Mais vous êtes au régime! Essayez de leur expliquer votre dilemme.

GRAMMAIRE

Interrogation

Vous avez déjà appris les quatre formes possibles d'une phrase interrogative.

1. Les jeunes Français s'intéressent à préparer des plats gastronomiques? (*le ton de voix monte*)
2. Les cuisines seront-elles encore des cuisines dans la société future? (*inversion*)
3. **Est-ce qu**'on se nourrira de pilules dans l'avenir?
4. Ils se nourissent de conserves, **n'est-ce pas?**

LES PRONOMS INTERROGATIFS SIMPLES

1. OBSERVEZ **Qui (Qui est-ce qui)** est nourri d'aliments industriels? (les enfants)
Qui (Qui est-ce qui) s'intéresse à l'alimentation industrielle? (les groupes financiers)
Qui sont les amis avec qui vous avez mangé?

ANALYSE **Qui** ou **qui est-ce qui?** (forme d'insistance de la langue parlée) est le *sujet* du verbe *pour les personnes*. Notez qu'il peut s'employer au pluriel *seulement* avec **être** + nom pluriel.

2. OBSERVEZ   **Qu'est-ce qui** se passe ici? (un dîner bourgeois)
Qu'est-ce qui est arrivé? (on a renversé le vin)
Qu'est-ce qui suscite son intérêt? (la gastronomie)

ANALYSE   **Qu'est-ce qui?** est le *sujet* du verbe *pour des choses*. Il n'y a pas de forme courte.

3. OBSERVEZ   **Qui** emmènes-tu au restaurant gastronomique? (Anne)
Qui est-ce que tu attends? (le garçon)
À qui veux-tu que j'expédie ma recette? **À qui est-ce que** tu veux que j'expédie ma recette? (à un éditeur gastronomique)
De qui vous plaignez-vous? **De qui est-ce que** vous vous plaignez? (du maître d'hôtel)

ANALYSE   Dans la première paire de phrases, **qui** + *inversion du sujet et du verbe,* ou bien **qui est-ce que** + *sujet et verbe sans inversion* représente des personnes. **Qui,** comme **qui est-ce que,** est l'objet de la phrase. Dans les trois phrases suivantes, **à qui, à qui est-ce que,** et **de qui** s'emploie comme complément d'une préposition.

4. OBSERVEZ   **Qu'est-ce que** les livres de recettes conseillent aux parents? (de laisser leurs enfants s'amuser à faire la cuisine)
Que mangerons-nous en l'an 2000? (des pilules?)
Qu'est-ce qu'il faut commander dans un restaurant gastronomique? (des blinis au caviar)
Qu'a-t-il bu? (du champagne)
De quoi se plaignent-ils? (des légumes en conserve)
Avec quoi as-tu préparé la recette? (avec de la crème)

ANALYSE   **Que** + *inversion du sujet et du verbe,* ou **qu'est-ce que** + *sujet et verbe sans inversion* s'emploie pour des choses et est l'objet de la phrase. **De quoi** et **avec quoi** sont des *compléments d'une préposition* pour des choses.

REMARQUES   La langue parlée renforce les interrogations telles que **Qu'est-ce que c'est?** et **Qu'est-ce que tout cela?**, qui deviennent **Qu'est-ce que c'est que cela?** et **Qu'est-ce que c'est que tout cela?**

5. OBSERVEZ   Que mangent les bébés français?
Qu'a répondu Nicolas quand il a reçu le jeu de l'oie?

ANALYSE   On fait *l'inversion simple* quand le sujet d'une question qui commence par **Que** . . . est un nom. L'inversion à double sujet est impossible dans ce cas.

Résumé des pronoms interrogatifs

	Pour les personnes	Pour les choses
Sujet du verbe	**Qui** **Qui est-ce qui**	(pas de forme courte) **Qu'est-ce qui**
Objet du verbe	**Qui** + inversion . . . **Qui est-ce que** + sujet et verbe . . .	**Que** + inversion . . . **Qu'est-ce que** + sujet et verbe . . .
Après une préposition	préposition + **qui** + inversion . . . préposition + **qui est-ce que** + sujet et verbe . . .	préposition + **quoi** + inversion . . . préposition + **quoi** **est-ce que** + sujet et verbe

Exercices

A. Vous voudriez commander un repas dans un restaurant à Paris. Donnez les quatre formes interrogatives possibles.

MODÈLE: Oui, nous avons des tomates.

1. Avez-vous des tomates?
2. Est-ce que vous avez des tomates?
3. Vous avez des tomates?
4. Vous avez des tomates, n'est-ce pas?

1. Oui, nous avons du bordeaux 1983, 1985 et 1988.
2. Oui, nous avons du foie gras en tranche.
3. Oui, nous avons du saumon fumé aux câpres.
4. Oui, nous avons plusieurs sortes de potage.
5. Oui, nous avons du veau à la crème.
6. Bien sûr, nous avons de l'eau minérale.
7. Oui, vous pouvez commander à la carte.
8. Non, on ne peut pas faire des substitutions dans le menu à prix fixe.
9. Oui, il y a un supplément pour le steak au poivre.
10. Non, ce soir, nous n'avons pas d'escargots.

B. Transformez les phrases suivantes en questions en remplaçant le sujet par un pronom interrogatif.

MODÈLE 1: Marie-Claire vient dîner.
Qui vient dîner?

MODÈLE 2: Une invitation lui ferait plaisir.
Qu'est-ce qui lui ferait plaisir?

1. Les DesJardins sont nos invités ce soir.
2. Constance a préparé un gigot d'agneau.
3. Elle sait faire la cuisine.
4. Une assiette est tombée.
5. Mon service est en cristal.
6. Un petit verre de bordeaux nous fera du bien.

C. Remplacez l'objet de la phrase par le pronom interrogatif approprié.

MODÈLES: Ils attendent *leurs amis.*
Qui attendent-ils?
Qui est-ce qu'ils attendent?

Ils commandent *un steak au poivre.*
Que commandent-ils?
Qu'est-ce qu'ils commandent?

Yves désire *une tarte aux pommes.*
Que désire Yves?

1. Madame Michel veut *du saucisson.*
2. Les enfants veulent *des œufs sur le plat.*
3. Le garçon leur a demandé *ce qu'ils voulaient boire.*
4. Ils ont répondu *qu'ils voulaient du café au lait.*
5. Madame n'a pas vu *le traiteur* hier.
6. La bonne a fait *la vaisselle* ce matin.
7. C'est *une tarte aux abricots.*
8. Madame attend *son coiffeur.*
9. La fille au pair a demandé *une augmentation.*
10. C'est *un cadeau de M. Michel.*

D. Vous allez dîner chez une amie et vous lui posez des questions sur son nouvel appartement. Vous voulez savoir:

1. si elle a vu une annonce dans le journal pour son appartement.
2. qui lui a fait visiter l'appartement.
3. ce qui lui plaisait le plus.
4. ce qui lui plaisait le moins.

5. ce qu'elle a choisi comme tapis.
6. ce qu'elle pense du propriétaire.
7. où elle va acheter ses meubles.
8. Continuez à lui poser des questions originales.

E. Votre meilleur ami revient d'un voyage en France et vous lui posez des questions. Par exemple, vous voulez savoir:

1. ce qu'il a mangé dans l'avion.
2. quelle était sa première impression en arrivant à Paris.
3. si ses amis sont venus le chercher à l'aéroport.
4. ce qu'il a fait le premier jour de sa visite.
5. qui il a rencontré à Paris.
6. ce qu'il pense des Parisiens.
7. s'il a visité d'autres villes en France.
8. ce qu'il a fait le dernier soir de son séjour.
9. qui l'a raccompagné à l'aéroport le jour de son départ.
10. continuez à lui poser des questions originales.

LES PRONOMS INTERROGATIFS COMPOSÉS

Vous vous rappellerez que l'adjectif interrogatif **quel** varie en genre et en nombre selon le nom qu'il représente: **Quelle heure** est-il? Devant **quel restaurant** faut-il attendre? **Quelles** sont vos **idées? Quels rêves** as-tu faits? **Quel** est le **plat principal?**

1. OBSERVEZ Devant **quel restaurant** faut-il attendre?
Devant **lequel** faut-il attendre?
Parmi ces plats, **lesquels** voulez-vous commander? (plus d'un)
Lequel est le meilleur? (le saumon)
Laquelle de ces tartes est la plus délicieuse? (la tarte aux pommes)
Lesquelles de ces casseroles semblent les plus utiles?

ANALYSE **Lequel** remplace **quel** + *nom* et varie *en genre* et *en nombre* selon le nom qu'il représente. Ce nom peut être une personne ou une chose, explicite ou implicite.

2. OBSERVEZ Parmi ces restaurants, **auquel** donnes-tu ta préférence? (au Pavillon Baltard)
Auquel de ces employés a-t-il parlé? (au maître d'hôtel)
Voilà des livres. **Duquel** avez-vous besoin? (du guide gastronomique)
Quels beaux desserts! **Desquels** ont-ils envie?
Desquelles de ces questions allez-vous parler?

ANALYSE **Lequel,** pronom interrogatif, peut se combiner avec les prépositions **à** ou **de.**

LES ADVERBES DANS LES PHRASES INTERROGATIVES

OBSERVEZ **Pourquoi** mangent-ils maintenant? **Pourquoi les enfants** mangent-ils maintenant?

Où est le maître d'hôtel? **Où le maître d'hôtel** est-il?

Quand le traiteur expédiera-t-il le repas?

Quand arrive le dessert? **Quand le dessert** arrive-t-il?

Combien vaut ce repas? **Combien ce repas** vaut-il?

ANALYSE Si la phrase a *un nom sujet* et est *au temps composé,* ou si elle a *un nom sujet et un objet direct,* il faut employer *l'inversion à sujet double:*

Où le garçon **est-il allé?**

Quand le traiteur **expédiera-t-il** le repas?

Exercices

A. Votre ami vous recommande un restaurant qui vous est inconnu. Vous avez donc beaucoup de questions à lui poser.

> MODÈLE: Votre ami: Les plats sont excellents.
> Vous: Quels plats sont les meilleurs?
> Lesquels sont les meilleurs?

1. L'une des tables est ma table préférée.
2. Les hors-d'œuvre sont exceptionnels.
3. C'est mon vin préféré.
4. Un des garçons est bien intéressant.
5. Il peut parler sur toutes sortes de sujets.
6. Il faut parler à une des hôtesses pour réserver des places.
7. Il faut parler à l'un des garçons pour se réserver du foie gras en tranche.

B. C'est votre premier jour de travail dans un grand restaurant où l'on vous a engagé comme marmiton (jeune aide-cuisinier). Le chef vous donne des ordres que vous ne comprenez pas trop bien et vous lui demandez des précisions.

> MODÈLE: Chef: J'ai besoin d'une grosse casserole.
> Vous: De laquelle avez-vous besoin?

1. J'ai besoin d'un couteau.
2. J'ai besoin d'une poêle.
3. J'ai besoin d'une louche.
4. Je voudrais un moule à gâteau.
5. Donnez-moi une passoire.
6. J'ai besoin d'un rouleau à pâtisserie.

C. Votre petite sœur vous pose des questions sur les invités qui vont arriver bientôt. Formulez ses questions avec les mots entre parenthèses. (N'oubliez pas que l'inversion à double sujet est obligatoire si la phrase a un nom sujet et un objet, ou si elle a un nom sujet et est au temps composé.)

1. Les Vincent vont arriver bientôt. *(À quelle heure)*
2. Ils ont apporté du champagne la dernière fois. *(Quand, pourquoi)*
3. Maman met le couvert. *(Comment, pourquoi, quand)*
4. Elle est revenue de chez le traiteur. *(D'où)*
5. Elle mettra des bougies sur la table. *(Où, pourquoi, comment, quand, à quelle heure)*
6. Papa va rentrer de son travail à 18h. *(À quelle heure, comment, pourquoi, quand, d'où)*

D. Vous préparez le mariage de votre fille. Vous lui posez des questions sur ses préférences. À son tour, elle vous pose des questions sur les préparatifs.

Précis de la négation

Nous avons déjà révisé la négation des verbes simples et composés. Les constructions suivantes devraient être familières. Notez la place de la négation.

1. OBSERVEZ
a. Je **ne** sais **pas**.
b. Il **n'**a **jamais** su faire un bœuf bourguignon.
c. Je **n'**ai **rien** de bon à dire sur son talent culinaire.
d. Il **n'**y va **pas**, moi **non plus**.
e. Il regrette de **ne pas** savoir.
f. **Personne n'**était venu.
g. Je **n'**ai vu **personne**.
h. **Rien n'**est arrivé.
i. Je **n'**ai **nulle** idée. Je **n'**ai **aucune** idée.
j. Je **ne** suis allé **nulle part**.
k. Ils **n'**en croient **rien, ni** moi **non plus**.
l. Il **ne** se fie **à personne**.
m. Je **ne** pense **à rien**.

ANALYSE La négation se compose de deux parties: **ne** devant le verbe et **pas** (**jamais, plus, guère, point**) après le verbe ou l'auxiliaire. Phrases *f* et *h* au dessus commencent par la négation: **Personne ne . . . , Rien ne . . . ; ne** suit directement.

REMARQUES
1. Aux temps composés, **personne, nulle part, aucun** (+ *nom*) se placent après le participe passé: je **n'**ai vu **personne**, il **n'**est allé **nulle part**, je **n'**y ai trouvé **aucun** (objet).
2. Dans la phrase *k,* **ni** renforce la négation.
3. Dans les phrases *l* et *m*, notez que **personne** et **rien** peuvent être l'objet d'une préposition.

2. OBSERVEZ   Il **n'**aime **ni** le vin **ni** la bière.
(**ne** + *verbe*, **ni** + *nom*, **ni** + *nom*)
(*négation simple:* Aime-t-il *le* vin et *la* bière?)
Je **n'**ai **ni** vin **ni** bière.
(*négation du partitif:* Avez-vous *du* vin et *de la* bière?)
Je **ne** sais **ni** d'où je viens, **ni** où j'irai.
(**ne** + *verbe*, **ni** + *proposition*, **ni** + *proposition*)
Ni toi **ni** moi **n'**accepterions cette invitation.
(**ni** + *nom* ou *pronom*, **ni** + *nom* ou pronom, **ne** + *verbe*)
Ni lui **ni** elle **ne comprend** (ou **comprennent**) sa méthode.
(*L'accord du verbe au pluriel est facultatif.*)
Il **n'**était **ni** raisonnable **ni** fiable.
(**ne** + *verbe*, **ni** + *adjectif*, **ni** + *adjectif*)
Il **ne** chante **ni ne** danse.
Il **ne** sait **ni** faire la cuisine **ni** faire la vaisselle.

ATTENTION: *Notez la structure parallèle de la négation d'une série.*

3. OBSERVEZ   Êtes-vous **encore (toujours)** perplexe? Non, je **ne** suis **plus** perplexe.
As-tu **déjà** mangé? Non, je **n'**ai **pas encore** mangé.

ANALYSE   La négation de **encore** ou **toujours** est **ne . . . plus.**
La négation de **déjà** est **ne . . . pas encore.**

ATTENTION   N'oubliez pas l'interro-négatif: **N'**a-t-il **jamais** commis un méfait?

Exercices

A.   Décrivez un mauvais chef de cuisine en donnant le contraire des phrases suivantes.

MODÈLE: Un bon chef est *toujours* préparé.
Un mauvais chef *n'*est *jamais* préparé.

1.   Un bon chef sait *tout.*
2.   Il a *toujours* la bonne réponse.
3.   *Tout* est intéressant pour lui.
4.   *Tout le monde* veut apprendre ses méthodes.
5.   Il veut faire son travail.
6.   Il a la force et la patience de préparer des mets délicats.
7.   Ses casseroles et ses ustensiles sont toujours propres.
8.   Il a de la patience et de la persévérance.
9.   Il sait où il va et comment y arriver.
10.   Il sait organiser son temps et inventer de nouveaux plats.

B.   Répondez négativement aux questions suivantes.

1.   Avez-vous le temps et l'énergie pour faire la cuisine?
2.   Connaissez-vous la cuisine thaïlandaise et la cuisine vietnamienne?

3. Avez-vous fini le bœuf bourguignon?
4. Est-ce que votre ami et vous savez faire une tarte aux pommes?
5. Est-ce que tout est facile pour vous?
6. Avez-vous déjà dîné?
7. Après tous ces hors-d'œuvre avez-vous toujours envie d'aller au restaurant?
8. Êtes-vous encore au début de vos études culinaires?
9. Je ne vais pas à la Tour d'Argent, et vous?
10. Avez-vous déjà fini la bouteille de champagne?

C. Vous êtes restaurateur, et vous voulez engager un nouveau chef de cuisine. Vous désirez savoir s'il sait préparer les plats français qui figurent sur votre carte. Il répond toujours par la négative car il n'a jamais étudié la cuisine!

Les pronoms objets *y* et *en*

1. OBSERVEZ Elle s'intéresse **à la cuisine française.** Elle s'**y** intéresse.
Il prend plaisir **à faire la cuisine.** Il **y** prend plaisir.
Nous avons renoncé **aux grands repas.** Nous **y** avons renoncé.
Il se consacre **à la création de nouveaux plats.** Il s'**y** consacre.
Je pense **à mon rôti.** J'**y** pense.

ANALYSE Le pronom adverbial **y** remplace **à** + nom.

2. OBSERVEZ Il dîne toujours **au restaurant.** Il **y** dîne toujours.
Anne est allée **en France.** Elle **y** est allée.
Il est chef **au Québec.** Il **y** est chef.
Claude est assis **dans la salle à manger.** Il **y** est assis.
Les mets sont **sur le buffet.** Ils **y** sont.

ANALYSE **Y** remplace un nom construit avec une préposition de lieu: **à, en, dans, sur, sous, devant,** etc.

3. OBSERVEZ J'ai profité **de ma visite.** J'**en** ai profité.
Le chef se rendait compte **de ses erreurs.** Il s'**en** rendait compte. Il s'**en** est excusé.
Prenez **des tranches de bœuf.** Prenez-**en**! J'**en** prends!
Elle se soucie **de sa table.** Elle s'**en** soucie.
Je m'occuperai **du dessert.** Je m'**en** occuperai.
On s'étonne **de ce dîner extraordinaire.** On s'**en** étonne.
Elle peut se passer **de vos commentaires.** Elle peut s'**en** passer.
Vous souvenez-vous **de ce dîner à Périgueux?** Oui, je m'**en** souviens.
Nous **en** étions très contents.

ANALYSE **En** remplace **de** + *nom.*

4. OBSERVEZ   Le cuisinier est fâché **d'avoir raté son dîner.** Il **en** est fâché.
Nous rêvons **d'aller à la Tour d'Argent.** Nous **en** rêvons.

ANALYSE   **En** remplace **de** + *infinitif.*

5. OBSERVEZ   Je n'ai que **quatre assiettes.** Je n'**en** ai que quatre.
As-tu **un livre de cuisine?** Oui, j'**en** ai **un.**
Le chef avait **beaucoup de soucis.** Il **en** avait **beaucoup.**
Le restaurant avait **un tas de problèmes.** Il **en** avait **un tas.**
As-tu préparé **des plats?** Oui, j'**en** ai préparé **quelques-uns.**
Reste-t-il **des conserves?** Oui, il **en** reste **quelques-unes.**

ANALYSE   Répétez l'expression de quantité quand **en** remplace un nom qui suit une telle expression.

Exercices

A.   Une amie vous pose des questions. Répondez-y en employant le pronom objet **y.**

    MODÈLE: Tu es allé(e) en France l'été dernier, n'est-ce pas?
               Oui, j'y suis allé(e).

1. Tu es allé au Québec l'été dernier, n'est-ce pas?
2. Es-tu allé au concert de Diane Dufresne?
3. As-tu beaucoup pensé à ce concert?
4. T'intéresses-tu à la musique?
5. Voudrais-tu travailler au Québec?
6. Aimerais-tu habiter à Montréal?
7. Vas-tu au lit maintenant?
8. Restes-tu à la maison dimanche?
9. Est-ce que mon livre est dans la cuisine?
10. Puis-je aller dans ta chambre?

B.   Répondez aux questions qu'une connaissance vous pose en employant le pronom objet **en.**

1. Avez-vous assez de travail?
2. Combien d'amis avez-vous?
3. Est-ce que vous vous êtes rendu compte des difficultés de la vie estudiantine en venant à l'université?
4. Votre mère se soucie-t-elle beaucoup de votre santé?
5. Vous souvenez-vous de l'anniversaire de votre mère?
6. Êtes-vous content de recevoir des lettres?
7. Êtes-vous surpris de me voir?
8. Est-ce que vous venez de sortir d'un autre cours?
9. Avez-vous envie de sortir ce soir?
10. Avez-vous peur d'aller à la plage la nuit?

C. Un ami vous pose des questions à propos d'une recette pour une tarte au citron. Répondez-lui en employant les pronoms **y** ou **en.**

1. Combien de jaunes d'œufs faut-il mettre dans le bol? (3)
2. Combien de blancs d'œufs faut-il y mettre? (3)
3. Combien de cuillerées à soupe de sucre faut-il y ajouter? (6)
4. Combien de grammes de lait concentré faut-il y mettre? (425)
5. Devrait-on ajouter du citron frais? (Oui, une demi-tasse)
6. Je vais mettre la tarte au four maintenant. (Oui / aller / y)
7. As-tu invité beaucoup d'amis? (Non)
8. As-tu pensé à ce que nous allons boire avec la tarte? (Oui)
9. T'intéresses-tu à la cuisine? (Oui)
10. As-tu jamais peur de faire une nouvelle recette? (Non)
11. Et voici ma tarte! Es-tu content(e) des résultats? (Oui / très)

D. Vous voulez contracter une assurance pour votre maison et vos biens. Votre agent arrive et vous pose des questions sur la quantité d'objets que vous possédez.

MODÈLE: Combien de tableaux avez-vous?
J'en ai une dizaine (à peu près dix).

Expressions géographiques

1. OBSERVEZ   Il connaît bien **la** France, **la** Suisse, **l'**Allemagne et **la** Belgique.
Nous aimons bien **les** États-Unis.
Elle adore **le** Maroc, **le** Sénégal et **le** Mali.

ANALYSE   Les noms de pays qui se terminent en **e** sont féminins, sauf **le** Mexique, **le** Zaïre et **le** Cambodge. Les autres sont masculins. **Les** États-Unis et **les** Pays-Bas sont pluriels.

2. OBSERVEZ   Nous sommes allés **en** Angleterre, **en** Norvège, **en** Suède, et **en** Iran.
Nos amis sont allés **au** Danemark, **au** Portugal et **au** Luxembourg.

ANALYSE   Les noms des pays se construisent avec **en** quand ils sont féminins ou quand ils commencent par une voyelle; avec **au** quand ils sont masculins et à initiale consonantique. On emploie **aux** avec les États-Unis et les Pays-Bas (la Hollande).

3. OBSERVEZ   Il vient **de** France, mais sa mère vient **d'**Algérie. Son ami vient **de** Tunisie.
Il connaît des gens **du** Cameroun, **du** Soudan, **du** Québec, **du** Vietnam et **des** États-Unis.

ANALYSE   Pour indiquer la provenance (l'endroit d'où vient une personne ou une chose), employez **de** ou **d'** avec les pays féminins, **du** avec les pays masculins et **des** avec les États-Unis et les Pays-Bas.

4. OBSERVEZ   Il est déjà allé **en** Ontario, **en** Nouvelle-Écosse, **en** Floride, **en** Caroline du Nord, **en** Louisiane, **en** Alaska et **en** Nouvelle-Angleterre.
Mais il n'est jamais allé **au** Texas, ni **dans le** Colorado, ni **dans l'**Ohio, ni **dans l'état de** New York, ni **dans l'état de** Washington.
L'année prochaine, il ira **à** New York, **à** Washington et **à** Québec.

ANALYSE   Le nom des États d'Amérique du Nord et les provinces canadiennes se contruisent avec **en** quand ils sont féminins (terminaison en **e** muet) ou quand ils commencent par une voyelle. Employez **dans le** pour les États masculins (sauf **le** Texas: **au** Texas). Attention à la différence entre un État, (une province) et une ville: aller **au** Québec (la province), aller **à** Québec (la capitale).

5. OBSERVEZ   Il connaît des gens **de** Virginie et **de** Caroline du Sud, mais il ne connaît personne **du** Maine, ni **du** Massachusetts.

ANALYSE   Pour indiquer la provenance, employez **de** avec les États féminins, et **du** avec les états masculins.

6. OBSERVEZ   Il est né **à** Paris, mais il a vécu **à** Quimper **en** Bretagne, **à** Biarritz, **au** Pays Basque, **à** Limoges **dans le** Limousin, **à** Périgueux **en** Périgord, et aussi **à la** Nouvelle-Orléans **aux** États-Unis.
Il aime Paris et Rouen.
Il a trouvé **la** Nouvelle-Orléans intéressante.

ANALYSE   Omettez l'article devant les noms de ville sauf la Nouvelle-Orléans, le Caire, la Rochelle, le Mans et le Havre. Les noms de provinces se construisent avec **en** quand ils sont féminins ou quand ils commencent par une voyelle. Quand ils sont masculins et à l'initiale consonantique, ils prennent **en** ou **dans le**; rarement **au**.

7. OBSERVEZ   Il a vécu **en** Corse, **en** Sardaigne, **en** Islande et **en** Nouvelle-Guinée.

ANALYSE   Devant les noms féminins de grandes îles, employez **en**. Exception: **à** Terre-Neuve.

8. OBSERVEZ   Je suis allé **à la** Martinique, **à la** Guadeloupe, **à la** Réunion, **à** Malte, **à** Chypre, **à** Cuba et **à** Madagascar.

ANALYSE   Devant les noms féminins de petites îles loin de la France, on emploie **à la**. Devant les noms de petites îles d'Europe et devant les noms masculins de grandes îles loin de l'Europe, on emploie **à**.

Vous apprendrez mieux les règles avec la répétition.

Exercices

A. Nommez cinq pays en Europe, cinq pays en Amérique du Sud, et cinq pays en Afrique. Référez-vous à la carte dans *l'Appendice F.*

B. Une leçon de géographie. Où se trouvent les villes suivantes?

Paris	Lisbonne	Bucarest	Helsinki
Londres	Moscou	Montréal	Copenhague
Bruxelles	Madrid	Ankara	Kinshasa
Amsterdam	Prague	Rabat	Vienne
Rome	Varsovie	le Caire	Berne
Bonn	Budapest	Tunis	La Mecque
Athènes	Belgrade	Dakar	Téhéran

C. Vous êtes aux Nations Unies à New York et vous identifiez les personnages officiels que vous y voyez.

> MODÈLE: Il est français.
> Il vient de France.

1. Il est africain.
2. Il est marocain.
3. Il est roumain.
4. Il est mexicain.
5. Il est cambogien.
6. Il est zaïrois.
7. Il est arabe.
8. Il est libanais.
9. Il est congolais.
10. Il est canadien.
11. Il est terre-neuvien.
12. Il est vietnamien.
13. Il est tchécoslovaque.
14. Il est russe.
15. Il est hongrois.
16. Elle est corse.
17. Elle est péruvienne.
18. Elle est brésilienne.
19. Elle est tunisienne.
20. Elle est israélienne.
21. Elle est palestinienne.
22. Elle est afghane.
23. Elle est égyptienne.
24. Elle est grecque.
25. Elle est indienne.
26. Elle est éthiopienne.
27. Elle est somalienne.
28. Elle est pakistanaise.
29. Elle est chinoise.
30. Elle est japonaise.

D. Racontez à vos camarades dans quels États d'Amérique du Nord et dans quelles provinces canadiennes vous êtes allé(e). Ensuite, dites quels états et quelles provinces vous aimez le mieux.

E. Un jeu de géographie. Un étudiant dira le nom d'une ville. La première personne à identifier correctement où se trouve la ville aura le prochain tour.

> MODÈLE: Où se trouve Vancouver?
> Vancouver se trouve en Colombie-Britannique.

1. Décrivez le décor et l'ambiance de cette scène.
2. Quelle sorte de personne viendrait dîner ici?
3. Pourquoi n'y a-t-il pas de femmes qui servent les clients?

Étude du lexique

Lisez à haute voix chaque mot ou expression, définition et exemple. Ensuite, répondez à chaque question en employant le mot nouveau ou l'expression nouvelle dans votre réponse.

1. **la volaille**   ensemble des oiseaux qu'on élève pour leurs œufs ou leur chair
   Les poules, les canards, les oies, les dindes sont de la volaille.
   Quelle sorte de volaille aimez-vous manger?

2. **la vaisselle**   ensemble des récipients utilisés au service de la table, comme assiettes, plats, tasses, soucoupes, etc.
   Pour Noël, on emploie la plus belle vaisselle.

   faire la vaisselle   laver et essuyer les assiettes
   Qui fait la vaisselle chez vous?

3. **le réveillon**   repas de fête que l'on fait la nuit de Noël et la nuit de la nouvelle année; la fête elle-même
   En France, on passe le réveillon de Noël en famille.
   Que fait votre famille pour le réveillon de Noël?

4. **un péché**   acte conscient par lequel on contrevient aux lois religieuses
   Les sept péchés capitaux sont l'orgueil, l'avarice, la colère, l'envie, la gourmandise, la luxure et la paresse.
   Selon la Bible, qui a commis le péché originel? Qu'en pensez-vous?

5. **induire en erreur**   tromper
   Vous m'avez donné de mauvaises instructions; vous m'avez induit en erreur.
   Comment est-ce que la publicité nous induit en erreur?

6. **épouvantable**   qui fait peur, terrifiant, monstrueux, atroce, effrayant
   La guerre est épouvantable.
   Avez-vous jamais eu une expérience épouvantable? Laquelle?

7. **une nappe**   ce qui sert à couvrir la table du repas ou l'autel dans une église
   Il y a de belles fleurs brodées sur cette nappe.
   Dans quelles circonstances employez-vous une jolie nappe?

8. **surprendre**   étonner, déconcerter; se présenter chez quelqu'un sans rendez-vous
   Cette histoire me surprend, elle me semble incroyable!
   Aimez-vous que vos amis vous surprennent chez vous, ou préférez-vous qu'ils téléphonent avant?

   être surpris   être stupéfait, désorienté
   Je suis surpris(e) de recevoir un si beau cadeau.
   Êtes-vous surpris(e) de me voir?

9. **raccourcir**   rendre plus court, diminuer; abréger

Cette robe est trop longue, il faut la raccourcir.
Si un texte est trop long, que fait l'éditeur?

10. **à mesure que**   en même temps que

À mesure que la Noël approche, les enfants se sentent de plus en plus impatients.
Comment vous sentez-vous à mesure que les examens approchent?

11. **les lèvres** *(f.)*   chacune des parties extérieures inférieure et supérieure de la bouche, qui couvrent les dents

Après avoir dîné, il s'est essuyé les lèvres avec une belle serviette de lin.
Que pensez-vous d'une personne qui a toujours le sourire aux lèvres?

12. **remuer**   faire bouger

Quand un chien est content, il remue la queue.
Est-ce que vous remuez les lèvres quand vous lisez?

13. **tricher**   violer les règles en affectant de les respecter

Nous n'aimons pas jouer avec lui parce qu'il triche.
Que faut-il faire à un étudiant qui triche aux examens?

14. **noyer**   submerger, inonder; faire mourir en immergeant dans un liquide
Peut-on vraiment noyer ses chagrins dans l'alcool?

se noyer   mourir asphyxié par l'effet de l'immersion dans un liquide
L'océan est très agité aujourd'hui; attention, on peut se noyer.

15. **les flots** *(pl.)*   se dit de toutes les eaux en mouvement; la mer

Les flots de la mer sont plus agités que les flots d'un lac.
Est-ce que les flots sont agités ou tranquilles dans la mer des Caraïbes?

16. **apercevoir**   distinguer rapidement, discerner, remarquer brièvement

Quand on traverse le lac, on aperçoit le clocher de l'église à travers les arbres.
Qu'est-ce qu'on peut apercevoir la nuit quand on regarde la lune à l'aide d'un télescope?

L IRE ET C OMPRENDRE _____

Les Trois Messes basses[1]

Alphonse Daudet

Né à Nîmes (1840–1897), Alphonse Daudet est accueilli à Paris par son frère après la ruine de leurs parents. Il devient secrétaire du duc de Morney en 1860. Après avoir écrit quelques contes fantaisistes et une pièce de théâtre, il parvient à la célébrité avec son roman Le Petit Chose _(1868) et son recueil de contes inspirés de sa Provence natale,_ Les Lettres de mon Moulin _(1869). Dans ses romans réalistes qui suivent, comme dans_ Les Lettres de mon Moulin, _Daudet observe la société avec une ironie amusée. Il décrit sa sensibilité d'écrivain comme «un singulier mélange de fantaisie et de réalité »._

Daudet raconte l'histoire pittoresque du révérend dom Balaguère dans Les Trois Messes basses (Les Lettres de mon Moulin) _avec une ironie comique. La faiblesse du prêtre est la même que celle de ses paroissiens. Quelle est leur faiblesse et qui est Garrigou? En lisant le conte, repérez les éléments réalistes et les éléments fantaisistes._

Alphonse Daudet, _Lettres de mon Moulin._

Exercices de prélecture

A. _Prédire le contenu du passage_

En étudiant l'introduction du conte et les notes en bas de la page, de quoi est-il question? En lisant rapidement les phrases suivantes, que pourriez-vous dire de l'atmosphère de la scène?

—Jésus-Maria! moi qui aime tant les truffes! . . .
—Si vous voyiez cela dans la salle à manger du château, toutes les carafes qui flambent pleines de vins de toutes les couleurs . . . les candélabres! . . . l'odeur des truffes me suit partout . . .

B. _Contenu culturel_

En lisant le texte, prenez en note tous les mots et toutes les actions qui vous révèlent que l'histoire se passe dans un village français, il y a longtemps. Soulignez les mots du lexique que vous venez d'étudier.

[1]Messe basse (_opposé_ à grand-messe): messe non-chantée où le prêtre ne fait que réciter les prières.

C. *Mobilisez vos connaissances*

Que savez-vous de la messe de minuit qui a lieu la nuit de la Nativité? Qu'est-ce qu'on célèbre dans l'Eglise catholique? Qu'est-ce qu'on fait après?

CONTE DE NOËL

I

«Deux dindes truffées, Garrigou? . . .

—Oui, mon révérend, deux dindes magnifiques **bourrées** de truffes.[2] [. . .]   remplies

—Jésus-Maria! moi qui aime tant les truffes! . . . Donne-moi vite mon **sur-**   vêtement de prêtre

plis, Garrigou . . . [. . .]

5 As-tu mis le vin dans les burettes?[3]

—Oui, mon révérend, j'ai mis le vin dans les burettes . . . Mais **dame**! il ne   Sainte-Vierge

vaut pas celui que vous boirez tout à l'heure en sortant de la messe de   (exclamation)

minuit. Si vous voyiez cela dans la salle à manger du château, toutes les

carafes qui flambent pleines de vins de toutes les couleurs . . . Et la vaisselle

10 d'argent, les fleurs, les candélabres! . . . Jamais il ne se sera vu un réveillon

pareil. Monsieur le marquis a invité tous les seigneurs du voisinage. Vous   semblable, similaire

serez au moins quarante à table [. . .]. Rien que d'avoir **flairé** ces belles din-   *(fam.)* senti

des, l'odeur des truffes me suit partout . . . Meuh! . . .

—Allons, allons, mon enfant. Gardons-nous du péché de gourmandise,

15 surtout la nuit de la Nativité . . . Va bien vite allumer les **cierges** et sonner le   chandelles longues et

premier coup de la messe; car voilà que minuit est proche, et il ne faut pas   minces

nous mettre en retard . . . »

Cette conversation **se tenait** une nuit de Noël de l'an de grâce **mil six cent**   avait lieu / date

et tant, entre le révérend dom Balaguère, ancien prieur des Barnabites, pré-   imprécise du 17e siècle

20 sentement chapelain **gagé** des sires de Trinquelage, et son petit clerc Garri-   payé par

gou, ou du moins ce qu'il croyait être le petit clerc Garrigou, car vous saurez

que le diable, ce soir-là, avait pris la face ronde et les traits **indécis** du jeune   douteux, trouble

sacristain pour mieux induire le révérend père en tentation et lui faire com-

mettre un épouvantable péché de gourmandise. [. . .]

II

25 Drelindin din! . . . Drelindin din! . . .

C'est la messe de minuit qui commence.

[Le révérend dom Balaguère se laisse distraire de sa messe par la sonnette de

Garrigou qui s'agite et semble dire:]

«Dépêchons-nous, dépêchons-nous . . . Plus tôt nous aurons fini, plus tôt

30 nous serons à table.»

---

[2]Truffes: champignons souterrains qui constituent un mets très recherché; "La truffe est le dia-

mant de la cuisine" (Brillat-Savarin).

[3]Burettes: flacons destinés à contenir le vin de la messe

Dans une charcuterie, on achète des spécialités à base de viande de porc, telle que le jambon, le pâté, la saucisse et le boudin. On peut souvent y acheter du fromage.

Le fait est que chaque fois qu'elle **tinte,** cette sonnette du diable, le chapelain oublie sa messe et ne pense plus qu'au réveillon.

[Le prêtre imagine les dindes truffées, les poissons et les vins savoureux.]

Si vive est la vision de ces merveilles, qu'il semble à dom Balaguère que
35 tous ces plats **mirifiques** sont servis devant lui sur la nappe d'**autel,** et deux ou trois fois, au lieu de *Dominus vobiscum!* il se surprend à dire le *Benedicite.* **À part** ces légères méprises, le digne homme **débite** son office très consciencieusement, sans passer une ligne, sans omettre une génuflexion; et tout marche assez bien jusqu'à la fin de la première messe; car vous savez
40 que le jour de Noël le même officiant doit célébrer trois messes consécutives.

[. . .]

Drelindin din! . . . Drelindin din!

C'est la seconde messe qui commence, et avec elle commence aussi le
45 péché de dom Balaguère.

«Vite, vite, dépêchons-nous», lui crie de sa petite voix **aigrelette** la sonnette de Garrigou, et cette fois le malheureux officiant, tout abandonné au démon de gourmandise, dévore les pages avec l'avidité de son appétit en surexcitation. Frénétiquement il se baisse, se relève, **esquisse** les signes de
50 croix, les génuflexions, raccourcit tous ses gestes pour avoir plus tôt fini.

[. . .]

Drelindin din! . . . Drelindin din! . . .

C'est la troisième messe qui commence. Il n'y a plus que quelques pas à faire pour arriver à la salle à manger; mais, hélas! à mesure que le réveillon

sonne

merveilleux, prodigieux / table où l'on célèbre la messe / Exceptées / récite

perçante

fait à demi

55 approche, l'infortuné Balaguère se sent pris d'une folie d'impatience et de gourmandise. Sa vision s'accentue, les carpes dorées, les dindes rôties sont là, là . . . Il les touche . . . il les . . . Oh! Dieu! . . . [. . .]

Mais comment pourrait-il aller plus vite? Ses lèvres remuent **à peine.** Il ne prononce plus les mots . . . À moins de tricher tout à fait le bon Dieu et de lui

60 **escamoter** sa messe . . . Et c'est ce qu'il fait, le malheureux! . . . De tentation en tentation, il commence par **sauter** un verset, puis deux. [. . .]

[Les assistants, tout surpris, ne peuvent plus suivre leur prêtre qui va trop vite. Pourtant, eux aussi sont très impatients de passer à table. La troisième messe est dite d'une rapidité étonnante.]

presque pas

faire disparaître
omettre

III

65 Cinq minutes après, la foule des seigneurs s'asseyait dans la grande salle, le chapelain au milieu d'eux. Le château, illuminé de haut en bas, **retentissait** de chants, de cris, de rires, de rumeurs; et le vénérable dom Balaguère plantait sa fourchette dans une aile de **gelinotte**, noyant le **remords** de son péché sous des flots de vin du pape et de bon jus de viandes. Tant il but et

70 mangea, le pauvre saint homme, qu'il mourut dans la nuit d'une terrible attaque, sans avoir eu seulement le temps de **se repentir;** puis, au matin, il arriva dans le ciel encore tout en rumeur des fêtes de la nuit, et je vous laisse à penser comme il y fut reçu.

«Retire-toi de mes yeux, mauvais chrétien! lui dit le souverain Juge, notre

75 maître à tous. Ta faute est assez grande pour effacer toute une vie de vertu . . . Ah! tu m'as volé une messe de nuit . . . Eh bien, tu m'en paieras trois cents en place, et tu n'entreras en paradis que quand tu auras célébré dans ta propre chapelle ces trois cents messes de Noël en présence de tous ceux qui ont péché par ta faute et avec toi . . . »

80 . . . Et voilà la vraie légende de dom Balaguère comme on la raconte au pays des olives.

[. . .] il paraît que tous les ans, à Noël, une lumière surnaturelle **erre** parmi ces ruines, et qu'en allant aux messes et aux réveillons, les paysans aperçoivent ce spectre de chapelle, éclairé de cierges invisibles qui brûlent

85 au grand air, même sous la neige et le vent. [. . .]

résonnait

oiseau voisin de la perdrix / sentiment d'avoir mal agi

regretter

se promène fugitivement

Vérifiez votre compréhension

A. Complétez les phrases suivantes selon le passage précédent.

1. L'histoire a lieu au _____ siècle.
2. Dom Balaguère se prépare à _____
3. Son prétendu petit clerc Garrigou est en vérité _____
4. La mission de Garrigou est de _____
5. Pour le réveillon, on va servir _____

B. Répondez aux questions suivantes par une phrase complète.

1. Quelles méthodes Garrigou emploie-t-il pour induire en erreur dom Balaguère?
2. Quels services dom Balaguère demande-t-il à Garrigou?
3. Quel est le rôle de la sonnette de Garrigou?
4. Quelles différences y a-t-il entre les trois messes telles qu'elles sont célébrées par dom Balguère?
5. Décrivez l'ambiance au château où le réveillon est célébré.
6. Qu'est-ce qui se passe dans la nuit?
7. Quelle est la punition de dom Balaguère et de tous ceux qui ont péché par sa faute?
8. Commentez la phrase «. . . Et voilà la vraie légende de dom Balaguère comme on la raconte au pays des olives». Peut-on résoudre la contradiction dans cette phrase? Qu'est-ce que c'est qu'une légende?

Résumé

En vous servant des questions suivantes comme guide, faites un résumé du conte *Les Trois Messes basses*.

À quelle époque l'histoire se passe-t-elle? En quoi la conversation entre le révérend et Garrigou avant les messes prépare-t-elle tout le récit qui suit? Comment Garrigou fascine-t-il dom Balaguère? Comment le prêtre raccourcit-il les messes? Pourquoi le souverain Juge est-il en colère? De quelle façon dom Balaguère peut-il entrer au paradis?

EXPRESSION ÉCRITE

Avant d'écrire sur un des sujets suivants, révisez les instructions et les *Articulations logiques* dans *Leçons 1* et *2*. Ensuite, choisissez l'une des questions suggérées à la p. 118 et décidez si vous êtes pour ou contre l'opinion énoncée. Par la suite, étudiez les articulations utiles. Puis, faites une liste des idées que vous voulez défendre aussi bien qu'une liste des idées que vous voulez combattre.

Questions

1. La cuisine est une affaire de femmes. Êtes-vous d'accord?
2. Comment peut-on rester mince et ne pas tomber malade?
3. La haute cuisine n'existe pas aux États-Unis. Est-ce vrai?
4. Le four à micro-ondes a révolutionné les ménages. Est-ce exact?
5. La cuisine: un art ou un esclavage?

Articulations nécessaires pour préciser vos idées

Temporalité	*Référence*	*Mise au point*
à l'heure actuelle	dans le cadre de	quoi qu'il en soit
actuellement = maintenant	dans cette optique	cela étant
jadis ≠ naguère	sur ce sujet	effectivement
autrefois	à ce propos	en réalité

Arguments pour et contre

Après avoir exposé le sujet, vous pourriez présenter chacun des arguments de l'adversaire. Mais tout en présentant un argument de l'adversaire, vous pourriez le commenter, le condamner, le tourner en ridicule, l'ironiser, montrer qu'il est sans valeur, selon l'expression dont vous vous servez et selon la force avec laquelle vous voulez le combattre.

Par exemple, si vous êtes *favorable* à la question telle qu'elle est présentée, vous pourriez exposer l'opinion de l'adversaire de la manière suivante:

1. *Présentation du sujet.*
   Pour légitimer leur opinion (Afin de justifier leur idée), les adversaires de . . . **proposent** trois (plusieurs, un certain nombre d') arguments.
2. *Premier argument critiqué.*
   Tout d'abord, ils **osent dire** que les hommes sont incapables de . . .
   Pourtant, ils oublient **exprès** que la plupart des chefs sont des hommes.
   «Osent dire», «exprès» marquent la mauvaise foi de l'adversaire.
3. *D'autres arguments* avec commentaire ou une ironie qui met en doute l'intelligence des adversaires et les ridiculise.
   Deuxièmement, **ils posent à titre d'hypothèse que** la cuisine . . .
   En second lieu, **le préjugé que . . . est injustifiable.**
   Ensuite, **l'idée que . . . est ridicule parce qu'il est bien connu que** . . .
   Peut-on les prendre au sérieux lorsqu'ils mettent en avant comme argument que . . . ?
   Sans doute, **ils plaisantent! Il ne faut pas un génie (un esprit supérieur) pour savoir que** . . .
4. *Conclusion.* Conseil aux adversaires, d'un ton condescendant.
   Au lieu de se plaindre de . . . , **les adversaires** de . . . **feraient mieux de** . . .

MISE EN ŒUVRE

Sujets de discussion

1. Comment est-ce que l'électroménager (l'ensemble des appareils ménagers: les fers à repasser, les aspirateurs, les réfrigérateurs, les ouvre-boîtes, les fours à micro-ondes) a amélioré la vie des femmes? L'électroménager a-t-il changé la vie des hommes? Pourquoi et comment?

2. Faites un sondage dans la classe. Combien de personnes ont les appareils ménagers suivants? un congélateur, une machine à laver, une sécheuse, un lave-vaisselle, un four à micro-ondes, une cafetière électrique, un moulin à café, un grille-pain. Sous forme de pourcentage, présentez les résultats de votre sondage et comparez-les avec ceux des Français en 1987.

un congélateur	30%	un four à micro-ondes	6%
une machine à laver	85%	une cafetière électrique	74%
un sèche-linge	5%	un moulin à café	15%
un lave-vaisselle	15%	un grille-pain	60%

3. Entre la cuisine-devoir et la cuisine de fête (ou cuisine-loisir), la différence est énorme. Aucune comparaison entre un repas préparé à toute vitesse après une longue journée de travail et un menu soigneusement choisi parmi les meilleurs ingrédients, agrémenté de bougies et de musique douce. Par groupe de deux à quatre, préparez par écrit un menu de fête, et présentez-le à la classe.

4. Choisissez un plat que vous voulez servir. En vous référant au lexique suivant, expliquez comment préparer ce plat.

Expressions utiles

aromates: plantes ou graines qui donnent une bonne odeur à la cuisine (oignons, ail, laurier, thym, vanille, cannelle, etc.)

arroser: verser du jus ou de la sauce sur un aliment

assaisonner: mettre du sel et du poivre

battre: remuer en tournant très fort avec une fourchette

beurrer: étendre du beurre ou frotter l'intérieur d'un ustensile de cuisine avec du beurre

bouillon: eau dans laquelle on a fait cuire de la viande, des légumes ou du poisson

chapelure: pain grillé et écrasé

arroser

battre

cocotte: casserole épaisse avec un couvercle

court-bouillon: eau contenant des aromates dans laquelle on fait cuire du poisson ou de la viande

croûtons: petits morceaux de pain frits dans du beurre

cuisson: temps nécessaire pour faire cuire les aliments

dorer: faire cuire dans de l'huile ou du beurre pour donner une couleur d'or (mettre seulement 2 ou 3 cuillères à soupe d'huile ou 2 cuillères à soupe de beurre)

égoutter: retirer l'eau ou l'huile

éplucher: enlever la peau

farcir: mettre à l'intérieur d'un poulet, d'un rôti, d'un coquillage, un mélange de viande, d'œufs, de légumes, etc. Ce mélange s'appelle **une farce.**

four: partie fermée d'une cuisinière où l'on fait cuire les aliments

frire: faire cuire dans de l'huile ou du beurre très chaud

gratiner: faire dorer au four—faire un gratin

griller: faire cuire très fort au four ou sur une flamme

un couvercle
une cocotte

égoutter

farcir l'intérieur d'un poulet

un bol

une casserole

une soupière

une louche

une râpe

hacher: couper en très petits morceaux—faire un hachis

mariner: laisser plusieurs heures dans un liquide avec des aromates (marinade)

mijoter: faire cuire très doucement

napper: recouvrir avec de la sauce

œuf dur: œuf cuit 10 minutes dans de l'eau bouillante

passer: verser dans une passoire pour égoutter, retirer l'eau ou le jus

hacher

napper

une passoire

un rouleau à pâtisserie

une poêle

des coupes

plat: 1°) grande assiette
2°) aliment préparé
3°) ustensile de terre ou de verre servant à faire cuire les aliments dans un four

couper une tranche de pain

râper

râper: frotter sur une râpe

rôtir: faire cuire au four (un rôti)

tranche: partie coupée d'un pain ou d'un morceau de viande

passer

tremper: mettre dans un liquide et retirer

couper en rondelles

Petit concours

La classe sera divisée en deux équipes. Tous auront 5 à 10 minutes pour dresser une liste de mots et de phrases qui font référence à la cuisine venant du conte *Les Trois Messes basses*. L'équipe qui aura le plus grand nombre de phrases correctes gagnera.

Mini-théâtre

1. Une jeune femme essaie de montrer à son petit ami comment faire une omelette. Mais lui, il est très maladroit et casse tout. De plus, il ne veut pas tellement apprendre à faire la cuisine.
2. Un grand chef de cuisine donne un cours sur la préparation d'un poulet farci. Vous lui posez beaucoup de questions.
3. Vous êtes dans un grand restaurant chic et vous commandez un repas de luxe. Quand le garçon s'en va pour passer la commande au chef, vous vous rendez compte que vous avez oublié votre carnet de chèques.
4. (Il faut trois personnes pour cette scène.) Votre employeur et sa femme arrivent chez vous pour dîner, mais le repas ne sera prêt que dans deux heures, car vous avez mis la dinde dans le four seulement à 7 heures. Comment leur faire oublier le temps qui passe?
5. (Il faut 4 personnes pour cette scène.) Votre employeur vous invite au restaurant avec votre mari. On sert trop de cocktails et de vin. Comment contrôler le comportement de votre mari qui commence à dire des bêtises?

LA MODE

Dubout (Droites réservés)

Si vous étiez à la place de ce monsieur, que diriez-vous à la dame? Pourquoi tant de personnes veulent-elles changer d'apparence?

Étude du lexique

Lisez à haute voix chaque mot ou expression, définition et question du lexique qui suit. Donnez une réponse à chaque question en employant le mot nouveau ou l'expression nouvelle.

1. **consacrer**   destiner, accorder, dévouer

   Elle a consacré toute son énergie à l'étude de la mode.
   Combien de temps par semaine consacrez-vous à vos études?

2. **ailleurs**   dans d'autres lieux

   Tu ne trouveras cette robe nulle part ailleurs.
   Achetez-vous vos vêtements près de chez vous ou allez-vous ailleurs?

3. **agir**   exercer une influence réelle; s'exprimer par des actes, se comporter

   Le poison agit rapidement.
   Vous agissez sans réfléchir.
   Réfléchissez-vous avant d'agir?

4. **soutenir**   affirmer; aider, encourager

   Il soutient son opinion et je soutiens ses droits à cette opinion.
   Est-ce que vos amis vous soutiennent lorsque vous traversez une période difficile?

5. **se soucier de**   s'inquiéter de, se préoccuper de, prendre intérêt à

   C'est un esprit libre, il ne se soucie de rien.
   Que pensez-vous des gens qui ne se soucient que d'eux-mêmes?

6. **un tissu**   matière faite de fibres textiles, une étoffe: le coton, la soie, la laine

   Pour faire des vêtements, on emploie souvent des tissus de fibres synthétiques.
   Quelle sorte de tissu préférez-vous pour une robe d'été?

7. **un tiers**   33%, un troisième

   Un tiers des Françaises rejettent la mode.
   Quels sont les besoins du Tiers Monde?

8. **emprunter**   obtenir à titre de prêt

   Elle a emprunté de l'argent pour s'habiller à la mode.
   Quels livres empruntez-vous à la bibliothèque?

9. **exigeant**   qui demande beaucoup, difficile

   La clientèle des couturiers parisiens est exigeante.
   Quelles sont les professions exigeantes?

10. **concevoir**   inventer, imaginer

    Ce projet est bien conçu.
    Concevez-vous la possibilité de vivre à Paris?

11. **étonnant** surprenant, incroyable, extraordinaire

Nous venons de faire une découverte étonnante.
Qu'est-ce que vous trouvez d'étonnant dans la vie?

12. **la moyenne** type également éloigné des deux extrêmes

Il a une intelligence au-dessus de la moyenne.
Quelle est la moyenne des températures en hiver chez vous?

moyen/moyenne qui tient le milieu.
Le Français moyen est un mythe.
Que pense l'Américain(e) moyen(ne) de la mode?

13. **ouvrier, ouvrière** travailleur, travailleuse

Les ouvriers cherchent des vêtements pratiques.
Dans quelles circonstances emploie-t-on un ouvrier?

14. **abordable** raisonnable, accessible; accueillant

Ce prix n'est pas abordable. Mon patron n'est pas abordable non plus.
Trouvez-vous les prix des couturiers parisiens abordables ou inabordables?

15. **plaire à quelqu'un** lui faire plaisir

Certaines femmes cherchent des robes qui plaisent à leur mari.
Est-ce que la dernière lettre de vos parents vous a plu?

16. **le goût** préférence, prédilection, faculté de juger des valeurs esthétiques

Les goûts des jeunes s'opposent souvent aux goûts de leurs parents.
Certaines personnes manquent de goût.
Quels sont vos goûts?

LIRE ET COMPRENDRE

Exercices de prélecture

A. *Prédire le contenu du passage*

D'après le titre de cette leçon, le dessin humoristique, le titre du passage suivant et la première phrase du passage, de quoi s'agit-il dans ce texte? Est-ce un passage de fiction, d'opinion ou de faits?

B. *Trouvez les idées principales*

Lisez la première phrase de chaque paragraphe. Qu'apprenez-vous de plus sur la matière de l'article?

9999999999

C. *Devinez le sens des mots inconnus*

En considérant le contexte, l'étymologie et la partie du discours, essayez de deviner le sens des mots en italique:

1. *une réussite*

Seuls les couturiers qui se consacrent entièrement à la mode peuvent espérer une *réussite* brillante.

À quelle partie du discours appartient le mot *réussite?* Quel verbe ressemble à ce mot? Pourriez-vous deviner le sens du mot?

2. *s'envoler*

La rencontre d'un grand nombre d'artistes stimule l'imagination qui *s'envole.*

À quelle partie du discours appartient le mot *s'envole?* Quel verbe est déjà contenu dans ce mot? Connaissez-vous le sens du verbe *voler?* Un oiseau vole, un avion vole. Pourriez-vous deviner le sens du verbe *s'envoler?*

3. *s'enhardir*

Avec tant de couturiers à Paris, la curiosité *s'enhardit.*

À quelle partie du discours appartient le mot *s'enhardit?* Le radical est *hardi,* qui veut dire «audacieux, brave». Pourriez-vous alors deviner le sens du mot?

D. *Mobilisez vos connaissances*

Que savez-vous sur la haute couture à Paris? Pourriez-vous nommer quelques maisons importantes? À part les vêtements, quels autres produits est-ce que les couturiers fabriquent? Quels autres pays s'intéressent à la haute couture?

Comment être chic

Il faut dire qu'habiller prend du temps, surtout quand on veut faire des vêtements de qualité; seuls ceux qui s'y consacrent entièrement peuvent espérer une réussite **éclatante.** Si l'on y **parvient** plus facilement à Paris que partout ailleurs, c'est que, depuis un siècle, plus d'artisans spécialisés s'y sont groupés que dans tout autre ville. C'est le même genre de raison qui fait de Paris une capitale intellectuelle: la rencontre d'un grand nombre d'esprits y agit comme un stimulant, l'imagination s'envole, la curiosité s'enhardit. [. . .]

[. . .] La supériorité française en matière d'élégance féminine repose sur la réputation de vingt-trois hommes et femmes, qui constituent la Chambre de Couture parisienne et soutiennent leur réputation en travaillant dans des

brillante / arrive

La présentation des collections à Paris exige un sens esthétique développé.

conditions de rêve. À eux tous, ils n'habillent pas plus de deux mille parmi les femmes les plus riches et les actrices les plus belles du monde. Guy Laroche, par exemple, ne s'occupe que de soixante-quinze clientes par an. Ils recherchent une attention individuelle, car ce qu'on leur demande de créer,
15 c'est une œuvre d'art unique; ils n'ont pas à se soucier des prix: ils peuvent employer les tissus les plus chers. Mais Paris à lui seul n'a jamais été suffisamment riche pour faire vivre une industrie d'un luxe aussi **étourdissant.** Il   merveilleux
n'a jamais vendu plus d'un tiers de ses vêtements à des clients français. La suprématie de la France s'est bâtie sur l'appréciation des millionnaires venus
20 d'Angleterre d'abord, puis des États-Unis, et aujourd'hui du monde entier. Le goût français était celui des riches, de la super-jet society internationale. Paris était **l'endroit** où l'on pouvait acheter les habits les plus beaux, mais   lieu, *place*
ceux qui les faisaient n'étaient pas forcément français. Worth, le fondateur même du système, était anglais. Actuellement, quatre des vingt-trois **élus**   choisis
25 sont d'origine italienne (Cardin, Carven, Ricci, Schiaparelli), et l'un est norvégien (Spook); Yves Saint-Laurent vient d'Alger, Hanae Mori du Japon, Paco Rabanne d'Espagne. Dans la haute couture, Paris a toujours exprimé l'universalisme de la France, sa faculté de parler par-delà les frontières, d'emprunter et de codifier les idées du monde entier. C'est à travers Paris que les
30 blouses paysannes et les bottes russes, les tweeds anglais, les kilts écossais, les jupes **fendues** japonaises, les vestes chinoises et les combinaisons d'as-   ouvertes en longueur

tronaute américaines sont devenus universels. D'autres villes peuvent avoir d'aussi bons couturiers, mais aucune n'a une clientèle aussi vaste ni aussi exigeante.

35   Cependant, les riches eux-mêmes ne le sont pas assez pour entretenir ces artistes. Pour survivre, les couturiers **ont dû** créer des sociétés interna-   *ont été obligés de* tionales qui exploitent leurs noms. Ils ne vendent pas seulement des vête- ments, mais leur **griffe,** qui est synonyme de goût. Ils sont publicitaires   *marque, trademark* autant que couturiers. C'est par une campagne de publicité géante que Paris

40 monopolise pratiquement l'idée de luxe et d'élégance. Elle a commencé avec les parfums, dont la vente représente aujourd'hui les neuf dixièmes du revenu de certains couturiers. [. . .]

    À défaut d'une robe signée Christian Dior, les femmes s'offrent un par-   *Faute de* fum, et le système **s'avère** si profitable qu'il suffit à **rentabiliser** une maison   *se montre / rendre*

45 de couture. Cependant, il **s'étend** à une **gamme** de produits toujours plus   *payante / va jusqu'à /* vaste, qui comprend non seulement des **foulards** et des bas, mais des cho-   *série continue /* colats et même des sardines. En donnant ainsi leur «approbation» à des   *écharpes, scarfs* produits qu'ils n'ont pas conçus et qui souvent n'ont rien que de très ordi- naire, les couturiers permettent de les vendre à un prix infiniment plus élevé.

50 [. . .]

    Chose étonnante, la France est le pays d'Europe où l'on consacre à l'ha- billement le plus petit budget. Il y a quelque vingt ans, la moyenne des Fran- çaises n'achetaient pas plus d'une robe par an et d'un manteau tous les quatre ans. Selon l'étude la plus récente sur le sujet, elles n'achetaient

55 encore que deux robes par an et un manteau tous les deux ans et demi. Ce sont là des moyennes. Seule une Française sur dix a vraiment conscience de la mode et se procure plus de trois robes par an. Les mères de famille expli- quent qu'elles se sentent **tenues** d'habiller leurs enfants avant de penser à   *obligées* elles. Une importante minorité (près du tiers) des femmes entre trente-cinq

60 et cinquante ans rejettent purement et simplement la mode et déclarent ne se soucier que d'être «correctes et discrètes». Dans la classe ouvrière, les femmes cherchent des vêtements pratiques, ou d'un prix abordable, ou qui plaisent à leur mari; elles les achètent sur les marchés, ou par correspon- dance, ou dans les moins chers des grands magasins. L'intérêt pour la mode

65 augmente avec le revenu, mais il diminue avec l'âge, et souvent rapidement après le mariage et la naissance des enfants. Sauf les plus jeunes, aucun groupe d'âge n'est vraiment soumis à la mode. [. . .]

    L'importance de la France en matière de vêtements tient à son goût du beau travail, des beaux tissus, de l'originalité et de l'harmonie. Mais rien ne

70 prouve que les Français dans leur ensemble apprécient davantage ces quali- tés que les autres nations; presque autant que dans les autres pays compa- rables, ils se prêtent aux compromis des imitations bon marché. Le goût français et le bon goût français ne sont pas synonymes.

Extrait de Théodore Zeldin, *Les Français,* ©Librairie Arthème Fayard, 1983, pour la traduction française.

Vérifiez votre compréhension

1. Relisez rapidement le premier paragraphe en cherchant l'idée principale. Résumez-la en une phrase.
2. Sur quoi repose la supériorité française en matière d'élégance féminine?
3. Quelle sorte de femme s'habille chez les grands couturiers?
4. Qui sont les clientes des grands couturiers à Paris?
5. Nommez quelques-uns des couturiers à Paris qui ne sont pas français. Comment l'universalisme de la France s'exprime-t-il dans les vêtements? Donnez un titre au deuxième paragraphe.
6. Relisez le troisième paragraphe en cherchant l'idée centrale. Résumez-la en une paraphrase.
7. Pourquoi est-il étonnant de constater que la France est le pays d'Europe où l'on consacre à l'habillement le plus petit budget? De qui se soucient les mères de famille avant de se soucier d'elles-mêmes?
8. Si un tiers des femmes de 35 à 50 ans rejettent la mode et ne se soucient que d'être «correctes et discrètes», que peut-on dire des autres qui constituent le plus grand nombre des Françaises (66%)?
9. Que cherchent les femmes dans la classe ouvrière?
10. Selon vous, pourquoi l'intérêt pour la mode diminue-t-il avec l'âge? Pourquoi diminue-t-il rapidement après le mariage et la naissance des enfants?
11. À votre avis, pourquoi les Français se prêtent-ils aux compromis des imitations bon marché?

À votre avis

Préparez les questions suivantes avec un ou deux camarades pour en discuter en classe.

1. Que veut dire «être à la mode»? Aimez-vous être à la mode? Pourquoi? Dans quelle mesure êtes-vous influencé(e) par vos amis? Dans quelle mesure êtes-vous original(e) ou indépendant(e)? Peut-on créer sa propre mode?
2. Quand on parle de «mode», on parle non seulement de vêtements, mais aussi de musique, de presse, de cinéma, de danse, et d'alimentation. Qu'est-ce qui est à la mode dans ces domaines? Suivez-vous ce qui est à la mode dans ces domaines?
3. La mode peut s'appliquer également à des idées politiques, sociales, philosophiques ou bien artistiques. Selon vous, quelle façon de penser est à la mode actuellement? Quel comportement est à la mode chez vos amis? Vous sentez-vous obligé d'adopter les idées et le comportement des autres? Quel prix paie-t-on quand on est différent?
4. Votre ami(e) est membre d'un club estudiantin à votre école. Il (Elle) essaie de vous convaincre d'adhérer à ce club, mais vous êtes anticonformiste. Vous lui donnez les raisons pour lesquelles vous n'aimez pas les clubs de jeunes filles ou de jeunes gens. Vous discutez.

5. Vous travaillez pour une maison de mode féminine dont le slogan est «se vêtir pour réussir». Essayez de convaincre vos clientes que leur garde-robe (l'ensemble des vêtements que l'on possède) peut les aider à réussir dans la vie professionnelle et dans la vie privée; vous leur donnez des exemples. Elles vous posent des questions.

Petit écrit

Écrivez une page sur la question numéro 1, 2 ou 3.

Petit concours

Mettez-vous deux par deux. Chaque équipe dressera une liste des adjectifs trouvés dans l'article «Comment être chic». L'équipe qui aura trouvé le plus grand nombre d'adjectifs gagnera.

Les défilés de mode constituent des événements de première importance dans l'industrie de la toilette féminine.

GRAMMAIRE

Rappel des adjectifs démonstratifs

Ce chapeau
n'est plus à la mode.

Cet hôtel est chic.

Cette robe est jolie.

Ces images représentent des objets ordinaires.

Le féminin des adjectifs et des noms

	Masculin	*Féminin*
1.	un couturier **français** un tissu **élégant**	la mode français**e** une cliente élégant**e**
2.	un modèle **unique** un prix **abordable**	une œuvre d'art **unique** une personne **abordable**
3.	un goût **léger** [leʒe] le **dernier** cri le **premier** prix	une différence lég**ère** [leʒɛʀ] la dern**ière** stratégie la prem**ière** année

ATTENTION!   Il est **fier.** [fjɛʀ]   Elle est **fière.** [fjɛʀ]

Les deux mots se prononcent de la même façon, mais ont une orthographe différente.

4.	un tissu **luxueux**	une maison luxueu**se**
	un couturier **jaloux**	une couturière jalou**se**
	Il est **amoureux** et **heureux.**	Elle est amoureu**se** et heureu**se.**
	Il est **orgueilleux** et **audacieux.**	Elle est orgueilleu**se** et audacieu**se.**

ANALYSE La plupart des adjectifs en **-x** changent en **s** sonore: [z].

EXCEPTIONS: **doux** / dou**ce**
faux / fau**sse**
roux / rou**sse**

5.	des vêtements **sportifs**	la vie sport**ive**
	un ouvrier **actif**	une ouvrière act**ive**

6.	un taxi **parisien** [ɛ̃]	une mode parisien**ne** [ɛn]
	un meuble **ancien**	une coutume ancien**ne**
	un plafond **bas** [bɑ]	une table bas**se** [bɑs]
	un livre **épais** [epɛ]	des chevilles épais**ses** [epɛs]
	un centre **intellectuel** [ɛl]	une réussite intellectuel**le** [ɛl]

Pourtant, il y a de nombreuses exceptions:

exprès [ɛksprɛ] / expre**sse** [ɛksprɛs]   **discret** / discr**ète**
complet [ɛ] / compl**ète** [ɛt]   **gris** [i] / gri**se** [iz]
concret / concr**ète**   **américain** / américai**ne**

7.	Il est **acteur** et **directeur.**	Elle est act**rice** et direct**rice.**
	Il est **instituteur.**	Elle est institut**rice.**
	Il est **instructeur.**	Elle est instruct**rice.**
	Il est **lecteur.**	Elle est lect**rice.**
	Il est **auditeur** et **spectateur.**	Elle est audit**rice** et spectat**rice.**

8.	un principe **religieux**	une femme religieu**se**
	Il est **danseur** et **chanteur.**	Elle est danseu**se** et chanteu**se.**

ATTENTION! Dix adjectifs en **-eur** sont réguliers: extérieur(e), intérieur(e), supérieur(e), inférieur(e), meilleur(e), majeur(e), mineur(e), antérieur(e), postérieur(e), ultérieur(e).

EXCEPTIONS: **enchanteur** / enchante**resse**
pêcheur / pêche**resse**
vengeur / venge**resse**

9.	le secteur **public**	une vente pub**lique**
	Il est **turc.**	Elle est tur**que.**
	le peuple **grec**	la langue gre**cque**

Avec certains adjectifs, **-c** devient **-que** ou **-cque,** pour d'autres, **-c** devient **-che.**

EXEMPLES: **blanc** / blan**che**
franc / fran**che**
sec / sè**che**

10.	de **long**s cheveux	une robe long**ue**
	un livre **oblong**	une fenêtre oblong**ue**

Ajoutez **u** devant le **e** final pour maintenir le son dur du **g.** S'il y a déjà un **u,** ajoutez un **ë** pour indiquer que le **u** précédent se prononce: aigu, aiguë; ambigu, ambiguë.

CAS PARTICULIERS

1. *Les adjectifs à trois formes*

un **beau** monsieur	une **belle** dame	un **bel** homme
un **nouveau** livre	une **nouvelle** histoire	un **nouvel** hôtel
un **fou** rire	une gaîté **folle**	un **fol** espoir
un fauteuil **mou**	une chaleur **molle**	un **mol** oreiller
le bon **vieux** temps	la **vieille** France	un **vieil** arbre

-au, -u, -ux deviennent **l** ou **il** devant un substantif masculin singulier commençant par une voyelle ou un **h** muet; on le prononce comme le féminin.

2. *Les adjectifs irréguliers*

un critique **bénin** [benɛ̃]	une tumeur **bénigne** [beniɲ]
un esprit **malin** [malɛ̃]	une joie **maligne** [maliɲ]
mon disque **favori**	ma chanson **favorite**
le peuple **hébreu**	la langue **hébraïque**
(de l'Ancien Testament)	

3. *Le féminin en* **-esse**

le maître	la maît**resse**
l'hôte	l'hôt**esse**
le prince	la princ**esse**

4. Les personnes

le père	la mère
le fils	la fille
le garçon	la fille
le frère	la sœur
le mari	la femme
l'homme	la femme
le neveu	la nièce
l'oncle	la tante
le grand-père	la grand-mère[1]
le grand-oncle	la grand-tante
le petit-fils	la petite-fille
le beau-père	la belle-mère
le compagnon	la compagne
le héros	l'héroïne[2]

5. Les animaux

le mâle	la femelle	le petit
le chien	la chienne	le chiot
le chat	la chatte	le chaton
le canard	la cane	le caneton
le coq	la poule	le poussin
le cheval	la jument	le poulain
le taureau[3]	la vache	le veau
le bouc	la chèvre	le chevreau
le bélier[4]	la brebis	l'agneau
le cerf	la biche	le faon
le dindon	la dinde	le dindonneau
le verrat[5]	la truie	le cochonnet

LES SUBSTANTIFS TOUJOURS AU MASCULIN

un professeur, un auteur, un poète *(poétesse* a un sens péjoratif), un docteur *(doctoresse* est vieilli ou régional), un juge, un ingénieur, un architecte

> **ATTENTION!** Dans la langue parlée ou régionale, on entend de plus en plus **une professeure.** Au Canada français, on a tendance à écrire **une** auteur**e** et **une** écrivain**e.**

[1] Notez que **grand** reste souvent invariable dans les mots composés féminins.

[2] Notez que le **h** est aspiré au masculin mais muet au féminin.

[3] **Le bœuf,** c'est l'animal stérilisé.

[4] **Le mouton** est un nom général ou l'animal châtré.

[5] **Le cochon, le porc** sont des termes généraux.

LES SUBSTANTIFS TOUJOURS FÉMININS

la personne, la sentinelle, la victime
EXEMPLE: Une personne arrive; c'est Guy Laroche.

LES SUBSTANTIFS QUI NE CHANGENT QUE D'ARTICLE

un(e) aristocrate   un(e) démocrate
un(e) artiste   un(e) enfant
un(e) camarade   un(e) partenaire
un(e) catholique   un(e) secrétaire
un(e) complice   un(e) touriste

MOTS INVARIABLES

1. OBSERVEZ   J'y serai dans une **demi**-heure. J'arrive à une heure et **demie.**

ANALYSE   **demi** reste invariable *devant* un nom et variable *après.*

ATTENTION!   Il est midi et **demi.** Il est minuit et **demi. (Minuit** et **midi** sont masculins.)

2. OBSERVEZ   Voilà de jolies chemises bleu ciel et des chaussures marron.

ANALYSE   Les noms de *fleurs* et de *fruits* utilisés comme adjectifs sont *invariables,* aussi bien que les adjectifs de couleurs composés, comme **bleu marine, bleu ardoise, bleu vert, vert foncé, vieux rose,** etc. En cas de doute, il vaut mieux vérifier dans le dictionnaire.

3. OBSERVEZ   Ce sont des **lève-tôt;** nous sommes des **couche-tard.**
Nous avons passé des **après-midi** délicieux.
Il y a des **gratte-ciel** à New York.

ANALYSE   Les prépositions, les verbes et les adverbes restent invariables dans les mots composés; le nom reste au singulier, si le sens ne s'y oppose pas.

4. OBSERVEZ   Tous les gens **chic** et **snob** étaient là.

ANALYSE   En général, les mots dérivés d'une langue étrangère sont invariables.

Exercices

A. Donnez le féminin des mots suivants.

1. Mon bel ami est venu.
2. un compagnon fatigant
3. Son fils est intelligent.
4. un chien enragé
5. Il se sent frais.
6. un acteur sympathique
7. Le directeur est fier.
8. Le prince est amoureux.
9. de petits garçons
10. L'instructeur est sportif.
11. le meilleur danseur
12. le pire chanteur
13. Mon frère est malheureux.
14. Son mari est grec.
15. Les spectateurs sont agressifs.
16. le chat blanc
17. le coq favori
18. Le maître a un dindon.

B. Transformez le paragraphe suivant en substituant l'équivalent féminin aux mots en italique. N'oubliez pas de faire les changements nécessaires dans la structure des verbes.

Jean, un petit homme brun, est allé au bord de la mer avec *son vieux copain Lucien* qui est *acteur. Lucien* est *un bel homme sportif. Ils* sont *tous les deux mariés* et un peu *vaniteux. Jean, un lecteur vorace,* a apporté des livres et plusieurs *vieux magazines* à parcourir. *Ils* ont donc passé la journée à discuter de ce que *les autres hommes* portent afin d'être plus *attrayants* et à la mode. *Le fils* de *Lucien* se moque de *son père,* car *il le* trouve *idiot* de s'occuper tant des choses qu'*il* considère comme frivoles. *Le père* de *Jean, instituteur,* désapprouve les intérêts de *son fils* et *le* trouve peu *sérieux.*

C. Faites une description de votre meilleure amie.

D. Vous donnez des conseils à une amie sur la toilette qu'elle devrait porter pour un entretien qu'elle aura avec une agence de publicité. Il ne faut être ni trop sobre ni trop fantaisiste. Employer **ce, cet, cette** ou **ces,** selon le cas.

1. _____ tissue est élégant, mais _____ mode ne te va pas.
2. _____ robe est trop longue, mais _____ jupe est trop courte.
3. _____ costume est possible, mais _____ couleur ne te va pas.
4. _____ chemisier irait bien avec _____ boucles d'oreille.
5. _____ bas iraient bien avec _____ chaussures.
6. J'aime _____ pull, mais _____ style est un peu sobre.
7. _____ boutons ne vont pas bien sur _____ manteau.
8. _____ hiver, tu pourrais acheter _____ sac et _____ gants.
9. _____ ensemble ne va pas avec _____ anorak.
10. _____ pantalon irait très bien avec _____ veste.

Le pluriel régulier et irrégulier

En règle générale, pour former le pluriel, on ajoute un **s** au singulier. Comme tous les adjectifs et noms féminins prennent un **s** au pluriel, les exceptions suivantes ne concernent que le pluriel masculin. Exemple d'un pluriel régulier: **un** article, **des** article**s**.

1. OBSERVEZ

C'est un épou**x** heureu**x**.   Ce sont des épou**x** heureu**x**.
J'ai un gro**s** chagrin.   J'ai de gro**s** chagrin**s**.
Voilà un bijou coûteu**x**.   Voilà des bijou**x** coûteu**x**.
Voilà un beau morceau.   Voilà de beau**x** morceau**x**.

ANALYSE   **-s** ou **-x** ne changent pas au pluriel, *mais* **-eu**, **-eau**, **-au** prennent **-x** au pluriel.
EXEMPLES: eau(x), couteau(x), niveau(x), tableau(x)
EXCEPTIONS: bleu(s), pneu(s)

REMARQUE: Les mots en **-ou** sont réguliers au pluriel: fou**s**, sou**s**, mou**s**, clou**s**. Il y a pourtant sept exceptions: bijou**x**, caillou**x**, chou**x**, genou**x**, hibou**x**, joujou**x**, pou**x**.

2. OBSERVEZ

un anim**al** brut**al**   des anim**aux** brut**aux**
un journ**al** radic**al**   des journ**aux** radic**aux**
un génér**al** loy**al**   des génér**aux** loy**aux**
Il est matin**al**.   Ils sont matin**aux**.
un mét**al**   des mét**aux**
cordi**al**   cordi**aux**
ég**al**   ég**aux**
tot**al**   tot**aux**
trivi**al**   trivi**aux**
un m**al**   des m**aux**

ANALYSE   **-al** devient **-aux** au pluriel.
EXCEPTIONS: Certains adjectifs et noms terminés en **-al** forment leurs pluriels en **-als**.
EXEMPLES: b**als** nav**als**, carnav**als** ban**als**, festiv**als** fin**als**

3. OBSERVEZ

un œil [œj]   des yeux [zjø]
le ciel [sjɛl]   les cieux [sjø]
un bœuf [bœf]   des bœufs [bø]
un œuf [œf]   des œufs [ø]
un travail   des travaux
un vitrail   des vitraux

ANALYSE   Certains pluriels sont irréguliers.

4. OBSERVEZ Les Cardin et les Saint-Laurent sont arrivés.

ANALYSE Les noms de famille sont toujours au singulier, sauf les noms de familles royales (les **Bourbons**).

5. OBSERVEZ Je passe **mes vacances** au bord de la mer.
Il étudie **les mathématiques (les maths).**
Elle a reçu une bague de **fiançailles.**

ANALYSE Certains mots sont toujours au pluriel.

ATTENTION! Voilà de **bonnes** gens. Ce sont des gens intéressants.
L'adjectif se met *au féminin devant* **gens** et *au masculin après*.

Exercice

A. Mettez les mots en italique au pluriel.

Après *l'examen final,* tous les étudiants avaient *un mal de tête.* Pendant *tout l'après-midi,* ils avaient étudié, mais maintenant, ils étaient libres de lire *un journal,* d'aller voir *le cheval* dans *le pré* ou de faire *un travail trivial* s'ils le désiraient. *Un festival* d'été se *préparait.* Tous les touristes qui étaient descendus dans *le nouvel hôtel chic* au centre-ville seraient présents. On avait tout nettoyé pour l'occasion. *Le beau vitrail bleu clair* de la cathédrale *brillait* au soleil. C'était le début de l'été, le début des vacances!

B. Faites la description des étudiants dans votre école, ou à votre université. Employez autant d'adjectifs que possible.

La place de l'adjectif

1. OBSERVEZ

une **belle** chemise
une **bonne** idée
une **meilleure** chambre
un **jeune** homme
une **longue** attente
une **jolie** fille

une **fausse** idée
une **mauvaise** journée
une **pire** maladie
un **vieux** vêtement
un **bref** aperçu
le **vingtième** siècle

ANALYSE Bien que la plupart des adjectifs suivent le nom qu'ils modifient, les adjectifs courants et souvent monosyllabiques se placent *devant* le nom, aussi bien que l'adjectif *ordinal:* le **premier, deuxième, troisième** jour.

2. OBSERVEZ   un manteau **bleu, rouge** ou **jaune**
un tissu **élégant**
un prix **abordable**
une ligne **droite** et une ligne **courbe**

      ANALYSE   On place après le nom les adjectifs qui expriment des qualités physi-
ques, la forme ou la couleur.

REMARQUES:

• La prose littéraire et la poésie changent souvent la place de l'adjectif pour attirer
l'attention sur la qualité.
    EXEMPLES: une **charmante** soirée, un **brûlant** enthousiasme, une **abominable**
               feuille d'érable
• Le déplacement de l'adjectif qualificatif peut exprimer une réaction affective,
une impression ou un jugement.

3.   COMPAREZ   Je l'ai vu la semaine **dernière,** l'année **dernière,** mercredi **dernier.**
mais:
sa **dernière** collection, le **dernier** jour de novembre
Nous partirons le mois **prochain** pour un pays exotique.
mais:
La **prochaine** fois, tu le regretteras!

      ANALYSE   Dans les expressions de temps, mettez **dernier** et **prochain** *après* le
nom, sauf quand il s'agit d'une série; dans ce cas, on les met *devant.*

4. COMPAREZ   Mon **pauvre** ami *(malheureux)*   mon ami **pauvre** *(sans argent)*
une **certaine** idée *(imprécise)*   une idée **certaine** *(sûre)*
cher ami *(terme d'affection)*   un hôtel **cher** *(coûteux)*
un **ancien** ami *(de longue date)*   un château **ancien** *(vieux)*
ma **propre** chambre *(à moi)*   une chambre **propre** *(nettoyée)*

    C'est la **seule** personne là. *(Il n'y en a pas d'autres.)*
Cette personne **seule** le sait. *(Les autres l'ignorent.)*
Il est très **seul.** *(Il manque d'amis.)*

      ANALYSE   *Devant* le nom, les adjectifs ci-dessus prennent un *sens figuré* et sub-
jectif, *après,* une valeur *littérale* et *objective.*

5. OBSERVEZ   une **vaste** clientèle **internationale**
mon **jeune** et **bel** ami
un **vieux** chandail **usé** et **délavé**
un **joli, petit** chemisier **bleu, rouge** et **jaune**

      ANALYSE   Quand il y a plus d'un adjectif, mettez chacun à sa place habituelle, ou
bien joignez-les par **et,** devant ou après le nom.

Exercice

A. Complétez le passage suivant en mettant les adjectifs entre parenthèses à la forme correcte et à la bonne place.

Mon amie *(cher)*,

Cette année, je passe mes vacances *(estival)* à la montagne. Tous les jours, je fais une promenade *(beau, agréable)* au bois. Ma tante et mon oncle sont adorables. Je voudrais passer une année *(long, bon, heureux)* chez ces gens. Ce midi, nous avons mangé des haricots *(vert, délicieux)* venant de leur jardin. L'après-midi, nous sommes allés voir la falaise *(grand, noir)*. Je t'envoie une photo *(joli, récent)* des pays *(vaste, exotique)*. Au-delà de la montagne *(beau, majestueux)*, un terrain *(vaste, étrange)* s'étend à perte de vue. L'année *(dernier)*, mon activité *(premier)* fut de courir dans le pré *(joli, verdoyant)* où j'ai cueilli des fleurs *(petit, multicolore)*.

Mon amie *(pauvre)!* Que fais-tu dans ta chambre *(petit, noir)* à l'université? Le conseil *(seul, important)* que j'ai à te donner, c'est de faire attention à ta santé. J'ai hâte de te retrouver la semaine *(prochain)*. Que tu aimerais cette maison *(joli, petit, blanc)* qui donne sur un parc *(grand, fleuri)* d'un côté et sur la montagne *(haut, splendide)* de l'autre. Dépêche-toi de venir!

Je t'embrasse,
Matilde

B. Faites une description du dessin humoristique ci-dessous en employant autant d'adjectifs que possible.

Le comparatif et le superlatif

LE COMPARATIF

1. OBSERVEZ

    a. La mode d'aujourd'hui est $\begin{cases} \textbf{plus} \\ \textbf{aussi} \\ \textbf{moins} \end{cases}$ **diverse qu'**autrefois.
                                                          (adjectif)

    b. Il s'habille $\begin{cases} \textbf{plus} \\ \textbf{aussi} \\ \textbf{moins} \end{cases}$ **bizarrement que** son frère.
                                              (adverbe)

    c. Il a $\begin{cases} \textbf{plus} \\ \textbf{autant} \\ \textbf{moins} \end{cases}$ **d'amis que** son frère.
                                           (nom)

  ANALYSE *Le comparatif* désigne une qualité ou quantité *supérieure, égale* ou *inférieure* à la même qualité ou quantité chez une autre personne ou dans un autre objet.
Dans la phrase *b,* le comparatif modifie un adverbe qui, à son tour, modifie le verbe.

2. OBSERVEZ Cette mode est **bien plus fantaisiste** que la dernière.
Ce roman est **de loin plus intéressant** que l'autre.
Il fait **infiniment plus chaud** ici que chez nous.
Elle était **tellement plus accueillante** que lui.

  ANALYSE Certaines expressions peuvent renforcer le comparatif de supériorité ou d'infériorité.

3. OBSERVEZ Cette voiture est **supérieure à** la mienne.
La cuisine est **inférieure à** la nôtre.

  ANALYSE Employez **à** devant le second terme de la comparaison avec **supérieur** et **inférieur.**

LE SUPERLATIF ABSOLU

  OBSERVEZ Paris est **extrêmement** intéressant. Il réunit des artistes de **très** haute qualité et **fort** célèbres. Il est **tout à fait** fascinant d'y être. C'est **de loin** la capitale la plus chic du monde.

  ANALYSE Le superlatif absolu indique le suprême degré, mais **sans comparaison.** On le met d'habitude **devant** l'adjectif. Quelquefois, on répète l'adverbe ou l'adjectif.
    EXEMPLE: Ce n'est pas très, très loin.

Exercices

A. Un Français visite les États-Unis pour la première fois. Il trouve tout plus grand, plus gros, moins bien, etc., qu'en France. En employant **plus, moins** ou **aussi** formez des phrases qui décrivent son expérience.

> MODÈLE: La cuisine française est raffinée.
> La cuisine française est plus raffinée que la cuisine américaine.

1. Les gratte-ciel sont hauts en France.
2. Les espaces sont grands aux États-Unis.
3. Les avenues en France sont larges.
4. Les voitures sont grosses aux États-Unis.
5. Les Américains sont gros.
6. En France, en général, les bâtiments sont bas.
7. Les rues sont étroites en France.
8. Il y a beaucoup de librairies aux États-Unis.
9. Les voitures ne sont pas grandes en France.
10. Les gens ne sont pas grands en France.

B. Vous êtes un francophile convaincu. Complétez les phrases suivantes en ajoutant les mots entre parenthèses.

1. La vie en France est meilleure. *(infiniment)*
2. Les femmes sont plus belles. *(tellement)*
3. La cuisine est la meilleure du monde. *(de loin)*
4. Les films sont plus intéressants. *(bien)*
5. La vie intellectuelle est active. *(extrêmement)*
6. Mais les appartements sont petits à Paris. *(fort)*
7. Le bruit à Paris est gênant. *(terriblement)*
8. La bureaucratie est ennuyeuse. *(atrocement)*

C. Faites des phrases originales qui comparent les deux éléments suggérés. Employez **plus . . . que, moins . . . que, aussi . . . que,** pour varier votre comparaison.

1. votre camarade de chambre et vous
2. un chien et un chat
3. votre mère et votre père
4. votre vie à l'université et votre vie chez vos parents
5. l'été et l'hiver
6. samedi soir et lundi matin
7. les hommes et les femmes
8. une girafe et un éléphant

D. Comparez votre vie à l'université à votre vie au lycée.

> MODÈLE: À l'université, les cours sont plus difficiles qu'au lycée et on a moins de temps.

E. Vous voulez vendre une ligne de vêtements. Faites une publicité qui contient autant de phrases comparatives et superlatives que possible.

LE SUPERLATIF RELATIF

1. OBSERVEZ   **Les plus belles** actrices s'habillent chez les couturiers de Paris. Ils n'habillent que les femmes **les plus riches** du monde.

ANALYSE   Employez l'article (**le, la, les**) ou l'adjectif possessif (**mon, ma, ton, ta,** etc.) plus le comparatif (**plus, moins**) pour former le superlatif relatif. Si l'adjectif suit le nom, **il faut répéter** l'article. Exemples: la femme **la plus** riche, **le** chandail **le plus** coûteux.
Le terme auquel on compare le nom peut être *explicite* ou *implicite*. S'il est explicite, il est précédé de la préposition **de.**

2. OBSERVEZ   François-Xavier est **le plus snob des deux.**

ANALYSE   Le français peut employer le superlatif quand il s'agit de **deux** personnes (ou choses) à comparer.

LES COMPARATIFS ET LES SUPERLATIFS IRRÉGULIERS

Adjectifs

Positif	Comparatif	Superlatif
un **bon** journal	un **meilleur** journal	le **meilleur** journal
une **mauvaise** journée	une journée **pire** (qu'hier) = une **plus mauvaise** journée[6]	la **pire** journée = la **plus mauvaise** de toutes

Adverbes irréguliers

Positif	Comparatif	Superlatif
J'écris **bien.**	Il écrit **mieux** (que moi).	Elle écrit le[7] **mieux.**
Elle danse **mal.**	Il danse **plus mal.**	Ève danse **le plus mal.**

ATTENTION!   Dans certaines locutions toutes faites, **plus mal** et **le plus mal** deviennent **pis** et **le pis.**

EXEMPLES: L'économie va **de mal en pis.**
Ça va mal maintenant, mais **il y a pis.**
Ils ont perdu leur standing; **tant pis** pour eux!
Mettons les choses au pis: on ne retrouve ni nos valises ni nos chèques. (On envisage les choses sous l'aspect le plus défavorable.)

[6]Notez que **pire** et **plus mauvais** sont synonymes.
[7]Notez que l'adverbe au superlatif emploie toujours l'article masculin, même au pluriel.

Exercices

A. Complétez le paragraphe suivant par **que, de** ou **à**, selon le cas. Attention aux contractions.

—J'ai autant _____ argent _____ toi. Alors, allons _____ les Galeries Lafayette qui est supérieur _____ autres magasins. À mon avis, c'est le magasin le plus raffiné _____ tous.

—Voici la plus belle robe _____ j'aie jamais vue! C'est la plus belle _____ toutes.

—Moi, je n'aime pas cette jupe; elle est inférieure _____ la jupe _____ tu regardes. Pourtant, elle coûte moins cher _____ l'autre. Allons voir le salon des couturiers. Leurs vêtements sont les plus raffinés _____ tous.

B. Vous recevez des publicités de divers magasins à Paris. Comparez les vêtements d'homme, les vêtements de femme, et les parfums qu'offre chaque magasin. Formez le comparatif, ensuite le superlatif, selon l'exemple.

EXEMPLE: Les complets à la Samaritaine coûtent sans doute moins cher que les complets Au Printemps, mais les complets aux Galeries Lafayette sont les plus luxueux des trois magasins.

Voici quelques adjectifs utiles: **coûteux, raffiné, beau, élégant, distingué, chic.**

Galeries Lafayette	Au Printemps	Samaritaine
complets de Saint-Laurent	complets de soie	complets en polyester
chemises de Pierre Balmain	chemises de coton	chemises de nylon
pantalons de Lacoste	pantalons de laine	pantalons en polyester
chemises de Claude Montana	vestes de nylon	vestes en polyester
jupes de Dior	jupes de laine	jupes
robes de Courrèges	robes de soirée	robes
chemisiers de Veil	chemisiers de soie	chemisiers
bas de Cardin	bas de nylon	bas
parfums de Paco Rabanne, de Ricci, de Guy Laroche	parfums de Worth, de Veil, de Versace	parfums de Coryse, de Hermès, de Chanel

Étude du lexique

Lisez à haute voix chacune des expressions suivantes, sa définition et l'exemple donné. Ensuite, donnez une réponse à chaque question en employant le mot nouveau ou l'expression nouvelle.

1. **un lieu**   un endroit, partie déterminée de l'espace

    Il faut choisir la date et le lieu pour la prochaine partie de hockey.
    Quel est votre lieu de naissance?

2. **la patinoire**   lieu destiné au patinage sur glace.

    J'ai pris mes patins et je suis allé à la patinoire où j'ai appris à patiner.
    Préférez-vous patiner à la patinoire ou sur un lac?

3. **apparaître**   devenir visible

    Tôt ou tard la vérité apparaît.
    À quel âge est-ce que les difficultés scolaires apparaissent chez un enfant
        dyslexique?

4. **quant à (moi, toi, lui,** etc.**)**   relativement à, en ce qui (me) concerne

    Quant à nous, nous avons de grands projets.
    Moi, j'aime suivre la mode. Et vous?

5. **un bâton**   long morceau de bois, baguette

    Il a déposé ses skis et ses bâtons sur la neige.
    Qu'est-ce qu'un chef d'orchestre emploie quand il dirige l'orchestre?

6. **un sifflet**   petit instrument qui sert à émettre un son aigu

    Au coup de sifflet de l'agent de police, le criminel s'est enfui.
    Aviez-vous un sifflet quand vous étiez enfant?

7. **un chandail**   gros tricot de laine couvrant le torse, pull-over

    Il porte un chandail à la mode.
    Que faut-il porter quand il fait frais?

8. **étroit(e)** (*adj.*)   qui a peu de largeur ≠ large

    Les rues sont étroites dans les villages français.
    Les vitraux d'une cathédrale sont-ils larges et bas?

9. **déchirer**   mettre en pièces

    Elle a déchiré sa robe sur un clou.
    Dans quelles circonstances déchire-t-on une lettre?

10. **emballer**   envelopper, empaqueter

    Chez nous, on emballe les cadeaux la veille de Noël.
    Comment faut-il emballer les verres de cristal?

11. **tirer** ≠ pousser

Ton chandail est froissé, tire dessus.
Quel animal tire les calèches? (voitures à quatre roues)

12. **s'approcher (de)** venir près

Elle s'est approchée du feu pour se réchauffer.
Approche-toi que je t'embrasse.
Comment s'approche-t-on d'un berceau (lit de bébé) quand le bébé dort?

13. **briser** casser

Il a brisé un miroir, ce qui cause sept ans de malheur.
Elle lui a brisé le cœur.
Quand vous étiez petit, que faisait votre mère quand vous brisiez un verre?

14. **soulagé** calmé, apaisé

Après avoir appris les bons résultats de mon examen, je me suis senti soulagé.
Quel médicament peut soulager un mal de tête?

15. **se mettre en colère** se fâcher

Quand on lui dit qu'il a tort, il se met en colère.
Quand vous mettez-vous en colère?

LIRE ET COMPRENDRE

Une Abominable Feuille d'érable sur la glace

Roch Carrier

Poète, conteur, romancier et dramaturge, Roch Carrier est né au Québec en 1937. Dans son premier roman, la Guerre, yes Sir! *(1968), puis dans* Floralie, où es-tu? *(1969), et* Il est par là le soleil *(1970), il s'attaque à la vision traditionnelle du Canadien-français et aux rapports entre la communauté francophone et la communauté anglophone. L'auteur conteste et renverse les valeurs, la tradition et la religion de la société québécoise des années 60.*

Le conte que vous allez lire vient du recueil Les Enfants du bonhomme dans la lune *(1979), pour lequel Roch Carrier a obtenu le Grand Prix littéraire de la ville de Montréal en 1980.*

En lisant ce conte, qu'est-ce qu'on apprend sur le Québec? Qu'apprend-on sur les rapports entre les francophones du Québec et les anglophones? Pourquoi le chandail est-il si important pour le narrateur? Qui est Maurice Richard?

Exercices de prélecture

A. *Prédire le contenu du passage*

En révisant le lexique précédent et l'introduction du conte *Une Abominable Feuille d'érable sur la glace,* pourriez-vous prédire le sujet du passage? Est-ce un passage de faits, d'opinion ou de fiction?

B. *Mobilisez vos connaissances*

Que représente une feuille d'érable pour le Canada? Et pour le Québec? Connaissez-vous le symbole du Québec? C'est la fleur de lys. D'où vient ce symbole? Sur la plaque d'immatriculation des voitures du Québec, on lit «Je me souviens». De quoi les Québécois se souviennent-ils?

En considérant ce que vous savez déjà sur le Québec et le Canada, donnez votre avis («d'accord» ou «pas d'accord») sur les quatre idées suivantes. Après la lecture du passage, vérifiez si vous avez raison en marquant les idées présentées dans le conte.

Votre avis avant de lire le conte	*Idées impliquées par le conte*	
_____	_____	1. L'hiver est très long au Québec.
_____	_____	2. Tout le monde parle anglais au Canada.
_____	_____	3. Le hockey sur glace est un sport très apprécié au Québec.
_____	_____	4. Les relations entre les anglophones et les francophones sont harmonieuses.

C. *Devinez le sens des mots*

Selon le contexte, la partie du discours et l'étymologie, essayez de deviner le sens des mots en italique.

1. «L'école était une sorte de *punition.* Les parents ont toujours envie de punir les enfants et l'école était leur façon la plus naturelle de nous punir.»

Quels autres mots de la phrase précédente appartiennent à la même famille que le mot *punition?* À quelle partie du discours appartient le mot *punition?* et *punir?* Pourriez-vous en deviner le sens?

2. «Nous *découpions* dans les journaux toutes les photographies de Maurice Richard.»

Quel est le radical du verbe *découper?* Selon le contexte, pourriez-vous deviner le sens du mot?

3. «Elle commença à *feuilleter* le catalogue que la compagnie Eaton nous envoyait par la poste chaque année.»

De quelle partie du discours est le mot *feuilleter*? Quel mot est contenu dans ce terme? Selon le contexte, pourriez-vous deviner le sens?

4. «Ma mère tira le chandail sur moi et s'appliqua à *aplatir* tous les plis de cette abominable feuille d'érable sur laquelle, en pleine poitrine, étaient écrits les mots Toronto Maple Leafs.»

Quelle action fait la mère du narrateur? Quel mot est déjà contenu dans le verbe *aplatir*? Sa ressemblance à un mot anglais devrait vous indiquer son sens.

5. J'espère que *l'emballage* du chandail sera mieux fait que la dernière fois.

Quel mot du lexique précédent vous indique le sens du terme en italique? A quelle partie du discours appartient-il?

Maintenant, lisez le conte et vérifiez si vos prédictions sur le contenu culturel sont correctes.

Les hivers de mon enfance étaient des saisons longues, longues. Nous vivions en trois lieux: l'école, l'église et la patinoire; mais la vraie vie était sur la patinoire. Les vrais combats se gagnaient sur la patinoire. La vraie force apparaissait sur la patinoire. Les vrais chefs se manifestaient sur la patinoire.
5 L'école était une sorte de punition. Les parents ont toujours envie de punir les enfants et l'école était leur façon la plus naturelle de nous punir. De plus, l'école était un endroit tranquille où l'on pouvait préparer les prochaines parties de hockey, dessiner les prochaines stratégies. Quant à l'église, nous trouvions là le repos de Dieu: on y oubliait l'école et l'on rêvait à la prochaine
10 partie de hockey. À travers nos rêveries, il nous arrivait de réciter une prière: c'était pour demander à Dieu de nous aider à jouer aussi bien que Maurice Richard.

Tous, nous portions le même costume que lui, ce costume rouge, blanc, bleu des Canadiens de Montréal, la meilleure équipe de hockey au monde;
15 tous, nous peignions nos cheveux à la manière de Maurice Richard et, pour les tenir en place, nous utilisions une sorte de colle, beaucoup de colle. Nous lacions nos patins à la manière de Maurice Richard, nous mettions le ruban gommé sur nos bâtons à la manière de Maurice Richard. Nous découpions dans les journaux toutes ses photographies. Vraiment nous savions tout à
20 son sujet.

Sur la glace, au coup de sifflet de l'arbitre, les deux équipes **s'élançaient** sur le disque de **caoutchouc;** nous étions cinq Maurice Richard contre cinq autres Maurice Richard à qui nous **arrachions** le disque; nous étions dix joueurs qui portions, avec le même brûlant enthousiasme, l'uniforme
25 des Canadiens de Montréal. Tous nous **arborions** au dos le très célèbre numéro 9.

se lançaient
rubber
enlevions avec force

portions ostensiblement

Maurice Richard, un des plus grands joueurs de hockey des Canadiens de Montréal, arborait au dos le très célèbre numéro 9.

Un jour, mon chandail des Canadiens de Montréal était devenu trop étroit; puis il était déchiré ici et là, **troué.** Ma mère me dit: «Avec ce vieux chandail, tu vas nous faire passer pour pauvres!» Elle **fit** ce qu'elle faisait chaque fois
30 que nous avions besoin de vêtements. Elle commença de feuilleter le catalogue que la compagnie Eaton nous envoyait par la poste chaque année. Ma mère était fière. Elle n'a jamais voulu nous habiller au magasin général; seule pouvait nous convenir la dernière mode du catalogue Eaton. Ma mère n'aimait pas les formules de commande incluses dans le catalogue; elles
35 étaient écrites en anglais et elle n'y comprenait rien. Pour commander mon chandail de hockey, elle fit ce qu'elle faisait d'habitude; elle prit son papier à lettres et elle écrivit de sa douce calligraphie d'institutrice: «Cher Monsieur Eaton, auriez-vous l'amabilité de m'envoyer un chandail de hockey des Canadiens pour mon garçon qui a dix ans et qui est un peu trop grand pour
40 son âge, et que le docteur Robitaille trouve un peu trop maigre? Je vous envoie trois **piastres** et retournez-moi le reste s'il en reste. J'espère que votre emballage va être mieux fait que la dernière fois.»
Monsieur Eaton répondit rapidement à la lettre de ma mère. Deux semaines plus tard, nous recevions le chandail. Ce jour-là, j'**eus** l'une des plus

percé de trous
faire (passé simple)

dollars

avoir (passé simple)

grandes déceptions de ma vie! Je **puis** dire que j'ai, ce jour-là, connu une   peux
très grande tristesse. Au lieu du chandail bleu, blanc, rouge des Canadiens
de Montréal, M. Eaton nous avait envoyé un chandail bleu et blanc, avec la
feuille d'érable au devant, le chandail des Maple Leafs de Toronto. J'avais
toujours porté le chandail bleu, blanc, rouge des Canadiens de Montréal;
50 tous mes amis portaient le chandail bleu, blanc, rouge; jamais, dans mon village, quelqu'un n'avait porté le chandail de Toronto, jamais on n'y avait vu un
chandail des Maple Leafs de Toronto. De plus, l'équipe de Toronto se faisait
terrasser régulièrement par les triomphants Canadiens. Les larmes aux   vaincre
yeux, je trouvai assez de force pour dire:
55   —J'porterai jamais cet uniforme-là.
        —Mon garçon, tu vas d'abord l'essayer! Si tu te fais une idée sur les cho-
ses avant de les essayer, mon garçon, tu n'iras pas loin dans la vie . . .
        Ma mère m'avait **enfoncé** sur les épaules le chandail bleu et blanc des   mis avec force
Maple Leafs de Toronto et, déjà, j'avais les bras **enfilés** dans les manches.   passés
60 Elle tira le chandail sur moi et s'appliqua à aplatir tous les plis de cette abominable feuille d'érable sur laquelle, en pleine **poitrine,** étaient écrits les   *chest*
mots Toronto Maple Leafs. Je pleurais.
        —J'pourrai jamais porter ça.
        —Pourquoi? Ce chandail-là te va bien . . . Comme un gant . . .
65   —Maurice Richard se mettrait jamais ça sur le dos . . .
        —T'es pas Maurice Richard. Puis, c'est pas ce qu'on se met sur le dos qui
compte, c'est ce qu'on se met dans la tête . . .
        —Vous me mettrez pas dans la tête de porter le chandail des Maple Leafs
de Toronto.
70   Ma mère eut un gros soupir désespéré et elle m'expliqua:
        —Si tu gardes pas ce chandail qui te fait bien, il va falloir que j'écrive à M.
Eaton pour lui expliquer que tu veux pas porter le chandail de Toronto. M.
Eaton, c'est un Anglais; il va être insulté parce que lui, il aime les Maple
Leafs de Toronto. S'il est insulté, penses-tu qu'il va nous répondre très vite?
75 Le printemps va arriver et tu auras pas joué une seule partie parce que tu
auras pas voulu porter le beau chandail bleu que tu as sur le dos.
        Je fus donc obligé de porter le chandail des Maple Leafs. Quand j'arrivai
à la patinoire avec ce chandail, tous les Maurice Richard en bleu, blanc,
rouge s'approchèrent un à un pour regarder ça. Au coup de sifflet de l'arbi-
80 tre, je partis prendre mon poste habituel. Le chef d'équipe vint me prévenir
que je ferais plutôt partie de la deuxième ligne d'attaque. Quelques minutes
plus tard, la deuxième ligne fut appelée; je sautai sur la glace. Le chandail
des Maple Leafs pesait sur mes épaules comme une montagne. Le chef
d'équipe vint me dire d'attendre; il aurait besoin de moi à la défense, plus
85 tard. À la troisième période, je n'avais pas encore joué; un des joueurs de
défense reçut un coup de bâton sur le nez, il **saignait;** je sautai sur la glace:
mon heure était venue! L'arbitre siffla: il m'infligea une punition. Il prétendait
que j'avais sauté sur la glace quand il y avait encore cinq joueurs. C'en était
trop! C'était trop injuste!

90   C'est de la persécution! C'est à cause de mon chandail bleu! Je frappai
mon bâton sur la glace si fort qu'il se brisa. Soulagé, je me penchai pour
ramasser les débris. Me relevant, je vis le jeune vicaire, en patins, devant moi:

    —Mon enfant, ce n'est pas parce que tu as un petit chandail neuf des
Maple Leafs de Toronto, au contraire des autres, que tu vas nous faire la loi.
95 Un bon jeune homme ne se met pas en colère. Enlève tes patins et va à
l'église demander pardon à Dieu.

    Avec mon chandail des Maple Leafs de Toronto, je me rendis à l'église, je
priai Dieu; je lui demandai qu'il envoie au plus vite des mites qui viendraient
dévorer mon chandail des Maple Leafs de Toronto.

Tiré de Roch Carrier, «Les enfants du bonhomme dans la lune», contes. (Montréal: Éditions
Alain Stanké, 1979).

Vérifiez votre compréhension

1. À votre avis, quel âge a le narrateur au moment où il raconte l'histoire?
2. Si Roch Carrier est né en 1937, en quelle année le conte se passe-t-il?
3. Pour le narrateur, quels étaient les trois aspects de la vie québécoise de cette époque? Quelle était l'attitude du narrateur à l'égard de chacun de ces aspects?
4. Quelle était la préoccupation majeure des jeunes garçons québécois à cette époque-là?
5. Comment la mère procède-t-elle pour acheter un chandail neuf à son fils? Pourquoi fait-elle ainsi? Comment manifeste-t-elle sa naïveté?
6. Pourquoi est-ce que le jour de l'arrivée du chandail constitue l'une des plus grandes déceptions de la vie du narrateur? Que représente la feuille d'érable? En quoi est-elle abominable?
7. Comment la mère convainc-t-elle son fils de porter le chandail de Toronto?
8. Qu'apprenez-vous sur les relations entre les Anglais et les Québécois francophones en étudiant le discours de la mère?
9. Pourquoi le chef d'équipe semble-t-il empêcher le narrateur de jouer? Comment le narrateur interprète-t-il l'attitude du chef d'équipe?
10. Pourquoi le discours du jeune vicaire est-il important pour comprendre les rapports entre les anglophones et les francophones du Québec? Que représente la feuille d'érable pour le vicaire?

Résumé

En vous appuyant sur les suggestions suivantes, faites un résumé de la nouvelle «Une Abominable Feuille d'érable sur la glace». Vous pouvez paraphraser le texte, mais ne le copiez pas.

    Essayez de résumer les idées principales de chaque paragraphe. Qu'est-ce qui était le plus important aux enfants du Québec à l'époque de la nouvelle? Qui est Maurice Richard et comment l'imitait-on? Qu'est-ce qui est arrivé un jour? Comment cet événement a-t-il affecté le narrateur? En quoi cette nouvelle illustre-t-elle les rapports entre «les Anglais» et les francophones au Québec?

EXPRESSION ÉCRITE

Avant d'écrire le brouillon de votre quatrième rédaction, révisez les instructions et les *Articulations logiques* dans *Leçons* 1, 2 et 4. Ensuite, choisissez une des questions proposées ci-dessous, et décidez si vous êtes pour ou contre l'opinion énoncée. Par la suite, étudiez les *Articulations logiques* et la section «Comment dirais-je?» qui vous donneront des indications précieuses pour la composition de votre dissertation. Puis, faites une liste des idées que vous voulez défendre, ainsi qu'une liste d'idées que vous voulez combattre. Finalement, composez votre dissertation.

Questions

1. Les vêtements jouent un rôle fondamental dans la réussite professionnelle d'une femme.
2. Les vêtements d'une personne nous en disent long sur le genre d'individu qu'elle est.
3. Suivre la mode, c'est être esclave.
4. Les parents sont incapables de comprendre le mode de vie de leurs enfants.
5. Pour être accepté chez les autres, il faut suivre leur mode de vie.
6. «Ce n'est pas ce qu'on met sur le dos qui compte, c'est ce qu'on met dans la tête.»

Articulations logiques

Pour   *Contre*

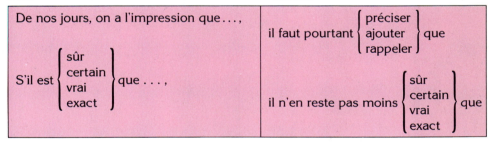

Référence   *Conclusion*

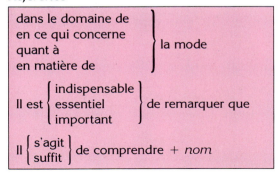

somme toute
pour terminer
par conséquent
on voit donc que

Expressions utiles

porter des vêtements
mettre un vêtement ≠ enlever, ôter un vêtement
s'habiller ≠ se déshabiller
se changer (de vêtements)
être bien ou mal habillé
un vêtement peut être trop petit, trop serré, trop grand, exactement à votre taille

Les vêtements

le complet: vêtement masculin en deux ou trois pièces assorties
la chemise et la cravate
la veste de sport, en tweed, en daim (vêtement avec manches)
un pantalon
un short
un gilet
un manteau
un imperméable
des chaussures (*f.*) de tennis, de basket, à talons, de sport, de cuir, de toile
des bottes (*f.*), des bottines (*f.*)
des sandales (*f.*)
des chaussettes (*f.*)
le tailleur: costume de femme, composé d'une veste et d'une jupe du même tissu
une robe
un chemisier (à manches longues ou courtes)
des bas (*m.*)
un collant

Les accessoires

un chapeau
une écharpe, un foulard
un mouchoir
des gants (*m.*)
un parapluie
un sac à main
une serviette
une poche
un bouton
une fermeture éclair
des boucles (*f.*) d'oreille
un collier
un bracelet
une broche
un ruban

Mise en œuvre

Sujets de discussion

1. Faites une description de la mode que vous suivez. Pourquoi l'avez-vous choisie? Vos amis suivent-ils la même mode? Avez-vous des amis qui suivent une mode différente de la vôtre? Décrivez leur mode.
2. Est-ce que les jeunes s'habillent autrement que les adultes? Pourquoi? En quoi les jeunes changent-ils de mode avec les années? Pourquoi changent-ils de mode?
3. Quels problèmes avez-vous eus avec vos parents à propos de votre mode de vie et de votre mode de penser?
4. Selon vous, pourquoi les deux sexes ont-ils tendance à s'habiller de la même façon? Pourquoi le jean est-il devenu un vêtement universel?
5. Quel rôle joue la mode dans l'attirance sexuelle? Quels vêtements vous plaisent chez une personne du sexe opposé? Pourquoi?
6. Que pensez-vous de la remarque «Ce n'est pas ce qu'on se met sur le dos qui compte, c'est ce qu'on se met dans la tête»? Êtes-vous d'accord? Pourquoi?

Mini-théâtre

1. Vous êtes dans une boutique chic où vous essayez plusieurs vêtements. Aucun ne vous plaît, mais la vendeuse essaie de vous convaincre que chaque vêtement que vous essayez vous va à la perfection.
2. Vous vous êtes habillé(e) à la mode punk, mais votre mère (père) refuse de vous permettre de sortir de la maison habillé(e) comme cela.
3. Vous voulez changer de mode. Essayez de convaincre votre mère (père) de vous aider financièrement.
4. Un(e) de vos ami(e)s ne sait pas s'habiller. Vous voulez lui donner des conseils sans le (la) blesser.
5. Vous êtes aux Galeries Lafayette à Paris et vous avez choisi un vêtement que vous voulez acheter. Pourtant, un autre client vous assure qu'il a déjà choisi ce vêtement-là et veut vous l'arracher. Vous n'êtes pas d'accord.
6. Vous faites la queue à la caisse dans un grand magasin. Une autre personne essaie de passer devant vous.

E T L ' A V E N I R ... ?

La Découverte / Le Monde

Selon vous, pourquoi certains parents sont-ils si opposés aux désirs de leurs enfants? Qui a raison dans ce dessin? Pourquoi?

Et l'avenir . . . ?

Le 1er janvier 1993 marque une date d'une grande conséquence pour l'Europe. Pour comprendre l'importance de cette date, il faut savoir certains éléments de base.

La Communauté économique européenne (C.E.E.), connue sous le nom de Marché commun, fut créée par le traité de Rome en 1957. Actuellement, elle regroupe l'Allemagne, la France, la Belgique, l'Italie, le Luxembourg, les Pays-Bas, le Danemark, la Grande-Bretagne, l'Irlande, la Grèce, l'Espagne et le Portugal («l'Europe des Douze»). La C.E.E. a comme but de réaliser la libre circulation des personnes, des marchandises et des services.

L'Acte unique européen, signé en 1985 par l'ensemble des chefs d'État de la C.E.E., organise un redressement de l'Europe dans l'intention de transformer le Marché commun en un marché uni. Toutes les mesures envisagées par cet Acte, y compris la libre circulation des capitaux, le marché intérieur, et la suppression progressive des frontières entre les pays membres, devront être achevées le 1er janvier, 1993.

Avec un marché unique, on avance vers une forme d'unification politique, ou de «supranationalité».

Il y a pourtant beaucoup de questions qui restent. On ne sait pas où l'on va dans tous les domaines, mais on y va. Quelle monnaie utilisera-t-on? Quelle langue parlera-t-on? Bien que l'accent soit mis sur l'aspect économique, est-ce que ces «États-Unis d'Europe» sont vraiment dans l'intérêt économique de la France? Certains ne le croient pas. Peut-on jamais éliminer les rapports de force?

Étude du lexique

Lisez à haute voix chaque mot ou expression, définition et question du lexique suivant. Répondez à chaque question en employant le mot nouveau ou l'expression nouvelle.

1. **la douane**   *customs*

    Quand on traverse la frontière, il faut passer à la douane.
    Quels produits faut-il déclarer à la douane?

2. **prévenir**   empêcher par ses précautions

    On a prévenu une guerre en encourageant les chefs d'État à entrer dans un dialogue.
    Comment peut-on prévenir une récession?

3. **un régime**   organisation politique, économique, sociale d'un État

    Avant la Révolution française en 1789, la France était sous l'Ancien Régime.
    Comment les régimes communistes diffèrent-ils des régimes capitalistes?

4. **s'effondrer**   tomber comme une masse, s'écrouler

    Au début des années 90, les régimes communistes se sont effondrés.
    Pourquoi le dollar américain s'est-il effondré?

5. **d'autant plus que**   encore plus que

   d'autant mieux que   encore mieux que

   La chaleur m'accable, d'autant plus qu'il fait très humide.
   Nous ferons bien nos devoirs, d'autant mieux que nous disposons d'un bon
      dictionnaire.
   Anne veut aller en France, d'autant plus que . . .
   Je dormirai bien, d'autant mieux que . . .

6. **le processus**   ensemble de phénomènes, évolution; développement

   Le processus de développement prend plus longtemps que le processus de
      décomposition.
   Que font les membres d'une société qui se trouve dans le processus d'une
      crise économique?

7. **le cours de**   suite continue d'une chose dans le temps, le déroulement, le
   développement, l'enchaînement: le cours de la vie, le cours des saisons, le
   cours des événements

   Si le Québec déclare son indépendance, le cours de l'histoire canadienne
      changera irrémédiablement.
   Aimez-vous le cours des saisons ou préférez-vous une seule saison comme
      dans les pays tropicaux?

8. **la voie**   chemin, les rails pour les trains, route; (*abstrait*) passage, façon de
   procéder

   Les pays de l'Est sont en train de chercher leur voie.
   Pourquoi faut-il utiliser un passage souterrain pour traverser la voie ferrée
      quand on est à la gare?

9. **frappant**   qui fait une vive impression, impressionnant, saisissant

   Il est frappant de constater les changements politiques des années récentes.
   Quel événement récent trouvez-vous frappant?

10. **la ruse**   art de dissimuler, de tromper; artifice, astuce, manœuvre,
    stratagème, subterfuge

    Les enfants ont souvent recours à la ruse pour obtenir ce qu'ils veulent.
    Pourquoi emploie-t-on la ruse en politique?

11. **un sondage**   enquête, recherche dans une population en vue de déterminer
    les opinions sur une question donnée

    Les sondages de l'Institut de la statistique et des études économiques
       (I.N.S.E.E.) sont très populaires en France.
    Pourquoi les politiciens emploient-ils des sondages?

12. **la gestion**   direction, administration, organisation

L' Europe en 1993 aura peut-être une gestion supranationale de la défense.
Pour quel rôle dans la société est-ce que l'étude de la gestion nous prépare?

13. **une tâche**   travail, devoir

Quand elle était enfant, tout le monde avait sa tâche à faire à la maison.
Quelles tâches avez-vous à faire aujourd'hui?

14. **épargner**   conserver une somme d'argent, économiser

Nous avons épargné une somme d'argent pour nos vieux jours.
Quel pourcentage de votre argent épargnez-vous et quel pourcentage dépen-
sez-vous?

15. **à l'égard de**   pour ce qui concerne, envers; relativement à

Certains étudiants sont indifférents à l'égard de la politique.
Sentez-vous de la sympathie, de l'indifférence ou de l'hostilité à l'égard des
Européens?

LIRE ET COMPRENDRE

Exercices de prélecture

A.   *Prédire le contenu du passage*

D'après le titre de la leçon, l'introduction, et le titre de l'article suivant, de quoi s'agit-
il dans ce passage? Est-ce un article de faits, d'opinion ou de fiction?

B.   *Trouvez les idées principales*

En lisant la phrase d'introduction à l'avant-dernière paragraphe, qu'apprenez-vous de
plus sur la matière de l'article? En lisant chaque paragraphe, essayez de dégager
l'idée principale.

C.   *Mobilisez vos connaissances*

Que savez-vous déjà sur le Marché commun? Qu'est-ce que la C.E.E.? Qui sont les
membres? Quels sont les buts de cette organisation? Qu'est-ce que l'O.T.A.N.? Quels
sont ses buts? Qui sont les membres? Quelle est l'importance du 1er janvier 1993?

Europe: de la volonté à la nécessité

Jean-Claude Casanova

[. . .]

La politique suivie en Europe, à la fin des années 40, par les États-Unis et par la France et l'Allemagne—disons, pour choisir les figures les plus emblématiques, **celle** qui était menée par le président Truman et le général   la politique
5 Marshall d'un côté, et par Robert Schuman et Konrad Adenauer de l'autre— reposait sur trois idées. Assurer la sécurité grâce à l'Otan,[1] au réarmement de l'Allemagne et à la présence sur notre continent de troupes convention- nelles et d'armes nucléaires américaines. Favoriser le **redressement** écono-   relèvement
mique par la convertibilité des monnaies, le libre-échange,[2] le capitalisme et
10 l'instauration du marché unique. Prévenir la discorde entre nations, cause des guerres précédentes, par un **embryon** d'unité politique. Ainsi protégés   germe, commencement
de la menace soviétique, les Européens n'avaient plus qu'à attendre que le temps fasse son œuvre et que les régimes communistes s'effondrent.

On ne peut juger en Histoire que quand on connaît les conséquences. Ce
15 qui se produit à l'Est et en Europe centrale permet aujourd'hui d'affirmer, avec tranquillité, que cette politique a réussi. Ceux qui l'ont appliquée et défendue ont eu raison de le faire. En revanche, ceux qui ont tenté de s'op- poser à la présence américaine, depuis le général Ridgway jusqu'aux mis- siles Pershing, qui ont réclamé la dissolution de l'Otan ou affaibli son
20 **dispositif** militaire, qui ont voté contre les traités européens, aussi bien con-   ensemble, mécanisme
tre le pacte **charbon-acier** que contre l'Acte unique, ceux qui ont douté que,   *carbon-steel*
par le triple effet de la démocratie, du marché et de l'intégration communau- taire, l'Europe pourrait **recouvrer** la paix et la prospérité, ceux-là se sont   retrouver
entièrement trompés.

25 D'autant plus trompés que le processus de décomposition et de réforme auquel nous assistons à l'Est a pour origine directe, d'un côté, le succès économique du Marché commun et du monde transatlantique et, de l'autre, la fermeté politique des puissances occidentales (notamment grâce au pré- sident Reagan) en matière d'armements. Le cours de l'Histoire aurait été dif-
30 férent si l'on avait écouté les neutralistes, les pacifistes, les anti-atlantistes, les anti-européens, les protectionnistes et les sectateurs de la planification nationale et de la troisième voie, qui ont illustré la vie politique française, **tant** à droite qu'à gauche, entre 1947 et les années 80.   aussi bien

---

[1] L'Otan est l'Organisation du Traité de l'Atlantique Nord. «Organisation fondée le 4 avril 1949 à Washington, grou- pant la Belgique, le Canada, le Danemark, les États-Unis, la France, la Grande-Bretagne, l'Islande, l'Italie, le Luxem- bourg, la Norvège, les Pays-Bas et le Portugal; elle fut étendue à la Grèce et à la Turquie (1952), puis à la République fédérale allemande (1955). L'Otan a pour but de «sauvegarder la paix et la sécurité et de développer la stabilité et le bien-être dans la région de l'Atlantique Nord».» (*Petit Robert II*) La France s'est retirée de l'Otan en 1966; la Grèce, en 1974; l'Espagne y est entrée en 1982.

[2] Le libre-échange a pour but la libre circulation des marchandises.

L'édifice abritant le siège de la Communauté économique européenne (C.E.E.) se trouve à Bruxelles.

Il est **d'ailleurs** frappant de voir combien les peuples européens devien-

35 nent aujourd'hui conscients de ce succès. Leur adhésion à la cause de l'unité fait ressortir que ce qui avait été voulu par quelques hommes, parfois contraints de ruser avec l'opinion publique et les parlements, est admis aujourd'hui par la majorité. Le dernier Eurobaromètre, sondage conduit à l'échelle européenne, **à partir de** questions régulièrement posées, par la Commission

40 de Bruxelles, montre que jamais les Européens (et parmi eux les Français) n'ont été si favorables à l'unité politique de l'Europe. Sur 100 de nos compatriotes interrogés, 58 se prononcent en faveur de la création rapide d'un gouvernement européen responsable devant le Parlement de Strasbourg, 17 y restent opposés et 25 n'expriment pas d'opinion (pour l'ensemble de la

45 Communauté, les chiffres sont respectivement de 54, 20 et 26%). Parallèlement, 78% des Européens approuvent la réunification allemande et une large majorité souhaite que la politique étrangère entre **désormais** dans les compétences communautaires. Avec une grande sagesse, les Français se prononcent pour une défense européenne et préfèrent conserver une ges-

50 tion nationale de l'enseignement.

[. . .]

En poussant les feux de l'unification européenne au sommet de Dublin, les gouvernements des Douze obéissent à une nécessité.

55 Pour aider demain, et accueillir après-demain, les nouvelles démocraties d'Europe centrale, il faut qu'il existe de notre côté un ensemble intégré capable de parler d'une seule voix. Si l'effondrement du communisme **se poursuit,** une triple tâche nous attend, que nous remplirons d'autant mieux que

d'autre part

basé sur des

à l'avenir

continue

60 l'Europe progressera: transférer massivement de l'épargne vers l'Est, constituer un pôle de défense à l'Ouest pour se préserver des turbulences et compenser l'inévitable retrait américain, offrir un modèle fédéral à l'empire
soviétique en déclin. Entre l'Europe et les États-Unis, un nouveau type de
relations devient nécessaire pour redéfinir les rôles au sein de l'Otan. Et chacun voit bien qu'une Europe élargie, émancipée et enrichie doit inventer, à
65 l'égard de son allié et ancien protecteur d'outre-Atlantique, une forme de
relation politique entre égaux qui postule une plus grande unité de notre
côté. Enfin, puisque l'on peut maintenant juger du triomphe du chancelier
Kohl, les Européens, et particulièrement les Français, savent qu'ils ont désormais le choix entre une Allemagne autonome, hégémonique et incertaine,
70 et une Allemagne intégrée, au sein d'une Europe puissante et certaine.

Certes, comme il y a quarante ans, nous restons libres de choisir. Mais
l'issue est si évidente aujourd'hui que l'on peut dire que notre liberté n'est   *outcome*
que la conscience de la nécessité.

Extrait de *l'Express,* 13 juillet 1990

Vérifiez votre compréhension

A. Complétez les phrases suivantes en consultant l'article «Europe: de la volonté à la nécessité».

1. Les figures les plus emblématiques de la politique européenne de l'après-guerre étaient . . .
2. Les trois idées essentielles de la politique menée par le président Truman et le général Marshall d'un côté, et par le Français Robert Schuman et l'Allemand Konrad Adenauer de l'autre étaient les suivantes: . . .
3. Le but de l'Otan est de . . .
4. L'Otan protégeait les Européens de . . .
5. Les ennemis de la politique suivie en Europe, à la fin des années 40, se sont opposés à . . .
6. Le processus de décomposition et de réforme des pays de l'Est a pour origine directe . . .
7. Les pacifistes se sont opposés aux . . .
8. Le dernier sondage sur l'unité politique de l'Europe montre que . . .

B. Répondez aux questions suivantes.

1. Quelle était l'opinion de la plupart des Européens interrogés dans le sondage sur la réunification allemande?
2. Selon l'article, comment peut-on aider les nouvelles démocraties d'Europe centrale?

3. Quelle est la triple tâche qui nous attend si l'effondrement du communisme se poursuit?
4. En quoi consiste le nouveau type de relations entre l'Europe et les États-Unis que Casanova expose?
5. Qui est Helmut Kohl?
6. Selon l'auteur, quelle sorte d'Allemagne la France devrait-elle choisir?

À votre avis

Préparez les questions suivantes avec un ou deux camarades pour en discuter en classe.

1. L'avenir est toujours plein d'inconnus. À votre avis, pourquoi beaucoup de Français considèrent-ils les mutations technologiques actuelles et à venir comme des menaces? Pourquoi les jeunes ne les considèrent-ils pas de la même façon? Que pensaient vos grands-parents de la télévision? Et vos parents? En raison de la technologie, comment votre vie diffère-t-elle de celle de vos grands-parents?
2. En quoi les progrès de la génétique sont-ils effrayants? Quels problèmes éthiques pourriez-vous imaginer? Qu'est-ce que c'est que la «bioéthique»? Quels problèmes peuvent se poser dans le domaine de l'insémination artificielle et la fécondation in vitro? Ce sont des techniques de plus en plus populaires. Comment expliqueriez-vous à un enfant qu'il est un bébé-éprouvette?
3. Comment les ordinateurs menacent-ils nos libertés? Quels détails de notre vie sont devenus publics en raison des ordinateurs? (Pensez aux questionnaires, aux formulaires, aux demandes que vous et vos parents ont remplis depuis quelques années.)
4. Avec un camarade de classe, inventez un nouvel instrument technologique. Donnez-lui un nom qui indique son fonctionnement. Ensuite, vous expliquerez devant la classe la raison d'être de votre engin et son fonctionnement.
5. Les étudiants des grandes écoles en France ont jugé les entreprises. Ils ont établi une liste des entreprises qu'ils considèrent comme les plus importantes. (Voir p. 162.) Comment expliquer le fait que, dans le classement, l'entreprise française la plus prestigieuse, qui est Aérospatiale, n'est mise qu'à la 20e place par les étudiants français? Jean-Michel Carlo, Président-directeur général de Young et Rubicam France-Régional, pense que c'est un problème de communication aussi bien que le fait que «la France a une image qui n'est pas à la hauteur de ses performances économiques.» Quel

classement feriez-vous des grandes entreprises et quels sont les critères que vous utiliseriez?

Les européennes

1.	IBM	24.	Phillips
2.	Mercedes-Benz	—	Shell
3.	Sony	26.	BSN
4.	BMW	27.	Adidas
5.	Unilever	28.	Canal +
6.	Siemens	—	L'Oréal
7.	Hewlett Packard	30.	Club Méditerranée
8.	Arthur Andersen	—	Compaq
9.	ICI	32.	Alcatel NV
10.	Nestlé	33.	Ford
11.	Benetton	—	Air France
—	Bayer	—	Rhône-Poulenc
13.	American Express	—	Schlumberger
—	Fiat	37.	Michelin
15.	Procter & Gamble	—	Volvo
16.	Airbus Industrie	39.	SNCF
17.	Apple	—	Hoechst
18.	Honda	—	Kodak
—	McKinsey	42.	Bouygues
20.	Aérospatiale	—	Banque Indosuez
21.	VAG	—	PSA
22.	Lloyd	—	Bic
—	BP		

Le Point, numéro 925, 11 juin 1990

Petit écrit

Écrivez une page sur la question numéro 1, 2 ou 3.

GRAMMAIRE

L'emploi et la formation du futur simple et du futur antérieur

1. OBSERVEZ Le 1er janvier 1993 **sera** une date importante pour l'Europe.
Mais, quelle langue **parlera**-t-on? Et quelle monnaie **utilisera**-t-on?
Si l'Organisation des Nations unies reste forte, le monde **aura** moins de problèmes.

ANALYSE Le *futur simple* marque des actions qui ne sont *pas encore réalisées* au moment où l'on parle. Vous vous souviendrez qu'avec une hypothèse simple, on emploie *le futur* dans la proposition indépendante et *le présent* dans la proposition subordonnée.

2. OBSERVEZ Pour demain, vous **écrirez** sur le Marché commun.
Tu **auras** soin de fermer l'imprimante et la polycopieuse avant de quitter le bureau, s'il te plaît.

ANALYSE Le *futur simple* s'emploie aussi pour atténuer la valeur trop absolue d'un *impératif.*

3. OBSERVEZ **Dès que** les régimes communistes **s'effondreront** entièrement, les capitalistes **arriveront** en force.
Lorsque tu **apprendras** à te servir d'un ordinateur, **dis**-le-moi.
Quand j'en **aurai** le temps, j'**étudierai** la gestion.
Ce **sera** le début d'une récession **aussitôt que** les usines **commenceront** à renvoyer leurs ouvriers.

ANALYSE S'il s'agit d'une *action future,* employez le *futur simple* après les conjonctions **quand, lorsque, aussitôt que, dès que.** Le verbe de la proposition indépendante peut être au futur ou à l'impératif.

4. OBSERVEZ Il **va falloir** prendre une décision relative aux déchets nucléaires.
La destruction de la couche d'ozone **va entraîner** un réchauffement de l'atmosphère.
Nous **allons étudier** les effets des déchets toxiques sur les animaux marins.

ANALYSE *Le futur proche* rattache le moment du discours (l'instant où l'on parle) au futur. Il peut aussi marquer une intention (3e exemple: Nous **avons l'intention** de faire cette étude.).

5. OBSERVEZ Quand j'**aurai fini** mon travail, je serai bien fatigué.
Dans quelques mois, il **aura fini** son étude sur la radioactivité.
À midi, nous **aurons passé** notre examen, alors nous irons déjeuner.

ANALYSE *Le futur antérieur* marque une action future, antérieure à (avant) une autre action future. En emploi absolu (2e exemple), il marque un fait futur qui sera *accompli* à un moment déterminé du futur.

Quand j'aurai fini mon travail, je serai bien fatigué.

PRÉSENT   FUTUR ANTÉRIEUR   FUTUR

moment du discours

ligne du temps

la fin de mon travail   ma fatigue

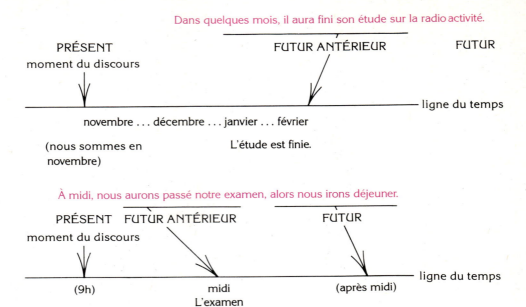

PRÉSENT

moment du discours

Dans quelques mois, il aura fini son étude sur la radio activité.

FUTUR ANTÉRIEUR   FUTUR

ligne du temps

novembre . . . décembre . . . janvier . . . février

(nous sommes en novembre)

L'étude est finie.

À midi, nous aurons passé notre examen, alors nous irons déjeuner.

PRÉSENT   FUTUR ANTÉRIEUR   FUTUR

moment du discours

ligne du temps

(9h)   midi   (après midi)

L'examen est fini.

LE FUTUR SIMPLE DES VERBES RÉGULIERS

Terminaisons	pleurer	partir	répondre[3]
-ai	je pleurerai	je partirai	je répondrai
-as	tu pleureras	tu partiras	tu répondras
-a	il pleurera	il partira	il répondra
-ons	nous pleurerons	nous partirons	nous répondrons
-ez	vous pleurerez	vous partirez	vous répondrez
-ont	ils pleureront	ils partiront	ils répondront

Ajoutez les terminaisons du futur, qui viennent du présent du verbe **avoir,** à l'infinitif du verbe.

LE FUTUR DES VERBES IRRÉGULIERS

aller	j'irai	courir	je courrai	devoir	je devrai
avoir	j'aurai	mourir	je mourrai	recevoir	je recevrai
savoir	je saurai	pouvoir	je pourrai	tenir	je tiendrai
être	je serai	envoyer	j'enverrai	venir	je viendrai
faire	je ferai	voir	je verrai	vouloir	je voudrai

[3]Notez que le **e** final disparaît dans les verbes de la 3ᵉ conjugaison au futur.

LES VERBES IMPERSONNELS

falloir	il faudra
valoir	il vaudra
pleuvoir	il pleuvra

VERBES AYANT DES CHANGEMENTS ORTHOGRAPHIQUES AU FUTUR

1. OBSERVEZ

j'achèterai	nous achèterons
tu achèteras	vous achèterez
il achètera	elles achèteront

ANALYSE Les verbes qui se terminent en **e** + *consonne* + **e muet** (**acheter, amener, emmener, geler, lever, mener, peser,** etc.) ont un accent grave au futur.

2. OBSERVEZ

j'appellerai	nous appellerons
tu appelleras	vous appellerez
elle appellera	ils appelleront

ANALYSE La plupart des verbes en **-eter** et en **-eler** (**appeler, épeler, jeter, rejeter, épousseter,** etc.) redoublent la consonne au futur. (**Acheter et geler** font exception.)

3. OBSERVEZ j'emploierai, il noiera, tu essuieras
je paierai *ou* je payerai
il essaiera *ou* il essayera

ANALYSE Pour les verbes en **-oyer** ou **-uyer,** le **y** devient **i** au futur. Avec les verbes qui se terminent en **-ayer,** ce changement est facultatif au futur, comme au présent.

LE FUTUR ANTÉRIEUR

aimer	**sortir**
j'aurai aimé	je serai sorti(e)
tu auras aimé	tu seras sorti(e)
il aura aimé	il sera sorti
elle aura aimé	elle sera sortie
nous aurons aimé	nous serons sorti(e)s
vous aurez aimé	vous serez sorti(e)(s)
ils auront aimé	ils seront sortis
elles auront aimé	elles seront sorties

Pour former le futur antérieur, employez le futur du verbe auxiliaire, **avoir** ou **être** selon le cas, et le participe passé. N'oubliez pas de faire l'accord entre le sujet et le participe passé des verbes conjugués avec **être** (revoir *Leçon 3* si nécessaire). Toutes les règles qui se rapportent aux temps composés s'appliquent ici.

EXEMPLES: Ne sera-t-elle pas sortie à 17h? Non, elle ne sera pas sortie.
Ne les auras-tu pas vus avant demain? Si, je les aurai vus.
Se seront-elles lavées avant l'arrivée de maman? Bien sûr!

Exercices

A. Quand vous aurez 70 ans, vous aurez beaucoup accompli dans la vie. Mettez les verbes entre parenthèses au futur antérieur. Référez-vous à *l'Appendice D* pour les verbes irréguliers que vous ne connaissez pas.

Quand j'aurai 70 ans, je _____ (faire) le tour du monde. Je _____ (aller) en Europe plusieurs fois. Je _____ (visiter) les pays de l'Est. Je _____ (voir) comment vivent les Esquimaux au Labrador et je _____ (observer) les pingouins en Antarctique. Mon époux (épouse) et moi, nous _____ (prendre) notre retraite à 60 ans afin de profiter de la vie au maximum. Nous _____ (monter) au sommet du mont Blanc et nous _____ (descendre) au fond de la mer. Nous _____ (étudier) la philosophie et les religions et nous _____ (atteindre) la sagesse.

B. Vous donnez des instructions à un voisin qui s'occupera de votre appartement pendant votre absence. Atténuez la valeur trop absolue de l'impératif en employant le futur.

MODÈLE: N'oubliez pas de fermer les fenêtres.
Vous n'oublierez pas de fermer les fenêtres, s'il vous plaît.

1. Arrosez les plantes deux fois par semaine.
2. Mettez le courrier sur la table dans la salle à manger.
3. Ne répondez pas au téléphone.
4. Payez les factures que j'ai indiquées.
5. Donnez à manger aux chats deux fois par jour.
6. Nettoyez leur litière tous les deux jours.
7. Essuyez les meubles une fois par semaine.
8. Ne laissez jamais la clef sous le paillasson en sortant.
9. Envoyez-moi un mot la semaine prochaine.
10. Téléphonez-moi s'il y a un problème.

C. Complétez le paragraphe suivant en employant le futur, le futur antérieur, le futur proche ou le présent, selon le cas.

Quand nous _____ (aller) en France, nous _____ (visiter) Paris. Dès que nos amis _____ (arriver), nous _____ (quitter) Paris et nous _____ (prendre) le T.G.V. (le train à grande vitesse) pour le Périgord. Lorsqu'il _____ (faire) nuit, nous y _____ (être). Aussitôt que nous _____ (arriver), nous _____ (manger) au restaurant. S'il _____ (faire) beau, nous _____ (dîner) en plein air. Si le Tourne-piche _____ (être) ouvert, nous _____ (aller) là-bas. Si nous _____ (avoir) assez d'argent, nous _____ (visiter) Bordeaux aussi.

Aussitôt que je _____ (lire) le Guide Michelin, je te le _____ (passer). Dès que tu _____ (finir) la section sur le Périgord, tu me le _____ (rendre), s'il te plaît. Si nous _____ (aller) à tous les bons restaurants, nous _____ (dépenser) tout notre argent avant la fin du voyage, alors il _____ (falloir) faire attention.

D. Vous allez chez une diseuse de bonne aventure. Elle regarde dans sa boule de cristal et voit votre avenir. Mettez les verbes entre parenthèses au futur.

La semaine prochaine, un ami québécois vous _____ (envoyer) une lettre d'invitation. Vous _____ (recevoir) la lettre le matin et vous y _____ (répondre) le soir. Vous _____ (aller) le voir peu après. Vous _____ (arriver) à Montréal et votre ami _____ (venir) vous chercher à l'aéroport. Il vous _____ (ramener) chez lui à Trois-Rivières. Il _____ (donner) une réception en votre honneur et _____ (inviter) beaucoup de monde. Vous _____ (faire) la connaissance de ses parents et de ses amis. À la réception, vous _____ (rencontrer) une personne mystérieuse et belle. Vous _____ (avoir) tout de suite envie de lui parler et vous _____ (savoir) qu'elle a la même envie. Elle _____ (être) habillée de façon élégante. Vous l' _____ (entretenir) de vos affaires pendant quelques minutes et elle vous _____ (demander) de la raccompagner. Cette personne vous _____ (révéler) un grand secret sur la vie, un secret que vous _____ (comprendre). Il _____ (falloir) la quitter avant minuit et vous _____ (partir) dans une tempête de neige.

E. Imaginez que vous êtes la diseuse de bonne aventure. Continuez sa prédiction.

F. Choisissez un(e) camarade de classe et faites une prédiction pour lui/elle.

L'emploi et la formation du conditionnel et du conditionnel passé

1. OBSERVEZ L'Allemagne **pourrait** devenir le pays le plus puissant de l'Europe.

La France **aurait** moins peur de l'Allemagne, si l'économie française était en meilleur état.

Si vous aviez un bébé-éprouvette, vous **auriez** des difficultés à lui expliquer ses origines.

ANALYSE Le *conditionnel* présente un fait possible ou hypothétique qui dépend d'une condition *exprimée* ou *sous-entendue* par **si**. Quand la proposition conditionnelle exprime un fait futur considéré comme possible, la proposition principale se met *au conditionnel* présent, la subordonnée *à l'imparfait* (voir *Leçon 3*).

2. OBSERVEZ — Je **voudrais** te parler de la technologie.
Pourriez-vous m'aider?
Nous vous **assisterions** volontiers.

ANALYSE — Pour atténuer une affirmation avec **vouloir, pouvoir, savoir** ou avec d'autres verbes en ajoutant **volontiers,** on emploie le conditionnel.

3. OBSERVEZ — Ils ont déclaré que l'Europe **serait** plus forte à partir de 1993.
Il savait que le progrès technique **bouleverserait** la vie quotidienne.

ANALYSE — Le conditionnel est employé comme *futur du passé* dans le discours indirect.

COMPAREZ: Ils **déclarent** que l'Europe **sera** plus forte à partir de 1993.
Il **sait** que le progrès technique **bouleversera** la vie quotidienne.

4. OBSERVEZ — Si le Québec *avait* déjà *déclaré* son indépendance, il **ferait** actuellement partie de l'Organisation des Nations unies.
Le cours de l'Histoire **aurait été** différent, si l'on *avait écouté* les neutralistes.

ANALYSE — Après **si** marquant un *fait irréel* (contraire à la réalité) *dans le passé,* la subordonnée se met au plus-que-parfait, la principale au conditionnel présent ou au conditionnel passé, selon le sens de la phrase.

REMARQUE: Consultez *Leçon 3, Précis des phrases hypothétiques,* p. 73, pour un résumé des propositions de condition introduites par **si.**

LA FORMATION DU CONDITIONNEL

Prenez *le futur* de l'indicatif et changez les terminaisons à l'imparfait. Il n'y a pas d'exceptions à cette règle.

Futur	*Conditionnel*
je danser**ai**	je danser**ais**
tu choisir**as**	tu choisir**ais**
il choisir**a**	il choisir**ait**
nous rendr**ons**	nous rendr**ions**
vous ser**ez**	vous ser**iez**
ils aur**ont**	ils aur**aient**

LA FORMATION DU CONDITIONNEL PASSÉ

Le conditionnel passé est composé du conditionnel présent du verbe auxiliaire **avoir** ou **être** plus le participe passé. Toutes les règles qui s'appliquent aux temps composés s'appliquent au conditionnel passé.

EXEMPLES: j'aurais mangé, il serait allé, nous nous serions amusés, vous ne me l'auriez pas dit

Exercices

A. Complétez les paragraphes suivants en mettant les verbes au futur, au futur antérieur, au conditionnel ou au conditionnel passé, selon le cas.

Le 1ᵉʳ janvier 1993 _____ (marquer) une date importante pour l'Europe car les mesures de l'Acte unique européen _____ (devoir) être achevées. Les frontières non-tarifaires _____ (être) supprimées et les personnes, les marchandises et les capitaux _____ (pouvoir) circuler librement. Certaines de ces dispositions _____ (être) mises en œuvre avant 1993. Pourtant, on ne sait toujours pas quelle monnaie on _____ (employer) ni quelle langue on _____ (parler). Qui _____ (prendre) les décisions pour la France? Est-ce que la souveraineté française _____ (disparaître)? Certains _____ (vouloir) savoir quels pouvoirs la France _____ (conserver). Si l'on décidait d'utiliser une seule monnaie, les francs français _____ -ils (cesser) d'exister? Et si l'allemand commençait à dominer l'Europe, le français _____ -il (perdre) son importance? La culture française _____ -elle (commencer) à disparaître? Le processus de l'effondrement national _____ -il (être) inévitable? Et qui _____ (gérer) la «supranationalité», l'Allemagne?

Si le communisme avait réussi, le cours de l'Histoire _____ (être) entièrement différent. _____ -nous (pouvoir) prévenir la domination allemande de l'Europe?

B. Votre ami(e) vous raconte ses projets et ses rêves. Le lendemain, vous les racontez à une autre personne. Employez le discours indirect (voir *Observez, numéro 3*, p. 168). Commencez par «Il a dit que . . . »

Je suivrai des cours de biologie, de physique et de maths. Je deviendrai un scientifique. Je ferai des expériences et je me consacrerai à la recherche médicale. Ensuite, je découvrirai des choses étonnantes qu'on publiera dans des journaux scientifiques. Après des années de recherche et de découvertes, je gagnerai le prix Nobel!

C. Répondez aux questions suivantes.

1. Que feriez-vous si vous aviez trois mois à vivre?
2. Que diraient vos parents si vous vouliez aller en Europe?
3. Qu'est-ce que vous auriez fait, s'il n'y avait pas eu de cours aujourd'hui?

4. Qu'est-ce que vous auriez répondu, si vos parents vous avaient dit que vous étiez un bébé-éprouvette?
5. Que feriez-vous si vous découvriez que vous habitez à côté d'un terrain de déchets nucléaires?
6. Quand vous aurez reçu votre diplôme, que ferez-vous?
7. Si vous étiez millionnaire, que feriez-vous dans la vie?

D. Employez le conditionnel présent ou passé, selon le cas. Consultez *Leçon 3* pour une révision des propositions avec **si**: *Précis des phrases hypothétiques.*

E. Mettez-vous deux par deux et posez-vous des questions sur l'avenir de notre planète. Essayez d'imaginer comment nous vivrons au 21ᵉ siècle et quels seront les problèmes. Que mangerons-nous? Que porterons-nous?

F. Avec un camarade, inventez un avenir idéal pour la planète. EXEMPLE: Dans un monde idéal, les enfants ne mourraient pas de faim.

L'emploi et la formation du passé simple (passé défini)

1. OBSERVEZ La C.E.E. **fut** créée en 1957. Initialement, elle **regroupa** six pays. Elle **fut** étendue à six autres pays par la suite. Après la signature des accords de Paris de 1954 qui **permirent** l'entrée de la R.F.A. (République fédérale allemande) dans l'Otan, les États socialistes **signèrent** à Varsovie un pacte de défense réciproque en 1955.
Il **se leva** et **marcha** vers une fenêtre. Il **alluma** une cigarette et **s'installa** dans un fauteuil.

ANALYSE Le passé simple (passé défini), presque totalement disparu de la langue parlée, exprime un fait *achevé* (comme le passé composé dans la langue parlée), *mais* sans considération de la relation que ce fait *ou* ses conséquences peuvent avoir sur le moment où l'on parle. Il s'emploie dans les romans, dans les récits historiques et biographiques, dans les contes de fées, etc.

2. OBSERVEZ Louis XIV **régna** pendant soixante-douze ans, de 1643 à 1715. Des visiteurs **passèrent** souvent voir le Roi manger.

ANALYSE Lorsque le passé simple marque un fait qui a duré ou qui se répète, il est ordinairement accompagné d'une expression de temps comme **pendant longtemps, pendant des années, bien des fois, souvent,** etc. Voir *Leçon 3*, p. 64 pour le passé composé qui s'emploie de la même façon.

REMARQUE: Comme le passé simple figure principalement dans la langue écrite, il suffit de le reconnaître. Les formes sont souvent basées sur le participe passé du verbe: il a **eu**, il **eut**; il a **mis**, il **mit**, etc.

TABLEAU DES VERBES RÉGULIERS AU PASSÉ SIMPLE

Verbes en -er

Pour les verbes en **-er,** ajoutez au radical les terminaisons suivantes:

arriver

-ai	-âmes	j'arriv**ai**	nous arriv**âmes**
-as	-âtes	tu arriv**as**	vous arriv**âtes**
-a	-èrent	il (elle) arriv**a**	ils (elles) arriv**èrent**

Verbes en -ir *et en* -re

Pour les verbes en **-ir** et en **-re,** ajoutez au radical:

réussir

-is	-îmes	je réuss**is**	nous réuss**îmes**
-is	-îtes	tu réuss**is**	vous réuss**îtes**
-it	-irent	il (elle) réuss**it**	ils (elles) réuss**irent**

attendre

j'attend**is**	nous attend**îmes**
tu attend**is**	vous attend**îtes**
il (elle) attend**it**	ils (elles) attend**irent**

TABLEAU DES VERBES IRRÉGULIERS AU PASSÉ SIMPLE[4]

Verbes dont les terminaisons sont **-is, -is, -it, -îmes, -îtes, -irent:**

s'asseoir	il s'assit	ils s'assirent
faire	il fit	ils firent
mettre	il mit	ils mirent
prendre	il prit	ils prirent
rire	il rit	ils rirent
acquérir	il acquit	ils acquirent
conquérir	il conquit	ils conquirent
convaincre	il convainquit	ils convainquirent
naître	il naquit	ils naquirent
vaincre	il vainquit	ils vainquirent

Verbes dont les terminaisons sont **-us, -us, -ut, -ûmes, -ûtes, -urent:**

avoir	il eut	ils eurent
être	il fut	ils furent
boire	il but	ils burent
conclure	il conclut	ils conclurent
connaître	il connut	ils connurent

[4]Pour la conjugaison complète, référez-vous à *l'Appendice D.*

croire	il crut	ils crurent
devoir	il dut	ils durent
falloir	il fallut *(verbe impersonnel)*	
lire	il lut	ils lurent
mourir	il mourut	ils moururent
plaire	il plut	ils plurent
pleuvoir	il plut *(verbe impersonnel)*	
résoudre	il résolut	ils résolurent
savoir	il sut	ils surent
valoir	il valut	ils valurent
vivre	il vécut	ils vécurent
vouloir	il voulut	ils voulurent

Verbes dont le radical vient de la première personne du pluriel:

	Présent	*Passé simple*	
écrire	nous **écriv**ons	il écrivit	ils écrivirent
conduire	nous **conduis**ons	il conduisit	ils conduisirent
atteindre	nous **atteign**ons	il atteignit	ils atteignirent
craindre	nous **craign**ons	il craignit	ils craignirent
feindre	nous **feign**ons	il feignit	ils feignirent
peindre	nous **peign**ons	il peignit	ils peignirent
plaindre	nous **plaign**ons	il plaignit	ils plaignirent

Verbes dont les terminaisons sont **-ins, -ins, -int, -îmes, -întes, -inrent:**

contenir	il contint	ils continrent
devenir	il devint	ils devinrent
retenir	il retint	ils retinrent
revenir	il revint	ils revinrent
tenir	il tint	ils tinrent
venir	il vint	ils vinrent

Exercice

Exprimez les idées suivantes dans le style de la conversation, à savoir le passé composé. Faites attention au choix de l'auxiliaire, à l'accord du participe passé et à la place des pronoms et de la négation.

1. Il fut bien fier.
2. Ils eurent tort.
3. Vous sûtes la vérité.
4. Je la vis à 20h.
5. Nous vînmes tout de suite.
6. Je vins le voir.
7. Il les vainquit.
8. Elle les mit de côté.
9. Nous les comprîmes.
10. Ils ne la prirent pas.
11. Nous rîmes aux éclats.
12. Elles ne dirent rien.
13. Ils ne la reçurent pas.
14. Ils les voulurent.
15. Vous la vendîtes.
16. Vous ne les vîtes pas.

17. Ils mirent leurs manteaux.
18. Ils les aimèrent.
19. Elles la firent.
20. Nous fumâmes ce soir-là.

21. Nous fûmes contents.
22. Il plut à verse.
23. Ils les burent.
24. Elles ne les crurent pas.

Sempé
© Charillon-Paris

—Et maintenant une chanson en réaction directe contre cette civilisation du machinisme outrancier *(excessif)* qui ne vise qu'à écraser l'homme . . .

1. Contre quoi proteste le jeune chanteur?
2. Quelle contradiction voyez-vous entre ses paroles et la production de son spectacle?

Étude du lexique

Lisez à haute voix les mots et les expressions suivants, les définitions et les exemples. Donnez une réponse à chaque question en vous servant du mot nouveau ou de l'expression nouvelle.

1. **le comportement**   manière d'agir, de se comporter

   Le comportement des animaux en captivité diffère de celui à l'état sauvage.
   Qu'est-ce qui peut changer le comportement d'un animal?

2. **percer**   pénétrer, découvrir; pratiquer une ouverture, un trou

   Le soleil commence à percer à travers les nuages.
   Nous avons percé l'énigme du sphinx.
   Avez-vous les oreilles percées?

3. **empêcher**   rendre impossible en s'opposant

   Rien ne vous empêche d'être astronaute.
   Qu'est-ce qui nous empêche de vivre sur la lune?

4. **féliciter**   complimenter, applaudir, louer

   Mon professeur m'a félicité de ma réussite scolaire.
   Qui vous félicitera de votre diplôme universitaire?

5. **atteindre**   arriver (à), parvenir à toucher

   Nous atteindrons Paris avant la nuit.
   Dans le domaine de la recherche de la génétique, quels sont les objectifs à atteindre?

6. **l'équilibre** (*m.*)   attitude ou position stable

   En perdant l'équilibre, il est tombé.
   Comment peut-on garder l'équilibre entre la science et l'éthique?

7. **muet(te)**   incapable de parler, qui ne produit aucun son

   Certains sont muets d'étonnement et d'admiration devant le progrès des sciences.
   Quand a-t-on cessé de tourner les films muets?

8. **une aiguille**   objet fin et allongé utilisé dans la couture, dans la médecine

   Dans la médecine chinoise, on emploie des aiguilles d'acupuncture.
   Que faut-il pour coudre une robe?

9. **chuchoter**   parler bas et indistinctement, murmurer

   On chuchote quand on raconte un secret.
   Dans quelles autres circonstances chuchote-t-on?

10. **anéantir**   détruire, ruiner, exterminer

Un déversement accidentel de pétrole en Alaska a anéanti la vie aquatique de la région.
Qu'est-ce qui a anéanti les dinosaures?

11. **déclencher**   provoquer, lancer

Quand on met la petite aiguille sur le 12, on déclenche la sonnerie de l'horloge.
Qu'est-ce qui a déclenché la révolution technologique?

12. **la roue**   disque tournant sur un axe; véhicule à deux, à quatre roues

Il vaut mieux garder une roue de secours dans le coffre de votre voiture.
Quels véhicules n'ont que deux roues?

13. **désoler**   ravager, affliger, attrister

La guerre a désolé le pays.
Quelle maladie a désolé l'humanité au moyen âge?

14. **ricaner**   rire de façon sarcastique ou méprisante

En entendant la remarque naïve de son collègue, il a ricané.
Dans quelles circonstances ricanez-vous?

15. **frissonner**   trembler légèrement (de froid, de fièvre, de colère, de peur, etc.)

Saisi d'une fièvre grave, il a frissonné toute la nuit.
Qu'est-ce qui vous fait frissonner?

La Médecine du bonheur

Claude d'Astous

Écrivain québécois de science-fiction, Claude d'Astous explore et invente l'avenir. Dans cette nouvelle, il se penche sur une question fondamentale de l'être humain: le bonheur. Y aura-t-il un jour un moyen technologique pour devenir heureux, et si l'on en invente un, est-ce que le bonheur est vraiment le sens de la vie humaine, ou ne sommes-nous pas tous nés pour autre chose?

LIRE ET COMPRENDRE

Exercices de prélecture

A.   *Prédire le contenu de la nouvelle*

En considérant le titre de la nouvelle et l'introduction, que savez-vous déjà sur le contenu du passage? Est-ce un passage de faits, d'opinion ou de fiction?

B. *Trouvez les idées principales du passage*

Lisez rapidement le premier paragraphe. Encerclez les mots-clés qui en révèlent le sens. Quelle est l'idée principale du premier paragraphe? Pourriez-vous imaginer les problèmes que la découverte peut causer?

C. *Devinez le sens des mots inconnus*

Selon vos connaissances préalables, le contexte, l'étymologie et la grammaire, essayez de deviner le sens des mots en italique sans vous référer à un dictionnaire.

1. «Par *l'entremise* d'une «Agence du bonheur», les docteurs Swang et Maria Wöller ont déjà apporté le bonheur à 2000 individus.»

Quel est le préfixe du mot? Quel est donc le radical? De quel verbe le radical est-il le participe passé? Pourriez-vous alors deviner le sens du mot?

2. «Un engin volant marqué aux armes du Président ne *tarda* pas, majestueux, à se poser dans l'espace libre.»

Quel est le radical du verbe *tarder?* Que veut dire ce radical? Pourriez-vous deviner le sens du verbe?

3. «Des milliers de personnes étaient massées devant l'Institut. . . . l'hologramme de vingt mètres du [Président] prenait forme sous les yeux de *la foule.* »

Quel groupe de mots dans la première partie de la phrase donne la définition du mot *foule?*

4. «Courbec *s'entretenait* en privé avec les docteurs.»

Quel mot appris dans *Leçon 2* est contenu dans le verbe *s'entretenir?* Vous devriez alors savoir le sens du mot.

5. «Avec un tel raisonnement, jugea Wöller, toute percée technologique devient *désolante* pour l'humanité.»

Quel mot du lexique précédent vous donne le sens du mot *désolante?*

D. *Mobilisez vos connaissances*

Nous sommes dans le siècle de la machine. De nos jours, il y a des appareils à faire presque tout. Avez-vous jamais souhaité monter dans une machine à voyager dans le temps? Quelle autre machine fantastique pourriez-vous concevoir? Pourriez-vous imaginer une machine qui rend les gens heureux? Quels seront les problèmes?

L'Institut de recherches comparées en génétique du comportement a réussi une percée étonnante [. . .]. On peut diagnostiquer ce qui vous empêche d'être heureux et apporter les correctifs nécessaires. La méde-cine du bonheur est née. Par l'entremise d'une «Agence du bonheur», les
5 *docteurs Swang et Maria Wöller ont déjà apporté le bonheur à 2000 indi-vidus. [. . .]*

Joachim Rieux, **Agence Info-Action,** Terre

Des milliers de personnes étaient massées devant l'Institut. [. . .] Alors, un engin volant marqué aux armes du Président ne tarda pas, majestueux, à venir se poser dans l'espace libre. Un murmure de vénération monta: l'holo-
10 gramme de vingt mètres du grand Winston Courbec prenait forme sous les yeux de la foule.

[. . .]

Le personnel de l'Agence du bonheur se tenait au **garde-à-vous** devant
Winston Courbec. [. . .]

position immobile du soldat

15 —Je vous félicite pour vos découvertes, dit-il. [. . .] Cependant, un mora-toire de dix ans touchera les travaux du docteur Swang Wöller et de sa fille Maria. De plus, pour des raisons de sécurité, je devrai vous **tenir au secret** un certain temps.

enfermer

[. . .]

20 Quatre employés, dont Madeleine, furent enfermés dans une pièce de l'Agence. Dans la salle expérimentale, face à la machine dispensatrice du bonheur, Courbec s'entretenait en privé avec les docteurs Swang et Maria Wöller.

—La Terre a réussi à atteindre un fragile équlibre [. . .]. Je crains que votre
25 invention ne déstabilise ce que nous avons mis cent ans à bâtir. Votre inven-tion . . . (il **fixa** la chaise surmontée du **casque** métallique) . . . est dange-reuse.

regarda avec insistance / chapeau protecteur

[. . .]

—Je ne comprends pas, **fit** Wöller. [. . .]

dit

30 [. . .] Courbec soupira. Il **eût été** beaucoup plus simple de donner un ordre.

aurait été

[. . .]

[Rieux entre clandestinement à l'Institut.]

[. . .] Grâce aux **capteurs espions** que Madeleine avait installés, Rieux
35 avait assisté aux événements qui venaient de bouleverser l'Agence du bon-heur.

spying devices

[Avec son gaz anesthésiant, Rieux endort tout le monde sauf son amie Madeleine et les deux docteurs.]

Courbec s'effondra sur le sol. Les deux savants fixaient Rieux, muets de sur-
40 prise. D'où sortait cet individu?

—Mais, dit Wöller, vous êtes le journaliste! Vous êtes Joachim Rieux! [. . .]

—Madeleine! C'est donc toi qui as aidé ce journaliste! présuma Swang Wöller.

Rieux s'interposa pour la défendre.

45 —La population a droit à l'information et le journaliste a le devoir de l'informer, dit-il [. . .]

[*Rieux désigna le corps étendu de Courbec.*]

—Cet individu veut taire vos découvertes. Nous devons l'en empêcher.

—Comment? demanda Maria

50 —Pouvez-vous le rendre heureux?

Les deux savants sourirent.

—Bien sûr! approuva Wöller. Les gens heureux sont plus compréhensifs. Il nous sera plus facile de le convaincre.

On installa Courbec sur la fameuse chaise. Maria **abaissa** le casque   fit descendre
55 métallique, [. . .] Une série de boutons furent poussés. [. . .] Puis les aiguilles microscopiques [. . .] pénétrèrent le **cerveau.**   crâne, tête

[. . .] Un graphique prit forme.

—Quel merveilleux schéma de gènes comportementaux! s'exclama
60 Wöller.

[. . .]

—Que de beaux sentiments! relança Maria. Quel homme merveilleux!

[. . .]

Un nouveau graphique se constituait quelques centimètres devant le pre-
65 mier.

—Oh! Oh! fit Wöller. Le schéma du comportement vécu discorde étonnamment avec le génétique. [. . .] Courbec [. . .] ne doit son équilibre qu'à une force de caractère peu commune [. . .].

—Pouvez-vous le rendre heureux? demanda Rieux.

70 —Aucun problème! Nous n'avons qu'à créer de nouvelles liaisons nerveuses, [. . .]. **Rien de sorcier.**   Ce n'est pas difficile.

L'opération dura vingt-cinq minutes. [. . .]

—Voilà! Nous avons fait de Winston Courbec un homme heureux.

On releva le casque métallique. Courbec ouvrit les yeux. [. . .]

75 —Mais que m'avez-vous fait? Je ne suis plus moi.

—Vous êtes heureux! dit Maria.

—Heureux! répéta-t-il. C'est donc ça le bonheur! Plus d'angoisse! Rien que de la joie douce et tranquille. L'impression d'être en équilibre avec soi-même et avec le monde.

80 Courbec se leva et marcha vers une fenêtre. Il avait l'air perdu des poètes.

Les gens heureux n'ont pas d'histoire, dit-il en regardant le paysage.

Son sourire tomba quelque peu. [. . .]

—Il n'est plus pleinement heureux, chuchota Maria. [. . .]

—Vous m'avez changé, dit-il [. . .] Vous avez anéanti les efforts que j'ai
85 faits pour me construire, pour me créer. Tel que je suis maintenant, je ne saurai rester Président. On me contestera, on m'éliminera. Il est impérieux que je redevienne ce que j'étais.

—C'est possible, dit Wöller. [. . .]

—Minute! intervint Joachim. Je crois que nous devrions négocier.

90 —Que voulez-vous? demande Courbec.

—La liberté! dit Joachim.

—La possibilité de poursuivre nos recherches! s'exclama Wöller.

[. . .]

—Vous me demandez de déclencher une révolution, répondit-il. Je ne
95 peux accepter.

—Dans ce cas, vous resterez heureux! le menaça Wöller.

Courbec eut un geste de dérision.

—Vous ne comprenez pas, dit-il. Laissez-moi vous expliquer. L' homme
est fait pour chercher le bonheur et non pour le trouver. Si le bonheur est
100 souhaitable pour l'individu, il est malsain pour l'humanité. L'homme tire sa
grandeur de son éternelle insatisfaction. C'est cette insatisfaction qui l'a
poussé à descendre de l'arbre, à maîtriser le feu, à inventer la roue. C'est
cette insatisfaction qui l'a poussé vers les étoiles. Et où l'a mené le bonheur?
L'Histoire nous l'enseigne; vers le néant! Les premiers hommes qui débar-
105 quèrent en Australie y trouvèrent une terre idyllique. Ils n'avaient qu'à se pencher pour se nourrir. Les marsupiaux se laissaient attraper facilement. Les
premiers Australiens ne développèrent ni culture, ni science, ni civilisation!
Ils régressèrent. Le bonheur, c'est la régression. C'est la mort de l'homme.
[*Courbec continue.*] Croyez-vous que l'humanité **soit** prête pour le bon-   être *(subjonctif)*
110 heur? Comment peut-on parler de bonheur alors que 60% de la population
terrestre ne mange pas à sa faim? Cette technologie accentuerait davantage
le clivage entre les pays pauvres et les pays riches. Nous assisterions à l'apparition de deux humanités. Celle qui pourrait se payer le bonheur et celle
qui pourrait se payer un bol de riz. Une telle situation ouvrirait la porte aux
115 révoltes et aux guerres.

[. . .]

—Avec un tel raisonnement, jugea Wöller, toute percée technologique
devient désolante pour l'humanité.

[. . .]

120 Dès la publication de l'article de Joachim Rieux, d'importantes pressions
ont été exercées à tous les **paliers** de l'appareil politique.   niveaux

[*L' Institut reçoit des réactions négatives des psychiatres, des écologistes, des ecclésiastiques, et du philosophe Martin Keer.*]

—Keer me rappelle un vieil adage grec: «Il est préférable d'être Socrate
125 malheureux qu'un porc heureux.»

—Keer **eût** mieux fait de se taire, ricana Wöller. On peut lui répondre qu'il   aurait
est préférable d'être Socrate heureux qu'un porc malheureux.

[. . .]

—Et moi, dit-il, je préfère être un Président malheureux qu'un **quidam**   n'importe qui
130 heureux. Êtes-vous prêt à me redonner ma personnalité?

[. . .]

—Et le moratoire de dix ans? questionna Wöller.

—Il sera maintenu. Vous raconter le contraire serait mentir.

Swang Wöller fixa le président.

135 —Je refuse, dit-il. Cette découverte est ma vie. [. . .]

Courbec comprit que seuls Swang et Maria résistaient encore.

—Si vous vous laissez tous traiter par cette machine, proposa Courbec, j'oublie le moratoire.

—Quoi? s'insurgea Rieux. Il n'en est pas question. Je refuse.

140 —Moi aussi! **renchérit** Madeleine. Je suis très bien comme je suis. ajouta

Maria et son père se regardèrent. Aucun des deux n'avait jamais songé à s'installer sous le casque métallique. Ils avaient toujours travaillé pour le bonheur des autres. Maria frissonna. L'idée de perdre ses angoisses de scientifique ne lui plaisait pas. Swang Wöller **éprouvait** des réticences encore sentait

145 plus vives.

—Vous venez de me convaincre que mon invention n'est pas **au point,** prête

dit-il. J'accepte le moratoire. [. . .]

—Maintenant, remettez-moi comme j'étais. Rendez-moi malheureux!

On l'installa sur la chaise. Le casque fut abaissé. Swang et Maria renver-

150 sèrent la **trame** opérationnelle. [. . .] structure

Extrait de Claude d'Astous, "La Médecine du bonheur", *Imagine,* N:46.

Vérifiez votre compréhension

1. Qu'est-ce que l'Institut de recherches comparées en génétique du comportement a inventé? Qui a écrit l'article qui annonce l'invention? De quelle planète vient son article? Selon vous, en quelle année sommes-nous?
2. Nommez les personnages principaux de l'histoire.
3. Comment Winston Courbec arrive-t-il devant l'Institut?
4. Pourquoi Courbec impose-t-il un moratoire de dix ans sur les travaux du docteur et de sa fille?
5. Pourquoi Courbec s'effondre-t-il sur le sol?
6. Quel est le credo du journaliste Rieux? Que demande-t-il aux docteurs?
7. Que découvre-t-on en examinant Courbec?
8. Que remarque Courbec en se réveillant? Pourquoi veut-il redevenir ce qu'il était?
9. Que pense le Président à propos du bonheur? Comment se montre-t-il conscient des problèmes des pays pauvres?
10. Selon vous, pourquoi les réactions des psychiatres, des écologistes et des ecclésiastiques sont-elles négatives par rapport à la machine?
11. Que pensez-vous des observations du philosophe Martin Keer? Comment Wöller tourne-t-il ces observations en dérision?
12. Quelle astuce (ruse) Courbec emploie-t-il pour faire accepter son moratoire par Swang Wöller et sa fille Maria?
13. Pourquoi ne veulent-ils pas se soumettre à leur machine? Et vous? Si c'était possible, aimeriez-vous être rendu heureux par une machine? Pourquoi?

La fusée Ariane a fait ses preuves dès 1983. Elle donne à l'Europe son indépendance en matière de satellite de télécommunication.

Petit concours

A. Dressez une liste de tous les verbes au futur et au conditionnel que vous trouvez dans la nouvelle précédente. Celui qui en aura trouvé le plus grand nombre gagnera.

B. Dressez une liste de tous les verbes au passé simple que vous trouvez dans *La Médecine du bonheur*. Celui qui en aura trouvé le plus grand nombre gagnera.

Résumé

Faites un compte-rendu *(review)* de la nouvelle précédente. Identifiez les personnages et racontez l'intrigue *(plot)*. Ensuite, énumérez les problèmes philosophiques abordés par le texte. Finalement, donnez des raisons pour lesquelles vous recommandez ou ne recommandez pas sa lecture.

E XPRESSION ÉCRITE

Révisez les instructions et les articulations logiques dans les leçons précédentes, avant d'aborder votre rédaction. Ensuite, choisissez un des sujets proposés ci-dessous, et décidez si vous êtes pour ou contre l'opinion énoncée. Par la suite, faites une liste des idées que vous voulez défendre, aussi bien qu'une liste de celles que vous voulez combattre. Étudiez bien le *Plan de dissertation* et la section *Expressions utiles* qui suivent. Finalement, structurez votre dissertation selon le plan donné.

1. Les pays les plus forts du 21ᵉ siècle seront l'Allemagne et le Japon.
2. Avec les bébés-éprouvette, on pourrait améliorer la race humaine.
3. L'expérimentation génétique est dangereuse; on devrait l'interdire.
4. La révolution technologique augmente de plus en plus la distance entre les pays riches et les pays pauvres.
5. Les immigrés, les travailleurs âgés et les femmes seront les plus menacés par la révolution informatique.
6. L'exploration de l'espace devrait avoir priorité sur les autres dépenses.

Plan de dissertation

I. Introduction: Situer la question

   A. Phrases possibles pour un exposé concis du problème vu par l'adversaire:

      1. Beaucoup de jeunes d'aujourd'hui croient que . . .
      2. À l'encontre des idées d'autrefois, aujourd'hui la plupart des gens pensent que . . .
      3. C'est un lieu commun d'aujourd'hui que . . .
      4. L'hypothèse que . . .

II. Développement

   A. Thèse

   Citez le premier argument de l'adversaire. Voici des locutions possibles:

       1.   On peut imaginer que . . . si

Citez le 2e argument de l'adversaire.

       2.   S'il est exact que . . . il n'en reste pas moins vrai que . . .

Citez le 3e argument de l'adversaire.

       3.   Il est clair que dans certains cas . . .

B.   Conclusion préliminaire

     On voit bien alors que . . . mais . . .

C.   Antithèse

     Il faut ici une phrase de transition.

       1.   Malgré ces arguments . . .
       2.   Et cependant . . .
       3.   Mais examinons . . .
       4.   Il faut pourtant considérer . . .

D.   Première réponse

     D'abord, en premier lieu, tout d'abord

E.   Deuxième réponse

     Ensuite, par ailleurs, d'autre part

F.   Troisième réponse

     Enfin, en dernier lieu

III.   Conclusion

A.   Résumer

       1.   En conclusion, on peut voir que . . .
       2.   Il est clair par ce qui précède que . . .

B.   Élargir

     Faites une réflexion ou posez une question qui débouche sur l'avenir de l'Europe, du monde, des sciences, de la technologie, selon la question que vous choisissez.

Expressions utiles

     l'âge électronique
     la force économique
     les télécommunications
     les matières premières

les richesses
l'informatique, un phénomène inévitable
un bureau informatisé aura des machines qui peuvent remplacer les secrétaires
une meilleure productivité
l'impact de la révolution technologique
un terminal d'ordinateur
l'écran cathodique
la banque de données
le stockage de l'information
le courrier électronique
la machine à traitement de texte
un robot
des emplois créés
des emplois perdus
l'accroissement du chômage
la formation technique
le recyclage des travailleurs
la diminution de la durée du travail
l'avancement (*m.*) de l'âge de la retraite
le développement du travail à temps partiel
l'adaptation (*f.*)
une période de mutation
le risque
une expérience scientifique
la structure génétique
un problème éthique, la bioéthique
un vaisseau spatial, une soucoupe volante
la navette spatiale américaine
la communication interstellaire
la galaxie

MISE EN ŒUVRE

Sujets de réflexion

1. Dans *La Médecine du bonheur,* Winston Courbec nous dit que l'homme tire sa grandeur de son éternelle insatisfaction qui l'a poussé à évoluer. Ainsi considère-t-il le bonheur une régression, «la mort de l'homme». Qu'en pensez-vous? Si vous étiez complètement heureux, auriez-vous le désir d'accomplir des choses?

2. La technologie moderne permet aux parents de savoir le sexe de leur enfant avant la naissance. Quels problèmes pourriez-vous imaginer dans les pays où la

naissance d'une fille est considérée comme un malheur, tandis que la naissance d'un garçon est applaudie? Quelles sont les responsabilités éthiques des médecins et des chercheurs?

3. 75% des parents français croient que dans les métiers de l'informatique-électronique, il y aura plus d'embauches que dans la communication et la finance. De plus, on prédit 3,5 millions de chômeurs en 1992 attribuables à des contraintes extérieures telles que la balance des paiements, la récession, l'immigration. Quels conseils donneriez-vous à votre enfant si vous étiez français(e)?

4. L'invention de la télécommande permet, sans se lever de son fauteuil, le passage d'une chaîne à l'autre de façon répétée: 39% zappent très souvent; 52% peu souvent. Seulement 35% des Français regardent une émission télévisée du début à la fin. Selon vous, quels sont les effets de cette technologie sur la psychologie et sur la faculté de se concentrer?

5. Actuellement une distraction, l'ordinateur familial deviendra bientôt un outil de travail avec le développement éventuel du télé-travail: de chez soi, on communiquera, par l'intermédiaire d'un terminal d'ordinateur, les résultats de son travail à l'entreprise dont on est employé. Quels avantages et inconvénients voyez-vous dans ce genre de travail?

Mini-théâtre

Préparez avec un(e) camarade une des scènes suivantes à jouer devant la classe.

1. Vous êtes Président-directeur général d'une entreprise que vous souhaitez moderniser en achetant des ordinateurs. Vous discutez avec le chef du syndicat duquel vos travailleurs sont membres. Il a peur que la modernisation cause une perte d'emplois. Pourriez-vous arriver à un compromis?

2. Vous êtes enceinte et votre mari veut un garçon. Il veut que vous subissiez une amniocentèse, mais vous refusez. Vous discutez.

3. Vous êtes secrétaire et vous craignez de perdre votre place car peu à peu, tout votre travail (le classement, les messageries électroniques internes, etc.) est fait par ordinateur. Vous discutez avec un(e) ami(e) qui vous donne des suggestions.

4. Votre père souhaite que vous deveniez informaticien, mais vous voulez devenir artiste. Vous discutez.

5. Vous représentez les États-Unis et vous discutez avec un diplomate soviétique. Comment peut-on résoudre le problème des trois républiques baltes? (la Lituanie, la Lettonie et l'Estonie)

LES VACANCES
ET LES VOYAGES

Où cette scène a-t-elle lieu?
Où veut aller cette Française?
Décrivez sa personnalité.
Que pense-t-elle de la cuisine
espagnole? Quelle
est la réaction de l'agent
de voyage?

«Sans vous froisser...on m'a dit que votre cuisine...»

186

Étude du lexique

Lisez à haute voix chaque mot ou expression, définition et question du lexique qui suit. Donnez une réponse à chaque question en vous servant du mot nouveau ou de l'expression nouvelle.

1. **le bout**   l'extrémité, la limite, la fin, le terme

   Je suis au bout de ma patience et de mon énergie.
   Au bout du couloir, il y a la chambre à coucher.
   Il m'a écrit au bout d'une semaine.
   Qu'est-ce qui se trouve au bout du couloir dans votre maison?

2. **dédaigner**   mépriser, considérer avec dédain

   Voilà une bonne offre; ce n'est pas à dédaigner.
   Que pensez-vous d'une personne qui dédaigne de vous répondre?

3. **exercer**   pratiquer des activités professionnelles (exercer un art, un métier, un commerce, la médecine)

   Il a exercé son métier jusqu'à l'âge de 70 ans.
   Quelle profession souhaitez-vous exercer?

4. **exiger**   demander impérativement

   Exercer l'art de la danse exige de longues années d'étude.
   Qu'est-ce que vous exigez d'un agent de voyage?

5. **la retraite**   le repos, la solitude; l'état d'une personne qui s'est retirée de son emploi

   Il se sentait fait pour la retraite à la campagne.
   En France, on peut prendre sa retraite à 55 ans.
   À quel âge voulez-vous prendre votre retraite? Pourquoi?

6. **éteindre**   (une lampe, la lumière, l'électricité, la radio, le feu) ≠ allumer (la lampe, le feu); ≠ ouvrir (la lumière, la radio)

   Avant de te coucher, éteins le feu, la télévision et les lumières et ferme la
      porte à clef.
   À quelle heure éteignez-vous votre lampe?

7. **être du signe du Bélier** (21 mars), **du Taureau** (21 avril), **des Gémeaux** (22 mai), **du Cancer** (22 juin), **du Lion** (23 juillet), **de la Vierge** (23 août), **de la Balance** (23 septembre), **du Scorpion** (23 octobre), **du Sagittaire** (22 novembre), **du Capricorne** (21 décembre), **du Verseau** (21 janvier), **des Poissons** (20 février)   les signes du Zodiaque

   De quel signe êtes-vous? Je suis du signe du Scorpion.

8. **taper sur les nerfs à quelqu'un**   irriter beaucoup

   Quand je veux travailler, le bruit d'un stéréo me tape sur les nerfs.
   Qu'est-ce qui vous tape sur les nerfs?

9. **profiter de quelque chose**   tirer avantage de

Si tu veux profiter de ton éducation, apprends autant que possible.
Profitez-vous de votre jeunesse?

10. **un passe-temps**   un divertissement, un amusement

Son passe-temps favori, c'est la lecture de la bande dessinée.
Quel est votre passe-temps préféré?

11. **chouette** *(fam.)*   agréable, joli, formidable

On part en vacances vendredi? Ah, chouette alors!
Je trouve ta jupe très chouette.
Voulez-vous aller au cinéma ce soir?

LIRE ET COMPRENDRE

Exercices de prélecture

A.   *Prédire le contenu du passage*

D'après le titre de la leçon, le dessin humoristique, le titre de l'article et la première phrase de l'article, de quoi s'agit-il dans ce texte?

En été, les lacs et la mer sont couverts de véliplanchistes pratiquant la planche à voile. C'est un sport très populaire en France.

B. *Trouvez les idées principales*

Lisez le premier paragraphe en encerclant les mots qui indiquent le sens du passage (noms, verbes). Faites de même pour le deuxième paragraphe. Quelles sont les idées qui seront développées dans le reste de l'article?

C. *Devinez le sens des mots inconnus*

Avec deux ou trois autres camarades de classe, soulignez tous les mots inconnus jusqu'à la ligne 20. En considérant le contexte, l'étymologie et la grammaire, essayez ensemble de deviner le sens de chaque mot inconnu sans vous référer à un dictionnaire.

D. *Mobilisez vos connaissances*

À quoi pensez-vous quand vous entendez le mot «vacances»? Quelle image est-ce que la publicité nous donne des vacances? Quelles différences y a-t-il entre la période des vacances et le reste de l'année?

Les Plus Belles Vacances de votre vie

Michèle Manceau

Voici venu le temps des vacances. On y a pensé tout le reste de l'année. Pas tout le monde pourtant. Les artistes, écrivains et comédiens que nous avons interrogés ne semblent guère les aimer. Quant aux autres, comment les préfèrent-ils? Plutôt que le bout du monde, c'est la douceur de nos provinces
5 qui paraît les faire rêver. Pour eux, les vacances elles-mêmes ne valent pas le souvenir que l'on en garde, surtout lorsque c'est un souvenir d'enfance.

Vacances, mot magique lié à l'enfance, à la liberté. Mot qui fait rêver de soleil et de mer. [. . .] L'année de la plupart des Français pivote autour de ce mot-là. On y pense dès janvier, on économise, on planifie son temps, on s'or-
10 ganise au mieux. En demandant à des personnes connues de nous raconter leurs vacances, nous pensions **recueillir** des idées de vacances originales, rassembler
des images encore plus belles que celles qui **se déploient** sur les affiches se trouvent
des «clubs» qui proposent le produit «vacances», comme on vend des voitures ou des réfrigérateurs.
15 **Or,** nous nous sommes aperçus que le privilège des personnes privilé- Donc
giées n'est pas de passer de meilleures vacances que la plupart des Français, mais en quelque sorte de les dédaigner. Luxe suprême d'exercer un métier si plaisant que l'on n'a pas envie ou pas besoin de **souffler.** [. . .] respirer, se reposer
Mais l'hiatus est profond entre les artistes et la population. Ils ne repré-
20 sentent qu'une **frange** exceptionnelle. une minorité
Les autres, tous les autres adorent les vacances. C'est pour eux l'occasion de faire autre chose justement, que ce qu'ils font toute l'année. [. . .]
Pierre-Jean Rémy, écrivain: «En voiture, à travers la vieille Europe. Pour moi, les vacances, c'est deux directions: la Provence et la vieille Europe. Et

25 c'est avant tout, écrire, et faire provision d'observations pour écrire en rentrant à Paris. La Provence c'est ma maison blanche au milieu des vignes, une
table où je travaille, mes enfants qui m'entourent et une femme que j'aime
bien près de moi.» Vacances studieuses **entrecoupées** de bains dans la pis- — interrompues
cine, de promenades, de déjeuners au soleil. [. . .]

30 Marie-Christine Barrault, comédienne: «À bicyclette, dans les Cévennes.»
«Il y a les vacances rêvées et les vacances réelles. L'idéal c'est quand on peut
arriver à faire se rejoindre le rêve et la réalité. Là ce sont les vraies vacances.
Mon rêve? Un endroit super-calme à la campagne. Pas le bord de mer, ça, ça
me fait peur. Me remettre à l'écoute de la nature, du temps qui passe. À
35 Paris, j'ai un grand manque de rapport sensuel avec la nature.

«Pas de programme précis, me lever tard, me promener à pied ou à bicyclette. [. . .]

«Mais j'aime aussi les grands voyages. L'année dernière nous sommes
allés à Madagascar. J'ai eu un contact extraordinaire avec les gens. La
40 nature est sublime. [. . .]

«Ce qui est très important pour moi, c'est le contact. Rencontrer une civilisation, comprendre la manière dont les gens vivent. J'ai une soif de voyages énorme. Si je n'avais pas été actrice, j'aurais aimé avoir une profession
qui exige de voyager. L'archéologie, l'ethnologie peut-être. Il n'y a pas un
45 pays dans le monde où je n'ai pas envie d'aller.»

Ludmila Mikael, comédienne: «Le yoga dans une retraite.» «Depuis des
années, mes vacances ce sont d'abord celles du Théâtre français: le mois
d'août. Ceci dit, c'est un mot un peu abstrait pour moi, dans la mesure où je
ne possède pas de maison, donc pas d'habitude de vacances [. . .]. Mais c'est
50 avant tout: aucune contrainte **mondaine.** J'ai un métier en contradiction — sociale
avec ma nature, plutôt sauvage, puisque je suis obligée d'avoir une vie mondaine à Paris. Longtemps ça a été une **angoisse.** La peur d'être dévorée inté- — anxiété
rieurement par les **mondanités,** de voir mon énergie **s'étioler. Le dehors** — distractions du
m'éteint. J'ai mis longtemps à le comprendre. Mais il m'éteint peut-être — monde / s'affaiblir / La
55 parce que je ne sais pas encore guider mon énergie. En tout cas, encore — vie sociale me détruit.
maintenant, la vie sociale représente un danger à mes yeux. [. . .]»

Catherine, jeune fille: «À la mer, quand j'étais une petite fille.» «Mes plus
jolies vacances ce sont celles de mon enfance. La vraie liberté de corps et
d'esprit. Elles sont toujours associées à la mer, ou en tout cas, à l'eau. Je suis
60 du signe du Poisson. Dès que je nage dans un lac ou à la mer aujourd'hui, j'ai
l'impression alors d'avoir cinq ans.»

Dominique Fernandez, écrivain, prix Goncourt: «En Sicile, le dos à la
mer.» «Il faut déjà analyser le mot vacances. Vacances, vacant, **vaquer,** c'est le — être vacant
vide, non? Or, l'écrivain c'est l'horreur du vide. Question de survie: **on écrit** — on n'écrit que
65 **que** lorsqu'on est plein. Pour un écrivain il n'y a pas de vacances, pas de
jours **chômés.** [. . .] — sans travail

«Même enfant, j'ai toujours détesté les vacances. Cette idée me **hérissait.** — irritait à l'extrême
Je n'aimais pas ma famille et j'étais contraint de passer les trois mois de l'été
avec elle. Ces vacances forcées c'étaient les **galères,** c'est ne pas écrire — travail pénible et dur

70 aussi. J'ai transformé les vacances moroses et vides de mon enfance en vacances laborieuses. Ce n'est que comme ça que je peux les aimer. [. . .]»

Aurélia, petite fille: à **l'île du Levant** avec sa jupe de **paille.** Aurélia a onze ans, des cheveux rouge foncé et des yeux en amande. Elle est en **sixième** dans un grand lycée parisien. Elle aime bien le français, les sciences naturel-
75 les et l'histoire, mais pas les maths. Elle ne sait pas très bien ce qu'elle voudrait faire quand elle sera grande.

dans la Méditerranée / tiges de blé séchées / 7th grade

«Quand je pars en vacances, je suis excitée parce que ça change. J'aime bien partir avec mes deux petits frères, je préfère ça à partir toute seule, même si parfois ils me fatiguent et me tapent sur les nerfs. J'aime bien aller
80 au bord de la mer mais je ne sais pas nager. J'ai été à l'île du Levant avec ma maman. J'aimais bien être sur la plage. Les filles portaient des jupes en paille, c'était chouette. On ramassait des petits crabes sur la plage, on se promenait. Quand il fait beau, on peut être tout le temps dehors. Je rêve d'aller à Tahiti. Il y a des **cocotiers,** l'eau est chaude comme dans un bain. Il y a
85 du soleil. Remarque, les Esquimaux dans les igloos, ça doit pas être mal non plus. [. . .]

arbre qui produit la noix de coco

«En vacances, je lis, je me promène avec mon père. Je ne regarde pas la télé parce qu'il fait beau et que c'est bête de ne pas profiter du soleil. Quand il pleut, on joue au Monopoly. J'aime bien la montagne aussi, la neige. J'ai-
90 merais bien vivre à la montagne, comme ça je serais tout le temps en vacances. L'école serait dans la vallée, pas trop loin de la maison. L'hiver il y aurait la neige. L'été, on pourrait cueillir des fleurs. Il y aurait des oiseaux.

«[. . .] À la fin des vacances, je suis contente de retourner à l'école. Je n'aimerais pas être en vacances tout le temps. C'est bien d'aller au lycée en
95 hiver, ça occupe. Parce que l'école, c'est quand même un grand passe-temps.»

Extrait de *Marie Claire,* juillet 1983, pages 37–44

Vérifiez votre compréhension

A. Complétez les phrases suivantes

1. En ce qui concerne les vacances, les artistes, les écrivains et les comédiens . . .
2. Quant aux autres, les vacances elles-mêmes ne valent pas . . .
3. Le mot «vacances» fait rêver de . . .
4. Pour Pierre-Jean Rémy, la Provence, c'est . . .
5. Le rêve de Marie-Christine Barrault, c'est . . .

B. Répondez aux questions suivantes par une phrase complète.

1. Comparez la vie parisienne et la vie en vacances de Marie-Christine Barrault.
2. Que représentent les vacances pour Ludmila Mikael?

3. Que représentent les vacances pour Catherine?
4. Pourquoi Dominique Fernandez n'aime-t-il pas l'idée des vacances? Comment a-t-il transformé ses vacances afin de les aimer?
5. Décrivez Aurélia. Comment aime-t-elle partir en vacances? De quoi rêve-t-elle? Pourquoi? Pourquoi ne voudrait-elle pas être toujours en vacances?

© Charillon-Paris

1. En quoi le public diffère-t-il des affiches publicitaires?
2. Quelle image la publicité donne-t-elle des vacances? Qu'en pensez-vous?
3. Comment la publicité influence-t-elle notre choix de vacances?

À votre avis

Preparez les questions suivantes avec un ou deux camarades pour en discuter en classe.

1. Où aimez-vous passer les vacances de Noël, de Pâques, les grandes vacances d'été? Préférez-vous les passer à la mer ou à la montagne? Aimeriez-vous mieux passer les grandes vacances à l'étranger ou aux États-Unis? Où aimeriez-vous aller—en France, au Québec, en Belgique, en Suisse? Ou préférez-vous les pays exotiques comme le Sénégal, le Maroc, la Tunisie, l'Algérie, Madagascar, l'Île de la Réunion, la Martinique, Haïti, la Guadeloupe?
2. Quels préparatifs faites-vous pour des vacances dans les pays tropicaux? Faut-il se faire vacciner, avoir des papiers en règle, faire renouveler son passeport, acheter des chèques de voyage? Quelles affaires mettez-vous dans votre valise—un maillot de bain ou un bikini, de la crème solaire, des lunettes de soleil, des revues, des serviettes de plage, un pantalon, une jupe, des chemises, des pulls, un slip, un caleçon, des chaussettes, un chapeau de paille, un panier de paille, des articles de toilette?

3. Êtes-vous un couche-tard ou un lève-tôt (matinal ou nocturne)? À quelle heure vous levez-vous quand vous êtes en vacances? À quelle heure vous couchez-vous? Quelles activités aimez-vous faire quand vous êtes en vacances? Aimez-vous jouer aux échecs, aux dames, aux cartes, au trictrac? Ou préférez-vous la natation, les bains de soleil, la lecture et le plaisir de la conversation? Aimez-vous faire de la voile, du canotage, du ski nautique, du tourisme? Aimez-vous les jeux de société comme le Scrabble et le Monopoly? Dansez-vous dans les discothèques enfumées jusqu'à l'heure de fermeture? Dormez-vous bien la nuit en vacances? Aimez-vous coucher à l'hôtel?

4. Demandez à votre camarade de classe comment il a passé les vacances d'été et comment il passera les vacances de Noël. Ensuite, il vous posera les mêmes questions. Finalement, vous présenterez à la classe ce que votre camarade vous a raconté.

5. Vous êtes agent(e) de voyage et vous essayez de vendre des vacances exotiques à votre client(e) qui vous pose beaucoup de questions. Faites-lui une description attirante d'un lieu lointain.

6. Vous préparez avec un(e) ami(e) une fête pour le réveillon (le 31 décembre). Inviterez-vous un grand groupe de gens ou seulement quelques amis intimes? Y aura-t-il des confettis, des chapeaux de papier et des pétards? Aurez-vous du champagne? Où la fête aura-t-elle lieu?

GRAMMAIRE

Les verbes pronominaux

Le verbe à la forme pronominale se conjugue avec *deux pronoms de la même personne:* **je me, tu te, il se, elle se, nous nous, vous vous, ils se, elles se.**

Il y a quatre espèces de verbes pronominaux: réfléchis, réciproques, à sens passif et simplement pronominaux.

1. OBSERVEZ En vacances, je **me remets** à l'écoute de la nature; je **me lève** tard, je **me promène** à pied ou à bicyclette. (**se** est un objet direct.)

ANALYSE Comme le sujet fait l'action sur lui-même, cette espèce de verbe pronominal s'appelle un *verbe réfléchi.*

2. OBSERVEZ Ils **se sont rencontrés** sur la plage. (**se** = objet direct)
Ils **se sont écrit,** l'un à l'autre. (**se** = objet indirect)

ANALYSE Comme plusieurs sujets font une action qui est réciproque, ces verbes pronominaux s'appellent des *verbes réciproques.*

3. OBSERVEZ Ces crèmes solaires **se vendent** partout. (**On** les vend partout.)
Ce livre **se lit** facilement. (**On** le lit facilement.)
Le français et l'anglais **se parlent** au Canada. (**On** y parle ces langues.)

ANALYSE   Les verbes pronominaux à sens *passif* s'emploient à peu près unique-ment à la 3ᵉ personne et sans indication de l'agent de l'action. L'agent implicite de l'action est **on.**

4. OBSERVEZ   Papa **s'est mis** à crier, Maman **s'est mise** à crier.
Qu'est-ce qui **s'est passé**?
Il **s'est moqué de** moi!

ANALYSE   Dans les verbes *simplement pronominaux,* le pronom ne s'analyse pas; il fait corps avec le verbe.

5. OBSERVEZ   Catherine **se lève** tôt chaque matin. Elle **s'est levée** à 7h ce matin.
Il est déjà midi, alors elle **est levée** depuis cinq heures.
Pierre **s'est marié** avec Ludmila. Ils **sont mariés** depuis 10 ans.
Aurélia **s'est assise** sous un parasol. Elle y **est assise** depuis dix heures du matin.

ANALYSE   La forme active du verbe **(se lève, s'est levée, s'est marié, s'est assise)** indique une action présente, passée ou future. La forme pas-sive du verbe **(est levée, sont mariés, est assise)** comportant le verbe **être** + un adjectif **(levée, mariés, assise)** indique un *état.*

6. OBSERVEZ   Elle **s'est couchée** à 10h, mais elle **a couché son bébé** à 7 heures.
Je **lave ma voiture** quand j'ai le temps.
Il **promène son chien** trois fois par jour.
Le coiffeur **la coiffera** pour son mariage.

ANALYSE   Certains verbes peuvent se conjuguer avec ou sans pronom réfléchi. L'action se porte alors sur l'objet de la phrase **(bébé, voiture, chien, la)** qui ne correspond plus au sujet de la phrase.

REMARQUE: Souvent la forme pronominale a un sens autre que celui du verbe non pronominal. Par exemple:
Il **va** au parc. / Il **s'en va** maintenant. = Il part.

Dans le tableau suivant, comparez le sens des verbes pronominaux à leur sens non-pronominal.

Verbes pronominaux à sens idiomatique

Il a demandé un emploi à Euro-Disney.	Il **se demande** s'il va l'obtenir. (*wonder*)
Il attend une réponse.	Il **s'attend** à une réponse négative. (imaginer, prévoir = *expect*)
Il doute que le patron accepte son offre de service.	Il **se doute** qu'un tel travail est difficile à obtenir. (considère comme probable = *suspect*)
Les discours politiques m'ennuient; ils sont ennuyeux.	Comme beaucoup de choses l'intéressent, elle ne **s'ennuie** jamais.

J'ai passé l'été en France.

Ici, on sert le dîner à 8 heures.

Il m'a trompé! Ce manteau n'est pas neuf! (duper)

Je ne peux pas **me passer de** mes amis. (= *do without*)

Les étudiants **se servent d'**un ordinateur. (emploient)

J'ai téléphoné à mon ami, mais je **me suis trompé** de numéro. (commettre une erreur)

CONJUGAISON D'UN VERBE PRONOMINAL

Temps simples (présent)

Affirmatif	*Négatif*
je m'amuse	je ne m'amuse pas
tu t'amuses	tu ne t'amuses pas
il s'amuse	il ne s'amuse pas
elle s'amuse	elle ne s'amuse pas
nous nous amusons	nous ne nous amusons pas
vous vous amusez	vous ne vous amusez pas
ils s'amusent	ils ne s'amusent pas
elles s'amusent	elles ne s'amusent pas

Interrogatif	*Interro-négatif*
est-ce que je m'amuse?	—
t'amuses-tu?	ne t'amuses-tu pas?
s'amuse-t-il?	ne s'amuse-t-il pas?
s'amuse-t-elle?	ne s'amuse-t-elle pas?
nous amusons-nous?	ne nous amusons-nous pas?
vous amusez-vous?	ne vous amusez-vous pas?
s'amusent-ils?	ne s'amusent-ils pas?
s'amusent-elles?	ne s'amusent-elles pas?

Temps composés (passé composé)

Affirmatif	*Négatif*
je me suis amusé(e)	je ne me suis pas amusé(e)
tu t'es amusé(e)	tu ne t'es pas amusé(e)
il s'est amusé	il ne s'est pas amusé
elle s'est amusée	elle ne s'est pas amusée
nous nous sommes amusé(e)s	nous ne nous sommes pas amusé(e)s
vous vous êtes amusé(e)(s)	vous ne vous êtes pas amusé(e)(s)
ils se sont amusés	ils ne se sont pas amusés
elles se sont amusées	elles ne se sont pas amusées

Interrogatif	Interro-négatif
est-ce que je me suis amusé(e)?	est-ce que je ne me suis pas amusé(e)?
t'es-tu amusé(e)?	ne t'es-tu pas amusé(e)?
s'est-il amusé?	ne s'est-il pas amusé?
s'est-elle amusée?	ne s'est-elle pas amusée?
nous sommes-nous amusé(e)s?	ne nous sommes-nous pas amusé(e)s?
vous êtes-vous amusé(e)(s)?	ne vous êtes-vous pas amusé(e)(s)?
se sont-ils amusés?	ne se sont-ils pas amusés?
se sont-elles amusées?	ne se sont-elles pas amusées?

Impératif

Affirmatif	Négatif
Amuse-toi!	Ne t'amuse pas!
Amusons-nous!	Ne nous amusons pas!
Amusez-vous!	Ne vous amusez pas!

ATTENTION! À l'impératif affirmatif, le pronom réfléchi est *après* le verbe.

Le participe passé des verbes pronominaux

1. On a vu que le pronom peut être un objet direct (je **me lève** tard) ou un objet indirect (elle **s'est demandé** ce qu'elle allait faire cet été [à elle-même]).
2. *Tous* les verbes pronominaux se conjuguent avec **être**. Il n'y a pas d'exception. N'oubliez pas de faire accorder le participe passé et l'objet direct qui précède.
3. Le participe passé d'un verbe réfléchi ou réciproque s'accorde avec le pronom réfléchi lorsque celui-ci est un *objet direct*.

EXEMPLES: Elle s'est **lavée.** (Elle a lavé *elle-même.*)
Ils se sont **battus.**
Elles se sont **hâtées.**
Elles se sont **regardées.**

Mais quand le pronom réfléchi fonctionne comme *objet indirect,* on ne fait pas l'accord.

EXEMPLES: Elle s'est **demandé** ce qu'elle allait devenir. (à elle-même, donc *objet indirect*)
Je me suis **dit** que . . . (à moi-même; *objet indirect*)
Elles se sont **donné** des cadeaux. (l'une à l'autre; *objet indirect*)
Ils se sont **écrit.** (l'un à l'autre)
Elle s'en est **voulu** d'être arrivée tard. (à elle-même)
Ils se sont **téléphoné.** (l'un à l'autre)
Ils se sont **rendu** compte de leur erreur. (à eux-mêmes)

D'autres verbes dont le participe passé ne s'accorde pas:

se faire mal	se parler	se plaire
se sourire	se suffire	se succéder

4. Le participe passé des verbes passifs et des verbes simplement pronominaux s'accorde avec le sujet.

EXEMPLES: Elle s'est **plainte.**
Elles s'en sont **aperçues.**
Elle s'est **écriée.**
Cette nouvelle s'est bien **vendue** l'année dernière.

Pour une liste partielle des verbes pronominaux dont le participe passé s'accorde, référez-vous à l'*Appendice E.*

5. Attention aux phrases suivantes:

Elle **s'est lavée.** (**Se,** objet direct, précède le verbe.)
Elle s'est lavé **les mains.** (L'objet direct, **les mains,** suit le verbe. Par conséquent, on ne fait pas l'accord.)
Elle se **les** est lavées. (**Les** se réfère aux **mains,** donc, on fait l'accord parce que l'objet direct précède le verbe.)
Elles **se** sont brûlées. (L'objet direct **se** précède le verbe, donc, on fait l'accord.)
Elles se sont brûlé **les doigts.** (L'objet direct, **les doigts,** suit le verbe, donc, on ne fait pas l'accord.)
Elles se **les** sont brûlés. (L'objet direct, **les,** pour **les doigts,** précède le verbe, alors, on fait l'accord.)

Voici une liste partielle des autres verbes employés avec les parties du corps pour lesquelles on emploie l'article défini.

se brosser (les dents, les cheveux)   se raser (la barbe)
se couper (la main, le doigt, etc.)   se maquiller (le visage)
se peigner (les cheveux)   se casser (le bras, etc.)
se laver (les mains, la figure)   se blesser (le pied ou au pied)

Exercices

A.   Complétez le paragraphe suivant avec les verbes entre parenthèses.

Chaque matin, je _____ *(se réveiller)* de bonne heure; je _____ *(se lever)* après un quart d'heure. Après m'être levé, je _____ *(se laver)* les mains et la figure. Je _____ *(se préparer)* pour aller à l'école. Après avoir mangé, je _____ *(se peigner)* les cheveux, je _____ *(se brosser)* les dents, je _____ *(se maquiller ou se raser)* et je _____ *(s'habiller)* vite. Je _____ *(se dépêcher)* pour arriver à l'heure. Le soir, je _____ *(rentrer)* vers 17h et je _____ *(faire)* mes devoirs. Ensuite, je _____ *(se déshabiller),* je _____ *(se doucher)* et je _____ *(se coucher)* vers minuit.

B.   Refaites le paragraphe ci-dessus avec les pronoms suivants: **nous, il, ils.**

C.   Refaites le paragraphe au passé composé avec **je,** ensuite avec **nous,** en substituant **ce matin** pour **chaque matin** et **hier soir** pour **le soir.**

D. On parle une langue différente dans chaque pays. Donnez la forme pronominale des verbes dans le paragraphe suivant.

En France, on parle français, tandis qu'en Belgique, on parle français et flamand. Comme on parle français, italien, allemand et romanche en Suisse, on vend des journaux français, italien, allemand et romanche. On achète des dictionnaires partout et on achète des cartes facilement.

E. Donnez des ordres à un enfant difficile.

> MODÈLE: Dites-lui de se réveiller.
> Réveille-toi!

1. Dites-lui de se lever.
2. Dites-lui de se laver.
3. Dites-lui de se dépêcher.
4. Dites-lui de s'asseoir ici.
5. Dites-lui de s'habiller vite.
6. Dites-lui de se taire.
7. Dites-lui de ne pas se promener sur le gazon.
8. Dites-lui de ne pas se plaindre.
9. Dites-lui de ne pas s'amuser en classe.
10. Dites-lui de ne pas se moquer de ses camarades.
11. Dites-lui de s'en aller vite.

F. Donnez les mêmes instructions à plusieurs enfants.

G. Décrivez la journée difficile que votre amie a passée. Composez un paragraphe avec les éléments suivants. Attention à l'accord du participe passé.

Aujourd'hui, Mireille / se lever tôt. Elle / se laver la figure / se brosser les dents / se peigner. Malheureusement, elle / se brûler / en préparant le café. Ensuite, elle / sortir / mais / tomber / et / se casser le bras. En rentrant, / elle / se fouler la cheville! Quelle journée!

H. A votre résidence estudiantine, tout le monde se lève et se couche à une heure différente. Dites à quelle heure vous vous levez et vous vous couchez, à quelle heure se lèvent et se couchent votre camarade de chambre, vos voisins, et les personnes qui habitent en face de chez vous.

I. Imaginez qu'il est midi. En vous référant aux étudiants qui habitent dans votre résidence estudiantine, dites depuis combien de temps chacun est levé.

> MODÈLE: Béatrice s'est levée à 11 heures ce matin! Comme il est midi, elle est levée depuis seulement une heure.

J. Avec les suggestions ci-dessous, écrivez une histoire d'amour.

> MODÈLE: se voir
>
> Ils ne se sont jamais vus avant. Ils se sont vus pour la première fois en juin.

1. se regarder
2. se téléphoner souvent
3. s'écrire de nombreuses lettres
4. se comprendre
5. se retrouver à Noël

6. se parler
7. s'embrasser
8. se fiancer
9. se marier
10. s'aimer pour le reste de leur vie

K. Complétez le paragraphe suivant en choisissant un des verbes entre parenthèses.

Josette _____ (passer, se passer de) l'année scolaire en France. Désirant y vivre, elle _____ (demander, se demander) si elle pourra trouver un travail. Elle ne _____ pas (douter, se douter) des difficultés qui l' _____ (attendre, s'attendre) parce qu'elle est fondamentalement optimiste. Mais elle _____ (tromper, se tromper) et la recherche d'un emploi l' _____ (ennuyer, s'ennuyer) beaucoup. Pourtant, elle sait _____ (servir, se servir de) un ordinateur dont on ne peut plus _____ (passer, se passer) de nos jours. Demain, elle _____ (demander, se demander) un emploi dans une maison d'édition.

L. Vous avez accepté de garder la petite fille de votre amie pour le week-end. En vous référant aux suggestions suivantes, posez des questions à votre amie à propos des soins dont l'enfant aura besoin.

> MODÈLE: À quelle heure faut-il lui servir le petit déjeuner?
> Il faut le lui servir vers 8 heures.

la peigner, l'habiller, la sortir, la rentrer, lui servir le déjeuner, la coucher pendant l'après-midi, lui servir le dîner, la baigner, la coucher à une certaine heure

L'infinitif passé

1. OBSERVEZ Aurélia est contente **d'avoir passé** ses vacances à la mer.
Ses petits frères sont heureux **d'avoir trouvé** des crabes.
Nous regrettons de **ne pas être allés** avec eux. (*ou:* . . . de **n'être pas allés** avec eux).

ANALYSE L'infinitif passé exprime un fait antérieur à celui qui est exprimé par la proposition principale: Aurélia est contente *maintenant* d'avoir passé ses vacances à la mer *l'été dernier.*

2. OBSERVEZ **Après avoir exercé** le métier d'acteur jusqu'à 65 ans, il a pris sa retraite.
Après lui avoir parlé, j'ai deviné qu'il était du signe du Lion.
Après m'être habillé(e), je suis sorti(e).

ANALYSE   La préposition **après** n'admet que *l'infinitif passé* accompagné de son auxiliaire **avoir** ou **être** selon le cas. Avec les verbes pronominaux, le pronom (**me** dans le cas présent) précède l'auxiliaire comme avec le passé composé. Les objets directs et indirects se placent toujours devant l'auxiliaire. Le sujet des deux propositions vient tout de suite après la virgule:

Après nous être levés, nous nous sommes habillés.

Exercices

A.   Faites une phrase des deux, selon le modèle.

MODÈLE: J'ai mangé. Je suis sorti.
          Après avoir mangé, je suis sorti.

1.   Ils se sont vus. Ils se sont aimés.
2.   Elles se sont parlé. Elles se sont revues.
3.   Nous avons dîné. Nous sommes rentrés.
4.   Tu t'es reposé. Es-tu sorti?
5.   Tu es allé au cinéma. Es-tu rentré?
6.   Je leur ai parlé. J'ai quitté le bureau.
7.   Je me suis habillé. Je m'en suis allé.
8.   Elle le lui a dit. Elle est partie.
9.   Nous les avons vus. Nous les avons achetés.
10. Il lui a téléphoné. Il s'est couché.

B.   Imaginez que vous interrogez un suspect dans une enquête policière. Formulez vos questions selon le modèle.

MODÈLE: Après / vous / lever, / vous / doucher?
          Après vous être levé, vous êtes-vous douché?

1.   Après / vous / doucher, / vous / habiller / tout de suite?
2.   Après / vous / habiller, / vous / prendre / un café?
3.   Après / manger, / vous / mettre / revolver / dans / poche?
4.   Après / sortir / vous / voir / la victime?
5.   Après / lui / parler, / vous / la / inviter / chez vous?
6.   Après / rentrer, / vous / la / abattre?
7.   Après / la / abattre, / vous / cacher / corps dans le jardin?
8.   Après / cacher / corps, / vous / jeter / revolver / dans le lac?
9.   Après / vous / débarrasser / du revolver, / vous / acheter / billet d'avion?
10. Après / acheter / billet d'avion, / vous / changer / d'avis?
11. Après / rentrer, / vous / téléphoner / police?
12. Après / téléphoner / police, / vous / confesser / crime?

C.   Mettez-vous deux par deux et essayez de rétablir très exactement les actions de l'autre personne depuis qu'elle s'est levée ce matin. Posez-lui des questions très précises.

MODÈLE: Qu'est-ce que tu as fait après t'être levé(e) ce matin?
          Après m'être levé(e) ce matin, je me suis brossé les dents.

B. Vous organisez une soirée pour fêter l'anniversaire d'une amie. Répondez aux questions selon le modèle.

> MODÈLE: Qui va téléphoner au fleuriste? (Paul)
> C'est lui qui va lui téléphoner.

1. Qui va envoyer les lettres d'invitation? *(moi)*
2. Qui va inviter les voisins? *(moi)*
3. Qui va apporter les assiettes? *(toi)*
4. Qui va apporter les ustensiles de cuisine? *(Nicolas)*
5. Qui va venir avant les autres? *(mes parents)*
6. Qui nettoiera la maison? *(Geneviève)*
7. Qui préparera le repas? *(tes parents)*
8. Qui servira le repas? *(vous autres)*
9. Qui fera le ménage après? *(nous tous)*
10. Qui jettera les ordures? *(Gustave et toi)*

C. Votre ami vous parle de ses opinions. Vous répondez en fonction de vos propres opinions.

> MODÈLE: J'aime le cours de philosophie.
> Moi aussi. (ou bien, Moi non!)
> Mais je n'aime pas la biologie.
> Moi non plus, je préfère le français.

1. J'aime beaucoup cette école.
2. Je voudrais suivre un cours de littérature française.
3. Je vais étudier ce soir.
4. Je ne vais pas au cinéma.
5. Je vais aller à la bibliothèque.
6. Je ne vais pas à la discothèque ce soir.
7. Je crois que demain j'irai à la plage.
8. Mais je ne me baignerai pas.
9. Je ne veux pas attraper un coup de soleil.
10. Je pense que le soleil peut être dangereux.

D. Vous organisez un voyage avec des camarades. Il y a beaucoup de préparatifs à faire. Par exemple, il faut choisir l'itinéraire, acheter des billets d'avion, réserver des chambres d'hôtel dans chaque ville que vous allez visiter, obtenir des passeports et des visas, faire les valises, et ainsi de suite. En employant la structure «C'est moi qui . . . », «C'est lui qui . . . », «C'est nous qui . . . », etc., organisez votre voyage avec vos camarades.

Les pronoms possessifs

OBSERVEZ   J'ai mes bagages. As-tu **les tiens**?
Voici ton billet d'avion, mais où est **le mien**?
J'ai une valise en fibre synthétique, mais **la sienne** est en cuir.

ANALYSE   On emploie *un pronom possessif* pour éviter la répétition de l'adjectif possessif et de son nom. Il varie en genre et en nombre.

REMARQUES   1.   Les pronoms possessifs sont les formes toniques de l'adjectif possessif. Ils sont toujours précédés de l'article défini. Quand l'article est précédé par la préposition **de** ou **à**, il faut utiliser les formes contractées: **au** sien, **aux** siens, **des** nôtres, **du** vôtre, etc.
2.   Notez la différence de prononciation:
notre chat [nɔtʀ(ə)]
le nôtre [notʀ(ə)]
La voyelle de **nôtre** est plus fermée.

TABLEAU DES ADJECTIFS ET DES PRONOMS POSSESSIFS

Singulier		*Pluriel*	
Adjectifs possessifs	*Pronoms possessifs*	*Adjectifs possessifs*	*Pronoms possessifs*
C'est **mon** chat.	C'est **le mien**.	C'est **notre** chat.	C'est **le nôtre**.
C'est **ma** chatte.	C'est **la mienne**.	C'est **notre** chatte.	C'est **la nôtre**.
C'est **mon** auto.[1]	C'est **la mienne**.	C'est **notre** auto.	C'est **la nôtre**.
Ce sont **mes** meubles.	Ce sont **les miens**.	Ce sont **nos** meubles.	Ce sont **les nôtres**.
Ce sont **mes** affaires.	Ce sont **les miennes**.	Ce sont **nos** affaires.	Ce sont **les nôtres**.
ton chat	**le tien**	**votre** chat	**le vôtre**
ton[1] auto	**la tienne**	**votre** auto	**la vôtre**
tes meubles	**les tiens**	**vos** meubles	**les vôtres**
tes affaires	**les tiennes**	**vos** affaires	**les vôtres**
son chat	**le sien**	**leur** chat	**le leur**
son[1] auto	**la sienne**	**leur** auto	**la leur**
ses meubles	**les siens**	**leurs** meubles	**les leurs**
ses affaires	**les siennes**	**leurs** affaires	**les leurs**

[1]Le mot **auto** est féminin, mais on emploie la forme masculine de l'adjectif devant une voyelle.

Exercices

A. Complétez les phrases suivantes en employant un pronom possessif.

1. J'ai invité mes amies, et lui, il . . .
2. Tu as tes gants, et elle, elle . . .
3. Il est venu dans son auto, et moi, je . . .
4. Ils ont leurs affaires, et nous, nous . . .
5. Nous avons mis nos manteaux, et eux, ils . . .
6. Elles présenteront leur mère, et vous, vous . . .
7. Vous avez amené votre frère, et elles, elles . . .
8. Je rendrai visite à ma sœur, et toi, tu . . .

B. Complétez les phrases avec les pronoms possessifs exigés. Ajoutez une préposition, s'il le faut.

1. J'ai fait une partie d'échecs avec mon ami. En as-tu fait une avec . . . ?
2. Il va parler à son coiffeur. Vas-tu parler . . . ?
3. Ma mère me confie ses secrets, mais mon père me parle rarement . . .
4. J'offre des fleurs à mon ami. En offrez-vous . . . ?
5. Je me soucie de mes amis. Se soucient-ils . . . ?
6. Elles écrivent souvent à leurs parents. Mais j'écris rarement . . .

C. Vous venez de rentrer d'un voyage. Comparez les objets que vous avez achetés avec ceux que votre camarade a achetés.

MODÈLE: Voici la robe que je me suis achetée.
Moi aussi, je me suis acheté une robe, mais la tienne est plus jolie.

Tout

1. OBSERVEZ Il passe **tous les** étés en Provence.
Tous les autres adorent les vacances.
Toutes les années, nous faisons un voyage.
Tout le monde aime la mer.
Elle aime prendre des vacances avec **toute sa** famille.

ANALYSE Comme adjectif, **tout** s'accorde en genre et en nombre avec le nom qu'il modifie.

2. OBSERVEZ **Tous les** jours elle est allée à la mer.
Tous les week-ends nous partons en Provence.
C'est une revue de voyage qui arrive **toutes les** semaines.
Il faut prendre ton médicament **toutes les** quatre heures.

ANALYSE **Tout** comme adjectif marque une action répétée.

3. OBSERVEZ   **Tous** sont allés en vacances en juillet. Ils sont **tous** allés en vacances en juillet.

Toutes aiment la mer. Elles aiment **toutes** la mer.

Nous nous intéressons **tous** aux pays exotiques.

Elles sont **toutes** parties en voyage après moi.

Ce qu'elles cherchent **toutes,** c'est un endroit super-calme à la campagne.

ANALYSE   Comme pronom sujet, **tout** s'accorde en genre et en nombre avec le nom qu'il remplace. Le **s** final du masculin pluriel se prononce quand il remplit la fonction d'un pronom.

4. OBSERVEZ   Les voitures? Ils les ont **toutes** vendues. *(pronom objet direct)*

Tu vois ces livres? Je les ai **tous** lus. *(pronom objet direct)*

Il a donné un cadeau **à tous** et **à toutes.** *(pronoms objets indirects)*

ANALYSE   **Tout** qui renforce un pronom se met après le verbe au temps simple et après l'auxiliaire au temps composé, sauf dans le cas d'un *objet indirect.*

5. OBSERVEZ   Il quitterait **tout** pour moi.

C'est **tout.**

Tout reste à faire. Rien n'est fait.

Elle n'a pas **tout** dit.

ANALYSE   Quand le pronom **tout** est au singulier, il est souvent neutre ou indéfini. Il s'oppose à **rien.**

Quelques expressions utiles avec tout

J'arrive **tout de suite.** (immédiatement)

De toute façon
De toute manière } je serai là.
En tout cas

Tout de même, il ne faut pas exagérer! (pourtant)

Après tout, c'est un imbécile! (toute chose considérée)

Il va venir **tout à l'heure.** (bientôt)

Nous sommes arrivés **tout à l'heure.** (il y a quelques minutes)

Tu es mignon **comme tout!** (extrêmement)

Il est **tout à fait** bizarre. (complètement)

Exercices

A.   Employez la forme de l'adjectif **tout** exigée par la phrase.

1. Il a répondu à _____ les questions.
2. _____ les semaines, elle fait le ménage.
3. Nous travaillerons _____ la journée.
4. J'ai lu _____ le livre.

5. _____ femme, comme _____ homme, désire être heureuse.
6. On ne pourra pas inviter _____ le monde.
7. C'est une revue qui sort _____ les mois.
8. _____ les revues sont à la bibliothèque.

B. Employez la forme correcte du pronom **tout.**

1. Dis bonjour de ma part à _____ (les garçons) et à _____ (les filles).
2. Personne n'est au bureau; ils sont _____ sortis déjeuner.
3. Il n'y a plus de voitures à acheter; on les a _____ vendues.
4. _____ sont arrivés à la fois.
5. Les femmes ne sont pas venues; _____ ont cru que c'était une réception réservée aux hommes.
6. C'est _____ ! Tu pourras partir maintenant.
7. Attention, ou je vais _____ dire à Maman!
8. _____ est bien qui finit bien.

C. Complétez les phrases suivantes avec la forme correcte du mot **tout.**

1. _____ le monde est venu.
2. _____ les filles ont été présentes.
3. J'ai vu _____ mes amis à New York.
4. Il a lu _____ le journal.
5. J'ai révisé _____ la pièce.
6. Ça se voit _____ les jours.
7. Il les a _____ vus.
8. Nous les avons _____ vues.
9. _____ ceux qui étaient là ont apporté un cadeau.
10. J'ai _____ à fait oublié.
11. Je ferais _____ pour toi.
12. Je te verrai _____ à l'heure.
13. Il était malade, mais je lui ai rendu visite _____ de même.

D. Remplacez les mots en italique par une des expressions avec **tout.**

1. Je vous le dirai *immédiatement.*
2. Je l'ai vu *il y a quelques minutes.*
3. À *bientôt!*
4. Vous avez l'air *complètement* épuisé.
5. Elle est *extrêmement* mignonne.
6. *Pourtant,* tu pourrais t'excuser!

E. Vous voulez partir en vacances à Noël avec un copain et vous lisez dans le journal les publicités sous la rubrique «Voyages». Toutes les places ne sont pas encore prises, mais tous les forfaits-voyages *(package holidays)* coûtent assez cher. Discutez avec votre ami en employant autant de formes du mot **tout** que possible.

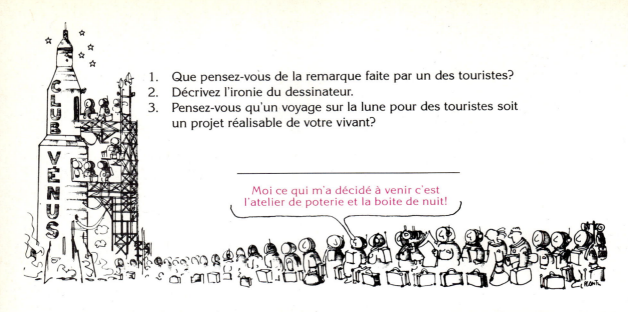

1. Que pensez-vous de la remarque faite par un des touristes?
2. Décrivez l'ironie du dessinateur.
3. Pensez-vous qu'un voyage sur la lune pour des touristes soit un projet réalisable de votre vivant?

Moi ce qui m'a décidé à venir c'est l'atelier de poterie et la boite de nuit!

Étude du lexique

Lisez à haute voix chaque mot ou expression, définition et question du lexique qui suit. Donnez une réponse à chaque question en employant le mot nouveau ou l'expression nouvelle.

1. **égarer**   mettre une chose à une place qu'on oublie; la perdre momentané-ment

   J'ai égaré mon portefeuille.
   Avez-vous tendance à égarer vos affaires?

2. **avoir hâte**   être impatient de, être pressé de

   Nous avons hâte de profiter de notre séjour à Paris.
   Avez-vous hâte de prendre des vacances?

3. **la bêtise**   une chose bête, idiote

   Il a commis la bêtise d'avoir égaré son passeport.
   Est-ce qu'il vous arrive de faire des bêtises?

4. **tâcher de**   essayer de

   Tâche de venir passer la Noël avec nous!
   As-tu tâché de faire des réservations cette semaine?

5. **s'en faire** (fam.)   se faire des soucis, se tourmenter

   Ne vous en faites pas, vous aurez sans doute des nouvelles demain.
   Est-ce que vous vous en faites lorsque vous avez un examen?

6. **prendre goût à**   se mettre à apprécier

   On prend facilement goût au luxe.
   J'ai pris goût à la vie parisienne, et toi?

7. **donner un coup de main**   donner de l'aide, du secours; aider

Le chauffeur était trop paresseux pour nous donner un coup de main avec nos bagages.

Veux-tu me donner un coup de main avec mes devoirs?

8. **affreux**   abominable, atroce, effrayant, horrible

Il fait un temps affreux à Paris en hiver.
Avez-vous jamais fait un voyage affreux?

9. **lourd**   qui est pesant

Ma malle très lourde entrait tout juste dans le taxi.
Dans quelles circonstances vous êtes-vous senti lourd?

10. **pousser un cri**   crier, émettre un son perçant

Quand Madame Jouve a vu tous les bagages, elle a poussé un cri d'étonnement.
Dans quelles circonstances poussez-vous un cri?

11. **la moitié**   50%

La deuxième moitié du XXe siècle tire à sa fin.
Il ne faut pas faire les choses à moitié.
Veux-tu la moitié de mon croissant?

12. **tremper**   mouiller, plonger

Cette averse (pluie soudaine) m'a trempé jusqu'aux os!
Aimez-vous tremper votre croissant dans votre café?

13. **la nappe**   ce qui sert à couvrir une table; la nappe et les serviettes

Elle a mis une belle nappe blanche pour le dîner ce soir.
Quelle sorte de nappe mettez-vous quand vous invitez à dîner?

14. **écraser**   déformer par une forte compression, rendre plat, aplatir

Il a écrasé l'insecte sous son pied.
Attention en traversant la rue, tu risques de te faire écraser par une voiture.
Vous êtes-vous jamais fait écraser le pied en dansant?

LIRE ET COMPRENDRE

La Détresse et l'enchantement

Gabrielle Roy

Romancière manitobaine d'expression française, Gabrielle Roy naquit à Saint-Boniface (1909–1983). Dans ses nombreux romans (Bonheur d'occasion, La Petite Poule d'eau, Alexandre Chênevert, parmi bien d'autres), on voit des personnages humbles et tourmentés de désirs que la réalité ne leur permet pas de satisfaire. La Détresse et l'enchantement est son autobiographie. Dans l'extrait que vous allez lire, elle raconte le nouveau monde dans lequel elle entre en arrivant à la grande et intimidante capitale de la France.

Exercices de prélecture

A. *Prédire le contenu du passage*

D'après le titre de la leçon, l'introduction, et la première phrase du passage ci-dessous, pourriez-vous prédire le contenu du passage? Est-ce un passage de faits, d'opinion ou de fiction?

B. *Trouvez les idées principales*

Lisez rapidement le premier paragraphe en encerclant les mots-clés qui en révèlent le sens. Qu'apprenez-vous de plus sur la situation de la narratrice? D'où vient-elle? Pourriez-vous imaginer sa situation? En quelle année sommes-nous?

C. *Devinez le sens des mots inconnus*

En considérant le contexte, l'étymologie, la grammaire et vos connaissances préalables (ce que vous savez déjà), tâchez de deviner le sens des mots en italique.

> 1. Parmi les vagues de *dépaysés* que Paris reçoit tous les jours, en a-t-*il* jamais vu arriver de plus égaré que moi, à l'automne de 1937?

À quoi se réfère le mot *il* dans la proposition principale?

Référez-vous au lexique précédent pour le sens du mot *égaré;* il vous aidera à comprendre le contexte. Quel est le radical du mot *dépaysé*? Que veut dire le préfixe **dé**-? Pourriez-vous alors deviner le sens du mot?

> 2. «Quand mon bagage fut rangé à notre goût, sans trop bloquer le passage, j'appuyai le doigt sur *la sonnette* au-dessus d'une carte dont la distinction me *glaça:* Madame Pierre-Jean Jouve. Elle-même presque aussitôt, en robe de chambre, ouvrit [. . .].»

Imaginez la scène. Où se trouve la narratrice? Sur quoi est-ce qu'elle appuie son doigt? Connaissez-vous un verbe qui correspond au mot *sonnette*?

Quel mot connaissez-vous déjà qui vous indique le sens du mot *glaça*? Relisez les deux phrases et tâchez de deviner le sens des deux mots.

> 3. «Je pris le bol fumant, moitié café odorant, moitié lait bouilli et lui trouvai un goût *exquis*.»

À quelle partie du discours appartient *exquis*? Quel mot modifie-t-il? À quel mot anglais ressemble-t-il? Pourriez-vous deviner le sens du mot?

D. *Mobilisez vos connaissances*

Êtes-vous jamais allé(e) dans un pays étranger? Quelles étaient vos expériences? Si vous n'êtes jamais allé(e) en France, imaginez ce que vous verriez de différent de chez vous. Que veut dire «un choc culturel»?

Parmi les **flots** de dépaysés que Paris reçoit tous les jours, en vit-il jamais vagues
arriver de plus égaré que moi, à l'automne de 1937? Je n'y connaissais personne. De mon lointain Manitoba, une lettre était pourtant partie me préparer la voie. Meredith Jones, professeur de français à l'Université du Manitoba,
5 y demandait à une de ses élèves, vivant au pair à Paris, de s'occuper un peu
de moi, de me trouver une pension, de venir m'accueillir à la gare. [. . .]

Je mis pied dans la terrifiante **cohue** de l'arrivée d'un train maritime en chaos, confusion
gare Saint-Lazare. Dans une mer changeante de visages, je me pris à
essayer d'en reconnaître **un** que je ne connaissais pas. **Happée** tout inno- visage / Saisie
10 cente par les cris, la hâte, de puissants **remous,** je m'en allais par moments, mouvement confus
je ne sais comment, à contre-courant du flot humain, et **me le fis reprocher:** on m'a reproché
«Dis donc, toi, t'es pas capable de regarder où tu vas!» Je crois me rappeler
que c'est une des premières phrases que je m'entendis adresser à Paris. Je
commis aussi la bêtise de tâcher de retenir parmi ces gens quelqu'un de
15 pressé pour en obtenir un renseignement, et **me fis remettre** à ma place. on m'a remise
«Pour les renseignements, il y a les Renseignements!»

[Après une longue attente décourageante, Gabrielle et l'élève de Mere-
dith Jones se retrouvent.]

—Êtes-vous Gabrielle?
20 Je lui sautai au cou comme si elle m'était devenue l'être le plus cher au
monde. Pourtant je cherche toujours son nom. [. . .]

Déjà, en route pour réclamer mes bagages à la consigne, elle **s'évertuait** s'appliquait
à m'encourager.

—Ne t'en fais pas au sujet de l'accueil à Paris. C'est toujours comme ça.
25 On a l'impression de descendre chez un peuple en permanent état de guerre
interne. Tout y est sujet de dispute et d'argument. Mais au fond c'est une
guerre amicale, et presque toujours, tu verras, au profit de la justice et de la
logique, une passion, la logique, qu'ils ont dans **le sang** comme un virus. On *blood*
s'y habitue, tu verras. Même on y prend goût et, le croiras-tu, quand on en
30 arrive à battre les Parisiens sur leur propre terrain, ils rendent les armes. En
tout cas, ce qu'il faut à tout prix ne jamais leur montrer, c'est qu'on a peur
d'eux. T'as compris?

[. . .]

À la consigne, je récupérai mes deux lourdes valises et ma **malle** garde- gros bagage
35 robe qui devait bien peser deux cents livres. [. . .] Finalement nous avons
atteint le **trottoir** d'où nous avons **hissé** le bagage dans un haut taxi dont le *sidewalk* / monté
chauffeur tout ce temps continua à lire tranquillement son *Paris-Soir,* l'une avec effort
de nous, **grimpée** à côté de lui, tirant et l'autre, d'en bas, poussant de toutes montée en s'aidant
ses forces. À la dernière minute, il daigna se soulever un peu le derrière et des mains et des
40 nous donner un coup de main pour la malle garde-robe qui entrait tout juste pieds
dans la cabine.

Et enfin, en route vers la Ville lumière! Rue après rue, je ne voyais pourtant
que de hautes façades plongées dans une obscurité sévère.

—Je t'ai trouvé une pension tout ce qu'il y a de bien, comme ils disent ici,
45 m'expliquait ma **payse.** Chez madame Jouve. Mais il est certain que ce soir compatriote

elle va déjà te tomber dessus pour arriver si tard. Passé minuit, c'est barri-
cadé chez elle comme dans leurs châteaux forts du Moyen-Âge. As-tu déjà
vu Carcassonne?[2] demanda-t-elle, et elle revint à madame Jouve. Si elle
attaque, contre-attaque. Si elle **grogne,** grogne plus fort. C'est comme ça   proteste
50 qu'on s'en tire à Paris.

—C'est affreux!

—Non, parce que ensuite vient l'estime.

[. . .] Quand mon bagage fut rangé à notre goût, sans trop bloquer le passage, j'appuyai le doigt sur la sonnette au-dessus d'une carte dont la distinc-
55 tion me glaça: Madame Pierre-Jean Jouve.

Elle-même presque aussitôt, en robe de chambre, ouvrit, les yeux lourds
de sommeil et le reproche déjà à la bouche, quoique poli.

—En voilà une heure pour arriver! Vous auriez au moins pu m'avertir que
vous seriez en retard, m'envoyer un câble . . . téléphoner . . .

60 Les yeux soudain mieux ouverts, ce qu'elle vit alors en tout premier lieu,
ce ne fut pas mon pauvre visage en si grande **quête** de sympathie mais la   recherche
montagne de bagages entassée à la porte. Elle en poussa un cri:

—Ce n'est pas rien qu'à vous . . . tout . . . tout . . . tout . . .

—Je viens pour un an, madame, osai-je lui répondre.

65 —Et vous pensez avoir besoin de tout . . . tout . . . cela . . . pour une pauvre
petite année!

J'eus envie de rétorquer qu'une année à Paris ne pouvait pas être une
«pauvre petite année . . . » mais je n'en eus pas le temps.

—Toutes les mêmes, les Américaines, avec vos tonnes de bagages!

70 —Je suis Canadienne.

—Toutes pareilles, continua-t-elle, avec vos énormes malles garde-robe.
Vous ne savez donc pas ce que c'est qu'un appartement parisien? Nous ne
sommes pas au large ici comme dans votre Canada.

[Après une nuit pleine de rêves bizarres, Gabrielle se lève tard. Madame
75 *Jouve est habillée et coiffée de manière impeccable. Elle appelle la ser-*
vante.]

—Marie, lança-t-elle vers la cuisine, le petit déjeuner de mademoiselle! Et
bien chaud, hein!

Je pris le bol fumant, moitié café odorant, moitié lait bouilli et lui trouvai
80 un goût exquis. J'imitai ensuite ma payse à qui madame Jouve avait aussi
fait servir du café, trempant comme elle dans ma tasse un croissant sortant
du four. C'était délicieux.

[Son amie arrive pour l'amener au commissariat afin de chercher des
papiers officiels.]

85 À peine avais-je, à l'exemple de ma payse, dévotement ramassé les **miet-**   petits morceaux de
tes de mon croissant sur la nappe, qu'elle me pressait: pain

—Allons! on file au commissariat.

[Elles font un petit trajet en autobus.]

On descend ici . . . Attention! . . . Malheureuse! On ne traverse les rues à

---

[2]Carcassonne: ville fortifiée dans le sud de la France

90 Paris qu'aux passages cloutés.[3] Autrement, si tu te fais écraser, c'est quand même toi qui as tort . . . As-tu aperçu la tour Eiffel? C'est monstrueusement beau comme ils disent . . . Ici, le métro! On descend! Regarde! C'est la **maquette!** Supposons que tu ne saches pas faire la correspondance entre, disons, la Porte des Lilas et Passy, tu presses ce bouton. Tu vois! Un **réseau**
95 **de points** s'allume pour t'indiquer ton chemin. C'est facile. On est à Paris. Tout y est clair inflexiblement.» Et elle ajouta ce que je ne devais cesser d'entendre tomber de toutes les bouches: «Il n'y a pas à se tromper.»

plan de Paris

ensemble de points liés

Extrait de Gabrielle Roy, *La Détresse et l'enchantement* (Montréal: Boréal, 1984). © Fonds Gabrielle Roy

Vérifiez votre compréhension

1. Le passage que vous venez de lire est (a) un roman, (b) un conte, (c) une biographie, (d) une autobiographie.
2. L'histoire se passe (a) au Manitoba, (b) à Paris, (c) à l'université.
3. L'histoire se passe (a) depuis la Deuxième Guerre mondiale, (b) avant la Première Guerre mondiale, (c) entre les deux Guerres, (d) pendant la Guerre d'Algérie.
4. Elle arrive (a) à la garde de l'Est, (b) à la gare du Nord, (c) à la gare Saint-Lazare, (d) à la gare de Lyon.
5. Les passants la traitent (a) de façon accueillante, (b) avec dédain, (c) avec gentillesse, (d) avec indifférence.
6. La narratrice s'appelle (a) Madame Jouve, (b) Meredith Jones, (c) Gabrielle.
7. La compatriote de la narratrice lui dit que les Parisiens (a) semblent toujours en guerre, (b) sont accueillants, (c) sont indifférents, (d) sont généreux.
8. Le chauffeur de taxi semble (a) accueillant, (b) dédaigneux, (c) affreux.
9. Madame Jouve arrive à la porte (a) en chemise de nuit, (b) en baîllant, (c) les yeux lourds de sommeil.
10. Elle pousse un cri parce qu'elle (a) ne connaît pas les jeunes femmes, (b) a peur d'être volée, (c) voit la montagne de bagages entassée à la porte.
11. Le matin, Gabrielle prend (a) un thé au lait, (b) un café noir, (c) un bol de lait bouilli, (d) un café au lait et un croissant.
12. À Paris, si on ne traverse pas la rue aux passages cloutés, on risque (a) de se faire réprimander, (b) de se faire renverser, (c) de s'égarer.
13. Dressez une petite liste des expériences qui font peur à Gabrielle Roy quand elle arrive à Paris.

Résumé

En vous servant des suggestions suivantes comme guide, faites un résumé du passage *La Détresse et l'enchantement*.

Quel est le grand événement dans la vie de Gabrielle Roy en 1937? D'où vient-elle et comment se décrit-elle en arrivant à la capitale française? Quelles expériences a-t-

[3]Passages cloutés: passages pour piétons (personnes à pied) autrefois limités par des grosses têtes de clous (actuellement remplacés par des lignes blanches)

Le train à grande vitesse (T.G.V.), qui roule à plus de 260 km/h, relie les villes principales de la France. C'est le train le plus rapide du monde.

elle à la gare Saint-Lazare? Comment réagit-elle envers l'élève de Meredith Jones? Qu'est-ce que cette jeune fille apprend à Gabrielle sur les Parisiens? Comment le chauffeur de taxi réagit-il? Qui est Madame Jouve et comment accueille-t-elle Gabrielle?

Que prend-elle au petit déjeuner le lendemain et où va-t-elle ensuite? Qu'est-ce que Gabrielle apprend en cours de route vers le commissariat?

EXPRESSION ÉCRITE

Avant d'écrire sur un des sujets suivants, révisez les instructions et les articulations logiques des leçons précédentes *(Leçons 1, 2, et 4–6)*. Ensuite, choisissez une des questions ci-dessous, et décidez si vous êtes d'accord ou pas d'accord avec l'opinion énoncée. Par la suite, faites une liste des idées que vous souhaitez défendre, aussi bien qu'une liste de celles que vous désirez combattre. Étudiez les *Définitions essentielles* et la section *Expressions utiles* qui suivent la liste des questions. Finalement, en vous référant au *Plan de dissertation (Leçon 6)*, composez une introduction, un développement (thèse, preuves; antithèses, preuves) et une conclusion.

1. Les Français prennent trop de vacances.
2. Les Américains accordent trop d'importance au travail.
3. Des vacances séparées sont souhaitables pour un couple marié.
4. On dit que les voyages forment la jeunesse. Commentez.
5. Deux semaines de vacances devraient être suffisantes pour tout le monde, comme au Japon.

Définitions essentielles

une introduction   l'entrée en matière, présentant le sujet, esquissant le plan, les idées que l'on va étudier

une thèse   un point de vue particulier que l'on s'engage à justifier, avancer, défendre. (On *soutient* une thèse.)

une antithèse   une proposition opposée à la thèse et constituant avec elle une contradiction

une preuve   ce qui sert à démontrer qu'une chose est vraie

un exemple   un cas, un événement particulier, une chose précise qui entre dans une catégorie et qui sert à confirmer, illustrer, préciser un concept

une conclusion   un argument final, fait de deux parties:
1. **un résumé,** qui rappelle les arguments principaux de la thèse et de l'antithèse
2. **un élargissement,** qui met les arguments dans le contexte de la vie actuelle

Expressions utiles

la paresse, être paresseux (-se)
le repos = la détente
l'inactivité
les loisirs = du temps libre
le pouvoir de disposer de son temps
la créativité
vivre sa vie
un bourreau de travail
se tuer à la tâche
une attitude compulsive à l'égard du travail
se changer les idées
faire du tourisme, visiter des pays étrangers
descendre dans un hôtel de luxe, à prix modique, bon marché
aller à la montagne, à la mer
se divertir = se distraire = s'amuser
faire des projets, changer ses projets
rencontrer des gens
faire du ski (alpin, nordique, nautique)
faire de la raquette (sur la neige)
faire du voilier, faire de la voile, s'inscrire à une école de voile
une planche à voile
bâtir des châteaux de sable au bord de la mer
se bronzer au soleil
attraper un coup de soleil
faire de l'équitation = monter à cheval
avoir un accident de voiture ou d'auto (l'auto dérape, le train déraille, l'avion s'écrase)
s'affoler = perdre la tête

MISE EN ŒUVRE

Sujets de réflexion

1. Dans le passage de *La Détresse et l'enchantement,* quelles expériences de Gabrielle Roy montrent qu'elle a subi un choc culturel en arrivant à Paris? Selon vous, pourquoi les Français ont-ils tendance à croire que les Canadiens sont des Américains aussi? Quelles sont les raisons géographiques et culturelles? Si vous étiez à la place de Gabrielle Roy, quelles expériences vous auraient perturbé? Pourquoi?

2. Depuis 1982, tous les salariés français ont cinq semaines de congés payés (cinq semaines de vacances) par an. Aux États-Unis, les salariés ont entre deux et trois semaines. Pourtant, certains sont fiers de dire qu'ils ne prennent presque jamais de vacances. Comparez l'attitude à l'égard des vacances chez les Français et chez les Américains. Qu'est-ce qu'elle révèle de la mentalité de chaque peuple?

3. Au cours de l'hiver 1986–1987, on constate qu'à peu près un tiers des Français qui partent en vacances en hiver les passent à la montagne, un tiers à la mer, et un tiers à la campagne. Quels sont les avantages et les inconvénients de chaque choix? Pourquoi part-on en vacances en hiver? Qu'est-ce qu'on cherche?

4. Pour la majorité des Français, le dimanche est synonyme de fête et de famille. Pour 60% des familles, le repas traditionnel de dimanche est préparé à la maison. Selon vous, y a-t-il des rituels familiaux aux États-Unis? En quoi est-ce que l'augmentation du taux de divorce a changé ces rituels?

5. En 1987, 88% des Français ont passé leurs vacances en France malgré les affiches publicitaires qui les invitaient à aller au bout du monde. Pourtant, 63% des Belges ont passé leurs vacances à l'étranger. Discutez les raisons possibles de ces statistiques.

6. Si beaucoup de vacanciers continuent à «bronzer idiots», un bon nombre cherche l'occasion de faire des progrès personnels en lisant, en étudiant ou en découvrant un autre domaine ou une autre culture. Comment organiseriez-vous vos étés, si vous n'aviez pas à gagner de l'argent pour payer vos études?

Mini-théâtre

Préparez avec un camarade une des scènes suivantes à jouer devant la classe.

1. Mari et femme discutent leurs projets de vacances; lui aime le calme, elle le mouvement.

2. Vous êtes en vacances à la plage avec un nouvel ami. Une troisième personne arrive que vous n'aimez pas trop. Comment allez-vous vous débarrasser d'elle?

3. Vous êtes dans un train entre Paris et Nice. Vous êtes seul(e) dans le comparti-ment jusqu'à ce qu'arrive un(e) Français(e) très intéressant(e). Comment allez-vous l'aborder?

4. Vous arrivez dans un petit hôtel dans les Alpes où vous avez retenu une cham-bre. Cependant, le patron ne peut pas trouver votre réservation, et de plus, il n'est pas très poli.

5. Vous êtes dans un taxi à Paris. Vous avez dit au chauffeur de vous conduire de la gare de Lyon jusqu'à votre hôtel dans le 5e arrondissement. Cela devrait pren-dre 15 à 20 minutes, mais vous roulez déjà depuis 25 minutes. Vous discutez.

L E **M** A R I A G E

TEXTE I

Le «Marché» matrimonial: «belles dames» et «messieurs bien»,
Michel Heurteaux

GRAMMAIRE

L'emploi et la formation de l'adverbe
La place des adverbes
Le participe présent et le gérondif
Les pronoms démonstratifs
Les pronoms et les adjectifs indéfinis

TEXTE II

Le Vieux Nègre et la médaille (extrait),
Ferdinand Oyono

Quel est le comique
de la situation?
Quel âge donnez-vous
au monsieur? et à la
dame? Est-ce que leurs
âges sont importants?
Pensez-vous que ce
soit un juste échange?

Étude du lexique

Lisez à haute voix chaque mot ou expression, définition et exemple. Employez le mot nouveau ou l'expression nouvelle dans votre réponse à chaque question.

1. **mœurs** *(f.)*   l'ensemble d'habitudes d'une société, d'un individu

   «Autre temps, autres mœurs» veut dire que les mœurs changent avec le temps.

   En quoi les mœurs ont-elles changé depuis la montée du féminisme?

2. **essor** *(m.)*   développement, extension, croissance ≠ déclin, stagnation

   Pendant les années 80, l'économie était en plein essor.

   Qu'est-ce qui peut encourager l'essor des arts?

3. **mûr(e)**   qui a atteint son plein développement, adulte, réfléchi

   Ces fruits ne sont pas mûrs; ils sont même encore verts.

   Il n'est pas encore assez mûr pour toutes ces responsabilités.

   À quel âge peut-on être considéré comme mûr?

4. **les cadres** *(m.)*   personnel ayant des responsabilités et appartenant à la catégorie supérieure des employés d'une entreprise

   Les cadres moyens et supérieurs ont tendance à être plus conservateurs que les ouvriers; chacun a ses intérêts.

   Pourquoi les cadres moyens sont-ils plus vulnérables au stress que les cadres supérieurs?

5. **un manœuvre**   un ouvrier sans spécialisation

   Les manœuvres semblent être les premiers à être renvoyés pendant une récession.

   En quoi le développement de la technologie affecte-t-il le travail des manœuvres?

6. **un vieux garçon**   un célibataire (connotation négative)

   C'est un vieux garçon qui a du mal à se séparer de ses habitudes.

   En quoi les vieux garçons diffèrent-ils des hommes mariés?

7. **conjoint(e)**   époux, mari; épouse, femme

   Les futurs conjoints sont allés chez le notaire pour signer un contrat.

   Avez-vous déjà rencontré votre futur(e) conjoint(e)?

8. **le statut**   l'état, la situation de fait dans la société

   En obtenant un travail comme cadre supérieur, il a changé de statut social.

   En quoi le statut de la femme islamique diffère-t-il de celui de la femme occidentale?

9. **les capacités ménagères**   les talents qui se rapportent à la tenue de l'intérieur domestique

   Si l'homme veut une conjointe capable de gagner sa vie, il lui faudra cultiver des capacités ménagères lui-même. Êtes-vous d'accord?

10.   **un quotidien**   un journal paraissant tous les jours

Quel quotidien lisez-vous?
Pourriez-vous nommer quelques quotidiens publiés en France?

quotidien (*adj.*)   tous les jours

En quoi le travail quotidien d'un cadre diffère-t-il de celui d'un manœuvre?

11.   **l'échelle sociale**   la hiérarchie des situations dans la société

C'est un ambitieux qui ne pense qu'à grimper l'échelle sociale.
Quelles professions se trouvent au sommet de l'échelle sociale?

12.   **le haut** ≠ **le bas**

Sur le haut de la colline, il y a un petit chalet agrémenté d'un jardin.
En quelle saison nettoie-t-on la maison de haut en bas?

1. À présent, Gustave est **au bas de l'échelle sociale,** mais c'est un ambitieux qui veut grimper.

2. Robert était arrivé **en haut de** l'échelle, mais un scandale l'a précipité **de haut en bas.**

4. Il y a des objets étranges dessinés **dans le haut du** tableau. L'artiste a posé sa signature **au bas du** tableau.

3. Il y a un corbeau perché **sur le haut de** l'arbre. «Maître Corbeau sur un arbre perché»   (Jean de La Fontaine)

LIRE ET COMPRENDRE

Exercices de prélecture

A. *Prédire le contenu*

D'après le titre de cette leçon, le dessin humoristique, le titre de l'article et la première phrase, de quoi s'agit-il dans cet article? Est-ce un passage de fiction, d'opinion ou de faits?

B. *Trouvez les idées principales*

Lisez la première phrase de chaque paragraphe dans la première partie de l'article. Qu'apprenez-vous de plus sur les idées exploitées? Faites de même pour la seconde partie de l'article.

C. *Devinez le sens des mots inconnus*

En lisant le première partie de l'article, encerclez tous les mots dont le sens vous est inconnu. En considérant le contexte, l'étymologie et la grammaire, essayez de deviner le sens probable de ces mots.

D. *Mobilisez vos connaissances*

Pensez aux couples mariés que vous connaissez. Est-ce que chaque membre du couple vient de la même couche (classe, catégorie) sociale? Est-ce que chacun a le même niveau (degré) d'éducation? Est-ce que les deux viennent d'un milieu identique? Quelles qualités les femmes cherchent-elles dans les hommes? Et les hommes dans les femmes? En lisant l'article suivant, comparez vos expériences aux idées exposées par Michel Heurteaux.

Le «Marché» matrimonial: «belles dames» et «messieurs bien»

Michel Heurteaux

Malgré l'évolution des mœurs, situation sociale, argent, diplômes déterminent toujours les unions. L'essor du **concubinage** n'y a rien changé.

    Les jeunes Français sont moins nombreux qu'autrefois à «**chausser doucement la pantoufle du mariage**» selon l'expression de Balzac[1] dans *Le Contrat de mariage:* ils n'étaient que 312 000 en 1982 contre 417 000 dix ans plus tôt. Parallèlement, la cohabitation n'a cessé de se développer. Mais la formation des couples, **qu'ils soient** ou **non** sanctionnés par la loi ou la

cohabitation sans mariage

entrer docilement dans le mariage

whether they be

---

[1]Honoré de Balzac (1799–1850), écrivain français, auteur de quelque 95 romans et nouvelles, 30 contes et 5 pièces de théâtre

religion, a-t-elle changé? Obéit-elle à des choix **mûrement pesés** ou est-elle
seulement l'effet d'un sentiment amoureux guidé par le hasard?

considérés longuement

10   En fait, les transformations de la société, l'évolution des mentalités et des
comportements n'ont pas vraiment bouleversé les données du marché
matrimonial [. . .].

    La révolution des mœurs n'y a rien changé [. . .]. «Indépendamment des
préférences et des goûts individuels, des normes sociales très étroites limi-
15 tent, aujourd'hui comme autrefois, les possibilités de choix», constate Alain
Girard.

    Cette loi non écrite s'applique de la même manière à ceux et à celles qui
vivent en union libre: dans ce cas aussi, l'homogamie[2] reste à peu de chose
près la règle. [. . .]

20   Autant le dire: le **brassage** social par le mariage reste un mythe. [. . .]

mélange

    Pour commencer, il faut pouvoir se marier. . . . Être «marié ou célibataire
n'est indépendant ni du diplôme ni de la position sociale que l'on occupe»,
observe François de Singly.

    Pour les hommes, «le mariage contemporain peut être interprété comme
25 un privilège puisqu'il est en effet plus fréquent parmi les plus favorisés». **En
tête** les cadres supérieurs, et de loin: parmi eux, le taux de célibat atteint tout

en premier lieu

juste 3%. Mais à mesure qu'on descend l'échelle sociale le nombre des
esseulés s'accroît: 5% parmi les cadres moyens [un sur vingt], 8% chez les

personne seule / grandit

employés, 9% chez les ouvriers spécialisés. Et 20% des manœuvres [un sur
30 cinq] finissent vieux garçons.

    À l'inverse, le célibat chez les femmes est d'autant plus important que la
position sociale est élevée: 10% seulement chez les ouvrières; trois fois plus
chez les femmes cadres supérieurs. Ces dernières, disposant de ressources
substantielles, n'ont pas besoin d'un mari pour les «faire vivre». Alors que la
35 solitude des hommes, selon François de Singly, est «l'expression d'une pauvreté sociale», celle de ces femmes apparaît comme «l'expression d'un luxe
possible».

    Et lorsqu'elles vivent en couple, c'est généralement avec un conjoint de
statut social équivalent: deux tiers des femmes exerçant une profession libé-
40 rale, plus de la moitié des femmes cadres supérieurs ont, selon l'INSEE,[3]
accordé leurs faveurs à des partenaires de milieu identique.

Titres et diplômes

[. . .]À côté de l'origine sociale, la possession ou l'absence de diplômes et de
titres jouent aussi. Les **bachelières** et les diplômées de l'enseignement supé-

celles qui ont reçu le baccalauréat

45 rieur s'associent en général à des hommes de même niveau scolaire [. . .]. La
fréquentation d'une grande école assure une bonne position dans la course
aux maris «intéressants».

[2]La tendance à épouser quelqu'un du même milieu social et professionnel

[3]Institut national de la statistique et des études économiques

Autrefois, le mariage civil était indissociable d'une cérémonie religieuse.
Aujourd'hui, moins de 60% des couples se marient à l'église contre 78% en 1965.

Le rêve d'ascension sociale par le mariage peut avoir quelque réalité:
selon certains spécialistes, les femmes ont tendance à effectuer leur mobi-
50 lité sociale vers le haut par ce moyen, **alors que** les hommes la feraient plutôt   tandis que
par le travail. Situation qui s'explique selon François de Singly par la division
traditionnelle du travail entre les sexes. Les femmes peuvent plus difficilement faire leur ascension sociale par le travail. En revanche, elles peuvent
offrir leurs capacités ménagères et leur physique.
55   Si les hommes de condition modeste ont très rarement la possibilité
d'épouser des femmes de catégories supérieures, les femmes ont plus de
facilités. Ainsi si les ouvrières sont le plus souvent avec des ouvriers, les

employées, les secrétaires ont beaucoup plus fréquemment pour époux un cadre moyen. [. . .]

60   Ce que toutes cherchent ce sont ces messieurs «présentant bien» avec situation aisée, et tout particulièrement les membres des professions libéra-les—les pharmaciens, les dentistes, les notaires, et surtout les médecins [. . .].

Si pour les femmes l'âge peut faire problème, pour les hommes le statut
65 social et le revenu comptent davantage. [. . .]

C'est que les jeunes filles sont devenues «plus difficiles» qu'autrefois, remarque le secrétaire général de la mairie de Saint-Hilaire-du-Châtel, petite commune agricole du **canton** de Mortagne. «Elles ne veulent plus aller **curer** les vaches comme leur mère! Dès qu'elles ont eu le certificat ou le brevet
70 elles préfèrent aller travailler à la ville comme vendeuse ou employée de banque. . . . Là-bas elles trouveront des **gars** salariés, tranquilles, qui font leurs trente-neuf heures, pas une de plus!»

Ne trouvant plus sur place l'indispensable compagne, certains petits agriculteurs en sont parfois réduits à passer des petites annonces dans les quo-
75 tidiens régionaux, **voire** dans les revues agricoles. [. . .] On a même été jusqu'à recruter par le **biais** d'agences matrimoniales des jeunes femmes du bout du monde [. . .].

division territoriale / nettoyer

garçons (fam.)

*et même
chemin indirect*

Extrait: *Le Monde dimanche,* 14 août 1983

Vérifiez votre compréhension

Préparez oralement les questions suivantes.

1. Comment est-ce que l'évolution des mœurs et l'essor du concubinage ont influencé les unions? Comparez le nombre de jeunes Français qui se sont mariés en 1982 avec le nombre de ceux qui se sont mariés dix ans plus tôt.
2. Selon Alain Girard, qu'est-ce qui limite les possibilités de choix dans la formation des couples?
3. Qu'est-ce que l'homogamie?
4. Pourquoi peut-on interpréter le mariage contemporain comme un privilège pour les hommes? Comparez le célibat chez les manœuvres et chez les cadres supérieurs.
5. Comment le taux de célibat chez les femmes se compare-t-il avec celui des hommes? Comparez le célibat chez les ouvrières et les cadres supérieurs.
6. Pourquoi le taux de célibat est-il si élevé chez les femmes cadres supérieurs?
7. Quelle est l'importance de la fréquentation d'une grande école?
8. Pourquoi, selon certains spécialistes, les femmes ont-elles tendance à effectuer leur ascension sociale par le mariage? Que pensez-vous d'une telle observation?

9. Que cherchent les femmes qui veulent effectuer leur ascension sociale par le mariage?
10. Qu'est-ce que les jeunes femmes ne veulent plus faire? Que préfèrent-elles faire? Qu'espèrent-elles trouver en ville? Qu'est-ce que cet article révèle de la vie des agriculteurs?

À votre avis

Préparez les questions suivantes avec un ou deux camarades pour en discuter en classe.

1. À votre avis, pourquoi les Français tendent-ils à épouser quelqu'un du même milieu social et professionnel? Est-ce que l'homogamie est importante pour vous? Quels conseils vos parents vous donnent-ils à l'égard du mariage? Quelle importance donnez-vous à leurs conseils? Dans certaines sociétés, ce sont les parents qui arrangent le mariage de leurs enfants. Que pensez-vous de ce procédé?
2. De 1973 à 1988, le taux annuel des mariages a baissé de 150 000. Selon vous, quel est le rôle, dans cette diminution, des changements de la condition féminine, du relâchement des pressions sociales, de la liberté sexuelle, de la diffusion des méthodes contraceptives?
3. Un grand nombre de jeunes Français ne voient pas l'utilité d'un contrat de mariage civil ou religieux. Selon vous, pourquoi se marie-t-on? Il y a 100 ans, le sociologue Durkeim a dit «la société conjugale, désastreuse pour la femme, est au contraire bénéfique pour l'homme.» À votre avis, pourquoi est-ce que beaucoup de femmes indépendantes hésitent à se marier?
4. Si un jour vous souhaitez vous marier, quelle importance relative accorderez-vous aux éléments suivants: au caractère et à la personnalité (donnez des exemples), aux habitudes personnelles et au comportement, aux idées philosophiques, à la profession, aux intérêts, à la famille, aux diplômes, à l'éducation et à la culture, à la beauté physique, à la religion, aux amis, au statut social, aux possessions, à l'intelligence?
5. Nous vivons beaucoup plus longtemps que nos grands-parents. Par conséquent, un jeune couple qui se marie de nos jours s'engage pour 50 ans ou plus de vie commune. Pourriez-vous vivre pendant 50 ans avec la même personne? Dressez une liste d'éléments que vous trouvez indésirables chez un futur époux ou une future épouse.
6. Mettez-vous par petits groupes de deux ou trois et faites une liste de tous les adverbes dans l'article précédent. L'équipe qui aura trouvé le plus grand nombre gagnera la partie.

Petit écrit

Écrivez quelques paragraphes cohérents sur la question numéro 1, 2, 3 ou 4.

GRAMMAIRE

L'emploi et la formation de l'adverbe

1. OBSERVEZ Les femmes peuvent **plus difficilement** faire leur ascension sociale par le travail.

Parallèlement, la cohabitation n'a pas cessé de se développer.

Le mariage reste **encore très** populaire.

Les secrétaires ont **beaucoup plus fréquemment** pour époux un cadre moyen.

ANALYSE L'adverbe modifie le sens d'un verbe, d'un adjectif ou d'un autre adverbe; il est *invariable*. Beaucoup d'adverbes se forment en ajoutant le suffixe **-ment** au féminin de l'adjectif. Dans le cas des adjectifs se terminant par une voyelle au masculin, ajoutez simplement **-ment**.

Adjectifs		Adverbes
Masculin	*Féminin*	
Groupe A		
distrait	distraite	distraitement
doux	douce	doucement
frais	fraîche	fraîchement
léger	légère	légèrement
long	longue	longuement
mou	molle	mollement
net	nette	nettement
bref	briève	brièvement
Groupe B		
poli		poliment
absolu		absolument
vrai		vraiment
brusque		brusquement
facile		facilement
nécessaire		nécessairement
paisible		paisiblement
probable		probablement

RÈGLES PARTICULIÈRES

	Adjectifs	*Adverbes*
Adjectifs en **-ent** et **-ant**	méch**ant**	méch**amment**
	cour**ant**	cour**amment**
	évid**ent**	évid**emment**
	néglig**ent**	néglig**emment**
EXCEPTION:	lent	lentement

L'accent circonflexe	assidu	assidûment
marque la chute	cru	crûment
du -e féminin.	gai	gaîment (ou gaiement)
Adverbes en -ément	décidé	décidément
	forcé	forcément
	précis	précisément
	profond	profondément
Adverbes irréguliers	bon	bien
	meilleur	mieux
	mauvais	mal
	pire	plus mal (pis)
	gentil	gentiment

2. OBSERVEZ Il a travaillé **dur.**
Tu parles **fort!**
Les fleurs sentent **bon.**

ANALYSE Certains adjectifs peuvent être employés comme adverbes.

Exercices

A. Complétez le paragraphe suivant en donnant la forme adverbiale de l'adjectif entre parenthèses.

Louis est _____ (bon) perplexe. Il s'intéresse _____ (vif) à trouver une femme, mais les mœurs ont _____ (sensible) changé et il se sent un peu perdu. Il ne veut _____ (absolu) pas rester célibataire, mais les femmes lui semblent _____ (tel) différentes de sa mère qui vivait _____ (paisible) à la maison. Sa mère était _____ (décidé) plus intelligente que son père qui était _____ (évident) celui qui dominait le mariage. Louis est donc _____ (profond) perturbé et doit réfléchir _____ (mûr) aux changements du statut de la femme. Il avait _____ (bref) considéré la possibilité d'épouser une Japonaise, mais la culture est _____ (net) différente et il craignait de ne pas pouvoir s'y habituer.

B. Faites une description de Louis et formulez des conseils qu'il devrait suivre. Employez autant d'adverbes que possible.

MODÈLE: Louis est tout à fait (bien, tellement, absolument, décidément, vraiment, certainement, évidemment, forcément, etc.)
traditionnaliste (limité, borné, perplexe, etc.)
parce que sa famille . . .
Il devrait . . .

La place des adverbes

1. OBSERVEZ   La situation sociale, l'argent, les diplômes déterminent **toujours** les unions.

Il s'intéresse **beaucoup** à elle, mais c'est une femme indépendante qui n'a pas **encore** décidé de se marier.

Il a **enfin** compris, mais il a **complètement** perdu la raison.

ANALYSE   Au temps simple, l'adverbe se place après le verbe. Au temps composé, les adverbes les plus utilisés se placent *après l'auxiliaire*. Voici une liste partielle de ces adverbes:

mal	tant	encore	toujours
bien	déjà	souvent	sans doute
peu	assez	beaucoup	pas du tout
trop	enfin	presque	tout à fait

certainement	malheureusement	seulement
complètement	probablement	tellement
finalement	réellement	vraiment
heureusement	vraisemblablement	

REMARQUES   1.   La place habituelle de l'adverbe de lieu et de temps est après le participe passé, ou au début ou à la fin de la phrase:

Aujourd'hui, je vais écrire dans mon journal.
Vas-tu venir **maintenant**?

2.   **Presque, toujours** et **sans doute** précèdent le mot **pas** au temps composé:

Il n'a **sans doute pas** imaginé cette possibilité.
Il n'a **presque pas** dormi à cause de cette femme.
Elle n'a **toujours pas** décidé de se marier.

3.   Il y a quelques cas particuliers:

Il se mariera peut-être.
Peut-être se mariera-t-il.
Peut-être qu'il se mariera. (*langue parlée*)
Il est sans doute fiancé.
Sans doute est-il fiancé.
Sans doute qu'il est fiancé. (*langue parlée*)

2. OBSERVEZ   Il m'a parlé **d'un air content.**
J'ai répondu **de manière vexée.**
Elle parlait **de façon concise** . . .
Son époux répondit **d'un ton tremblant, familier** . . .

ANALYSE   Certains adjectifs n'ont pas d'adverbes en **-ment.** On emploie donc une périphrase qui rend le même sens.

Exercices

A. Vous vous sentez très bien. Expliquez pourquoi en ajoutant l'adverbe **bien** à chaque phrase.

1. J'ai dormi.
2. Je me suis habillé.
3. J'ai mangé.
4. J'ai préparé ma leçon.
5. J'ai compris tous les exemples.
6. J'ai réussi à l'examen.

B. Votre ami ne se sent pas bien. Expliquez pourquoi en ajoutant l'adverbe **mal** à chaque phrase.

1. Il a dîné.
2. Il a étudié.
3. il a dormi.
4. Il a mangé ce matin.
5. Il a compris les instructions pour l'examen.
6. Il a réussi à l'examen.

C. Vous et votre ami(e) vous vous préparez pour un marathon. Ajoutez l'adverbe **peu** à chaque phrase.

1. Hier soir, nous avons mangé.
2. Nous avons bu.
3. Nous avons regardé la télé.
4. Nous nous sommes amusé(e)s.

D. Vous parlez à votre ami(e) de votre lune de miel. Il (Elle) vous pose des questions, et vous décrivez vos expériences. Ajoutez à votre description les adverbes suivants: **souvent, trop, vraiment, presque, sans doute.**

E. Vous avez eu un différend avec un ami. Décrivez votre conversation en employant les expressions suivantes:

d'un air	fâché
	vexé
	irrité
d'une manière	agressif
	méprisant
	tremblant
	détaché
d'un ton	indifférent
	ironique
	théâtral

MODÈLE: Il m'a dit d'un air agressif qu'il ne voulait pas sortir.
J'ai répondu d'un air ironique que cela m'était égal.

F. Vous parlez avec un(e) ami(e) des préparatifs que vous faites pour votre mariage. Employez les adverbes suivants de lieu et de temps pour décrire vos activités:

hier	avant-hier	là-bas
toute la fin de la semaine	aujourd'hui	partout
demain	ici	maintenant
aujourd'hui en huit		

Le participe présent et le gérondif

1. OBSERVEZ   Ce que toutes les femmes cherchent ce sont des messieurs «**présentant** bien» (= qui se présentent bien), **ayant** (= qui ont) une situation aisée.

Ne **trouvant** plus (= Parce qu'ils ne trouvent plus) l'indispensable compagne, certains petits agriculteurs passent des petites annonces dans les quotidiens régionaux.

ANALYSE   *Le participe présent* sert à qualifier un nom ou un pronom. Il peut remplacer une proposition relative (première phrase). Il peut également indiquer la cause d'une action exprimée par le verbe de la proposition principale (deuxième phrase). Dans le style littéraire (soutenu), il peut aussi exprimer la simultanéité: J'ai vu Sylvain **lisant** (= au moment où il lisait) un gros livre de voyage. Le sujet de la proposition subordonnée est toujours le même que le sujet de la proposition principale.

2. OBSERVEZ   Elle lui a répondu «oui» **en souriant.**

En réfléchissant, elle voyait que le mariage ne lui était pas indispensable.

ANALYSE   *Le gérondif* (**en** + *participe présent*) sert à qualifier un verbe. Il exprime la simultanéité (première phrase) ou la manière: comment une action est faite (deuxième phrase).

3. OBSERVEZ   **Tout en montant** dans l'échelle sociale, il s'est retrouvé dans une situation de plus en plus aisée.

Tout en considérant le taux croissant des divorces, elle a décidé de se marier.

ANALYSE   **tout** + *gérondif* peut renforcer la simultanéité (première phrase) ou bien traduire une concession ou une opposition dans la pensée (deuxième phrase).

4. OBSERVEZ   **En ne se mariant pas,** certaines femmes désirent maintenir leur indépendance personnelle.

En lui parlant de ses capacités ménagères, il voulait montrer qu'il était un homme libéré.

ANALYSE   L'ordre qui s'applique aux compléments d'objet, aux pronoms et à la négation d'un verbe au temps simple s'applique également au participe présent et au gérondif.

LA FORMATION DU PARTICIPE PRÉSENT

Présent	*Participe présent*
nous mangeons	mangeant
nous commençons	commençant
nous répondons	répondant
nous venons	venant
nous comprenons	comprenant
nous apercevons	apercevant

Les verbes irréguliers

avoir	ayant
être	étant
savoir	sachant

ATTENTION! Employé comme adjectif, le participe présent s'accorde au nom qu'il modifie:

EXEMPLES: une plante grimpante
une soirée fatigante
des animaux vivants
des paroles surprenantes

Exercices

A. Remplacez les propositions en italique par le participe présent.

1. *Parce qu'elle savait* qu'il était riche, elle voulait l'épouser.
2. Certains petits agriculteurs, *qui ne veulent pas* rester seuls, passent des petites annonces dans les quotidiens régionaux.
3. Elle a vu son mari *au moment où il écrivait* une lettre à sa maîtresse.
4. *Comme elle ne comprenait plus* pourquoi elle s'était mariée, elle a décidé de divorcer.
5. Certaines femmes, *qui n'ont pas* besoin d'un homme pour les faire vivre, restent célibataires.
6. Mon copain, *qui savait* l'opinion de sa mère, a décidé de se marier avec la femme qu'elle approuvait.

B. Refaites les phrases suivantes en employant le gérondif. Attention à la structure de la phrase.

1. Elle se mariait parce qu'elle pensait effectuer son ascension sociale.
2. Quand elle a réfléchi, elle a compris son erreur.
3. Elle a fait des études à l'université. Elle a découvert sa vocation.

4. Il a rencontré sa femme et il a trouvé le bonheur.
5. Il a étudié le taux de divorce. Il a décidé de ne pas se marier.
6. Elle parlait à son conjoint, et elle préparait leur déjeuner en même temps.

C. Refaites les phrases suivantes avec **tout en.**

1. Il savait qu'il fallait faire des études supérieures, mais il a négligé de s'inscrire à l'université.
2. Elle voulait être riche. Pourtant, elle s'est mariée avec un manœuvre.
3. Il observait les bons mariages de ses amis, mais il ne voulait pas se marier.
4. Elle curait les vaches et elle rêvait de déménager en ville.
5. Il travaillait et, en même temps, il imaginait sa lune de miel au Portugal.

D. Employez l'adjectif verbal des verbes entre parenthèses.

1. Il lui faut une femme _____. *(croire)*
2. Pour la cérémonie, on aura des chaises _____. *(plier)*
3. Nous serons dans une voiture à toit _____. *(ouvrir)*
4. Le maître d'hôtel a été bien _____. *(obliger)*
5. Son mari est tout à fait _____. *(charmer)*

E. Vous êtes très occupée par les préparatifs pour le mariage de votre fille. Il faut téléphoner au fleuriste, au traiteur, aller chez le coiffeur, la couturière, l'imprimeur, etc. Par conséquent, vous essayez de faire plusieurs choses en même temps. Racontez votre journée à un(e) ami(e) qui vous pose des questions. (Employez le gérondif, le participe présent et **tout en.**)

Les pronoms démonstratifs

1. OBSERVEZ L'homogamie s'applique de la même manière à **ceux** et à **celles qui** vivent en union libre.
Celle qui se marie pour la beauté physique risque d'être malheureuse.
Ils ont reçu des cadeaux de mariage. **Ceux qu'**ils ont reçus de leurs parents étaient les plus beaux.

ANALYSE Les pronoms démonstratifs peuvent introduire une proposition relative.

2. OBSERVEZ Alors que la solitude de l'homme peut montrer une pauvreté sociale, **celle de** la femme apparaît comme un luxe possible.

ANALYSE Les pronoms démonstratifs **celui de, celle de, ceux de, celles de** évitent la répétition du nom qu'ils représentent.

3. OBSERVEZ Des deux appartements, je préfère **celui-ci.** (l'appartement où se trouve le locuteur)

De ces tableaux, **celui-là** est bien le plus beau. (le tableau qui est plus loin du locuteur)

Les Dumarset et les Tremblay sont venus; **ceux-ci** (les Tremblay) ont apporté des fleurs, **ceux-là** (les Dumarset) du champagne.

ANALYSE Les pronoms démonstratifs **celui-ci (ceux-ci, celle-ci, celles-ci)** et **celui-là (ceux-là, celle-là, celles-là)** désignent ce qui est près (ici) ou loin (là-bas) de la personne qui parle.

TABLEAU DES PRONOMS DÉMONSTRATIFS

	Singulier	Pluriel
Masculin	celui	ceux
Féminin	celle	celles

Exercice

Remplacez le nom par le pronom démonstratif exigé par la phrase.

MODÈLE: *Le monsieur* qu'elle a rencontré était aimable.
Celui qu'elle a rencontré était aimable.

1. Il n'a jamais revu *la femme* qu'il a vue au bal.
2. *Les gens* qui se marient pour l'argent sont bien superficiels.
3. Elle a raconté sa lune de miel *aux amies* qui sont venues la voir à son retour.
4. De ces deux photos de son fiancé, elle préfère *cette photo-ci,* à *cette photo-là. Cette photo-ci* est plus flatteuse.
5. Prends mon guide Michelin; je me servirai *du guide* de mon fiancé.
6. Les Vincent et les Côté sont allés à sa réception; *les Vincent* lui ont donné un chèque, *les Côté* lui ont donné un service en porcelaine.

Les pronoms et les adjectifs indéfinis

Les pronoms indéfinis peuvent être affirmatifs ou négatifs. Ils désignent de manière vague les personnes ou les choses.

Affirmatif	*Négatif*
Chacun(e) est venu(e).	**Aucun(e)** n'est venu(e). **Nul(le)** n'est venu(e). (*litt.*) **Pas un** n'est venu.
Toute le monde **On** } est venu. **Quelqu'un**	**Personne** n'est arrivé.[4]

[4]Notez que dans la négation, **personne** n'est pas féminin.

L'un et l'autre sont venus.   Ni l'un ni l'autre { n'est venu.
                                                        { ne sont venus.

Certains   }   Personne }
Quelques-uns   } pensent ainsi.   Pas un   } ne pense ainsi.
Plusieurs   }   Aucun   }

Quelque chose est arrivé.   Rien n'est arrivé.

REMARQUES

1. Au négatif, il faut employer **ne** pour compléter le sens de la phrase.

2. Pour qualifier **quelqu'un, quelque chose, pas un, rien,** employez **de** + *adjectif:*
    **quelqu'un de bizarre, quelque chose d'innommable, rien de mystérieux, pas un
    de bon.**

3. Avec **ni l'un ni l'autre,** le verbe peut être au singulier ou au pluriel, selon le sens
    désiré.

4. **Quelqu'un nominal** s'emploie surtout au masculin singulier pour désigner une
    personne indéterminée: **Quelqu'un** vous demande au téléphone. **Quelqu'un** fait
    au pluriel **quelques-uns,** qui s'applique aussi bien aux personnes qu'aux choses.
    Avec un complément féminin, on emploie le féminin.

EXEMPLES: Voilà de belles fleurs. Donne-m'**en quelques-unes.**
             J'ai lu **quelques-unes de ses lettres.**

OBSERVEZ   Il n'a pas dit **grand-chose** à son enfant.
            Quiconque manque d'imagination, manque de poésie.
            Il ne faut pas convoiter les biens **d'autrui.**
            Un autre arrive. **D'autres** arrivent.
            J'**en** ai vu un autre. J'**en** ai vu d'autres.

ANALYSE   **Grand-chose** est invariable. Le pluriel d'**un autre** est toujours **d'autres.**
           Quand **un autre** (ou **d'autres**) est l'objet de la phrase, employez **en**
           devant le verbe.

Les adjectifs indéfinis suivants correspondent aux pronoms indéfinis que nous
venons d'étudier.

Adjectif	*Pronom*
Aucun homme (aucune femme) n'est semblable.	**Aucun(e)** n'est semblable
Certains hommes (certaines femmes) sont venu(e)s.	**Nul(le)** n'est là.
	Certain(e)s sont venu(e)s.
Il y a **plusieurs personnes** là-bas.	Il y **en** a **plusieurs** là-bas.
Quelques femmes sont là.	**Quelques-unes** sont là.
Chaque personne est unique.	**Chacun** est unique. (pris absolument)

Exercices

A. Vous êtes de mauvaise humeur. Répondez négativement aux remarques de votre ami.

> MODÈLE: Quelqu'un est venu te voir?
> Non, personne n'est venu me voir.

1. Tu fais quelque chose ce soir?
2. Tu vois quelqu'un ce soir?
3. Qu'est-ce qui se passe ce soir?
4. Quelqu'un viendra ce soir?
5. Bernard et Xavier viendront demain, n'est-ce pas?
6. Quelque chose d'intéressant arrivera ce week-end, n'est-ce pas?
7. Il y a quelque chose d'étrange chez toi ce soir.
8. Tu veux quelques-unes de mes fleurs?

B. Votre ami n'a pas pu aller à votre fête. Vous lui en parlez. En employant le pronom indéfini qui correspond à l'adjectif indéfini, inventez une autre remarque.

> MODÈLE: Plusieurs amis sont partis tôt.
> Et plusieurs sont restés jusqu'à minuit passé.

1. Chaque invité a apporté quelque chose à manger.
2. Quelques filles ont apporté des disques.
3. Aucun garçon n'a refusé de danser.
4. Il y avait quelques cadeaux pour moi.
5. Il y avait quelques fleurs pour moi.
6. Certains invités ont chanté.
7. Plus d'un invité m'a souhaité «Bon anniversaire».

C. Donnez le pluriel des phrases suivantes.

1. *Un autre* m'a dit la même chose.
2. J'ai vu *une autre personne* qui montait dans l'autobus.
3. Il y avait *un autre* qui est arrivé en retard.
4. Si tu en vois *un autre,* fais-moi signe.

Questions sur la bande dessinée

1. Décrivez les couples dans les dessins 1 et 2. Où vont-ils?
2. Que remarquez-vous dans le 3ᵉ dessin qui est différent?
3. Comment les maris caractérisent-ils leurs femmes dans le 4ᵉ dessin? Comment les femmes voient-elles leurs maris dans le 4ᵉ dessin?
4. Dans le 5ᵉ dessin, selon les maris, comment les femmes diffèrent-elles des hommes? Comment les femmes voient-elles leurs maris?
5. Dans le 6ᵉ dessin, d'après les maris, comment leurs femmes agissent-elles envers eux? Et selon les femmes, quel est l'intérêt principal de leurs maris?
6. Quelle transformation s'opère dans le dernier dessin? Quel est le comique de la situation?
7. Pourquoi est-ce que les femmes et les hommes ont tendance à se séparer quand ils vont chez les autres? Croyez-vous que les préoccupations illustrées dans la bande dessinée soient très répandues chez les couples mariés?

6

7

sempé
© Charillon-Paris

Étude du lexique

Lisez à haute voix chaque mot ou expression, définition et exemple. Servez-vous du mot nouveau ou de l'expression nouvelle dans votre réponse à chaque question.

1. **la narine**   chacun des deux orifices nasaux

   Les narines de son nez palpitaient en sentant le parfum.
   En réaction à quelle odeur est-ce que les narines se dilatent?

2. **un trou**   cavité, cratère, ouverture, creux

   Quand le prof m'a interrogé, j'ai eu un trou de mémoire.
   Êtes-vous jamais tombé dans un trou?

   troué (*adj.*)

   Le toit était troué.
   Avez-vous des vêtements troués?

3. **pourri** (*adj.*)   décomposé

   Il ne faut pas manger la nourriture pourrie.

   pourrir (*v.*)

   Que se passe-t-il si l'on ne met pas les restes d'un repas dans le réfrigérateur?

4. **bâiller**   ouvrir involontairement la bouche par un mouvement de large inspiration

   On peut bâiller de fatigue, de sommeil ou d'ennui.
   Dans quelles circonstances bâillez-vous?
   Que faut-il faire quand on bâille en public?

5. **s'étirer**   allonger, étendre ses bras et ses jambes

En sortant du lit, il s'étirait en baîllant.
Pourquoi est-ce qu'on s'étire quand on se lève le matin?

6. **en vouloir à**   garder du ressentiment, de la rancune contre (quelqu'un)

Ne m'en voulez pas, je ne l'ai pas fait exprès.
Pour quelles raisons est-ce qu'une femme en veut à son mari?

7. **ronfler**   faire, en respirant pendant le sommeil, un bruit particulier par le nez

Est-ce que les hommes ronflent plus souvent que les femmes?
Comment peut-on savoir si on ronfle?

8. **une savate**   vieille chaussure ou pantoufle qu'on porte chez soi

À la maison, elle était toujours en savates.
Quand portez-vous vos savates?

9. **hurler**   crier très fort (de rage, de terreur, de douleur, de colère)

Ils ont hurlé des injures et des menaces à leurs ennemis.
Hurlez-vous quand vous assistez à un match de foot?

10. **un chameau**   grand mammifère à bosses dorsales

«Il est plus aisé pour un chameau d'entrer par le trou d'une aiguille que pour
    un riche d'entrer dans le royaume de Dieu.» (Matthieu XIX:24)
Quelle est la différence entre un chameau et un dromadaire?

11. **charger**   mettre des objets à transporter sur un homme (un animal, un véhicule, un navire)

Avant de partir en vacanes, il faut charger la voiture.
De quoi charge-t-on un éléphant quand on part en safari?

12. **une case**   hutte, habitation traditionnelle en Afrique et dans les civilisations analogues

Aux Antilles, on ne vit plus guère dans des cases.
En quoi est faite une case?

13. **un clou**   *nail*

Il a suspendu son chapeau sur un clou.
Que peut-on faire avec des clous et un marteau?

14. **la rouille**   détérioration produite par la corrosion du fer

Il faut protéger les objets de fer contre la rouille.
De quelle couleur est la rouille?

15. **le menton**   partie du visage sous la bouche

Quand on est gros, on développe un double ou un triple menton.
Avez-vous un menton avancé, pointu, rond ou peu saillant?

16. **susceptible**   particulièrement sensible, qui s'offense facilement

Il est difficile de parler à une personne susceptible.
Êtes-vous susceptible? Connaissez-vous des individus susceptibles?

17. **saoul** (*ou* soûl)   *(fam.)* ivre, enivré, grisé

Il était soûl comme un cochon.
Pourquoi faut-il ne pas conduire si on a bu?

18. **bon marché**   peu cher

Cette voiture est bon marché, mais l'autre est meilleur marché.
Où peut-on acheter des articles bon marché?

L I R E   E T   C O M P R E N D R E

Le Vieux Nègre et la médaille

Ferdinand Oyono

Né en 1929 au Cameroun, Ferdinand Oyono obtint son Baccalauréat à Paris. À la fin de ses études universitaires (droit et sciences politiques à Paris), il regagna le Cameroun où, en 1960, il commença une longue carrière de diplomate. Entre 1956 et 1960, il publie une trilogie romanesque (Une Vie de boy, Le Vieux Nègre et la médaille, et Chemin d'Europe) qui révèlent un grand talent littéraire. À travers un style satirique et humoristique, Oyono dresse un portrait impitoyable du colonialisme.

Dans l'extrait du roman que vous allez lire, le planteur Meka se prépare à aller à la ville des Blancs chez le commandant qui l'a convoqué. Que peut-il bien vouloir de Meka? À Doum, le village de Meka, on se méfie des convocations officielles «aussi était-ce devenu un sinistre honneur que d'être distingué par le commandant». En lisant l'extrait du roman, repérez les détails qui décrivent la vie de couple de Meka et sa femme Kelara, aussi bien que les éléments qui révèlent leur vie au Cameroun. Quels sont les rapports entre les Blancs et les Noirs?

Exercices de prélecture

A.   *Prédire le contenu du passage*

D'après le titre du roman et l'introduction, que savez-vous déjà sur le contenu du passage? Est-ce un passage de faits, d'opinion ou de fiction?

B.   *Devinez le sens des mots inconnus*

Selon vos connaissances préalables, le contexte, l'étymologie et la grammaire, essayez de deviner le sens des mots en italique sans vous référer à un dictionnaire.

Un mariage heureux peut être comme le décrivait André Maurois, «Une longue conversation qui semble toujours trop brève.»

1. Le premier *rayon* de soleil lui tombait habituellement dans la narine gauche.

Quel mot de cette phrase vous aide à déchiffrer le sens du mot *rayon*?

2. Meka n'avait presque pas dormi. Les yeux lui *piquaient*.

En quoi le contexte vous démontre-t-il le sens du mot *piquaient*? Que se passe-t-il quand vous n'avez pas bien dormi?

3. Il bâilla et s'étira pour *décharger* le panier de pierres qu'il sentait sur ses omoplates.

Quel est le radical du mot *décharger*? Vous avez déjà appris le sens de ce radical dans le lexique précédent. Quel est le sens du préfixe de ce mot? Pourriez-vous définir le sens du mot?

4. Ils prièrent d'une voix monotone et chantante, *agenouillés* sur leur lit de bambou comme des chameaux que l'on charge.

Quel est le radical du mot *agenouillé*? Quelle position prend-on quand on prie? Quelle image renforce le sens du mot?

5. Il se dirigea vers le piquet central de la case sur lequel était planté un énorme clou *rouillé* qui jouait le rôle de porte-chapeaux.

Quel mot du lexique précédent vous indique le sens du mot *rouillé*? À quelle partie du discours appartient le mot *rouillé*?

C. *Contenu culturel*

Remarquez les mots, les expressions et les idées qui montrent que l'histoire se passe au Cameroun. Comment le colonialisme se manifeste-t-il dans cet extrait?

I

Meka était en avance sur le «bonjour du Seigneur», le premier rayon de soleil qui lui tombait habituellement dans la narine gauche, en s'infiltrant par l'un des trous du toit de **raphia** pourri et **criblé** de ciel. — palmier d'Afrique / percé de trous

Meka n'avait presque pas dormi. Les yeux lui piquaient. Il bâilla et s'étira
5 pour décharger le panier de pierres qu'il sentait sur ses omoplates comme au lendemain d'une **cuite.** Il en voulut à sa femme qui continuait à ronfler. — le résultat d'avoir trop bu
Comment pouvait-elle dormir si profondément alors que la convocation du commandant était sous le lit, dans une savate!

—Kelara! hurla Meka en lui donnant des **bourrades.** Comment peux-tu — poussées avec le coude ou le poing
10 dormir quand ton mari a des ennuis?

Kelara **jappa** et se retourna contre le mur. — poussa des cris aigus

Meka l'**empoigna** par les épaules. — saisit

—Réveille-toi! Comment peux-tu dormir quand j'ai des ennuis! . . . O femme aussi faible que les apôtres du Seigneur sur le mont des Oliviers! Tu
15 sais que je dois me présenter très tôt chez le commandant. Prions! . . . Tu laisseras les prières à tous les saints. Je ne veux pas être en retard . . . Au nom du Père . . .

Ils prièrent d'une voix monotone et chantante, agenouillés sur leur lit de bambou comme des chameaux que l'on charge.
20 Meka dit enfin «Amen». Il se leva, s'enveloppa de son **pagne** puis alla — culotte de feuille
ouvrir la porte.

—Pour ce que tu vas faire tout à l'heure, lui dit sa femme, tu devras aller un peu plus loin. Ça sent déjà jusqu'ici . . .

Meka se dirigea derrière la case. Il contourna un tas d'immondices puis
25 pénétra dans un buisson, et s'accroupit. À proximité, une **truie** attendait — femelle du porc
impatiemment qu'il eût fini.

Meka se tournait et se retournait devant sa femme. Il boutonna sa veste kaki et remua délicatement les épaules. Il se dirigea vers le piquet central de la case sur lequel était planté de biais un énorme clou rouillé qui **tenait lieu** — remplaçait
30 de porte-chapeaux. Il en décrocha gravement son vieux casque de **liège** — *cork*
noirci par la fumée et qui pendait par sa **jugulaire rapiécée.** Des **cancrelats** — bande qui passe sous le menton / réparée /
et un jeune **scolopendre** s'en échappèrent et coururent jusqu'à Kelara qui — espèce de cafard /
les **broya** avec ses talons, Meka contempla l'intérieur de son casque, le — insecte à cent pattes / écrasa

tapota, le contempla encore puis s'en coiffa. Il **paracheva** son élégance en   tapa / finit
35 glissant la jugulaire sous le menton.

—Tu es très bien, dit sa femme, on dirait un pasteur américain.

Meka lui sourit et s'assit sur une vieille caisse à sardines.

—Apporte-moi à manger, dit-il. On ne se présente pas devant un Blanc le
ventre vide.

40 Sa femme lui apporta le plat de manioc[5] de la veille et une pâte d'**arachi-**   cacahuètes
des. Quand le plat fut vide, Meka but un grand gobelet d'eau et se leva.

—Fais attention, lui recommanda sa femme. Ne va pas montrer ta sus-
ceptibilité devant le Blanc. Pour une fois, aie un peu pitié de moi. Ne réponds
pas aux gardes, tu sais bien qu'ils n'hésitent pas à **brimer** un homme mûr et   soumettre
45 respectable comme toi . . .

—Je garderai la bouche fermée, promit Meka. Seulement si je ne rentre
pas, va le dire au prêtre . . . pour qu'il arrange cela, il me doit bien ça . . .

Meka sortit de la case. Sa femme, assise à côté de la porte, le suivit des
yeux jusqu'à ce que sa silhouette ne **fût** plus qu'un point blanc à l'autre bout   *was*
50 du village.

Si Meka s'était levé tôt, ce n'était pas que son village fût loin de la ville. Il
s'y rendait quelquefois pour aller se faire piquer à la Crève des Nègres[6]. Il ne
connaissait pas exactement la distance qui séparait Doum, son village, de la
ville. Cette distance se réduisait pour lui à une seule étape: chez Mami Titi,
55 cette femme venue des bords de la mer et dont la renommée pour distiller
l'*arki*[7] était sans précédent. Chez Mami Titi qui habitait le quartier indigène,
c'était déjà la ville. De là au bureau du commandant, il n'y avait que quelques
pas à faire en montant une colline abrupte.

[Comme d'habitude, Meka passe du temps Chez Mami Titi où il boit l'arki
60 interdit par les Français.]

—**Bosse de vache! sa tête me revient**! dit le voisin de Meka. **M'est avis**   *(exclamation familière)*
que . . . mais c'est toi qui as **filé** ta terre au bon Dieu!   je le reconnais /
    (fam.) Je suis d'avis /
[. . .]   donné

—C'est moi-même.

65 Un silence d'étonnement régna dans la case.

—Quel **couillon**! lança quelqu'un.   *(très fam.)* imbécile

—Toi, au moins, tu dis ce que tu penses! dit Meka.

[. . .]

—Si le commandant sent que j'ai bu de l'alcool, ce sera la prison . . .

70 —Tu n'auras qu'à **sucer** ensuite deux oranges, dit celui qui l'avait traité de   aspirer au moyen des
couillon. S'il te demande si tu es saoul, tu lui diras que tu as mangé une   lèvres
orange . . .

—Les Blancs, c'est facile à avoir! dit un autre.

[. . .]

75 On avait interdit aux indigènes la distillation de leur alcool de bananes et
de **maïs** bon marché pour les pousser vers les liqueurs et le vin rouge euro-   *corn*

[5]Petit arbre des régions tropicales dont la racine fournit le tapioca

[6]L'hôpital

[7]Alcool indigène

péens qui **inondaient** le Centre Commercial.

[Pendant ce temps, à Doum, village de Meka et de sa femme Kelara, on s'inquiète de Meka qui ne revient toujours pas.]

80   Combien de temps Kelara passa-t-elle assise devant sa porte, les yeux fixés sur l'autre bout du village où avait disparu son mari? Le soleil avait dépassé le milieu du ciel. Il s'inclinait déjà.

[. . .]

C'est alors qu'elle entendit le bruit d'une voiture. Tout le village aussi avait
85   entendu. Tous les gens étaient devant leurs cases. Quelqu'un cria: «La voilà!»

La voiture se dirigeait vers le milieu de la cour, suivie par une foule de **gamins** nus qui criaient avec frénésie. Meka était assis à côté d'un Blanc qui conduisait. Il se penchait de temps en temps à la portière pour que tout le
90   village pût le voir. Quand la voiture le déposa devant sa case, le Blanc lui serra la main et l'aida à descendre une **caisse** qui devait être bien lourde à en croire les efforts que faisaient les deux hommes. Le Blanc **démarra** ensuite en faisant de grands signes à Meka qui lui répondit en agitant son casque tant que la voiture fut vue. Sa femme, en louant le Seigneur, courut à lui.
95   Tout le village était chez Meka. [. . .]

—Tu ne vas pas nous tenir longtemps en haleine, s'impatienta Kelara.

—C'est ce que nous disons tous! **surenchérit** la foule.

—Eh bien! commença-t-il, le commandant m'avait appelé pour me dire que le grand Chef de tous les Blancs, qui est à Timba, viendra me donner
100 une médaille le jour du 14 juillet . . .

Un court silence suivit ces mots. Il fut rompu par les hurlements stridents des femmes. Elles poussaient ces cris de joie qu'un Blanc nouvellement débarqué prendrait pour une sirène d'alerte. [. . .]

[Meka raconte son entretien avec le commandant qui lui explique
105 *pourquoi on lui donne une médaille.]*

On l'écoutait attentivement. Après une pause, il reprit:

—Ce fut moi qu'on appela d'abord. Le commandant me dit de m'asseoir en face de lui. Il appela un interprète. Lui était debout entre nous. Le Blanc parla longuement. L'interprète me traduisit ce qu'il disait comme ça: «Meka,
110 tu es quelqu'un parmi les hommes. Depuis que je suis dans ce pays, jamais je n'ai vu un cacao aussi bien séché que le tien.»

—Pour du bon cacao, c'en est un, le tien, ponctua Nua.

—«Tu as beaucoup fait pour faciliter l'œuvre de la France dans ce pays. Tu as donné tes terres aux missionnaires, tu avais donné tes deux fils à la
115 guerre où ils ont trouvé une mort glorieuse . . . (Il essuya une larme imaginaire.) Tu es un ami.» Il me serra la main par-dessus la table et termina: «La médaille que nous te donnerons veut dire que tu es plus que notre ami.» C'est quelque chose comme ça que m'a traduit l'interprète. Je lui ai dit de répondre au commandant que moi j'étais bien content d'être l'ami des
120 Blancs [. . .].»

Extrait de Ferdinand Oyono, *Le Vieux Nègre et la médaille* (Paris: Christian Bourgois Éditeur, Collection 10 × 18, 1956)

Marginal glosses:

- **inondaient**: pénétraient, envahissaient
- **gamins**: enfants
- **caisse**: grande boîte
- **démarra**: repartit en voiture
- **surenchérit**: insista

Vérifiez votre compréhension

A. Marquez chaque affirmation qui suit *vraie* ou *fausse*. Si elle est fausse, corrigez-la.

1. Les personnages principaux du roman sont Doum et Timba.
2. Meka a bien dormi parce qu'il n'avait pas de soucis.
3. Il se réveille tôt et se sent frais et dispos.
4. Meka et Kelara sont chrétiens.

B. Complétez les phrases suivantes en consultant le passage.

1. Kelara recommande à son mari de . . .
2. On appelle l'hôpital . . .
3. Meka va chez Mami Titi pour . . .
4. On l'insulte parce que . . .
5. Meka a peur de boire de l'arki parce que . . .
6. On interdit aux indigènes de distiller leur propre alcool pour . . .

C. Répondez aux questions suivantes par une phrase complète.

1. En quoi est-ce que les remarques de Meka à Kelara révèlent leurs rapports?
2. Quels autres détails évoquent le mode de vie de Meka et Kelara?
3. En quoi la réponse de Meka aux lignes 46–47 montre-t-elle sa peur? À quoi les mots **cela** et **ça** font-ils référence?
4. Décrivez le retour de Meka au village.
5. Qu'est-ce qu'il apprend aux villageois sur sa visite chez le commandant? Pourquoi le commandant veut-il lui donner une médaille?
6. Quels détails du récit vous révèlent les rapports entre les Blancs et les Noirs?

Petit concours

Dressez une liste de tous les détails qui révèlent la vie au Cameroun. Celui qui aura la liste la plus longue aura gagné la partie.

Résumé

En employant vos propres mots, racontez l'histoire précédente, *Le Vieux Nègre et la médaille.*

EXPRESSION ÉCRITE

Avant d'écrire votre 7ᵉ rédaction, révisez les instructions, les articulations logiques et les définitions des leçons précédentes *(Leçons 1, 2 et 4–7)*. Ensuite, choisissez une des questions suivantes et décidez si vous êtes d'accord ou pas d'accord avec l'opinion énoncée. Par la suite, faites une liste des idées que vous voulez défendre, aussi bien qu'une liste de celles que vous désirez combattre. Étudiez les articulations aussi bien que la section *Expressions utiles* qui suit les questions. Finalement, en vous référant au *Plan de dissertation (Leçon 6),* composez une introduction, un développement (thèse, preuves et/ou exemples, antithèse, preuves) et une conclusion.

Articulations logiques

Temporalité	Référence	Mise au point
à l'heure actuelle actuellement = maintenant jadis ≠ naguère autrefois	dans le cadre de dans cette optique sur ce sujet à ce propos	quoi qu'il en soit cela étant effectivement en réalité

En vous servant d'une des thèses suivantes et des expressions suivantes, composez votre dissertation.

1. Un mariage de raison a plus de chances de réussir qu'un mariage d'amour. (Êtes-vous d'accord?)
2. À l'heure actuelle, il n'y a plus de raison de se marier.
3. Ce n'est qu'à l'intérieur du mariage que l'on peut se réaliser pleinement.
4. L'amour et la jalousie semblent fatalement liés. (Si l'on n'est pas jaloux, peut-on être amoureux? Est-ce que le manque de jalousie indique l'indifférence?)

Exemples de phrases

Le paragraphe suivant met en œuvre certaines des *Articulations logiques* afin de vous aider à composer votre dissertation.

Le mariage et la responsabilité

Autrefois les parents arrangeaient le mariage de leur enfant. *Actuellement,* c'est l'enfant qui choisit la personne. *Cela étant,* ne faut-il pas qu'il assume les coûts aussi? *Dans cette optique,* il convient d'examiner la maturité de celui qui désire se marier. On dit qu'une jeune personne risque de baser son choix sur des éléments superficiels. *En réalité,* ce n'est pas toujours l'âge qui confère la maturité.

Expressions utiles

Le lexique suivant vous aidera à élucider vos idées.

épouser quelqu'un = se marier avec quelqu'un
la cohabitation = le concubinage
vivre en union libre = vivre en concubinage avoué
avoir une liaison amoureuse
être amoureux (amoureuse) de quelqu'un
un mariage heureux, malheureux
prendre un amant

faire un mariage d'argent, d'intérêt, de raison, de convenance, d'amour
préférer le mariage au célibat
l'égalité (*f.*) ≠ l'exploitation (*f.*)
être épris(e) de quelqu'un = s'amouracher, s'enticher, s'engouer de quelqu'un
la passion, la folie, un coup de foudre
le côté physique, le côté moral, le côté matériel
avoir des valeurs en commun
la raison, la compréhension, la connaissance, l'intelligence, le jugement
la générosité, la douceur

MISE EN ŒUVRE

Sujets de réflexion

1. Il y a 100 ans, le sociologue Durkeim a dit «la société conjugale, désastreuse pour la femme, est au contraire bénéfique pour l'homme.» En quoi le mariage a-t-il changé depuis le 19e siècle? Qu'est-ce que c'est qu'un mariage «traditionnel»?

2. À quoi sert le contrat de mariage civil ou religieux? De plus en plus, les couples qui se marient signent un contrat prénuptial qui détaille les responsabilités de chaque partenaire, telles que la répartition des tâches ménagères ou la répartition des biens en cas de divorce. Pensez-vous qu'il soit prudent de dresser un tel contrat? Pourquoi? Quels problèmes peut-il éviter? Quels problèmes peut-il causer?

3. Malgré la vague de conservatisme qui souffle sur notre globe, en France, 69% des jeunes de 13 à 19 ans considèrent qu'un homme et une femme vivant ensemble ne doivent pas forcément se marier. (Pourtant, 66% de ces mêmes jeunes croient au grand amour.) Les raisons qui les détournent du mariage sont, par ordre décroissant:

   le désir de garder leur indépendance,
   le taux des divorces qui augmente,
   le fait qu'il faut payer plus d'impôts si l'on se marie,
   l'idée de l'amour pour toute la vie semble dépassée. (*Sofres,* juin 1986)

   Les jeunes Américains que vous connaissez partagent-ils ces opinions? En quoi diffèrent-ils des jeunes Français? Quels éléments de l'éducation d'un enfant influencent son attitude à l'égard du mariage?

4. La cohabitation prénuptiale ou le mariage d'essai a été populaire au milieu des années 70. Pourtant, un nombre significatif de ces couples ont décidé de ne pas «chausser doucement la pantoufle du mariage» selon l'expression de Balzac. À notre époque, en France, plus d'un million de couples, soit 10%, vivent ensemble sans contrat de mariage. Par contre, au Danemark, la proportion est

de 35%, tandis qu'aux États-Unis, le taux est de 2% seulement. L'union libre est plus répandue chez les jeunes, chez ceux qui possèdent une scolarité plus élevée (cadres, professions libérales = de caractère intellectuel: architecte, avocat, médecin, etc.), chez les non-croyants et dans les grandes villes. Quelles peuvent être les raisons de l'augmentation de la cohabitation durable sans le mariage? Selon vous, pourquoi est-ce que ce genre de relation est plus élevé au Danemark, moins élevé en France et beaucoup moins élevé aux États-Unis? En quoi est-ce que le niveau de scolarité et le fait de vivre dans une grande ville influencent ce choix?

Mini-théâtre

Préparez avec un(e) camarade une des scènes suivantes à jouer devant la classe.

1. Vous discutez avec votre petit(e) ami(e) qui veut vous épouser. Vous préférez l'union libre. Présentez le dialogue.
2. Votre petit(e) ami(e) veut un mariage religieux, vous voulez un mariage civil. Exposez vos raisons et essayez de résoudre le problème.
3. Vos parents ont décidé de payer les frais de votre mariage. Pourtant, ils veulent inviter certains membres de votre famille que vous détestez. Vous discutez.
4. L'égalité progresse dans le couple, mais elle est loin d'être parfaite. Vous voulez donc signer un contrat prénuptial pour que votre époux fasse sa part de tâches ménagères. Lui, il pense que l'amour et les contrats (avocats, etc.) sont incompatibles. Vous discutez.
5. Vous avez découvert une lettre d'amour dans la poche de votre petit(e) ami(e). Comment allez-vous découvrir la vérité? Allez-vous tolérer la situation?

CHACUN À SON TOUR

En quoi est-ce que l'échange entre le couple dans le premier dessin illustre un ménage traditionnel? Décrivez le monsieur. Comparez la façon de faire la vaisselle chez la femme et chez l'homme. Comparez les remarques faites par la femme dans le premier dessin et par l'homme dans le deuxième dessin. Y a-t-il un véritable échange de rôles? Pourquoi?

248

Étude du lexique

Lisez à haute voix chaque mot ou expression, définition et exemple. Employez le mot nouveau ou l'expression nouvelle dans votre réponse à chaque question.

1. **revendiquer**   réclamer une chose à laquelle on a droit, demander avec force

   Il a revendiqué une augmentation de salaire.
   Quels droits les femmes revendiquent-elles de nos jours?

2. **un biberon**   bouteille à lait pour bébé

   Elle nourrit encore son enfant au biberon.
   Pourquoi faut-il stériliser les biberons?

3. **à part entière**   jouissant tout à fait des mêmes droits que d'autres personnes de la même catégorie

   Les femmes veulent être des personnes humaines à part entière, participant à la vie économique et politique du pays.
   À quel âge devient-on un adulte à part entière?

4. **une devise**   une pensée avec un but moral, paroles exprimant un sentiment

   «Je me souviens» est la devise du Québec.
   Quelle est la devise de la France?

5. **se sortir d'affaire**   résoudre les problèmes

   Avec quelques amis et un peu de courage, on se sort toujours d'affaire.
   Comment est-ce qu'un couple peut se sortir d'affaire lorsqu'il a des enfants et que les deux travaillent à l'extérieur de la maison?

6. **une nourrice**   une femme qui s'occupe de jeunes enfants

   À l'école maternelle, on s'occupe des enfants de 2 à 5 ans; avant cet âge, il faut engager une nourrice.
   Quelles qualités cherche-t-on chez une nourrice?

7. **en moins**   trop peu, manquant

   Douze invités et seulement dix assiettes, il y en a deux en moins. Que faut-il faire dans ce cas?

8. **une grande surface**   un supermarché, un hypermarché

   En quoi les grandes surfaces diffèrent-elles des petits magasins?
   Qu'est-ce qu'on peut acheter dans une grande surface?

9. **éloigné de**   loin de

   L'hôtel est éloigné de la gare; on ne peut pas y aller à pied.
   Pourquoi les maisons éloignées de la ville coûtent-elles moins cher?

10. **filer**   *(fam.)* s'en aller vite; partir rapidement

    Oh là là! Il est déjà minuit, il faut que je file.
    Est-ce que l'argent file entre vos doigts?

11. **du jour au lendemain**   d'un moment à l'autre, sans transition

Du jour au lendemain, il se trouva sans travail.
Pourquoi ne peut-on pas faire des progrès du jour au lendemain?

12. **les retrouvailles** *(f.)*   l'action de se retrouver après une séparation

Quelles merveilleuses retrouvailles après tant de mois!
Êtes-vous optimiste à l'égard des retrouvailles entre les États-Unis et l'Union soviétique?

13. **repasser**   passer un fer chaud sur un vêtement

Si l'on n'aime pas repasser ses affaires, il vaut mieux acheter des habits infroissables.
Qui repasse vos vêtements?

14. **raccommoder**   réparer à l'aiguille des vêtements

Le week-end, il raccommode et repasse les vêtements de sa fille.
Qui raccommode vos vêtements?

15. **un jumeau, une jumelle**   un des deux enfants nés d'un même accouchement; double physique d'une personne

Ce sont des frères jumeaux.
Ce sont des sœurs jumelles.
Avez-vous un jumeau ou une jumelle?

LIRE ET COMPRENDRE

Exercices de prélecture

A.   *Prédire le contenu du passage*

D'après le titre de cette leçon, le dessin humoristique, le titre de l'article suivant et le premier paragraphe, de quoi s'agit-il dans cet article? Est-ce un passage de fiction, d'opinion ou de faits?

B.   *Trouvez les idées principales*

Combien de sections y a-t-il dans cet article? Quel est le titre de chaque section? Comment l'article est-il organisé? Lisez les deux premières phrases de chaque section. Qu'apprenez-vous de plus sur le contenu de l'article?

C.   *Devinez le sens des mots inconnus*

En lisant la première partie de l'article, encerclez tous les mots dont le sens vous est inconnu. En considérant le contexte, la partie du discours et l'étymologie, essayez d'attribuer un sens probable à ces mots.

D.   *Mobilisez vos connaissances*

Que savez-vous déjà sur les familles monoparentales? Quelles sont leurs difficultés? Que faut-il pour se sortir d'affaire?

Quand papa doit être aussi maman!

Anne-Marie Reby

Les pères **se rebiffent!** Ils sont de plus en plus nombreux, en cas de divorce, à revendiquer la garde de leurs enfants: près de 20% en 1984, chiffre qui a doublé en dix ans. Organisés en associations, ils affirment qu'ils peuvent aussi bien que tant de «mamans seules» **materner,** élever, instruire . . . ren-
5 dre heureux un enfant. [. . .]

    «Égalité des sexes», «À travail égal, salaire égal»; des **mots d'ordre** que, depuis près de vingt ans, les femmes françaises défendent avec **fougue.** Conséquence logique de ces revendications: les pères auxquels on a demandé **à cor et à cri** de participer à toutes les tâches quotidiennes de la
10 vie du foyer—changer bébé, stériliser les biberons, préparer la **bouillie**— réclament aujourd'hui, lorsqu'ils divorcent ou se séparent, la garde de leurs enfants.

    Ironie de justice: dans plus de 90% des divorces, cette proposition se trouve **déboutée.** Pour les **concubins,** la question ne se pose même pas,
15 puisque l'enfant «appartient» **d'office** à la mère qui exerce à part entière l'autorité parentale. [. . .]

    Pour prouver, **s'il en était besoin,** que les hommes peuvent à leur tour se transformer en merveilleux papas poule, [. . .] nous avons rencontré quelques pères qui élèvent seuls leurs enfants.

20 **Dominique: «Cinq belles années mais sans vie privée!»**

«Les femmes le font bien; pourquoi pas nous?» Une devise que Dominique a faite sienne depuis le jour où son épouse s'est envolée pour le Venezuela avec un autre homme. «Jennifer n'avait alors que 2 ans, mais je savais parfaitement m'occuper d'elle, car dès sa naissance, j'ai participé à la prépara-
25 tion de ses repas, à son bain, à ses sorties, à ses jeux. Par contre, j'ai dû totalement m'initier à la cuisine. J'adore manger, mais j'ai horreur de m'installer aux **fourneaux.** Pourtant, pour Jennifer, il a fallu que je m'y mette. Quand elle m'annonçait avec un grand sourire: «Je veux un gâteau au chocolat avec plein de crème!», j'étais plutôt embarrassé. Heureusement, le livre
30 de recettes m'a toujours sorti d'affaire. En fait, le vrai problème de cette nouvelle vie a surtout été d'ordre financier. Mon ex-femme travaillait et, du jour au lendemain, j'ai dû faire face aux mêmes charges (loyer, 120 F de nourrice par jour, etc.) avec un salaire en moins. Je faisais mes courses dans les grandes surfaces avec une machine à calculer! Mon seul critère: le prix. Progres-
35 sivement, j'ai aussi appris à faire des économies en évaluant mieux les quantités. Pas besoin de faire cuire un kilo de spaghetti quand on est deux à table! (. . .) Une première mesure s'imposait: trouver d'urgence un appartement plus petit avec un loyer moins élevé. Mon nouveau logement était malheureusement assez éloigné de chez la nourrice (vingt minutes d'auto
40 environ) mais, pour ne pas perturber Jennifer, j'ai préféré continuer à l'emmener chez cette dame qu'elle aimait beaucoup. Résultat: un véritable sprint

Glosses (right margin): se révoltent — traiter de façon maternelle — formules convenues — passion — avec insistance — céréale — rejetée par jugement / amants / automatiquement — s'il le fallait — fours de cuisine

deux fois par jour. Course jusque chez la nourrice. Là, je laissais mon auto pour filer en train, puis en bus, jusqu'à mon travail. Le soir, même pro-gramme avec, en fin de parcours, le bain et le dîner. Bien sûr, j'aurais pu con-
45 fier ces tâches à la nourrice, mais ces moments de retrouvailles étaient si merveilleux que pour rien au monde j'aurais voulu nous en priver. Difficile, avec un tel rythme, d'espérer avoir un brin de vie privée. Pendant des années, pas de sorties, pas de nouvelles copines. [...]»

Aujourd'hui, Jennifer a 5 ans et demi et Dominique n'ignore plus rien du
50 repassage, du raccommodage, des **rhinopharyngites,** ni des goûts propres aux petites filles. [...]

Et si c'était à refaire? Sans une seconde d'hésitation, la réponse fut: «Bien sûr, je recommencerais. Si Jennifer avait eu deux ou trois mois au lieu de deux ans, ma réaction aurait été la même.»
55 Depuis quelques mois, une nouvelle maman est venue compléter ce cocon familial, avec pour Jennifer une véritable sœur-jumelle: Chloé. [...] Une *happy end* pour tout le monde!

infection des passages nasaux

Charles: «C'est Natacha qui m'a préféré à sa mère.»

Comment fait-on quand on a 32 ans, des habitudes de célibataire endurci et
60 une vie ponctuée de voyages et de soirées folles pour accueillir, du jour au lendemain, sa fille de 12 ans? «On **assume** et on s'organise», répond calme-ment Charles, père de Natacha, aujourd'hui âgée de 18 ans. «Tous mes copains me disaient: «Tu es fou, tu vas craquer.» Mais mon devoir de père ne m'indiquait qu'une seule solution: ouvrir ma porte.

accepte pleinement

65 «Quand Natacha m'a annoncé sa décision de quitter sa mère pour venir habiter avec moi, j'ai tout de suite compris qu'une telle cohabitation ne pou-vait être possible qu'avec beaucoup d'espace. Je laisse donc ma **garçon-nière** pour un grand appartement avec des chambres bien isolées et deux salles de bains. Bien sûr, tout cela implique une dépense importante, mais
70 sans cet effort, notre vie commune aurait été gâchée. On ne peut pas se per-mettre la même promiscuité avec un enfant de 2 ou 3 ans et une adoles-cente. Malgré ces périmètres bien définis, je me suis toujours arrangé pour qu'aucune femme ne vienne partager la complicité de notre petit déjeuner.

petit appartement de célibataire

«Mon principal souci est d'**inculquer** à ma fille le respect d'autrui, des
75 adultes, bref de lui enseigner toutes ces règles de politesse essentielles, qui, aujourd'hui sont souvent **balayées.** Je ne pense pas que cela soit bon. Je veux que tout se passe dans un climat de confiance totale. Nous discutons beaucoup ensemble, mais je n'ai jamais eu l'intention de me substituer à sa mère. Pour des problèmes plus féminins, comme la prise de la pilule, par
80 exemple, c'est sa mère qui la conseille.

imprimer dans l'esprit

rejetées, repoussées

«Depuis que nous vivons ensemble, nous avons décidé d'une certaine répartition du travail à la maison (ménage, courses, vaisselle), mais en réa-lité, c'est un peu **la bohême.** Et Natacha adore cette absence de contraintes. Pas de repas à heures fixes, pas de menus conventionnels. Ensemble, nous

la vie d'artiste

La participation masculine aux soins des enfants est visiblement plus dévéloppée chez les jeunes ménages de moins de 35 ans.

85 nous amusons à inventer ces recettes fantaisistes. En ce moment, je l'aide à réviser son bac et je lui concocte des plats pleins de «**matière grise**»! Quand Natacha était plus jeune, j'avais embauché une jeune fille au pair pour s'occuper de ses repas et de ses devoirs en mon absence. Mais quel problème pour un père seul de recruter une jeune fille au pair! Les organismes spécia-
90 lisés se méfient des célibataires. Ce sont des amis qui ont réussi à persuader une jeune Américaine qu'elle ne risquait rien en venant chez moi!»

    Après un matin passé avec Charles et Natacha, un seul mot vient à l'esprit pour qualifier leur vie: sérénité. «Grâce à Natacha, confie Charles, j'ai trouvé un véritable équilibre. La vie de célibataire, d'éternel **fêtard**, n'est pas tou-
95 jours drôle et puis, on se lasse bien vite de son côté superficiel. Natacha a donné un sens à mon existence. Jour après jour, nous nous découvrons et, finalement, nous nous sommes mutuellement sauvés du **ronronnement** de la routine.»

    Extrait de *Parents,* juillet 1985, pages 66–68 (© A. M. Reby/Parents)

(marginal glosses)
(nourriture pour) le cerveau

personne qui fait la fête

(ici) petit bruit d'un moteur

Vérifiez votre compréhension

1. Que revendiquent de nombreux pères de nos jours?
2. Quels sont les mots d'ordre des femmes françaises depuis près de vingt ans? Quelle est la conséquence logique de ces revendications?
3. Pourquoi le désir du père de garder son enfant est-il souvent rejeté par les cours?
4. Quelle est la devise de Dominique, père de Jennifer? Pourquoi se trouve-t-il seul avec sa fille?
5. Que savait-il faire pour sa fille? Que ne savait-il pas faire?
6. Quel a été le plus grand problème pour Dominique? Comment en est-il sorti? Décrivez sa vie quotidienne à cette époque-là.
7. Pourquoi ne confiait-il pas le bain et le dîner à la nourrice?
8. Comment sa vie avec Jennifer a-t-elle influencé sa vie privée?
9. Comment Dominique réagit-il à la question «Si c'était à refaire»? Quelle est la fin de son histoire?
10. Quels changements fallait-il effectuer dans la vie de Charles à l'arrivée de sa fille Natacha?
11. Comment s'est-il arrangé avec ses amies?
12. Quel est son principal souci à l'égard de sa fille?
13. Décrivez sa vie quotidienne avec Natacha.
14. Quel problème fallait-il résoudre à l'égard d'une fille au pair?
15. Comment Charles évalue-t-il sa vie avec Natacha?

À votre avis

Préparez les questions suivantes avec un ou deux camarades pour en discuter en classe.

1. Discutez l'affirmation de Madame Yvette Roudy, ministre des droits de la femme: «C'est donc par la dénonciation inlassable de l'empire sexiste de l'économie, de la presse et de la publicité que nous arriverons à faire entendre la voix des femmes du monde politique.» Comment est-ce que l'économie, la presse et la publicité présentent la femme? Comment l'homme est-il présenté? Comment ces images influencent-elles nos attitudes?
2. Les femmes s'inscrivent de plus en plus profondément dans la vie professionnelle. Leur profession n'est plus une parenthèse entre l'école et le mariage, le mariage et un enfant. Quelles modifications s'imposent à la vie familiale quand l'homme et la femme ont une profession sérieuse?
3. En dehors de la question économique, pour quelles raisons une femme désire-t-elle travailler? Ces raisons sont-elles différentes de celles des hommes?
4. En France, près de deux millions d'enfants vivent avec un seul de leurs parents. Dans 80% des cas, c'est la mère. À votre avis, quelles en sont les raisons? Quels effets cette situation a-t-elle sur la femme? et sur les enfants? Pensez-vous que les enfants aient tendance à renforcer un mariage ou plutôt à le déstabiliser? Pourquoi?

5. 55% des Français croient que la télévision enrichit la vie des enfants en leur permettant de voir ce qui se passe dans le monde. 42% croient que la télévision empêche les enfants de faire leurs études. Quel rôle la télévision jouait-elle dans votre enfance? Et maintenant? Quelle était l'attitude de vos parents vis-à-vis de la télévision?

6. Discutez avec un camarade de classe de la manière dont vous voulez élever vos enfants. Serez-vous un père permissif ou une mère permissive? Expliquez.

Petit écrit

Décrivez un père de famille qui a bien réussi d'être la maman aussi. Utilisez les cas présentés ci-dessus comme modèles.

GRAMMAIRE

Les pronoms relatifs

I. *QUI* ET *QUE*

Les pronoms relatifs simples sont *invariables* en genre et en nombre. Ils servent à joindre à un nom ou à un pronom (l'antécédent) qu'ils représentent une proposition dépendante dite *relative*. La proposition relative qualifie l'antécédent. Notez qu'un pronom relatif peut être suivi d'un verbe au pluriel: Les gens qui *sont venus*.

1. OBSERVEZ C'est souvent la mère **qui** exerce à part entière l'autorité parentale.
Nous avons rencontré quelques pères **qui** élèvent seuls leurs enfants.
Près de 20% des pères revendiquent la garde de leurs enfants en cas de divorce: chiffre **qui** a doublé en dix ans.

ANALYSE **Qui** est le *sujet* du verbe de la proposition dépendante et représente le nom qui le précède directement.

2. OBSERVEZ Les pères **qu'**elle a interviewés pouvaient materner aussi bien que les mères.
«À travail égal, salaire égal»; ce sont des mots d'ordre **que** les femmes françaises défendent avec passion.

ANALYSE **Que** est l'objet direct de la proposition dépendante. Notez l'élision devant une voyelle avec **que.** On *ne peut pas* faire une élision devant une voyelle avec **qui.** (EXEMPLE: C'est lui **qui** est venu me voir.)

3. OBSERVEZ   La dame **chez qui** il amène Jennifer habite assez loin de Dominique.

La femme **avec qui** Dominique s'est marié avait déjà une petite fille.

Les pères **à qui** Anne-Marie Reby a parlé revendiquaient la garde de leurs enfants.

ANALYSE   **À qui, chez qui, avec qui, sans qui, par qui, de qui, contre qui** sont des compléments avec préposition et ne peuvent être utilisés qu'avec les personnes. Pour les animaux ou les choses, voir **dont.**

ATTENTION!   Le pronom relatif suit directement son antécédent.

Exercices

A.   Refaites les phrases suivantes en employant le pronom relatif **qui** ou **que.** Employez une préposition si nécessaire.

MODÈLE: Je connais un homme. Il s'occupe seul de son enfant.
Je connais un homme **qui** s'occupe seul de son enfant.

1. Il s'occupe de son enfant. L'enfant a deux ans.
2. Il a épousé une femme. Elle avait déjà un enfant.
3. Elle a interviewé des pères. Ils réclamaient la garde de leurs enfants.
4. De nos jours, certains pères s'occupent seuls de leurs enfants. Ces pères peuvent materner aussi bien que les femmes.
5. Un père devrait apprendre à faire la cuisine. Il veut s'occuper de son enfant.
6. Le logement de la nourrice était éloigné de chez Dominique. Il l'a engagée.
7. Ces vêtements appartiennent à sa fille. Il les a raccommodés.
8. Les pères pouvaient materner aussi bien que les mères. Elle les a interviewés.
9. La nourrice habitait loin de chez lui. Il confiait sa fille à cette nourrice.
10. Les femmes ne partageaient jamais la complicité de leur petit déjeuner. Charles sortait avec ces femmes.
11. La nourrice habitait loin. Ils sont allés chez elle.
12. Son amant vivait au Venezuela. Elle est partie avec lui.

B.   Parlez de votre famille à un(e) camarade de classe qui, à son tour, vous parle de la sienne.

EXEMPLE: Mon père est un homme **qui** travaille beaucoup.
C'est un homme **que** nous ne voyons pas souvent.

II. *DONT*

1. OBSERVEZ   Charles et Dominique sont les pères **de qui** Reby parle dans son article.

Charles et Dominique sont les pères **dont** Reby parle.

Natacha est une des filles **desquelles** il s'agit dans l'article.

Natacha est une des filles **dont** il s'agit dans l'article.

ANALYSE   D'habitude, on remplace la préposition **de** + *pronom relatif* par **dont,** qui est plus concis. Comparez, par exemple, les phrases suivantes:

EXEMPLE: Elle aime la façon (la manière) **de laquelle** son père fait les gâteaux à la crème.
Elle aime la façon **dont** son père fait les gâteaux à la crème.

On voit bien que la 2ᵉ phrase est moins lourde.

ATTENTION!   **Dont** est l'objet d'un verbe ou d'une expression + la préposition **de.** Par exemple:

avoir besoin de	s'occuper de
avoir envie de	parler de
avoir peur de	se servir de
être content de	se souvenir de
être couvert de	être question de

EXEMPLES: Le gâteau **dont** Jennifer avait envie était plein de crème.
La chose **dont** Dominique avait peur était le manque d'argent.

2. OBSERVEZ   C'est un enfant **dont** la mère est partie.
Natacha, **dont** les amis sont des enfants de divorcés aussi, préférait vivre chez son père.

ANALYSE   **Dont** peut indiquer la possession.

Exercices

A.   Vous amenez un bon copain à votre cours. Comme il ne connaît personne, vous lui décrivez les personnes dans la classe.

MODÈLE: C'est Marie. Son père est médecin.
C'est Marie dont le père est médecin.

1. C'est Claude. Sa mère est agent de police.
2. C'est Pierre. Son père est photographe.
3. C'est Louise. Sa sœur est mannequin.
4. C'est Jean-Marie. Son frère est très gros.
5. C'est Mireille. Ses cheveux sont les plus beaux du monde.
6. C'est Gaston. Ses idées sont brillantes.
7. C'est Marie-Christine. Son intelligence est supérieure.
8. C'est Chantal. Ses amis sont très snob.

B. Vous avez été mal reçu(e) chez des gens que vous avez considérés comme vos amis. Exprimez votre déception.

> MODÈLE: Ils m'ont traité(e) de manière inacceptable.
> Je n'aime pas la manière dont ils m'ont traité(e).

1. Ils m'ont accueilli(e) de manière décevante.
2. Ils m'ont parlé de façon irrespectueuse.
3. Ils m'ont hébergé(e) à contrecœur.
4. Ils ont servi les repas sans grâce.
5. Ils m'ont traité(e) de façon ignoble.

C. Vous jouez aux devinettes avec vos amis. Faites une description de l'objet auquel vous pensez.

> MODÈLE: Il est question d'un objet qui est fait en métal.
> L'objet dont il est question est fait en métal.

1. Il est question d'un objet qui est utile.
2. Il s'agit d'un objet qui est électrique.
3. Je parle d'un objet qui est utilisé dans la maison.
4. On a besoin de cet objet qui rend la vie facile.
5. Il s'agit d'un instrument qui nettoie la maison. (C'est un aspirateur.)

D. Maintenant choisissez un autre objet ou animal et décrivez-le en cinq phrases. Employez le pronom relatif **dont.**

III. LES PRONOMS RELATIFS COMPOSÉS

OBSERVEZ Les pères **auxquels** on a demandé de participer à toutes les tâches quotidiennes réclament aujourd'hui la garde de leurs enfants.

L'article **auquel** je pense traite des pères qui doivent être aussi des mères.

C'est le magazine **dans lequel** j'ai trouvé cet article.

C'est la route **par laquelle** ils sont arrivés chez la nourrice.

La raison **pour laquelle** Charles a changé d'appartement c'est que Natacha était venue vivre avec lui.

ANALYSE Le relatif **lequel** s'applique principalement à des choses, mais peut s'appliquer aussi à des personnes et le plus souvent s'emploie comme complément d'une préposition. Le tableau suivant donne les formes des pronoms relatifs variables.

	Singulier	Pluriel
Masculin	lequel duquel auquel	lesquels desquels auxquels
Féminin	laquelle de laquelle à laquelle	lesquelles desquelles auxquelles

Exercices

A. Vous avez loué une maison à la campagne. Faites-en la description à un(e) ami(e). (N'oubliez pas d'accorder le pronom relatif **lequel** avec l'antécédent qu'il représente.)

> MODÈLE: Il y a un parc autour de cette maison.
> C'est une maison autour de **laquelle** il y a un parc.

1. Il y a un étang derrière cette maison.
2. Je t'ai parlé de cette maison il y a quelques semaines.
3. J'ai rencontré notre ami Maurice dans cette maison.
4. Il y a des arbres autour de cette maison.
5. Il y a une bibliothèque dans cette maison.
6. Il y a un chêne devant cette maison.
7. Il y a un jardin de roses à côté de cette maison.
8. Il y a un atrium au milieu de cette maison.
9. Je paie 700 dollars par mois pour cette maison.

B. Votre ami a acheté un chalet à la montagne. Vous l'avez vu et vous le décrivez à un(e) camarade de classe.

> MODÈLE: Il y a un sapin devant son chalet.
> C'est un chalet devant lequel il y a un sapin.

1. Il y a une petite terrasse derrière son chalet.
2. Le mont Blanc se situe au nord de son chalet.
3. Il y a une cheminée dans son chalet.
4. Il invite beaucoup d'amis à son chalet.
5. On passe par son chalet pour aller au mont Blanc.
6. Il y a souvent des animaux sauvages autour de son chalet.
7. Il se ruine pour ce chalet.

C. Vous imaginez que vous revenez des vacances passées dans un hôtel splendide à Monaco. Faites une description de l'hôtel et des environs en employant des pronoms relatifs composés dans chaque phrase.

> MODÈLE: C'est un hôtel à côté duquel il y a un casino.
> C'est un casino dans lequel nous avons joué chaque nuit.

IV. *Où*

OBSERVEZ Voilà l'appartement **dans lequel** Charles habite.
Voilà l'appartement **où** Charles habite.

C'est la route **sur laquelle** il a eu un accident.
C'est la route **où** il a eu un accident.

Je connais la grande surface **à laquelle** vous allez.
Je connais la grande surface **où** vous allez.

Voici le métro **duquel** sort Dominique chaque soir.
Voici le métro **d'où** sort Dominique chaque soir.

Des gardiens sont devant la porte **par laquelle** on entre.
Des gardiens sont devant la porte **par où** l'on entre.

ANALYSE   **Où, d'où, par où** remplacent **dans, sur, à, de, par** + *pronom relatif.*
Notez qu'avec les expressions de temps, on emploie toujours **où:**
l'époque **où,** le jour **où,** l'heure **où,** le moment **où** je t'ai rencontré.

EXEMPLE: Dominique n'oubliera jamais le jour **où** sa femme est partie pour le Venezuela avec un autre homme.

Exercices

A.   Vous montrez à un(e) ami(e) les lieux d'une expérience épouvantable. Remplacez les pronoms relatifs par **où** précédé d'une *préposition* si c'est nécessaire.

1.   C'est le chemin par lequel je suis arrivé.
2.   Voilà le lac dans lequel j'ai plongé.
3.   Voilà la forêt de laquelle est sortie la vieille folle.
4.   Vois-tu le trou par lequel l'eau coule?
5.   C'est l'endroit enchanté par lequel montait un étrange bruit.
6.   C'est la route sur laquelle j'ai couru jusqu'à la maison.
7.   Voilà la maison dans laquelle je me suis réfugié.

B.   Vous montrez votre album de photos à un copain qui les commente en vous
demandant des précisions. Vous discutez.

MODÈLE: —Voici une photo de toi devant un bureau. Quel âge avais-tu
à cette époque?
—C'était **l'époque où je faisais mes études** à l'école secondaire. C'était **le jour où** j'ai reçu mon diplôme.

V. CE

1. OBSERVEZ   Le gâteau était au chocolat, **ce qui** a plu à Jennifer.
Après le départ de sa femme, il fallait trouver un plus petit apparte-
ment, **ce que** Dominique n'avait pas prévu.
Un grand appartement avec des chambres bien isolées, c'est **ce dont**
Charles avait besoin à l'arrivée de Natacha.
Les femmes au travail et les hommes à la maison, c'est **ce à quoi** il
faut s'habituer dans les années à venir; c'est **ce à quoi** les traditiona-
listes n'ont pas réfléchi.

ANALYSE   **Ce** peut se référer à *une phrase* ou à *un groupe de mots* qui le précède. Quelquefois l'antécédent n'est pas spécifique. Il faut employer
ce quand il n'y a pas de nom antécédent.

2. OBSERVEZ   Les conservateurs ont peur de **ce qui** est nouveau.
Ils n'ont pas compris **ce que** réclament les pères.
Ce dont ils ont peur c'est le changement.
Ce à quoi ils tiennent est bien rétrograde.

ANALYSE   **Ce qui, ce que, ce dont, et ce à quoi** peuvent aussi désigner *la chose* que le locuteur a dans l'esprit. Par exemple:

Ce (la chose) **qui** l'effraie, c'est l'inconnu.
Ce (la chose) **dont** vous avez besoin est sur le lit.
Ce (la chose) **à quoi** vous pensez est bien bizarre.

VI. PRONOMS RELATIFS AVEC PRÉPOSITIONS COMPOSÉES

OBSERVEZ   Voici le problème **dont** (duquel) je vous ai parlé.
C'est un problème **au sujet duquel** on a écrit beaucoup d'articles.

ANALYSE   On ne peut pas remplacer **duquel** par **dont** dans la deuxième phrase. Pourquoi? Parce que l'on ne peut pas employer **dont** avec des prépositions composées comme **au sujet de, au milieu de, à côté de, autour de, au bout de,** etc. Il faut utiliser la *préposition* + **duquel** (**de laquelle,** etc.).

EXEMPLES: C'est la rivière **au bord de laquelle** je me suis promené.
C'est le bois **près duquel** habite mon père.
C'est l'homme **chez l'ami de qui** nous avons dîné.
C'est la forêt **au milieu de laquelle** il y a un château.

Exercices

A.   Vous ne comprenez plus les actions et les idées de votre amie. Choisissez entre **ce qui** et **ce que** pour former vos phrases.

MODÈLE: Tu dis quelque chose.
Je ne comprends pas **ce que** tu dis.

Quelque chose t'intéresse.
Je ne comprends pas **ce qui** t'intéresse.

1. Tu fais quelque chose.
2. Tu désires quelque chose.
3. Quelque chose t'inquiète.
4. Quelque chose ne va pas.
5. Tu veux faire quelque chose.
6. Quelque chose t'inspire.

B.   Exprimez vos inquiétudes, vos besoins et vos intérêts. Employez **ce qui, ce à quoi** ou **ce dont,** selon le cas.

MODÈLE: Il s'agit **de** mes intérêts.
C'est **ce dont** il s'agit.

1. Il est question de mes inquiétudes.
2. Je parle de mes problèmes.

3. J'ai peur de ne pas réussir.
4. Je pense à mes études.
5. Je réfléchis à la situation mondiale.
6. Je m'intéresse à la psychologie.
7. La science politique m'intéresse.
8. Ma santé m'inquiète.

C. Vous parlez à un ami de vos rapports avec votre famille. Employez **dont** là où c'est possible. N'oubliez pas que s'il y a une préposition autre que **de,** *on ne peut pas* employer **dont.**

MODÈLE: Ma sœur a un caractère bien difficile.
C'est une personne **dont** le caractère est bien difficile.

Mon père? Je préfère ne pas parler à son sujet.
C'est un individu **au sujet duquel** je préfère ne pas parler.

1. Mon frère a une personnalité agréable.
2. Ma mère a un caractère fort.
3. Ma tante? Je préfère ne pas parler à son sujet.
4. Il y a toujours beaucoup d'amis autour de mon père.
5. J'ai besoin de ma petite sœur.
6. J'aime être au milieu de ces personnes.
7. Les idées de ma tante sont incompréhensibles.
8. Mon oncle? On a écrit un article à son sujet.
9. Tout le monde parle de mon oncle.
10. Il a une personnalité charmante.

D. Vous êtes un agent immobilier et vous décrivez une maison à une de vos clients.

MODÈLE: À côté de cette maison il y a une rivière.
C'est la maison à côté de laquelle il y a une rivière.

1. Il y a un petit bois autour de cette maison.
2. Derrière la maison il y a un étang.
3. Devant cette maison il y a un jardin de roses.
4. Il y a quatre chambres à coucher dans cette maison.
5. Au milieu de la salle à manger il y a un lustre.
6. À droite de cette maison il y a un chêne.
7. À gauche de cette maison il y a quelques sapins.
8. Près de cette maison il y a un village.
9. À 10 kilomètres de cette maison il y a une petite plage.
10. Il y a une route près de cette maison.
11. Au bout de la route il y a une forêt de bouleaux.

E. Complétez les phrases suivantes de façon originale.

1. L'amour c'est ce qui . . .
2. L'amour c'est ce que . . .
3. L'amour c'est ce à quoi . . .
4. L'amour c'est ce dont . . .

F. Avec un(e) camarade de classe, choisissez trois autres mots que *l'amour* comme dans l'exercice E. Ensuite, chacun fera 4 phrases pour chacun des mots, comme dans l'exercice E. Finalement, comparez vos phrases. Partagez-vous les mêmes opinions?

G. Vous jouez aux devinettes (= énigmes, rébus) avec vos camarades de classe. Choisissez un objet et décrivez-le en cinq phrases. La personne qui donne la bonne réponse suivra votre exemple.

> MODÈLE: C'est ce dont mon professeur se sert pour préparer notre cours.
> C'est ce dont nous avons besoin pour étudier.
> C'est ce qui est plat. C'est ce qui est carré.
> C'est ce que j'apporte en classe tous les jours. Qu'est-ce que c'est? (le livre de français)

H. Le week-end dernier, il y avait deux fêtes. Vous êtes allé à l'une tandis que votre copine est allée à l'autre. Vous comparez vos expériences. Employez des pronoms et des adjectifs indéfinis aussi bien que des pronoms relatifs de cette leçon (**qui, que, dont, lequel, ce qui, ce que, ce dont, où,** etc.).

> MODÈLE: Je voudrais te parler de la fête **à laquelle** je suis allée ce week-end. J'ai rencontré un jeune homme **qui** . . .

© Charillon-Paris

—Je marche!

1. Quel est le rapport entre les parents et leur enfant dans ce dessin?
2. En quoi est-ce un commentaire sur notre société?
3. Selon vous, pourquoi est-ce que les gens ont des enfants?
4. Voulez-vous en avoir? Pourquoi?

Étude du lexique

1. **déchirer**   mettre en pièces ou faire une ouverture en tirant des deux côtés opposés, sans se servir d'un instrument tranchant

   Elle a déchiré sa robe à un clou.
   Quelle guerre a déchiré la France au 18e siècle?

2. **emprunter**   obtenir à titre de prêt; prendre

   Il a emprunté de l'argent à son père.
   On peut emprunter les Champs-Élysées pour arriver à la Place Charles de Gaulle (de l'Étoile).
   Empruntez-vous des vêtements à vos amis?

3. **virer**   changer de couleur; tourner en rond; renvoyer quelqu'un de son travail (fam.)

   Ses oreilles virent au rouge quand il est en colère.
   Il s'est fait virer; il lui faut chercher un autre emploi.
   Est-ce qu'il vous est arrivé de vous faire virer?

4. **se déguiser**   s'habiller de manière à être méconnaissable

   Il s'est déguisé en Père Noël.
   À quelle époque de l'année est-ce qu'on se déguise?
   En quoi aimez-vous vous déguiser?

5. **une crèche**   petit édifice représentant l'étable de Bethléem où Jésus fut placé à sa naissance; établissement destiné à recevoir dans la journée les enfants de moins de trois ans.

   Les crèches sont exposées dans les églises, de Noël à l'Épiphanie.
   Les femmes qui travaillent déposent leurs enfants à la crèche.
   Pourquoi certaines personnes s'opposent-elles à l'exposition des crèches devant les bâtiments municipaux?

6. **savoir de quel bois on est fait**   savoir quelle sorte de personne on est

   Il voulait savoir de quel bois son fils était fait.
   Quelle sorte de test est-ce qu'on donne aux candidats des clubs estudiantins pour savoir de quel bois ils sont faits?

7. **un parti**   association de personnes unies par des intérêts communs, faction, ligue, camp

   En France, il y a le parti socialiste, le parti communiste, le parti gaulliste, parmi bien d'autres.
   À quel parti adhérez-vous?

8. **un dé**   petit cube dont chaque face est marquée de un à six

   Les dés sont jetés.   l'avenir est décidé, la résolution est prise

   Il faut agiter les dés dans un cornet avant de les jeter.
   Quels jeux exigent des dés?

9. **se tenir, être au courant (de quelque chose)**   s'informer; savoir ce qui se passe

Pour nous tenir au courant, nous écoutons les informations chaque soir.
Êtes-vous au courant des changements économiques en Europe?

10. **le comble**   le plus haut degré, point culminant

Entourée de ses enfants, elle est au comble de la joie.
Décrivez une situation dans laquelle vous étiez au comble de l'étonnement.

11. **dormir à poings fermés**   dormir profondément comme un bébé

Après le long voyage, nous avons dormi à poings fermés.
Quand dormez-vous à poings fermés?

12. **défiler**   passer en file, l'un derrière l'autre de manière continue

un défilé   procession

À Noël, des milliers de personnes défilent devant les vitrines des grands magasins à New York.
Dans quels pays y a-t-il des défilés religieux?

13. **éclater**   exploser, retentir

Des rires, des cris et des applaudissements éclataient à chaque déclaration du président.
Avez-vous jamais éclaté de rire dans une bibliothèque?

14. **bercer**   balancer, agiter doucement comme dans un berceau

Elle a bercé l'enfant dans ses bras.
Pourquoi berce-t-on un bébé?

15. **retentir**   résonner

Les chants de Noël retentissaient joyeusement dans l'église.
Avez-vous jamais entendu retentir les cloches sur la Place Saint-Marc à Venise?

16. **un chœur**   groupe de chanteurs qui chantent ensemble, une chorale

Dans le programme, on lisait «Chœur et orchestre sous la direction de Charles Dutoit».
Faites-vous partie d'un chœur?

17. **la nef**   partie centrale de l'église

Un chœur d'enfants chantaient dans la nef de l'église.
Que forment la grande nef et la nef latérale d'une église?

18. **apaiser**   rendre moins agité, calmer

Elle apaisait l'enfant en le berçant.
Que faites-vous pour apaiser vos inquiétudes?

19. **un bouton**   *button*

Tu as perdu un bouton de chemise.
Savez-vous recoudre un bouton?

LIRE ET COMPRENDRE

La Mère Noël

Michel Tournier

Né en 1924, Michel Tournier, romancier français contemporain très connu, écrit pour un grand public y compris les enfants. Ses romans les plus célèbres sont Vendredi ou les limbes du Pacifique *(1967),* Le Roi des Aulnes *(1970),* Les Météores *(1974),* Gilles et Jeanne *(1983) et* Le Médianoche amoureux *(1989). Dans les romans comme dans les contes et nouvelles, Tournier exploite et renouvelle les grands mythes toujours vivants.*

    Le récit que vous allez lire fait partie du recueil de quatorze contes intitulé Le Coq de bruyère, *publié en 1978.* La Mère Noël *prend comme point de départ une situation qui existait dans beaucoup de villages français pendant la première moitié de notre siècle, à savoir la dissension entre les catholiques et les athées. Chaque parti avait son école: l'école libre et payante, tenue par des prêtres et des religieuses, et l'école laïque, gratuite, subventionnée par l'État, tenue par des instituteurs non religieux. En lisant, relevez les oppositions présentes dans ce conte.*

Exercices de prélecture

A. *Prédire le contenu du passage*

D'après le titre de cette leçon, le titre du conte et l'introduction, de quoi s'agit-il dans ce conte?

B. *Deviner le sens des mots inconnus*

    1.   Le Père Noël distribuait des *jouets* aux enfants de l'école laïque.

Quel est le radical du mot en italique? En considérant le contexte et la partie du discours à laquelle il appartient, essayez de deviner le sens du mot *jouet*.

    2.   Le curé opposait le Père Noël au petit Jésus en présentant sa crèche vivante, comme s'il jetait de *l'eau bénite* à la face du Diable.

En considérant le contexte de la phrase et vos connaissances préalables, que veut dire *l'eau bénite*?

    3.   L'enfant faisait retentir les *voûtes* de l'église de ses cris furieux.

Comment est-ce que le toit d'une église est construit? Quel mot anglais ressemble au mot *voûte*? Pourriez-vous en deviner le sens?

    4.   Il *déboutonna* sa cape et l'enleva avec soin.

Quel mot du lexique précédent vous indique le sens de *déboutonner*?

Le village de Pouldreuzic allait-il connaître une période de paix? Depuis des **lustres,** il était déchiré par l'opposition des **cléricaux** et des radicaux, de l'**école libre** des Frères et de la communale laïque, du curé et de l'instituteur. Les hostilités qui empruntaient les couleurs des saisons viraient à l'**enlumi-**
5 **nure** légendaire avec les fêtes de fin d'année. La messe de minuit avait lieu pour des raisons pratiques le 24 décembre à six heures du soir. À la même heure, l'instituteur, déguisé en Père Noël, distribuait des jouets aux élèves de l'école laïque. Ainsi le Père Noël devenait-il par ses soins un héros **païen,** radical et anticlérical, et le curé lui opposait le Petit Jésus de sa crèche
10 vivante—célèbre dans tout le canton—comme on jette une **ondée** d'eau bénite à la face du Diable.

Oui, Pouldreuzic allait-il connaître une **trêve**? C'est que l'instituteur, ayant pris sa retraite, avait été remplacé par une institutrice étrangère au pays, et tout le monde l'observait pour savoir de quel bois elle était faite. Mme Oise-
15 lin, mère de deux enfants—dont un bébé de trois mois—était divorcée, ce qui paraissait un **gage** de fidélité laïque. Mais le parti clérical triompha dès le premier dimanche, lorsqu'on **vit** la nouvelle **maîtresse** faire une entrée remarquée à l'église.

Les dés paraissaient jetés. Il n'y aurait plus d'arbre de Noël sacrilège à
20 l'heure de la messe de «minuit», et le curé resterait seul maître du terrain. Aussi la surprise fut-elle grande quand Mme Oiselin annonça à ses écoliers que rien ne serait changé à la tradition, et que le Père Noël distribuerait ses cadeaux à l'heure habituelle. Quel jeu jouait-elle? Et qui allait tenir le rôle du Père Noël? Le facteur et le garde champêtre,[1] auxquels tout le monde son-
25 geait en raison de leurs opinions socialistes, affirmaient n'être au courant de rien. L'étonnement fut à son comble quand on apprit que Mme Oiselin prê-tait son bébé au curé pour faire le Petit Jésus de sa crèche vivante.

Au début tout alla bien. Le petit Oiselin dormait à poings fermés quand les fidèles défilèrent devant la crèche, les yeux **affûtés** par la curiosité. Le
30 bœuf et l'âne—un vrai bœuf, un vrai âne—paraissaient **attendris** devant le bébé laïque si miraculeusement métamorphosé en Sauveur.

Malheureusement il commença à s'agiter dès l'Evangile, et ses hurle-ments éclatèrent au moment où le curé montait en chaire. Jamais on n'avait entendu une voix de bébé aussi éclatante. En vain la fillette qui jouait la
35 Vierge Marie le berça-t-elle contre sa maigre poitrine. Le **marmot**, rouge de colère, **trépignant** des bras et des jambes, faisait retentir les voûtes de l'église de ses cris furieux, et le curé ne pouvait placer un mot.

Finalement il appela l'un des enfants de chœur et lui glissa un ordre à l'oreille. Sans quitter son surplis,[2] le jeune garçon sortit, et on entendit le
40 bruit de ses galoches **décroître** au-dehors.

Quelques minutes plus tard, la moitié cléricale du village, tout entière réunie dans la nef, eut une vision inouïe qui s'inscrivit à tout jamais dans la légende dorée du Pays bigouden.[3] On vit le Père Noël en personne faire

[1]Surveillant d'une commune
[2]Vêtement de prêtre et d'enfant de chœur porté pendant la messe
[3]Région de Bretagne

**Gloss: ** période de 5 ans / membres du clergé / école non-publique / coloration brillante; sans religion; un peu d'eau; pause dans une guerre; promesse; *saw* / institutrice; vifs, bien ouverts; touchés, émus; (fam.) enfant; s'agitant; diminuer

irruption dans l'église. Il se dirigea à grands pas vers la crèche. Puis il écarta
45 sa grande barbe de coton blanc, il déboutonna sa **houppelande** rouge et   espèce de cape
tendit un sein généreux au Petit Jésus soudain apaisé.

Le Coq de bruyère (© Éditions Gallimard, 1978)

Vérifiez votre compréhension

1. Pourquoi Tournier appelle-t-il son texte un conte? Quelle est la différence entre un conte et une nouvelle?
2. Quelle situation Tournier décrit-il dans le premier paragraphe? Dressez une liste des mots qui décrivent le parti clérical, ensuite, établissez une liste des termes qui s'opposent à ce parti.
3. Qu'est-ce qu'une «crèche vivante»?
4. Qu'est-ce que chaque parti veut de Mme Oiselin? Pourquoi les habitants pensent-ils que l'institutrice sera dans le camp des laïcs? Que fait-elle pour donner de l'espoir au clergé?
5. Pourquoi est-ce que les habitants croient qu'elle joue un jeu?
6. Décrivez la crèche vivante.
7. Comment le bébé se comporte-t-il dans la crèche?
8. Quelle vision inouïe les villageois ont-ils dans l'église?
9. Trouvez une expression du 5ᵉ paragraphe qui s'oppose à l'expression «un sein généreux» du dernier paragraphe? Quel sens figuré peut-on lui attribuer?
10. Dans les contes, on trouve généralement des éléments merveilleux. Il n'y en a pas dans ce conte. Pourquoi donc le sous-titre «Conte de Noël»?

Résumé

En utilisant vos propres mots, écrivez un petit résumé du conte *La Mère Noël*. Essayez de paraphraser le texte, mais ne copiez pas des phrases.

EXPRESSION ÉCRITE

Avant d'écrire votre 8ᵉ rédaction, révisez les instructions, les *Articulations logiques* et les définitions des leçons précédentes *(Leçons 1, 2 et 4–8)*. Ensuite, choisissez une des questions suivantes et indiquez votre point de vue. Faites une liste des idées pour et contre votre point de vue. Par la suite étudiez les articulations et la section *Expressions utiles* qui suit les questions. Finalement, en vous référant au *Plan de dissertation (Leçon 6),* composez une introduction, un développement (thèse, preuves et/ou exemples, antithèse, preuves) et une conclusion.

1. La famille peut-elle survivre?
2. Dans un divorce, l'enfant souffre le plus, mais il peut aussi apprendre des choses essentielles.

Bien que les femmes accèdent aux domaines auparavant réservés aux hommes, l'égalité professionnelle reste théorique. Leur représentation dans les professions, leur salaire et le taux de chômage des femmes illustrent nettement cette inégalité persistante.

3. Bien que la loi sur l'égalité professionnelle entre les femmes et les hommes ait été adoptée, le 30 juin 1983, par l'Assemblée nationale, à l'intérieur du couple la femme n'a pas encore atteint l'égalité.
4. La dénatalité (la diminution des naissances) dans le monde occidental montre que les enfants ne sont plus autant désirés.
5. De nos jours, les enfants grandissent trop vite.
6. Ce sont les parents qui devraient faire l'éducation sexuelle de leurs enfants, et non pas les écoles.

Articulations logiques

Entrée en matière

> Depuis un certain temps . . .
> D'année en année . . .
> Quelles vont être les conséquences de . . .
> Les récentes statistiques ont mis en évidence que . . .

Commencer

> On commencera par . . .
> Considérons d'abord . . .
> Abordons rapidement le problème de . . .

1. En quoi consiste le comique de la situation?
2. Pensez-vous que les rapports parents-enfants illustrés dans cette bande soient typiques? Pourquoi?

Continuer

> Passons à présent à la question de . . .
> Venons-en maintenant au problème de . . .
> Laissons de côté le problème de . . . pour considérer . . .

Préciser

> Notons que . . .
> Sait-on que . . .
> Précisons que . . .
> N'oublions pas que . . .

Conclure

> Finalement . . .
> En somme . . .
> On peut conclure en disant que . . .

Expressions utiles

la stabilité de la cellule familiale
élever un enfant
pratiquer la contraception
tomber enceinte
se faire avorter, l'avortement
l'accroissement des divorces, divorcer
se séparer
les besoins matériels, les besoins affectifs
manquer de confiance
les mouvements *(m.)* féministes
la discrimination sexiste, le harcèlement sexuel
être féministe, sexiste, phallocrate, victime de discrimination
le comportement traditionnel
l'équilibre *(m.)*
l'abîme entre les générations
l'adolescence
une famille monoparentale
se sacrifier pour sa famille
encourager la natalité
la dénatalité = la baisse démographique
les enfants battus

MISE EN ŒUVRE

Sujets de réflexion

1. Il n'est pas facile d'être un père ou une mère dans un monde qui évolue aussi vite que le nôtre. Selon vous, pourquoi les difficultés de communication apparaissent-elles le plus souvent à l'adolescence? Quelle est la différence entre un enfant avant et après 13 ans? Quels ajustements les parents sont-ils obligés de faire pendant cette période difficile?

2. Les enfants de 8 à 14 ans sont adolescents plus tôt qu'il y a 50 ans. En quoi la société a-t-elle changé pour favoriser cette maturation hâtive? Quelles étaient vos préoccupations à l'âge de 14 ans?

3. Comment la publicité exploite-t-elle les enfants de moins de 14 ans? Faut-il contrôler les médias? Comment? Comment peut-on protéger les enfants de l'exploitation tout en conservant la liberté d'expression?

4. 33% des garçons salariés de 25 ans logent encore chez leurs parents. Cette situation ne semble pas anormale aux Européens. Qu'en pensez-vous? Quels sont les avantages et les inconvénients de vivre chez ses parents après la fin de ses études? Pourquoi aux États-Unis les enfants quittent-ils leurs parents si jeunes? Est-ce qu'un jeune est psychologiquement prêt à quitter ses parents à l'âge de 18 ans? Beaucoup d'enfants britanniques quittent leurs familles à 12 ans pour étudier dans un pensionnat. Que pensez-vous de cette coutume? Jusqu'à quel âge voulez-vous que vos enfants habitent chez vous? Pourquoi?

Mini-théâtre

Préparez avec un(e) camarade une des scènes suivantes à jouer devant la classe.

1. Votre fille veut sortir avec un garçon de 19 ans, mais elle n'a que 15 ans. Vous êtes contre.

2. Votre fils veut emprunter votre voiture mais vous avez déjà des projets pour le week-end avec votre conjoint(e). Comment le convaincre d'être raisonnable?

3. Vous et votre conjoint(e) avez planifié les vacances familiales mais cette année votre enfant, qui vient d'avoir 18 ans, veut partir en vacances avec des copains. Comment le convaincre de venir avec vous?

4. Vos parents vont célébrer leur 25e anniversaire de mariage. Vous et votre frère ou sœur veulent leur offrir un petit voyage. Vous voulez choisir un voyage aux Caraïbes, mais votre frère ou sœur préfère les chutes du Niagara.

L A   F R A N C E   V U E   P A R   L E S   A U T R E S

Comparez la figure publique et la figure privée illustrées dans ce dessin. Est-il souhaitable de réunir les deux figures que nous avons? Quelle est la différence entre la diplomatie et l'hypocrisie? Donnez un exemple. Êtes-vous différent en public et en privé? Pourquoi? Quelles sont vos deux figures?

André **LES** Laurens
FRANÇAIS

siné

ALAIN MOREAU

Étude du lexique

Lisez à haute voix chaque mot ou expression, définition et exemple. Employez le nouveau mot ou la nouvelle expression dans votre réponse à chaque question.

1. **le sommet**   conférence internationale; ce qui est le plus haut

    Le sommet de la francophonie a eu lieu à Dakar.
    Il est au sommet du pouvoir.
    Êtes-vous jamais monté au sommet de la Tour Eiffel?

2. **maudit**   détestable, exécrable, damné, sale

    Ce maudit métier prend tout mon temps.
    Il ne peut pas continuer ses études à cause d'une maudite histoire d'argent.
    À votre avis, pourquoi est-ce que certains Québécois appellent les Français «Maudits Français»?

3. **méprisant**   arrogant, dédaigneux, hautain

    Certains Français sont méprisants envers les francophones qui ne sont pas de France, comme les Suisses et les Belges.
    Que pensez-vous des gens qui sont méprisants?

4. **le séjour**   le fait de demeurer un certain temps en un lieu

    Nous avons passé un magnifique séjour dans les Alpes.
    Préférez-vous passer un séjour à la montagne, à la plage ou dans une ville?

5. **lors de**   au moment de, à l'époque de

    Lors de leur installation à Paris, on célébrait le Bicentenaire de la Révolution française.
    Lors de la prise de la Bastille, combien de prisonniers a-t-on libérés?

6. **tâter**   toucher attentivement afin d'explorer, manier, palper

    En France, il n'est pas toujours permis de tâter les fruits et les légumes avant de les acheter.
    Quand il y a une panne d'électricité pendant la nuit, pourquoi faut-il se déplacer à tâtons?

7. **grimper**   monter

    Il a grimpé l'escalier quatre à quatre.
    Les prix des légumes et des fruits ont grimpé après le gel de Noël.

8. **une clôture**   barrière qui délimite un espace

    Les Français construisent une clôture autour de leurs maisons pour préserver leur intimité.
    En quoi peut-on construire une clôture?

9. **la pelouse**   terrain couvert d'une herbe courte et dense

    En France, il est défendu de marcher sur les pelouses dans les jardins publics; elles sont souvent protégées par une clôture.
    Combien de fois par mois faut-il tondre une pelouse en été?

10. **la hanche**   *hip*

   Elle portait une jupe qui serrait les hanches.
   Avez-vous des hanches étroites, larges ou rondes?

11. **débile** *(adj.)*   imbécile, stupide

   C'est un programme tout à fait débile.
   Pourquoi les politiciens prononcent-ils souvent des discours débiles?

12. **étaler**   exposer, exhiber; appliquer une couche fine; déployer avec vanité

   On étale de la marchandise diverse au marché en plein air.
   Il a étalé la confiture sur sa baguette.
   Que pensez-vous des gens qui étalent leurs richesses?

13. **les prouesses** *(f.)*   actes de courage, d'héroïsme

   On a beaucoup écrit sur les prouesses des pionniers au Nouveau Monde.
   Comment les chevaliers du moyen âge étalaient-ils leurs prouesses?

14. **la phobie**   peur ou aversion instinctive, horreur, haine

   La claustrophobie se manifeste par une angoisse d'être enfermé.
   Connaissez-vous des gens qui souffrent de phobie?

15. **timoré** *(adj.)*   timide, craintif, indécis, pusillanime, qui craint le risque et les responsabilités

   Certains croient que le Québécois moyen est trop timoré pour vouloir l'indé-
      pendance du Québec.
   Connaissez-vous des gens qui sont trop timorés pour entreprendre un
      voyage seul?

16. **le plancher**   *floor*

   Ils ont un beau plancher en chêne.
   Avez-vous posé un tapis sur le plancher de votre chambre?

LIRE ET COMPRENDRE

Exercices de prélecture

A.   *Prédire le contenu du passage*

D'après le titre de cette leçon, le dessin au début de la leçon, le titre de l'article et le sous-titre, de quoi s'agit-il dans ce texte? Est-ce un passage de fiction, de faits ou d'opinion? Qu'apprenez-vous de plus en étudiant le dessin qui accompagne l'article?

B.   *Trouvez les idées principales*

Lisez rapidement le premier et le dernier paragraphes. Qu'apprenez-vous de plus sur le contenu de l'article?

C. *Mobilisez vos connaissances*

Que savez-vous déjà sur les attitudes que certains étrangers ont envers les Français et envers les Américains? Que pensez-vous des Français? Êtes-vous jamais allé(e) en France? Si oui, avez-vous une idée différente de celle des gens qui n'y sont jamais allés?

D. *Devinez le sens des mots inconnus*

1. «La *francophobie* est une attitude primaire et désagréable.»

Le mot en italique a deux parties. Quel est le sens du radical *phobie?* (Consultez le lexique précédent si vous avez oublié.) Quel est le sens du préfixe *franco?* Que veut dire alors la *francophobie?*

2. «Dans l'une des rares études comparatives qui existent des attitudes françaises et américaines, Raymonde Carroll, ethnologue, dit que l'Américain doit *afficher* sa force en parlant d'argent, le Français en étalant ses prouesses sexuelles.»

Vous savez déjà le sens du mot *affiche.* (Si vous avez oublié, référez-vous au premier lexique de la *Leçon 2.*) Quel autre mot dans la phrase indique le sens du verbe *afficher?* Pourriez-vous alors deviner son sens?

3. Les Québécois ressemblent aux Français par la langue qu'ils parlent, et aux Canadiens par certains codes invisibles, (le ton de voix, par exemple), mais ils sont loin de l'*osmose* totale.

À quel mot anglais ressemble le mot *osmose?* En tenant compte de cette ressemblance de même que du contexte, pourriez-vous deviner le sens du mot?

Ah! ces maudits cousins!
Des différences de comportement que Québécois et Français auraient avantage à méditer entre les Sommets.

par Jacques Godbout

La francophobie est une attitude primaire et désagréable. Maudits Français. Pourtant il y a suffisamment de Québécois qui trouvent les Français prétentieux, méprisants et agressifs pour qu'on s'en inquiète. Se pourrait-il que, Québécois et Français, nous soyons unis par la langue mais séparés par des
5 codes sociaux qu'on ne prend jamais la peine de nous expliquer?

Sans être franchement francophobe on peut trouver que la façon dont les Français élèvent leur progéniture reste inacceptable: Pourquoi frapper un enfant en public, crier plus fort que lui, exiger qu'il se comporte comme un adulte à sept ans? Sur les plages, l'été, le sport français favori semble être la
10 **taloche**: «Alors, tu ne veux pas comprendre?» Pan! Maudits Français.   gifle, claque

    Lors d'un séjour des membres du Goncourt au Québec, il y avait eu dans la classe culturelle tout un cirque! Les écrivains des deux côtés de la **mare** avaient transgressé 20 fois le code sans le savoir. Par gentillesse, par exemple, Roger Lemelin s'était permis de faire visiter sa maison de Cap-Rouge à
15 ses pairs. Le lendemain, les Goncourt[1] **se gaussaient:** a-t-on idée de faire voir toutes les pièces de la maison—y compris la chambre à coucher—à des invités! Lemelin avait cru ouvrir sa maison, ils lui reprochaient d'**avoir fait l'article.** Maudits Français.

    Qui n'a pas, lors d'un voyage en France, voulu acheter un fruit: «Alors,
20 madame, vous les achetez ou vous les tâtez, mes pommes?» En France on s'agresse sans être agressif, mais encore faut-il savoir comment s'établit la hiérarchie entre les clients, les employés, le patron. La caissière qui grimpe sur un tabouret pour dominer la clientèle n'est pas toujours agréable et prête à renseigner. Maudits Français.

25   En fait, tout ce qui nous oppose aux Français tient à notre éducation américaine. Et l'inverse est vrai. Le Québécois, par exemple, partage avec les Français le goût de la clôture, du territoire qu'il faut défendre, alors que les Américains s'entourent de pelouses à l'infini et se mettent gentiment le nez dans vos affaires. Maudits Américains.

l'océan Atlantique

se moquaient

(fam.) vanter sa marchandise pour la vendre

---

[1]L'Académie Goncourt, fondée par Edmond Goncourt, historien et écrivain français, se compose de dix membres chargés d'attribuer un prix chaque année «au meilleur volume d'imagination en prose».

30   Le spectacle le plus désolant de la bêtise américaine reste ces jeux télévisés où l'on distribue des cadeaux à des adultes qui hurlent comme des enfants. Une Américaine peut aller jusqu'à simuler l'hystérie devant une voiture automobile, un Américain bat des mains parce qu'on lui donne une chaîne haute-fidélité. N'importe quoi pour de l'argent. Maudits Américains.

35   Mais la bêtise française, par contre, s'étale dans l'émission (que l'on peut voir sur le câble ici) *Sexy folies,* un titre anglais pour faire plus **affriolant** certainement, et qui présente le comble de la vision **machiste** parisienne: animateur en cravate qui **pelote les fesses** d'une **soubrette,** jeux de strip-tease où chaque dessous enlevé suggère un commentaire débile, et cette

40 Madame France qui, habillée en concierge, donne à chacun des conseils de comportements sexuels tout droits sortis d'un manuel des années 50!

    Le tout en musique avec plans rapprochés de seins nus et de derrières déhanchés. Maudits Français.

    Dans l'une des rares études comparatives qui existent des attitudes fran-
45 çaises et américaines, Raymonde Carroll, ethnologue, dit que l'Américain doit afficher sa force en parlant d'argent, le Français en étalant ses prouesses sexuelles. Ils ne sont pas faits pour s'entendre dans un salon. *Évidences invisibles* donne d'abondants exemples de comportements incompréhensibles aux uns et aux autres à propos de la maison, des repas, de l'éducation,
50 des rapports de couple ou de l'amitié que de nombreux Québécois auraient avantage à méditer avant et après les Sommets.

    Dans tout ce qui touche les rapports humains, les Québécois semblent avoir souvent choisi un juste compromis entre l'attitude française et l'américaine. Mais encore faut-il savoir ce qui fonde le rapport à l'autre si l'on veut
55 dépasser la phobie.

    Raymonde Carroll explique qu'en ce qui touche l'éducation d'un enfant, le parent français se sent toujours jugé, soumis à un test. Aux USA c'est l'enfant américain qui est soumis à un test. En France l'enfant est un discours social et tous ont **charge** de l'éduquer. En fait en tout Français il y a un insti-
60 tuteur qui sommeille. Au Québec l'enfant est moins écrasé qu'en France, mais aussi moins libre qu'aux USA où l'on nous trouve timorés.

    Par contre, pour ce qui est de la parole, nous l'utilisons à l'américaine. Pour le Français la parole est une relation. Le silence une distance. Les Américains parlent pour marquer la même distance. Les codes de politesse, de
65 comportements d'affaires, de relations amoureuses sont aussi importants à connaître que les langues étrangères quand nous habitons des villes cosmopolites.

    Plus près des Français par la langue que par les manières, nous partageons avec les Canadiens des codes invisibles (le ton de la voix) même si
70 nous ne parlons pas la même langue. Mais nous sommes loin de l'osmose totale: les planchers des salles de cinéma de l'Ouest de Montréal sont toujours **englués** de sirop et de *popcorn.* Dans l'Est c'est plus propre. C'est que nous sommes sans doute mieux éduqués. Maudits Anglais!

L'Actualité, octobre 1987

---

excitant, séduisant
phallocrate
(fam.) tâte / le derrière /
femme de chambre
provocante

la responsabilité

gluants, collants

Plus de cent mille Québécois ont célébré la fête de Saint-Jean sur les Plaines d'Abraham à Québec en juin 1990.

Vérifiez votre compréhension

1. Quels sont les quatre peuples dont Jacques Godbout parle?
2. Quels sont les adjectifs qu'un bon nombre de Québécois attribuent aux Français? Donnez des exemples tirés de l'article qui illustrent ces défauts.
3. Comparez l'éducation d'un enfant en France, au Québec et aux États-Unis.
4. Quel goût est-ce que les Québécois partagent avec les Français? Que préfèrent les Américains aux clôtures?
5. Selon Godbout, quel est le spectacle le plus désolant de la bêtise américaine?
6. Comment la bêtise française se manifeste-t-elle?
7. Selon l'ethnologue Raymonde Carroll, comment l'Américain doit-il afficher sa force? et le Français? Qu'en pensez-vous?
8. Pourquoi les Québécois ont-ils des traits français aussi bien que des traits nord-américains?
9. Que représentent la parole et le silence pour un Français? et pour un Américain?
10. Commentez le dessin qui illustre cet article. Qu'est-ce qu'il vous apprend sur le Québécois?

À votre avis

1. Nous sommes tous des êtres culturels, c'est-à-dire formés par notre culture spécifique. La façon dont on élève et éduque un enfant diffère selon la culture dans laquelle il est né. Les mœurs, la langue et la logique de cette culture lui deviennent ainsi reconnaissables, familières et «normales», au point qu'il considère la façon de se comporter des autres comme «bizarre» ou «étrange». Pourriez-vous raconter quelques anecdotes de votre expérience avec un ou des étrangers où il y a eu un malentendu en raison des différences culturelles? Comment peut-on éviter de tels malentendus?

2. Dans le domaine de la conversation, si les Américains pensent que les Français sont agressifs et bruyants parce qu'ils interrompent tout le temps leur interlocuteur, les Français croient que les Américains sont lents, lourds et qu'ils répondent à la moindre question par une conférence, et qu'ils ignorent l'art de la conversation. Comment ces déclarations traduisent-elles une attitude culturelle différente à l'égard de la conversation? Pourquoi n'est-il pas suffisant de bien parler français pour participer avec facilité à une conversation entre Français? Peut-on surmonter ces obstacles?

3. En ce qui concerne le travail, en Amérique, il est question d'abolir l'âge de la retraite obligatoire. De nombreux Américains considèrent la retraite avec peur sinon horreur. Par contre, en France, nombreux sont ceux qui choisissent la pré-retraite, à 55 ans. Cette attitude mène certains à croire que les Français sont paresseux, jugement rapide qui dit peut-être plus sur ceux qui le tiennent que sur les Français. Selon vous, qu'est-ce que l'attitude des Français à l'égard du travail et de la retraite révèle de leurs valeurs?

4. Selon les recherches de l'ethnologue française Raymonde Carroll, les couples français ont tendance à se disputer souvent, même devant leurs invités. Cela choque les Américains qui croient plutôt qu'un couple idéal devrait être toujours d'accord, que si un couple se querelle pour des riens, cela veut dire que quelque chose ne va pas bien entre eux. Comment cette attitude peut-elle causer des malentendus dans un couple franco-américain?

5. La France semble exercer un certain pouvoir de séduction-répulsion sur les autres. Elle ne laisse personne indifférente. Si l'on trouve les Français prétentieux, égocentriques et nationalistes, on reconnaît en même temps leur fidélité en amitié, leur respect de tout ce qui touche à la vie intellectuelle, et leur art de vivre. Quand vous pensez à la France, quelles sont les premières idées qui viennent à votre esprit? Connaissez-vous des Français? En quoi sont-ils différents des Américains? Comment est-ce que leurs différences culturelles peuvent causer des malentendus?

Petit écrit

Écrivez une page sur la question numéro 2 ou 4.

1. Comment savez-vous que cette scène a lieu à Paris?
2. Selon vous, quelle heure est-il dans ce dessin?
3. Quelle attitude le chauffeur manifeste-t-il à l'égard de l'embouteillage?
4. Que pourriez-vous dire de son chien?

GRAMMAIRE

L'emploi du subjonctif présent

1. OBSERVEZ

Fait réel	*Action envisagée mais non affirmée*
Nous **sommes** unis par la langue.	*Se pourrait-il que* nous **soyons** unis par la langue, mais séparés par la culture?
Cet enfant **agit** comme un adulte.	Les Français *exigent que* leur enfant **agisse** comme un adulte.
En Amérique, l'enfant **fait** ce qu'il veut.	En France, *il faut que* l'enfant **fasse** ce que désirent ses parents.
Nous **parlons** la même langue.	Je suis *content que* nous **parlions** la même langue.

ANALYSE   *L'indicatif* exprime un fait que l'on considère comme *réel. Le subjonctif* met l'accent sur *le côté émotif* de celui qui parle ou sa façon de percevoir la situation; le subjonctif n'affirme ni si l'action est vraie ni si elle est fausse. L'action est simplement envisagée comme possible, mais elle *ne se situe pas au niveau de la réalité.*

Trouvez des exemples du subjonctif dans l'article qui précède.

2. OBSERVEZ

Le Français
- regrette
- s'étonne
- est triste
- est affligé
- n'est pas content
- est désolé
- craint
- a peur
- est fâché
- est vexé
- est irrité
- est surpris
- s'indigne

qu'il n'y **ait** pas de clôture autour de la maison.

ANALYSE   Le subjonctif s'emploie après *les verbes de sentiments.*

3. OBSERVEZ

Le Québec
- demande
- approuve
- aime mieux
- préfère
- consent
- ordonne
- veut
- commande
- exige
- prie
- permet
- souhaite

que son premier ministre **aille** au sommet de la francophonie.

ANALYSE   Le subjonctif s'emploie après *les verbes qui indiquent la volonté, l'ordre, la défense, le désir, la prière.*

4. OBSERVEZ

On
- admet
- comprend
- conçoit
- doute
- est d'avis
- imagine
- conteste
- nie

que les Français **soient** gourmands.

ANALYSE   On emploie le subjonctif après *les verbes d'opinion* quand on désire
exprimer une action ou une idée *envisagée dans l'esprit* et non située
sur le plan de la réalité.

ATTENTION!   Si l'on considère la réalité du fait énoncé, on emploie *l'indicatif.*

EXEMPLES: Il admet (comprend, se rend compte, conçoit, imagine,
est d'avis) que les Français **sont** nationalistes. (Le fait est
que les Français *sont* nationalistes.)
Il nie qu'elle **vit** en France. (Pourtant nous savons qu'elle
y *vit.*)

Dans ces deux cas, l'indicatif souligne la réalité du fait, *malgré* ce qu'on en dit.

5. OBSERVEZ

Il ⎰ faut
est nécessaire
importe
est important
est essentiel
est douteux
n'est pas sûr
n'est pas certain
n'est pas clair
est possible
se peut
est impossible
est bon
est mauvais
est naturel
est triste
est surprenant
est dommage
est rare
est urgent
vaut mieux ⎱ qu'elle **fasse** ce voyage.

ANALYSE   Le subjonctif s'emploie après *les expressions impersonnelles* exprimant *le doute, la nécessité, la possibilité, l'impossibilité, une émotion, une appréciation.*

ATTENTION!   Quand un fait est considéré sur *le plan de la réalité,* on emploie
l'indicatif:

Il est sûr (clair, manifeste, évident, certain, probable) qu'elle **fera
(fait, a fait)** son devoir. (Il n'y a pas de doute.)

6. OBSERVEZ

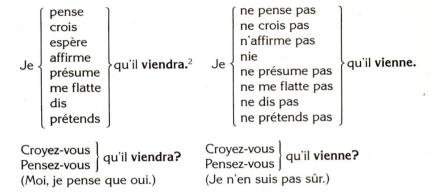

$$
\text{Je}
\begin{cases}
\text{pense} \\
\text{crois} \\
\text{espère} \\
\text{affirme} \\
\text{présume} \\
\text{me flatte} \\
\text{dis} \\
\text{prétends}
\end{cases}
\text{qu'il \textbf{viendra}.}^2
\qquad
\text{Je}
\begin{cases}
\text{ne pense pas} \\
\text{ne crois pas} \\
\text{n'affirme pas} \\
\text{nie} \\
\text{ne présume pas} \\
\text{ne me flatte pas} \\
\text{ne dis pas} \\
\text{ne prétends pas}
\end{cases}
\text{qu'il \textbf{vienne}.}
$$

Croyez-vous
Pensez-vous } qu'il **viendra?**
(Moi, je pense que oui.)

Croyez-vous
Pensez-vous } qu'il **vienne?**
(Je n'en suis pas sûr.)

ANALYSE Si l'on considère *la réalité d'un fait,* on emploie *l'indicatif.* Quand l'action est *simplement envisagée dans l'esprit* sans référence à sa réalité, on emploie *le subjonctif.* C'est surtout le cas après une proposition principale *au négatif* ou *à l'interrogatif,* ou lorsque le verbe a une valeur émotive.

La formation du subjonctif présent

1. Le radical du subjonctif vient de la 3e personne du pluriel du présent de l'indicatif: ils **dans**ent, ils **finiss**ent, ils **part**ent, ils **vend**ent, ils **écriv**ent.

2. Les terminaisons, sauf pour **nous** et **vous,** sont celles de l'indicatif présent:

    que je dans**e**
    que tu dans**es**
    qu'il/elle danse
    qu'ils/elles dans**ent**

3. Les terminaisons pour **nous** et **vous** sont celles de l'imparfait de l'indicatif:

    que nous dans**ions**
    que vous dans**iez**

Verbes réguliers au subjonctif

qu'il finisse	qu'il parte	qu'il rende	qu'il connaisse
qu'il choisisse	qu'il dorme	qu'il vende	qu'il vive
qu'il accomplisse	qu'il serve	qu'il réponde	qu'il suive
qu'il remplisse	qu'il sorte	qu'il mette	qu'il lise
			qu'il conduise

[2]Il est essentiel de noter que lorsque ces verbes sont à l'affirmatif, on emploie *toujours* l'indicatif (au présent, au passé ou au futur).

LE SUBJONCTIF DES VERBES À DEUX RADICAUX

EXEMPLE: **venir**	
Présent	*Subjonctif*
ils **vienn**ent	que je **vienn**e, que tu **vienn**es, qu'il/elle **vienne,** qu'ils/ elles **vienn**ent
nous **ven**ons	que nous **ven**ions que vous **ven**iez[3]

boire	que je boive	que nous buvions	qu'ils/elles boivent
devoir	que je doive	que nous devions	qu'ils/elles doivent
recevoir	que je reçoive	que nous recevions	qu'ils/elles reçoivent
prendre	que je prenne	que nous prenions	qu'ils/elles prennent
comprendre	que je comprenne	que nous comprenions	qu'ils/elles comprennent
apprendre	que j'apprenne	que nous apprenions	qu'ils/elles apprennent
venir	que je vienne	que nous venions	qu'ils/elles viennent
tenir	que je tienne	que nous tenions	qu'ils/elles tiennent
devenir	que je devienne	que nous devenions	qu'ils/elles deviennent
croire	que je croie	que nous croyions	qu'ils/elles croient
voir	que je voie	que nous voyions	qu'ils/elles voient
mourir	que je meure	que nous mourions	qu'ils/elles meurent

LE SUBJONCTIF DES VERBES À RADICAUX IRRÉGULIERS

être[4]	que je sois	que nous soyons	qu'il/elle soit
	que tu sois	que vous soyez	qu'ils/elles soient
avoir[4]	que j'aie [ɛ]	que nous ayons	qu'il/elle ait
	que tu aies	que vous ayez	qu'ils/elles aient
aller	que j'aille [aj]	que nous allions	qu'ils/elles aillent
vouloir	que je veuille	que nous voulions	qu'ils/elles veuillent
faire	que je fasse	que nous fassions	qu'ils/elles fassent
savoir	que je sache	que nous sachions	qu'ils/elles sachent
pouvoir	que je puisse	que nous puissions	qu'ils/elles puissent
valoir	que je vaille	que nous valions	qu'ils/elles vaillent

Verbes impersonnels

falloir	qu'il faille
pleuvoir	qu'il pleuve

[3]Les terminaisons pour **nous** et **vous** sont toujours celles de l'imparfait.

[4]Remarquez que les verbes **avoir** et **être,** comme dans toutes les langues, sont toujours les plus irréguliers. Attention de ne pas confondre le subjonctif du verbe **avoir** avec le subjonctif du verbe **aller.**

LE SUBJONCTIF DES VERBES À CHANGEMENTS ORTHOGRAPHIQUES

espérer	que j'espère	que nous espérions
mener	que je mène	que nous menions
acheter	que j'achète	que nous achetions
se lever	que je me lève	que nous nous levions
jeter	que je jette	que nous jetions
se rappeler	que je me rappelle	que nous nous rappelions

Pour tous les verbes qui se terminent en **-er,** le subjonctif des pronoms à la 3ᵉ personne coïncide avec le présent de l'indicatif, tandis que le subjonctif de **nous** et de **vous** est comme l'imparfait de l'indicatif.

Exercices

A. Les Français élèvent leurs enfants de façon plus stricte que les Québécois. Construisez le dialogue entre un enfant rebelle et sa mère, selon le modèle.

> MODÈLE: L'enfant: Je ne veux pas mettre mes bottes.
> La mère: Il faut que tu mettes tes bottes.

1. L'enfant: Je ne veux pas aller à l'école.
   La mère: Il faut que . . .
2. L'enfant: Je ne veux pas voir la maîtresse d'école.
   La mère: Il est nécessaire que . . .
3. L'enfant: Je ne veux pas répondre à ses questions.
   La mère: Il est essentiel que . . .
4. L'enfant: Je ne veux pas lui rendre mon livre.
   La mère: Je préfère que . . .
5. L'enfant: Je ne veux pas sortir aujourd'hui.
   La mère: J'exige que . . .
6. L'enfant: Je ne veux pas mettre mon bonnet.
   La mère: Je veux que . . .
7. L'enfant: Je ne veux pas que Papa me conduise à l'école.
   La mère: Il est temps que . . .
8. L'enfant: Je ne veux pas que Papa vienne avec moi . . .
   La mère: Il faut que . . .
9. L'enfant: Je ne veux pas partir.
   La mère: J'ordonne que . . .
10. L'enfant: Je ne veux pas comprendre.
    La mère: Il faut que . . .
11. La mère: Je vais te donner une claque.
    L'enfant: Non! Je ne veux pas que . . .

B. Exprimez une opinion sur les déclarations suivantes.

1. En France, on sert la salade après le plat principal.
   Je ne suis pas certain que . . .
   Je crois que . . .
2. En France, on boit beaucoup de vin.
   Je pense que . . .
   Il est probable que . . .
3. Il y a beaucoup de librairies.
   Nous sommes heureux que . . .
   Nous approuvons que . . .
4. On y lit beaucoup.
   Nous sommes d'avis que . . .
   Nous imaginons que . . .
5. En France, on sait vivre.
   Il est possible que . . .
   Il est vrai que . . .
6. La France est un pays moderne.
   Je ne suis pas sûr que . . .
   Les Français veulent que . . .
7. On prend le temps de vivre.
   Nous comprenons que . . .
   Il est naturel . . .
8. Les Français ont des problèmes économiques.
   Je crains que . . .
   Il se peut que . . .
9. En France, on vit bien.
   Je présume que . . .
   Croyez-vous que . . .
10. La France suit les autres pays en Europe.
    Pensez-vous que . . .
    Les Français nient que . . .
11. Les hommes d'affaires vendent beaucoup de produits aux États-Unis.
    Le gouvernement français souhaite que . . .
    Le gouvernement français désire que . . .
12. Il pleut beaucoup en France.
    Je crois que . . .
    Les Français regrettent que . . .
13. On apprend l'anglais de plus en plus.
    Pensez-vous que . . .
    Se pourrait-il que . . .
14. C'est pour nous battre sur notre propre terrain.
    Je ne sais pas si . . .
    Nous sommes fâchés que . . .

C. Monsieur Bouchard est québécois. Il n'est pas encore allé en France. En utilisant les expressions suivantes, inventez son attitude en face des Français.

1. Il imagine que les Français . . .
2. Il est d'avis que la France . . .
3. Il nie que . . .
4. Il conteste que . . .
5. Il doute que . . .
6. Il conçoit que

7. Il comprend que . . .
8. Il admet que . . .
9. Il pense que . . .
10. Il espère que . . .
11. Il n'est pas sûr que . . .
12. Il voudrait savoir si . . .

D. Une Américaine visite la France pour la première fois. Décrivez ses réactions en utilisant les expressions suivantes.

1. Elle est surprise que . . .
2. Elle s'étonne que . . .
3. Elle est contente que . . .
4. Elle est désolée que . . .
5. Elle regrette que . . .

6. Elle est irritée que . . .
7. Elle est fâchée que . . .
8. Elle voudrait que . . .
9. Elle préfère que . . .
10. Elle a peur que . . .

La concordance des temps au subjonctif

1. OBSERVEZ

Elle { veut / voulait / voudra / voudrait / aurait voulu } que son séjour en France **soit** plus long.

ANALYSE Dans le langage parlé, *le présent* du subjonctif s'emploie lorsque l'action des deux propositions est *simultanée,* ou si l'action dans la proposition subordonnée *n'est pas encore réalisée.* Rappelez-vous que le présent du subjonctif peut indiquer *le futur* aussi bien que *le présent* et *le conditionnel.*

2. OBSERVEZ

À Ottawa, on { s'indigne / s'indignait / s'indignera / s'indignerait / se serait indigné } que de Gaulle **ait dit** «Vive le Québec libre!»

ANALYSE Quand l'action de la proposition subordonnée est *antérieure* à l'action dans la proposition indépendante, on emploie *le subjonctif passé* qui indique *une action terminée.*

La formation du subjonctif passé

Le subjonctif passé se forme du subjonctif présent de **avoir** ou **être** + *le participe passé.*

Verbes conjugués avec avoir

que j'aie dîné
que tu aies dîné
qu'il ait dîné
qu'elle ait dîné
que nous ayons dîné
que vous ayez dîné
qu'ils aient dîné
qu'elles aient dîné

Verbes conjugués avec être

que je sois allé(e)
que tu sois allé(e)
qu'il soit allé
qu'elle soit allée
que nous soyons allé(e)s
que vous soyez allé(e)(s)
qu'ils soient allés
qu'elles soient allées

Verbes pronominaux

que je me sois amusé(e)
que tu te sois amusé(e)
qu'il se soit amusé
qu'elle se soit amusée

que nous nous soyons amusé(e)s
que vous vous soyez amusé(e)(s)
qu'ils se soient amusés
qu'elles se soient amusées

REMARQUES

1. Tous les verbes pronominaux se conjuguent avec **être,** sans exception.
2. N'oubliez pas de faire l'accord entre le participe passé et le pronom auquel il se réfère (**me, te, se, nous, vous, se**) quand il n'y a pas d'autre objet direct dans la phrase.

Exercices

A. Vous parlez avec un(e) camarade à propos des sommets de la francophonie.[5] Employez le passé du subjonctif selon le modèle.

MODÈLE: Le premier sommet francophone a eu lieu à Paris.
Êtes-vous certain (sûr)   qu'il ait eu lieu à Paris?
Il se peut
Il est possible   } qu'il ait eu lieu à Paris.
Je suis content (heureux)

1. Le second sommet de la francophonie a eu lieu à Québec.
2. Le troisième sommet s'est tenu à Dakar en 1989.
3. Il a été une réussite exceptionnelle.
4. L'Algérie n'est pas allée au premier sommet.
5. L'idée de la francophonie a germé en Afrique.

[5]Réunions internationales de pays ayant le français comme langue maternelle, officielle ou véhiculaire

6. L'Égypte s'est jointe aux pays francophones.
7. On a réalisé 80% des propositions entérinées lors du sommet de Québec.
8. Le gouvernement du Québec et le gouvernement du Canada ont été présents au premier sommet.
9. Les chefs d'État y ont étalé leurs prouesses diplomatiques.
10. Tous les participants ont quitté le sommet très satisfaits.
11. J'ai vu le Président de la France, François Mitterrand, pendant le sommet à Québec.
12. Il a fait un beau séjour à Québec.

B. Vous êtes le commissaire Maigret qui se livre à des investigations sur la mort de Monsieur Martin. Formez les questions et les remarques du commissaire aussi bien que les réponses du suspect, selon le modèle donné.

> MODÈLE: MAIGRET: Croire / vous / on / assassiner / M. Martin?
> Croyez-vous qu'on ait assassiné M. Martin?
> SUSPECT: Je / penser / il / se suicider.
> Je pense qu'il s'est suicidé.

1. MAIGRET: Penser / vous / on / tuer / M. Martin?
    SUSPECT: Je / ne pas / croire / on / le / descendre.

2. MAIGRET: Croire / vous / donc / il / se suicider?
    SUSPECT: Je / ne pas / dire / M. Martin / se donner / la mort.

3. MAIGRET: Être / nécessaire / savoir / tous les faits.
    SUSPECT: Je / être / désolé / ne pas / pouvoir / vous / dire plus.

4. MAIGRET: Valoir mieux / vous / me dire / la vérité.
    SUSPECT: Je / comprendre / vous / vouloir / tout savoir.

5. MAIGRET: Je / exiger / vous / me / révéler / ce que / vous / savoir.
    SUSPECT: Mais, Monsieur le commissaire, / être évident / je / ne pas / savoir / grand-chose.

6. MAIGRET: Être / possible / vous / me / cacher / l'essentiel.
    SUSPECT: Je / vouloir / tout dire, / mais je vous / prier / me croire.

7. MAIGRET: Vous / ne pas / me / sembler / affligé / M. Martin / mourir.
    SUSPECT: Être dommage / il / mourir, / mais je / ne pas / croire / on / pouvoir / savoir plus / sans interroger / sa femme.

8. MAIGRET: Falloir / vous / venir / avec moi / au commissariat de police.
    SUSPECT: Mais / être impossible / je / aller / avec vous.

9. MAIGRET: Je / préférer / vous / venir / sans être forcé.
    SUSPECT: Je / croire / vous / se tromper / de suspect.

10. MAIGRET: Être urgent / vous / s'expliquer sur le champ.
    SUSPECT: Je / croire / sa femme / l'empoisonner!

Étude du lexique

1. **un cartable**   sac, sacoche d'écolier

   Quelle sorte de cartable aviez-vous quand vous étiez écolier (écolière)?
   Qu'est-ce qu'on peut mettre dans un cartable?

2. **debout**   sur ses pieds (≠ assis, couché)

   Quand on est fatigué, on a du mal à se tenir debout.
   Dans quels métiers faut-il rester longtemps debout?

3. **un torchon**   tissu de toile qui sert à essuyer la vaisselle, les meubles

   Il faut donner un coup de torchon sur la table avant de mettre la nappe.
   Où gardez-vous les torchons pour essuyer la vaisselle?

4. **courber**   pencher en abaissant, incliner, se soumettre

   Il refuse de courber la tête devant une autorité.
   Pourquoi est-ce qu'on courbe la tête à l'église?

5. **coudre**   attacher au moyen d'un fil et d'une aiguille

   Savez-vous coudre un bouton sur un vêtement?
   À quel âge avez-vous appris à coudre?

6. **une bougie**   chandelle

   Elle allume des bougies quand elle va à l'église.
   Comment mettez-vous la table pour un dîner romantique?

7. **cousu d'or**   riche

   La famille Dupont est cousue d'or.
   Connaissez-vous des gens qui sont cousus d'or?

8. **remuer**   faire changer de position, faire bouger, déplacer

   Les animaux remuent les oreilles et la queue.
   Pourquoi faut-il remuer une salade avant de la servir?

9. **une vitre**   panneau de verre dans une fenêtre

   On peut essuyer les vitres avec un torchon.
   Qui nettoie les vitres de votre chambre?

10. **jaunir**   devenir jaune

    La nicotine jaunit les doigts.
    En quelle saison les feuilles jaunissent-elles?

11. **la poussière**   matière réduite en fines particules

    La voie lactée est une poussière d'étoiles.
    Que faut-il pour enlever la poussière du plancher et des meubles?

En France, chaque journal a un point de vue politique, de gauche, de droite ou de centre.

12. **un engin** machine, instrument, appareil

Ce week-end, nous allons prendre nos engins de pêche et de chasse.
Avez-vous jamais désiré inventer un engin? Décrivez-le.

13. **le diable** démon, personnage représentant le mal

Cet enfant se comporte comme un petit diable.
Croyez-vous que le mal sur la terre vienne du diable?

14. **une couture** *seam* **la couture** art de coudre

Il faut refaire toutes les coutures de cette veste.
Vous intéressez-vous à la haute couture parisienne?

15. **une aiguille** instrument avec lequel on coud

Il est difficile de passer le fil dans le chas d'une aiguille.
Savez-vous vous servir d'une aiguille?

16. **un phare**   tour qui porte une puissante lumière pour guider les navires ou les avions pendant la nuit; lumière d'une auto

Aimeriez-vous vivre dans un phare?
Quand allume-t-on les phares de sa voiture?

17. **se gaver**   manger avec excès

Nous nous sommes gavés aux noces de ma tante.
À quelles occasions se gave-t-on en Amérique? Pourquoi?

18. **un bourgeon**   *bud*

Les bourgeons à fruits suivent les bourgeons à fleurs.
En quelle saison est-ce que les bourgeons éclosent?

LIRE ET COMPRENDRE

La Civilisation, ma mère! . . .

Driss Chraïbi

Écrivain marocain d'expression française, né en 1926, Driss Chraïbi fait irruption sur la scène littéraire à la veille de l'indépendance du Maroc (1956) avec son roman Le Passé simple *(1954). Racontant la révolte d'un fils contre son père et contre les valeurs traditionnelles de sa société, le roman fait scandale. Des campagnes de presse, des injures et des menaces de mort s'abattent sur l'auteur. Pourtant, en 1967, la revue* Souffles *le louait pour son courage d'avoir pu dénoncer «cette auto-colonialisation et oppression exercée les uns sur les autres, le féodal sur l'ouvrier agricole, le père sur ses enfants, le mari sur son épouse-objet.» Vivant en France depuis 1945, Chraïbi expose, dans* Les Boucs *(1956), la vie épouvantable des travailleurs du Maghreb (le Maroc, l'Algérie, la Tunisie) en France. Dans* L'Âne *(1958), l'auteur montre sa déception au sujet des pays nouvellement indépendants qui continuent à exercer une autorité tyrannique sur leurs habitants.*

La Civilisation, ma mère! . . . (1972) présente, à travers les yeux de son fils, l'aventure d'une mère orientale confrontée à la révolution technique et aux bouleversements politiques de son pays. La prise de conscience de cette femme mène à la renaissance de son mari, car elle «était, à elle seule, la conscience d'un monde inconscient.»

En lisant l'extrait qui suit, relevez les détails qui montrent la révolte de la mère contre l'influence de la civilisation française et occidentale. Quels détails montrent que le narrateur étudie à une école française?

Exercices de prélecture

A. *Prédire le contenu*

D'après le titre de cette leçon, le titre du roman, et l'introduction ci-dessus, pourriez-vous prédire le contenu du passage? S'agit-il de fiction ou de faits?

B. *Mobilisez vos connaissances*

Étudiez la carte du Maroc à la page 295. Quels sont les pays voisins? (Consultez la carte à la page 350 si vous ne savez pas.) Que savez-vous déjà sur le Maroc? Quelle est la capitale? Où se trouve-t-elle? Quelles langues y parle-t-on? Quelles sont les villes principales? Quel est le climat? Le Maroc et la Tunisie étaient des protectorats de quel pays? Qu'est-ce qu'un protectorat? Qu'est-ce que le colonialisme engendre chez la population indigène?

C. *Devinez le sens des mots inconnus*

1. J'ai la machine Singer [sɛ̃ · jɛr] devant moi, dans ma bibliothèque *vitrée.*

Quel mot du lexique précédent vous indique le sens du mot *vitré?*

2. Entre les livres que j'ai écrits, jaunissant et *s'empoussiérant,* et des traités de management, la machine à coudre est mon seul héritage.

Quel mot du lexique précédent vous indique le sens du mot *s'empoussiérer?*

3. Ma mère et la machine dansaient le même jerk *endiablé.*

Quel mot du lexique précédent vous révèle le sens du mot *endiablé?*

4. Ma mère était un arbre que le moindre souffle de printemps pouvait faire *bourgeonner* et fleurir avec luxuriance.

En considérant le contexte et le radical du mot, pourriez-vous en deviner le sens?

Je revenais de l'école, jetais mon cartable dans le vestibule et lançais d'une voix de crieur public:

—Bonjour, maman!

En français.

5   Elle était là, debout, se balançant d'un pied sur l'autre et me regardant à travers deux boules de tendresse noire: ses yeux. Elle était si **menue,** si fragile, qu'elle **eût** pu tenir **aisément** dans mon cartable, entre deux manuels scolaires qui parlaient de science et de civilisation.   petite / aurait / facilement

—Un sandwich, disait mon frère Nagib. Tu coupes un pain en deux dans

10   le sens de la longueur et tu mets maman entre les deux tranches. Haha! Evidemment, ce serait un peu maigre. Il faudrait y ajouter une plaquette de beurre. Haha!

Il adorait sa mère. Jamais il ne s'est marié. **Un mètre quatre-vingts centimètres** à douze ans. **Deux mètres dix** à l'âge adulte. La force et la joie de   5 pieds, 11 pouces / 6 pieds, 11 pouces

15   manger et de rire, de se lever et de se coucher avec le soleil.

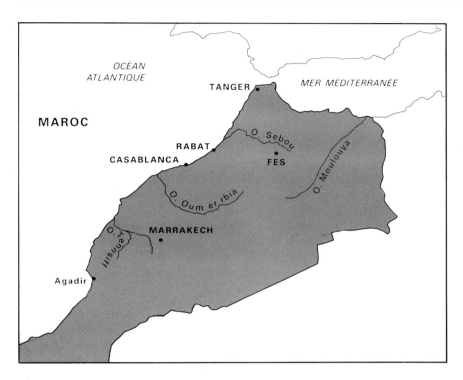

—Écoute, mon fils, me disait ma mère avec reproche. Combien de fois dois-je te répéter de te laver la bouche en rentrant de l'école?

—Tous les jours, maman. À cette même heure. Sauf le jeudi, le dimanche et les jours **fériés.** J'y vais, maman.   de congé

20 —Et fais-moi le plaisir d'enlever ces vêtements de païen![6]

—Oui, maman. Tout de suite.

—Allez, va, mon petit! concluait Nagib en faisant claquer ses doigts. Obéis à la créatrice de tes jours.

Elle marchait sur lui, le chassait à coups de torchon de cuisine et il se sau-
25 vait, courbant le dos, terrorisé, hurlant de rire.

J'allais me laver la bouche avec une pâte dentifrice de sa fabrication. Non pour tuer les microbes. Elle ignorait ce que c'était—et moi aussi, à l'époque [microbes, complexes, problèmes . . .]. Mais pour chasser les **relents** de la   restes
langue française que j'avais osé employer dans sa maison, devant elle. Et
30 j'ôtais mes vêtements de civilisé, remettais ceux qu'elle m'avait **tissés** et   transformés en tissu
cousus elle-même.

[. . .]

Et avec quels mots, de quelle langue, et comment décrire ces choses informes et innommables qui, dans **l'entendement** de ma mère, étaient des   compréhension

[6]Ici, relatif à une religion autre que l'islamisme

35 vêtements? *Bibliques*—c'était là son terme. Il me faudrait un mouton.
Vivant. Et qui consente à se laisser **tondre** devant vous.

    Nagib en achetait un au marché, le faisait entrer dans la cuisine en le
poussant de toutes ses forces.

    —Allez, entre, mon vieux, entre! Fais comme chez toi.

40   Ai-je dit que ma mère avait une tondeuse? Non, n'est-ce pas? D'ailleurs,
elle n'**eût** pas su s'en servir. Mais elle avait une paire de ciseaux avec lesquels
elle voulait me couper les oreilles et les clouer à la porte du salon, quand je
disais de **gros mots.**

    [. . .]

45   Je venais parfois m'asseoir à côté d'elle, **filant** et tissant à la lumière d'une
bougie en **suif. Lui parlais** de ma journée d'école, de mathématiques, de
Victor Hugo ou de latin. Elle me regardait en silence, de ses yeux immenses
et sans **cils,** me montrait ses mains aux lignes profondes comme des **sillons**
dans un champ labouré. Cela. Seulement ses mains qui ne s'exprimaient

50 pas avec des mots.

    [. . .]

    Personne ne lui avait rien appris depuis qu'elle était venue au monde.
Orpheline à six mois. Recueillie[7] par des parents bourgeois à qui elle avait
servi de bonne. À l'âge de treize ans, un autre bourgeois cousu d'or et de

55 morale l'avait épousée sans l'avoir jamais vue. Qui pouvait avoir l'âge de son
père. Qui était mon père.

    [. . .]

    Quand le dernier **brin** de laine avait trouvé de lui-même sa place dans le
tissu, ma mère prenait mes mesures. À sa façon. Sans patron. À vue d'œil.

60 Un œil à moitié fermé et l'autre grand ouvert, elle tournait autour de moi, ses
lèvres remuaient en silence et de temps à autre elle se frottait les mains.

    —C'est ça, s'écriait-elle d'une voix de pythonisse. Je vois. Je vois exacte-
ment ce qu'il te faut. Ne bouge pas.

    Elle étalait par terre le tissu sur les quatre coins duquel elle posait quatre

65 **pains** de sucre: la maison était pleine de courants d'air. Et alors entraient en
mouvement deux produits de la civilisation, les premiers auxquels elle eût
eu à faire face: les ciseaux et la machine à coudre.

    *(La mère du narrateur découpe le tissu qu'elle a fait et s'apprête à le
coudre.)*

70   Entrait en transes **trépidantes** la machine Singer—un de ces prototypes
à pédale qui ont survécu à l'humanisme. Je l'ai là, devant moi, dans ma
bibliothèque vitrée. Mon seul héritage. Entre les livres que j'ai écrits, jaunissant et s'empoussiérant, et des traités de management dont l'un affirme que
la révolution ne se fait plus chez Mao tse-Toung, mais chez Control Data.

75   [. . .]

    Encore maintenant, je ne puis dire avec précision qui dirigeait l'autre, de
l'engin ou de ma mère. Ils avaient la même âme, le même corps, le même

Glossary (right margin):
- couper (la laine)
- aurait
- mots vulgaires
- transformant en fil
- graisse animale / Je lui parlais
- poils sur le bord des paupières / lignes, rides
- petite quantité
- espèce de gâteau informe
- qui s'agitent

---

[7]Des parents bourgeois l'ont acceptée chez eux où elle a travaillé comme bonne

Situé au débouché ouest du détroit de Gibralter, Tanger est un port franc (exempt de charges, taxes, impositions) depuis 1962. En dehors de l'arabe, langue officielle, on parle français et espagnol au Maroc.

mouvement passionné, comme ces cavaliers cosaques que j'ai vus galoper à cheval [. . .] Toutes deux dansaient le même *jerk* endiablé, les coutures
80 n'étaient jamais droites et l'aiguille passait sur n'importe quoi. Souvent sur une **manche** de la robe de ma mère en même temps que sur le vêtement   *sleeve* qu'elle était en train de me confectionner. Et une fois sur sa chevelure qu'elle avait longue jusqu'à la **taille.** Je me dois de dire la vérité. Vous me connais-   *waist* sez. Je suis un homme sérieux. J'affirme que cela s'est produit une seule
85 fois, un soir d'octobre 1936. J'avais six ans.

    Ce soir-là, mon père l'a regardée avec une étrange **lueur** dans les yeux.   *lumière*

    —J'aime bien ta nouvelle coiffure, laissa-t-il tomber en même temps que la cendre de sa cigarette. Cela te dégage le front. Tu es jolie, tu sais?

    J'ai parlé de vérité. Pour moi, elle est un droit. Un droit sauvage à la vie.
90 Voici: j'ai vu les yeux de maman s'agrandir et s'allumer comme des phares dans sa longue nuit polaire; j'ai assisté à un lever de soleil sur sa solitude quotidienne et profonde. Cela n'a duré que le temps d'une naissance, mais j'ai vu la tempête de joie qui bouleversait son visage, fibre par fibre.

    Et voici: mon père **fut** doux avec nous tous ce soir-là. Et, le lendemain   *a été*
95 matin, ma mère vola de chambre en chambre avec la légèreté d'un oiseau.

Elle **fit** cuire une bassine de beignets,[8] m'en gava, en mangea deux douzaines, lava les trois étages de la maison à grande eau, secoua et battit tapis et **tentures.** Pour une machine à coudre dont elle n'avait pas su se servir la veille! Pour une aiguille qui, **par mégarde,** avait cousu ses cheveux!

a fait

tissus décorant les murs
par erreur

100   Ce fut juste ce jour-là. La seule fois où j'ai entendu mon père exprimer sa tendresse à celle qui était son épouse. Les clous, les sociétés, les sentiments peuvent se rouiller à la longue. Pas ma mère. Elle était un arbre, cerclé dans une cour de prison, mais que le moindre souffle de printemps pouvait faire bourgeonner et fleurir avec luxuriance.

Extraits de Driss Chaïbi, *La Civilisation, ma mère!* . . . (Paris: Éditions Denoël, 1972)

Vérifiez votre compréhension

1. Décrivez la mère du narrateur.
2. Décrivez Nagib, frère du narrateur.
3. Pourquoi la mère veut-elle que son fils se lave la bouche en rentrant de l'école? Pourquoi veut-elle qu'il enlève ses vêtements? Selon vous, quelle est leur religion? Quelle langue parlent-ils à la maison d'habitude?
4. Comment faut-il procéder pour fabriquer un vêtement à partir de zéro?
5. Qu'est-ce que la mère emploie pour tondre le mouton?
6. Quelles matières le narrateur apprend-il à l'école? Quelle réaction sa mère a-t-elle quand il lui parle de ces matières? Pourquoi?
7. Décrivez la vie de sa mère quand elle était jeune fille.
8. Quelle est l'importance de la machine à coudre dans la vie de la famille?
9. Que se passe-t-il un soir d'octobre en 1936? Quelle est la réaction du père du narrateur à sa femme?
10. Décrivez la transformation de sa mère sous le regard de son mari.
11. En quoi le comportement de sa mère est-il modifié après la tendresse de son mari?
12. Quelles métaphores le narrateur emploie-t-il pour décrire sa mère? En quoi sa mère représente-t-elle la condition féminine au Maroc en 1972? En quoi représente-t-elle le Maroc avant 1956?

Résumé

En vous servant de vos propres mots, écrivez un petit résumé de l'extrait du roman *La Civilisation, ma mère!* . . . Essayez de paraphraser le texte, mais ne copiez pas de phrases.

[8]Dessert fait de pâte frite et rempli de fruits

EXPRESSION ÉCRITE

Écrivez une dissertation bien raisonnée (exposition, développement, conclusion) sur une des questions suivantes. Référez-vous aux leçons précédentes pour des conseils précieux sur la structure d'une dissertation. Avant de faire la liste d'idées pour et contre, étudiez les *Articulations logiques* et la section *Expressions utiles* qui suit les questions.

1. Le colonialisme a apporté la civilisation aux pays sous-développés.
2. Un pays qui n'a pas une économie forte risque beaucoup en devenant indépendant.
3. Nous sommes des créatures de notre culture.
4. Si les Japonais étaient plus américanisés, les affaires iraient mieux entre nos deux pays.
5. Les Français entourent leurs maisons de clôtures et mettent des volets à leurs fenêtres car ils sont méfiants.

Articulations logiques

Entrée en matière

De nos jours, il est souvent question de
On parle beaucoup aujourd'hui de
L'opinion actuelle qui veut que . . . contient une part de vérité.

Concession

On peut accepter que + *subjonctif*
Il est probable que + *indicatif*
On comprend bien que + *subjonctif*

Opposition

En dépit de + *nom*
Malgré + *nom*
Par contre

Démonstration

C'est pourquoi
On peut donc conclure que
Par conséquent

Le vocabulaire suivant vous aidera à exprimer vos idées.

1. Quelle est la contradiction dans ce dessin?
2. D'où vient celui qui tient le balai?
   Pourquoi est-il habillé de la sorte?
3. Quelle hypocrisie ce dessin dénonce-t-il?
4. Selon vous, pourquoi a-t-on peur quelquefois d'écrire la vérité sur son pays?

Expressions utiles

une colonie
l'empire colonial français, britannique
l'autodétermination *(f.)*
l'autonomie *(f.)*
la décolonisation
une guerre d'indépendance
le colonisateur ≠ le colonisé
l'exploiteur ≠ l'exploité *(m.)*
la conquête
l'expansion *(f.)*
le marché
le monopole
le prestige
l'Apartheid
le métissage
le racisme
avoir des préjugés = manifester des opinions préconçues

les idées reçues
le développement économique
l'assimilation *(f.)*
l'acculturation *(f.)* = adaptation d'un individu ou d'un groupe à une culture
    étrangère
la déculturation = dégradation de l'identité culturelle d'un groupe ethnique,
    ethnocide
le progrès
la révolution technologique

MISE EN ŒUVRE

Sujets à réflexion

1. Aux États-Unis, il y a un bon nombre de groupes de parents qui veulent choisir les livres que leurs enfants utilisent en classe. Que pensez-vous de ce mouvement? Faut-il censurer les livres de classe? Qui devrait décider ce qui est éliminé d'un livre d'histoire ou de science? Au Maroc, l'écriture en arabe est contrôlée par des censures officielles, et encore en 1973 l'autobiographie de l'écrivain Mohamed Choukri, *Le Pain nu,* a été refusée par les maisons d'édition arabes. De quoi les autorités ont-elles peur?

2. Faites une petite analyse culturelle comparée. D'après vos expériences et ce que vous avez appris dans cette leçon, comment les Français diffèrent-ils des Américains dans le domaine de la maison, de la cuisine, du travail, des relations parents-enfants?

3. Selon des sondages sur le racisme effectués en France en 1985, les Français ont répondu aux questions posées de la manière suivante:[9]

   a. Selon vous, les différences entre les races humaines sont-elles très importantes, assez importantes ou peu importantes?

Très importantes	22%	Assez importantes	45%
Peu importantes	30%	Ne savent pas	3%

   b. Si l'un de vos enfants voulait épouser une personne d'une autre race, l'accepteriez-vous plutôt?

Très facilement	10%	Difficilement	34%
Facilement	30%	Très difficilement	13%

À votre avis, de quelle façon les Américains répondraient-ils aux deux sondages précédents? Donnez vos raisons. Selon vous, qu'est-ce qui perpétue le racisme? Comment peut-on l'éliminer? Pourquoi est-il moins fort chez les plus jeunes et les plus éduqués?

[9]André Laurens, *Les Français, passions et tabous* (Paris: Éditions Alain Moreau, 1985)

Mini-théâtre

Avant d'aller en classe, préparez une des scènes suivantes avec un(e) ou deux camarades, selon les besoins de la scène.

1. Vous êtes étudiant(e) en France et vous rencontrez deux Français au resto-U. Ils
   commencent à vous parler contre les États-Unis. Comment réagissez-vous?
2. Vous venez de passer un séjour d'études merveilleux en France où vous vous
   êtes lié(e) d'amitié avec plusieurs Français. De retour aux États-Unis, vous parlez à une connaissance qui pense que les Français sont égocentriques, xéno-
   phobes et prétentieux. Comment défendez-vous vos nouveaux amis contre ces
   critiques?
3. Votre enfant vous annonce qu'il sort avec une personne d'une autre race. Comment réagissez-vous?
4. Vous êtes marié(e) avec un(e) Français(e) et vous achetez votre première maison. Vous voulez une maison entourée de pelouses avec de grandes baies
   vitrées (fenêtres). Lui (ou elle) veut une maison entourée de clôtures et ne veut
   pas de baies vitrées car tout le monde peut voir à l'intérieur. Pourriez-vous faire
   un compromis?

LEÇON **11**

LES SENS ET LES ÉMOTIONS

TEXTE I

Êtes-vous auditif ou visuel?,
Sylvie Devilette

GRAMMAIRE

Les conjonctions qui gouvernent le
  subjonctif
Le subjonctif dans les propositions
  indépendantes et avec le superlatif
Le subjonctif hypothétique
Les expressions avec n'importe

TEXTE II

Le Horla (extrait),   *Guy de Maupassant*

Quelle émotion l'homme éprouve-t-il? Comment le savez-vous? Quelle est la différence entre ce que la nature «conseille» à l'homme et le conseil de sa femme? Comment sait-on que cette scène a lieu à notre époque? Selon vous, faut-il aller voir un psychiatre chaque fois que l'on se sent découragé? Pourquoi?

—*L'air est doux, il te dit: courage. Les fleurs te disent: courage. Les oiseaux, les étoiles, le mouvement même de la vie, te disent: courage. Et moi je te dis: va voir un psychiatre.*

© Charillon-Paris

303

Étude du lexique

Lisez à haute voix chaque mot ou expression, définition et exemple. Employez le mot nouveau ou l'expression nouvelle dans votre réponse à chaque question.

1. **fredonner**   chanter à mi-voix, la bouche fermée; chantonner
   Elle fredonnait un petit air pendant qu'elle se promenait.
   Quand est-ce que vous fredonnez?

2. **dégager**   isoler d'un ensemble, extraire; libérer; émaner
   Son discours n'a pas été clair; je n'arrivais pas à en dégager les points principaux.
   Il faut dégager la table, je dois écrire ma dissertation.
   Quand faut-il dégager la voie publique?
   Quelles odeurs se dégagent de la cuisine vers 6 heures?

3. **approfondir**   examiner en profondeur, explorer, pénétrer
   Votre étude est bonne, mais il faut l'approfondir.
   Comment peut-on approfondir ses connaissances en français?

4. **acquérir**   obtenir
   Ces tableaux ont acquis beaucoup de valeur.
   Pourquoi est-ce qu'on apprécie rarement ce qu'on acquiert sans difficulté?

5. **bricoler**   s'occuper à de petits travaux manuels (réparations, etc.)
   Les Français aiment bricoler; ils sont très bricoleurs.
   Qu'est-ce qu'il faut savoir faire si l'on est propriétaire?

6. **tricoter**   *to knit*
   Elle m'a tricoté une écharpe et des gants.
   Quels vêtements peut-on faire tricoter?

7. **volontiers**   par inclination et avec plaisir
   Nous recevrons très volontiers ton ami chez nous.
   Que peut-on répondre quand on est invité à dîner?

8. **le qu'en-dira-t-on**   ce que disent les autres, l'opinion d'autrui
   Si on reste insensible au qu'en-dira-t-on, on sera bien plus heureux.
   Avez-vous peur du qu'en-dira-t-on, ou est-ce vous vous en moquez?

9. **régler un problème, ses factures**   résoudre un problème, payer une note
   Il vaut mieux régler nos problèmes avant qu'ils ne deviennent trop graves.
   Est-ce que vous préférez régler en espèces, par chèque, ou par carte de crédit?

10. **un interlocuteur**   personne qui parle avec une autre
    Si mon interlocuteur ne me regarde pas, je me fâche.
    Aimez-vous contredire votre interlocuteur, ou êtes-vous toujours d'accord avec lui?

11. **stoïque** dur, impassible, qui souffre en silence

Il est toujours resté stoïque devant le danger.
D'où vient la doctrine du stoïcisme? Êtes-vous stoïque?

12. **un outil** un instrument, un appareil

Mettez les outils sur la table, s'il vous plaît.
De quels outils savez-vous vous servir? d'un marteau, d'une clef, d'une pince,
d'un tournevis, d'une scie?

13. **un cadre** décor, entourage, milieu

Si je n'ai pas un cadre agréable, j'ai de la peine à travailler.
Décrivez le cadre que vous trouvez idéal.

14. **souple** flexible, agile

Le corps d'un danseur doit être souple et fort à la fois.
Est-il inévitable de perdre la souplesse avec l'âge?

15. **se fier à** avoir confiance en

On ne peut pas se fier à tout le monde.
Est-ce que vous vous fiez à votre camarade de chambre?

16. **un pair** un égal

La pression exercée par ses pairs détermine souvent les actions d'un adoles-
cent.
Êtes-vous influencé par vos pairs?

17. **volubile** qui parle beaucoup

Préférez-vous des gens volubiles ou taciturnes?
Et vous, êtes-vous volubile ou taciturne? et vos parents?

LIRE ET COMPRENDRE

Exercices de prélecture

A. *Les mots nouveaux*

Repérez les mots du lexique que vous venez d'apprendre dans l'article.

B. *Prédire le contenu*

En tenant compte du titre de l'article et de sa mise en page, de quoi s'agit-il dans ce
passage? Lisez rapidement le premier paragraphe. Qu'apprenez-vous de plus sur le
contenu de l'article? Est-ce un passage de fiction, d'opinion ou de résultats scientifiques?

C. *Mobilisez vos connaissances*

À votre avis, quelles sont les caractéristiques d'un visuel et d'un auditif? À quelles sortes de stimuli sensoriels un visuel serait-il plus sensible? Et un auditif? Avant de lire l'article, pensez-vous que vous avez des tendances plutôt auditives ou visuelles? En lisant l'article, vérifiez vos prédictions sur les caractéristiques des deux types. Avez-vous raison?

Êtes-vous auditif ou visuel?

Sylvie Devilette

Entre les amateurs de paysages et les fanatiques de concerts, entre ceux qui se rappellent toutes les paroles d'une chanson et ceux qui en fredonnent les notes, il n'y a pas seulement une différence de goûts, mais aussi une diffé-rence de psychologie, de comportements, de réactions. Le docteur Lafon-
5 taine, neurologue canadien, a dégagé d'une étude approfondie sur des enfants et leurs parents, deux profils prédominants—visuel et auditif—qui sont complémentaires à condition que chacun prenne conscience des caractéristiques dominantes de l'autre.

Nos réactions aux situations de la vie courante sont différentes selon que
10 nous appartenons au type visuel ou au type auditif. Au début de son exis-tence, le petit enfant se conforme au profil du parent le plus présent psycho-logiquement. Mais ses relations avec l'autre parent qui a généralement un profil différent l'amènent à acquérir le profil complémentaire. Le **dosage**   proportion
entre tendances auditives et tendances visuelles varie avec les époques de la
15 vie et les adultes ont pratiquement autant des deux; mais ils restent marqués par leur tendance dominante.

Il n'est pas rare de rencontrer des musiciens visuels, des peintres auditifs. Mozart était visuel et Beethoven auditif. Une tendance n'est pas meilleure que l'autre et, à mieux se connaître, on peut jouer de ses caractéristiques en
20 fonction du contexte. En répondant au test préliminaire vous allez découvrir si vous êtes auditif ou visuel.

1.	Regardez-vous la télévision tout en faisant autre chose (par exemple: tricoter, bricoler, bavarder [. . .])?	oui	non	
25 2.	Toujours en regardant la télévision, faites-vous des commentaires à haute voix?	oui	non	
3.	Aimez-vous pratiquer le sport (ski, cyclisme [. . .]) en solitude?	oui	non	
4.	Lisez-vous volontiers les romans **à l'eau de**			sentimentaux
30	**rose,** des biographies?	oui	non	
5.	Êtes-vous du genre à «vivre pour manger»?	oui	non	

Le centre de la parfumerie française est Grasse, où l'industrie des parfums remonte à 1595.
La parfumerie confectionnée a pour centre Paris.

6.	Quand votre interlocuteur ne vous regarde pas, avez-vous l'impression qu'il ne vous écoute pas?	oui	non	
7.	Quand on vous explique la route à suivre, vous faut-il un plan?	oui	non	
8.	Supportez-vous difficilement qu'on vous donne des ordres?	oui	non	
9.	Êtes-vous découragé par l'échec au point de refuser toute nouvelle tentative?	oui	non	
10.	Êtes-vous sensible au «qu'en dira-t-on»?	oui	non	
11.	Quand on vous lit une lettre, demandez-vous ensuite à la voir?	oui	non	
12.	Êtes-vous capable de suivre une conférence **ardue** sans aucun support visuel?	oui	non	pénible, difficile
13.	Considérez-vous que le moindre détail a son importance?	oui	non	
14.	Avez-vous tendance à passer très vite à l'action?	oui	non	
15.	Avez-vous besoin de l'approbation de vos pairs?	oui	non	
16.	Êtes-vous inquiet devant les situations inconnues?	oui	non	

35

40

45

50

17. Êtes-vous influencé par l'expression du visage de
votre interlocuteur?   oui   non

55

18. Si vous avez un problème, cherchez-vous à
le régler tout de suite?   oui   non

19. Quand vous êtes concentré sur un travail,
entendez-vous ce qui se passe autour de vous
sans perdre le fil de vos idées?   oui   non

Total _____   _____

60 Si vous avez répondu par une majorité de OUI, vous êtes du type visuel. Une
majorité de NON traduit au contraire un type auditif.

Voici les comportements typiques déduits par le docteur Lafontaine et
son étude.[1]

Le visuel	*L'auditif*
L'adulte visuel est hypersensible à la façon dont on s'adresse à lui, au point de ne reconnaître en premier lieu, dans un message, que l'expression du visage. Donnant priorité à ce qu'il voit et non à ce qu'il entend, sa perception en sera différente selon que son interlocuteur est sérieux ou souriant. Quand c'est lui qui parle, il préfère qu'on le regarde.	Pour l'adulte auditif, le message verbal passe indépendamment du ton ou de l'intensité de la voix. Peu importe l'expression du visage qu'il ne voit même pas tant il a peu tendance à regarder son interlocuteur. C'est le message qui compte.
L'explication	
Le visuel l'aime concrète, nette et précise; le moindre détail a son importance. Il la comprend encore mieux doublée d'images.	L'auditif l'apprécie courte mais bien synthétisée; pas besoin de dessin, l'abstrait ne le dérange pas.
La caresses	
Le visuel n'en **raffole** pas, par contre il aime caresser, le touchement semblant un prolongement de son œil.	L'auditif les accepte de bonne grâce. La meilleure façon de le rassurer est encore de le prendre dans ses bras ou de lui poser une main sur l'épaule; il n'est pas toujours nécessaire de parler.

adore

[1]Dr Raymond Lafontaine, Béatrice Lessoil. *Êtes-vous auditif ou visuel?* (Éd. Marabout)

Le visuel	L'auditif
La douleur	
Le visuel n'y réagit pas immédiatement et peut adopter une attitude stoïque.	L'auditif, réagit immédiatement et demande de l'aide aussitôt.
L'action	
Le visuel a besoin de bouger, d'agir. Aussitôt dit, aussitôt fait. Il ne prend pas toujours le temps de réfléchir avant.	L'auditif n'a pas tendance à agir spontanément, c'est le penseur! Lorsqu'il passe à l'action, c'est après mûre réflexion et en ayant tous les outils en main.
Le temps	
Pour le visuel, rien ne va assez vite; c'est une personne aux décisions rapides, il n'a jamais le temps d'attendre. S'il demande quelque chose, il le lui faut immédiatement.	L'auditif doit toujours avoir du temps devant lui, surtout avant d'agir. Il prend des décisions à long terme.
La discipline	
Le visuel a besoin d'un cadre de référence, d'une structure. Il se sent bien dans la routine mais cela ne l'empêche pas d'être un individu plein de fantaisies.	Pour l'auditif, elle doit être souple, il aime avoir une certaine liberté de manœuvre.
La maladie	
On ne peut hospitaliser le visuel sans qu'il se croie abandonné. Face à la maladie, il a un besoin encore plus grand de ses parents.	L'auditif accepte difficilement d'être malade mais on peut l'hospitaliser plus facilement.
L'échec	
Le visuel éprouve de la difficulté à ne pas réussir du premier coup, il se déprécie immédiatement. Quand on lui fait remarquer son échec, il n'accepte pas toujours de recommencer.	L'auditif, toujours déçu par l'échec, accepte quand même de recommencer une tâche manquée, mais alors il se renseigne afin d'obtenir d'autres moyens de réussite.

Le visuel	L'auditif
La réussite	
Le visuel, s'il n'apprend pas à s'auto-évaluer et continue à se fier aux réactions des autres, peut ne pas croire objectivement à sa compétence. Il a alors tendance à se sous-estimer ou, au contraire, à affirmer qu'il est le meilleur.	L'auditif a moins besoin que le visuel de l'approbation de ses pairs, qui cependant peut être très appréciée; il peut déterminer d'après ses propres critères s'il a ou non réussi.
La concentration	
Le visuel peut se concentrer profondément mais la moindre chose le dérange ou contribue à le déconcentrer.	L'auditif peut se concentrer au point de ne plus rien voir ni rien entendre.
La verbalisation	
Le visuel est volubile et très expressif. Quand il n'est pas en confiance, il a néanmoins tendance à se replier sur lui-même. Il peut très vite être angoissé mais une intervention positive le rassure aussi rapidement. L'anxiété et la bonne humeur alternent chez lui facilement.	L'auditif a tendance à tout intérioriser, de ce fait, il s'exprime peu. Dans les situations de non-confiance, il reste impassible, très fermé et accumule les impressions. Mais quand la goutte fait déborder le vase, il peut s'exprimer avec un **débit** rapide, ses paroles dépassent parfois sa pensée. Il se déprime lentement au fil de l'accumulation des déceptions, et dans ces moments dépressifs, **se cantonne** dans le mutisme. Il est difficile de le rassurer ou de lui remonter le moral.
Le changement	
Le visuel s'enthousiasme face au changement et s'implique le premier dans l'action mais, la curiosité passée, il se fatigue de ne pouvoir prévoir les événements et essaye de les contrôler à tout prix.	L'auditif, quelque peu sceptique, attend la suite des événements avant de s'impliquer dans un changement, mais une fois convaincu de la nécessité de celui-ci, il est le premier à l'encourager.

débit → écoulement de paroles

se cantonne → s'isole

Extrait de *Psychologies,* mai 1984, pages 14–17

Vérifiez votre compréhension

A. Les déclarations suivantes sont vraies ou fausses. Marquez-les selon les connaissances acquises dans l'article. Corrigez celles qui sont fausses.

1. Le docteur Lafontaine a fait une étude sur les fanatiques de concert.
2. Le petit enfant se conforme à sa mère.
3. Il vaut mieux être visuel.
4. Ceux qui se marient ont généralement un profil différent.
5. Les musiciens sont d'habitude auditifs, tandis que les peintres sont visuels.

B. Finissez les phrases suivantes.

1. L'adulte visuel préfère que son interlocuteur _____ quand il lui parle.
2. Pour l'adulte auditif, c'est _____ qui est le plus important.
3. Pour le visuel, le moindre détail _____.
4. La meilleure façon de rassurer l'auditif est de _____.
5. Dans le domaine de l'action, le visuel a besoin de _____, tandis que l'auditif ne passe à l'action qu'après _____.

C. Répondez aux questions suivantes.

1. Comparez le visuel et l'auditif sur le plan du temps.
2. Comment le visuel diffère-t-il de l'auditif au niveau de la discipline?
3. De quoi le visuel a-t-il besoin pour se concentrer?
4. Quelles sont les caractéristiques psychologiques du visuel au niveau de la verbalisation? et l'auditif?
5. Quel serait le comportement d'un enfant visuel dont la famille déménage fréquemment?

À votre avis

1. Qu'est-ce qui manque dans l'article «Êtes-vous auditif ou visuel?» Est-il scientifique? Comparez et discutez en classe les résultats que vous avez obtenus en faisant le petit test. Les caractéristiques psychologiques liées à chaque type correspondent-elles à votre manière d'agir et de penser? Est-il utile de savoir si une personne est dominée par un type ou l'autre? Pourquoi? Pouvez-vous concevoir un autre «type» psychologique basé sur un des autres sens (l'odorat, le toucher, le goût)? Quel serait le portrait psychologique d'un tel type?

2. Imaginez quelles seraient les difficultés possibles pour un couple où l'un des deux est très visuel tandis que l'autre est très auditif. Considérez les domaines de l'explication, de l'action, du temps, et de la concentration. Dans quels domaines n'y aurait-il pas de problèmes?

3. Classifiez vos camarades de classe, votre professeur, vos parents.

Devinettes

La classe sera divisée en deux équipes. Chaque étudiant préparera trois petits paragraphes qui décriront le comportement d'une personne, soit un auditif, soit un visuel. Quelqu'un de l'autre équipe essaiera de deviner si c'est un visuel ou un auditif en donnant les raisons de son choix. S'il a raison, il gagne un point pour son équipe, et c'est son tour. S'il a tort, l'équipe opposée aura gagné un point et aura un autre tour. L'équipe qui gagne le plus grand nombre de points gagne le match.

EXEMPLES:

a. Olivette est traductrice pour une société immobilière à La Rochelle. L'autre jour son patron lui a proposé un travail dans l'établissement principal de la société. Une telle mutation nécessiterait un déplacement de La Rochelle à Paris. Bien qu'elle ait toujours désiré vivre dans la capitale, Olivette a hésité à accepter la proposition de son chef. Il lui fallait quelques semaines d'études et de réflexion avant de se convaincre de l'accepter. C'est une . . .

b. Ghislain est étudiant en lettres. La semaine dernière, il a fait la connaissance de Sylvie, une fille dans son cours de phonétique. Il s'est attaché très rapidement à elle, mais, comme elle a une forte personnalité, ils se disputent souvent. Pendant ces moments Ghislain s'affirme supérieur à Sylvie, mais, quand elle n'est plus là, il devient très vite angoissé. Il lui arrive de lui téléphoner le soir même pour se rassurer de son affection. Ghislain est . . .

Petit écrit

Écrivez une page sur la question numéro 2 dans la section *À votre avis.*

1. Dans quelle catégorie de Français se situe celui qui rit? Et son interlocuteur? Quel pourcentage de Français rit? Décrivez leur psychologie.
2. Lequel trouvez-vous le plus sympathique? Pourquoi?
3. Pourquoi est-ce que les animaux ne rient pas?

GRAMMAIRE

Les conjonctions qui gouvernent le subjonctif

1. OBSERVEZ Lafontaine a dégagé deux profils qui sont complémentaires **à condition que** chacun **prenne** conscience des caractéristiques dominantes de l'autre.

On ne peut hospitaliser le visuel **sans qu**'il **se croie** abandonné.

Je vais écouter la radio, **à moins que** tu **ne veuilles** étudier.

Bien qu'il (= **Quoiqu**'il)[2] **soit tombé** malade, il refuse d'entrer à l'hôpital.

ANALYSE Après certaines conjonctions qui indiquent *une restriction,* on emploie le subjonctif. Notez qu'après **à moins que** le **ne** est *explétif,* c'est-à-dire qu'il ne marque *aucune idée de négation.*

2. OBSERVEZ On m'envoie en France **pour que** (= **afin que, de sorte que**) j'apprenne la langue.

J'espère y rester **jusqu'à ce que** je **puisse** bien parler.

Tu pourrais m'accompagner **pourvu que** tu **sois** prêt à parler seulement le français.

Avant qu'on **ne parte**, il faut mettre nos passeports à jour.

mais:

Après que vous **aurez passé** un an en France, vous allez très bien vous débrouiller.

ANALYSE Après les conjonctions qui marquent *une action qui n'est pas encore accomplie* ou *un but envisagé*, on emploie le subjonctif. Notez le **ne** explétif après l'expression **avant que** (voir l'analyse précédente).

3. OBSERVEZ Je n'ai pas raconté mon projet à mon ami visuel **de peur qu**'il (= **de crainte qu**'il) **ne réagisse** sans réfléchir.

ANALYSE Le subjonctif s'emploie après les conjonctions qui indiquent la peur. Notez le **ne** explétif après ces expressions.

4. OBSERVEZ Il est parti **sans** dire adieu.

Il est parti **afin d**'arriver à l'heure.

Il est parti **de peur d**'être en retard.

J'ai expliqué mes raisons **de crainte d**'être mal compris.

Il n'acceptera pas le travail supplémentaire **à moins de** recevoir une augmentation.

ANALYSE Lorsque le sujet de la proposition principale est le même que celui de la proposition subordonnée, les conjonctions sont suivies par un

---

[2]**Bien que** et **quoique** sont des conjonctions équivalentes qui marquent une réservation.

infinitif et se transforment ainsi: **à condition que** → **à condition de.**

sans que → **sans** + *infinitif*
afin que → **afin de** + *infinitif*
de peur que → **de peur de** + *infinitif*
de crainte que → **de crainte de** + *infinitif*
à moins que → **à moins de** + *infinitif*

EXEMPLE: Elle est partie **sans que** je l'**aie** vue. Elle est partie **sans** dire adieu.
Elle étudie **afin que** ses parents **soient** fiers. Elle étudie **afin de** réussir.

REMARQUES

1. Il n'y pas de prépositions qui correspondent aux conjonctions **bien que** et **quoique;** par conséquent, on peut les employer même si le sujet de la proposition principale est le même:

EXEMPLE: Il a raté l'examen, **bien qu'**il **ait** étudié.

2. Les conjonctions suivantes sont suivies par l'indicatif car elles n'indiquent ni restriction, ni possibilité, ni doute, ni émotion.

après que	pendant que
aussitôt que	quand
dès que	si
lorsque	tandis que

EXEMPLE: Après qu'il est parti, je me suis couché.
Aussitôt qu'il est arrivé, il m'a téléphoné.
Je lisais pendant qu'il regardait la télé.
Il vous donnera le livre dès qu'il l'aura fini.
Il étudie tandis qu'elle perd son temps.

3. Précis des conjonctions suivies par le subjonctif.

bien que, quoique	jusqu'à ce que
pourvu que	à condition que
avant que	sans que
de peur que, de crainte que	à moins que
pour que, afin que, de sorte que	

Exercices

A. Expliquez à un tiers (une troisième personne) pourquoi votre ami vous a dit de visiter la France.

MODÈLE: pour que / (*apprendre*) à bien parler français
Il me l'a dit pour que j'apprenne à bien parler français.

1. pour que / (*faire*) des progrès en français
2. afin que / (*comprendre*) les mœurs du pays

3. de sorte que / *(pouvoir)* mieux comprendre les Français
4. de peur que / *(devenir)* paresseux
5. de crainte que / *(perdre)* mon français
6. sans que / *(le lui demander)*

B. Détaillez les ennuis d'un de vos amis.

MODÈLE: Il veut aller en France, mais il ne peut pas.
Bien qu'il (Quoiqu'il)[1] veuille aller en France, il ne peut pas.

1. Il lit le français, mais il ne le parle pas bien.
2. Il a de l'argent pour voyager, mais il n'a pas le temps.
3. Il écrit à une Française, mais il reçoit rarement une réponse.
4. Il reçoit une lettre de temps en temps, mais il n'est pas satisfait.
5. Il dort huit heures par jour, mais il est souvent fatigué.
6. Il est fatigué, mais il travaille beaucoup.
7. Il vit bien, mais il n'est guère heureux.
8. Il connaît beaucoup de gens, mais il sort rarement.
9. Il doit oublier cette femme, mais il n'arrive pas à le faire.
10. Il me dit ses ennuis, mais il ne suit pas mes conseils.

C. Vous organisez un petit voyage avec deux amis. Mettez les verbes entre parenthèses au temps exigé par la conjonction, soit au subjonctif, soit à l'indicatif.

Avant que nous _____ *(partir),* vérifions les billets d'avion. Pendant que vous _____ *(s'occuper)* de cela, je ferai ma valise. Aussitôt que vous _____ *(être)* prêts, j'appellerai un taxi. Ma mère s'occupera du chat jusqu'à ce que nous _____ *(être)* de retour. Quand nous _____ *(arriver),* nous irons directement à l'hôtel. Nous pourrons aller à la plage tout de suite à condition qu'il _____ *(faire)* beau. Après que nous _____ *(se baigner),* il serait bon de dîner dans un petit restaurant sur la côte, si vous _____ *(vouloir).* Ensuite, nous irons chez les amis de mon père, à moins qu'ils _____ *(avoir)* d'autres projets.

D. Faites des recommandations à un(e) ami(e). Choisissez la conjonction ou la préposition nécessaire. (Attention! Il y a souvent d'autres changements à faire dans la phrase.)

MODÈLES: Je te dis d'aller en France. Tu apprendras bien le français. *(pour, pour que)*
Je te dis d'aller en France pour que tu apprennes bien le français.

Va en France. Tu apprendras bien le français. *(afin de, afin que)*
Va en France afin de bien apprendre le français.

1. Je te dis de me téléphoner. Tu n'es pas obligé(e) de le faire. *(sans, sans que)*
2. Va en France. Tu suivras un cours de français. *(pour, pour que)*

3. Étudie bien. Tu réussiras. *(afin de, afin que)*
4. Je te prête mon livre. Tu me le rendras. *(à condition de, à condition que)*
5. J'irai chez toi, si tu ne sors pas. *(à moins de, à moins que)*
6. Va en France, si tes parents te le permettent. *(à condition de, à condition que)*
7. Téléphone-moi. Tu me feras savoir si tu es libre. *(afin de, afin que)*

E. Vous discutez avec votre copain (copine) de l'été prochain. Vos parents voudraient que vous travailliez tandis que les parents de votre copain (copine) lui ont donné de l'argent. En employant les conjonctions qui gouvernent le subjonctif, racontez les raisons respectives que vos parents vous ont données pour justifier leurs décisions. (Référez-vous au précis des conjonctions sous la rubrique *Remarques numéro 3.*)

MODÈLE: A:—Mes parents voudraient que je travaille **pour que** je **devienne** indépendant(e).
B:—Dans mon cas, mes parents préfèrent que je fasse un séjour en France **jusqu'à ce que** j'apprenne bien le français.

Le subjonctif dans les propositions indépendantes et avec le superlatif

1. OBSERVEZ **Vivent** les jeunes! **Vive** la France! **Vive** le Québec!
Que tout le monde **se taise! Que** les enfants **se taisent!**
Sauve qui peut! **Pourvu que** nous **réussissions!**
Sois sage! N'**ayez** pas peur!

ANALYSE Le subjonctif s'emploie dans une proposition indépendante pour exprimer un ordre, un souhait ou une défense (sens impératif). Dans certaines expressions consacrées (= habituelles), il s'emploie sans **que.**

2. OBSERVEZ La jalousie est sans doute **la seule émotion qui soit** tout à fait inutile.
C'est l'homme **le plus prétentieux qu'on puisse** imaginer.
C'est **l'unique emploi qui** lui **convienne.**

ANALYSE Pour atténuer la valeur trop absolue d'une opinion, le subjonctif s'emploie après un superlatif ou une expression de valeur analogue: **seul, unique, suprême, premier, dernier.**

ATTENTION! Pourtant, si vous parlez d'un fait, c'est l'indicatif qui s'emploie: *C'est la seule robe rouge que j'*ai.

Exercices

A. Vous êtes à un banquet où vous allez prononcer un discours. Faites des déclarations selon les modèles.

> MODÈLES: tout le monde (*se taire*)
> Que tout le monde se taise!
>
> la France (*vivre*)
> Vive la France!

1. tous (*se taire*)
2. tous (*faire silence*)
3. tout le monde (*m'écouter*)
4. tous (*lever leur verre*)
5. tous (*faire un toast*)
6. la France (*être prospère*)
7. les États-Unis (*vivre*)
8. le Québec (*vivre*)
9. le Québec libre (*vivre*) (Charles de Gaulle, 1967)
10. ils (*s'en aller*) s'ils ne sont pas d'accord

B. Vous faites le portrait d'un(e) ami(e) que vous admirez beaucoup.

> MODÈLE: valoir la peine d'être connu(e)
> C'est la seule (unique) personne qui vaille la peine d'être connue.

1. avoir de si vastes connaissances
2. être si généreux
3. savoir comment faire plaisir aux autres
4. pouvoir résoudre les problèmes les plus difficiles
5. venir me voir tous les week-ends
6. m'inspirer confiance
7. valoir la peine d'être aimé(e)
8. recevoir tant de lettres de louange
9. comprendre les autres

C. Vous êtes metteur en scène et la répétition générale est sur le point de commencer. Pourtant, avant de commencer, il faut que les acteurs soient à leur place, qu'ils soient prêts à jouer, que les invités dans la salle se taisent, que le décor soit en place, et ainsi de suite. En employant le subjonctif dans les propositions indépendantes, exprimez vos ordres aux acteurs pour que la répétition puisse commencer.

> MODÈLE: Que la salle se taise!

D. Avec un(e) camarade, vous critiquez une personne que vous connaissez tous deux. Employez le subjonctif avec le superlatif.

> MODÈLE: C'est la personne la plus désagréable que je connaisse!
> C'est vrai! À mon avis, c'est la seule personne qui soit tout à fait insupportable!

Le subjonctif hypothétique

OBSERVEZ **Où qu**'il **aille,** il s'instruit.

Quoi qu'il **fasse,** il ne comprend pas les mœurs des Français.

Qui que tu **voies,** prends des notes pour ton futur livre.

D'où que viennent les renseignements, il s'y intéresse.

Quelles que soient ses objections, il écoute avec intérêt.

Quel que soit son métier, il faut s'instruire.

Quoi qu'il en **soit,** je veux y retourner.

Si bizarre qu'il **paraisse,** je le trouve sympathique.

Je cherche une personne **qui puisse** faire ce travail. (doute: Cette personne existe-t-elle?)

mais:

J'ai trouvé la personne **qui peut** faire ce travail. (certitude: Cette personne existe et je l'ai trouvée.)

ANALYSE Le verbe de la proposition indéfinie se met généralement au subjonctif pour marquer *une concession, une supposition* (*hypothèse*) ou *un doute.*

Les expressions avec *n'importe*

OBSERVEZ Ils peuvent aller **n'importe où,** ils sont toujours agréablement reçus.

On peut apprendre quelque chose **de n'importe qui.**

Il parle **à n'importe qui. N'importe qui** est au courant.

Il s'habille **n'importe comment** quand il travaille.

Choisis un livre; **n'importe lequel** (fera l'affaire).

Il téléphone **à n'importe quelle heure** de la nuit.

Tu peux venir me voir **n'importe quand.**

Quand il est ivre, il dit **n'importe quoi.**

ANALYSE Les expressions indéfinies présentent un concept sous son aspect le plus général. Notez que les expressions **n'importe qui, n'importe quoi, n'importe lequel** et **n'importe quel** + *nom* peuvent servir de sujet (+ *verbe à l'indicatif*), d'objet ou de régime (groupe de mots) d'une préposition. Les autres expressions indéfinies ne peuvent pas être le sujet d'une phrase.

ATTENTION! Notez la correspondance entre les expressions des deux sections précédentes:

Où qu'il aille . . .	Il peut aller n'importe où . . .
Quoi qu'il fasse . . .	Il peut faire n'importe quoi . . .
Qui qu'elle voie . . .	Il peut voir n'importe qui . . .
Quel que soit son travail . . .	Il peut avoir n'importe quel travail . . .

Exercices

A. Exprimez l'amour absolu que vous avez pour une certaine personne.

MODÈLE: Tu peux voir n'importe qui, je t'aimerai.
Qui que tu voies, je t'aimerai.

1. Tu peux faire n'importe quoi, je t'aimerai.
2. Tu peux aller n'importe où, je te suivrai.
3. Tu peux aimer n'importe qui, je te serai fidèle.
4. Tu peux faire n'importe quel métier, je soutiendrai ton choix.
5. N'importe ce qui arrive, tu seras mon ami.
6. Tu peux avoir n'importe quelles idées, je t'écouterai.
7. Tu peux dire n'importe quoi, je t'écouterai.
8. Tu peux vivre n'importe où, j'irai te voir.
9. Tu peux connaître n'importe qui, il sera le bienvenu chez moi.
10. N'importe ce que tu fais, je t'aimerai toujours.

B. Exprimez votre exaspération avec des enfants difficiles.

MODÈLE: Ils peuvent faire n'importe quelle promesse, ils finissent toujours par se battre.
Quelle que soit leur promesse, ils finissent toujours par se
battre.

1. Ils peuvent aller n'importe où, ils causent des difficultés.
2. Ils peuvent voir n'importe qui, ils causent des problèmes.
3. Ils peuvent visiter n'importe quel parc, ils finissent toujours par faire des dégâts.
4. Ils peuvent faire n'importe quoi, ils me causent des ennuis.
5. Ils peuvent avoir n'importe quels projets, ils finissent toujours par se battre.
6. N'importe ce qu'ils font, ils salissent toujours la maison.
7. N'importe ce qu'ils disent, ils m'exaspèrent.
8. Ils peuvent mettre les pieds n'importe où, ils agacent les autres.

C. Discutez avec un(e) ami(e) d'un prétendant trop jaloux. Il commence à vous ennuyer parce qu'il vous suit partout, et il surveille tout ce que vous faites. Votre ami(e) le connaît aussi. Employez le subjonctif hypothétique et les expressions avec **n'importe**.

MODÈLE: A:—Où que j'aille, il me suit.
B:—C'est vrai! Tu peux aller n'importe où, il te suit.

Étude du lexique

Lisez à haute voix chaque mot ou expression, définition et exemple. Employez le mot nouveau ou l'expression nouvelle dans votre réponse à chaque question.

1. **à mesure que**   en même temps que (marque la progression dans la durée)

   On s'aime à mesure qu'on se connaît.

   À mesure que vous enrichissez votre vocabulaire, la lecture devient-elle plus facile?

   Que se passe-t-il à mesure que l'on vieillit?

2. **envahir**   occuper, remplir, gagner

   Les produits japonais envahissent le marché.

   Quelle armée a envahi la France pendant la Seconde guerre mondiale?

3. **marcher de long en large**   aller et venir, faire les cent pas quand on est préoccupé

   Pourquoi les tigres marchent-ils de long en large dans leurs cages?

   Dans quelles circonstances vous promenez-vous de long en large dans votre chambre?

4. **le verrou**   *bolt*

   Pour fermer le verrou, poussez-le; pour l'ouvrir, tirez-le.

   Pourquoi y a-t-il des verrous sur les portes à Paris?

5. **redouter**   craindre

   Qu'est-ce que vous redoutiez le plus quand vous étiez enfant?

   Qu'est-ce que vous redoutez maintenant?

6. **le bourreau**   celui qui exécute la peine de mort ordonnée par une cour de justice

   Don Juan était un bourreau des cœurs. (*fig.*)

   Si on ne prend jamais de vacances, on peut devenir un bourreau de travail. (*fig.*)

   Quel instrument le bourreau utilisait-il pendant la Révolution française?

7. **un cauchemar**   un mauvais rêve

   Je fais des cauchemars quand j'ai la fièvre ou quand j'ai trop mangé.

   Pourriez-vous raconter un cauchemar que vous avez fait?

8. **étreindre**   enlacer, serrer très fort; saisir, oppresser

   Il a étreint son amie sur son cœur.

   À mesure qu'approchait la nuit, une angoisse l'étreignait. (*fig.*)

   À quelles occasions les gens s'étreignent-ils?

9. **palper**   examiner en touchant, en tâtant avec la main

   Le médecin l'a palpé pour voir quelle maladie il avait.

   Pourriez-vous reconnaître des objets les yeux fermés en les palpant?

10. **serrer**   saisir et presser

Il m'a dit bonjour en me serrant la main.
Pourquoi est-ce qu'en France les femmes s'embrassent et les hommes se
    serrent la main au début et à la fin d'une soirée?

11. **haleter**   respirer à un rythme précipité, être à bout de souffle

Après quelles activités halète-t-on?
Pourquoi les animaux halètent-ils quand il fait chaud?

12. **écraser**   aplatir par une forte compression; accabler

Il a écrasé l'insecte sous son pied.
Le gouvernement nous écrase d'impôts et de taxes. (*fig.*)
Qui a écrasé l'armée allemande en 1944 et 1945?

13. **étouffer**   priver d'air, asphyxier, oppresser, suffoquer, éteindre

La chaleur m'étouffe.
Comment peut-on étouffer un incendie?

14. **se réjouir**   jubiler, se féliciter

Un professeur se réjouit de voir son élève réussir.
À la fin de l'année scolaire vous réjouissez-vous que tout soit terminé ou
    êtes-vous plutôt mélancolique?

15. **rôder**   errer avec une intention suspecte ou hostile; errer au hasard

Dans ses insomnies, il rôdait dans la ville déserte.
Que faites-vous si vous pensez que quelqu'un rôde autour de votre maison?

16. **hanter**   obséder, poursuivre

Des rêves hantaient son sommeil.
Aimeriez-vous passer la nuit dans une maison hantée?

17. **l'obscurité** (f.)   l'absence de lumière, les ténèbres

Dans l'obscurité de la chambre, il voyait des formes vagues.
Pourquoi les enfants redoutent-ils l'obscurité?

18. **tiède**   ni chaud, ni froid; indifférent (*fig.*)

Il est devenu tiède à l'égard de toute idéologie totalitaire.
À quelle époque de l'année est-ce que la température est tiède et agréable?

19. **frémir**   vibrer; être agité d'un tremblement causé par le froid, la peur, une
émotion

Les feuilles frémissaient dans la brise printanière.
Dans quelles circonstances frémissez-vous?

20. **le poing**   main fermée

Ils se sont battus à coups de poing.
Dans quels films est-ce qu'on se donne des coups de poing?

LIRE ET COMPRENDRE

Le Horla

Guy de Maupassant

Nouvelliste et romancier, Guy de Maupassant, né en 1850, connaît très vite un succès considérable. Après des études à Yvetot et à Rouen, il rencontre Flaubert et s'exerce à des travaux littéraires sous la direction du grand écrivain. Chez Flaubert, il connaît Tourguéniev, Zola, Daudet. Il commence à écrire des contes et des vers à partir de 1875 et publie également des romans et des récits de voyages. Il souffre de problèmes de santé mentale à partir de 1877. Après une tentative de suicide, il est interné à une clinique. Il meurt l'année suivante à l'âge de 42 ans.

Les thèmes extrêmement variés des contes de Maupassant, souvent marqués de pessimisme et d'étrangeté, trouvent leur source dans sa propre vie. Ne dissociant pas la vie de la littérature, il considère l'expérience vécue comme indispensable à la création littéraire. La peur panique décrite dans le conte que nous présentons correspond à de véritables angoisses de l'écrivain. «La peur (. . .) c'est quelque chose d'effroyable, une sensation atroce, comme une décomposition de l'âme, un spasme affreux de la pensée et du cœur, dont le souvenir donne des frissons d'angoisse. (. . .) La vraie peur, c'est comme une réminiscence des terreurs fantastiques d'autrefois.»

Le conte que vous allez lire est écrit sous forme de journal. Comment Maupassant fait-il naître le sentiment d'attente angoissée chez le lecteur? Selon vous, que veut dire le horla? *Quels mots sont contenus dans ce nom?*

Exercices de prélecture

A. *Prédire le contenu*

En considérant le titre de cette leçon, le sens possible du titre du conte, et l'introduction au conte, que savez-vous déjà sur son contenu? Est-ce un passage d'expériences scientifiques, de faits ou de fantaisie?

B. *Mobilisez vos connaissances*

Que savez-vous déjà sur les émotions que suscite la peur? Avez-vous jamais eu une expérience effrayante ou fantastique? Quand vous étiez enfant, avez-vous jamais pensé qu'un fantôme se cachait sous votre lit ou dans le placard? Faites-vous des cauchemars fantastiques? Avez-vous lu d'autres contes imaginaires?

C. *Devinez le sens des mots inconnus*

1. Je sens que quelqu'un *s'agenouille* sur ma poitrine, me prend le cou entre ses mains et serre.

Quel mot est contenu dans le verbe *s'agenouiller*? Que veut dire ce mot?

2.   Et soudain, je m'éveille, *affolé,* couvert de sueur.

Quel mot est contenu dans l'adjectif *affolé*? Que veut dire ce mot?

3.   On dirait que l'homme, depuis qu'il pense, *a pressenti* et redouté un être nouveau, plus fort que lui, son successeur en ce monde.

Que veut dire le préfixe de ce verbe? Que veut dire le radical?

4.   Les étoiles avaient au fond du ciel noir des *scintillements* frémissants.

Imaginez les étoiles. Que font-elles d'habitude? Pourriez-vous deviner le sens du mot en italique?

---

25 mai. —Mon état, vraiment, est bizarre. À mesure qu'approche le soir, une inquiétude incompréhensible m'envahit, comme si la nuit cachait pour moi une menace terrible. Je dîne vite, puis j'essaie de lire; mais je ne comprends pas les mots; je distingue à peine les lettres. Je marche alors dans mon
5 salon de long en large, sous l'oppression d'une crainte confuse et irrésisti-ble, la crainte du sommeil et la crainte du lit.

Vers deux heures, je monte dans ma chambre. À peine entré, je donne deux tours de clef, et je pousse les verrous; j'ai peur . . . de quoi? . . . Je ne redoutais rien jusqu'ici . . . j'ouvre mes armoires, je regarde sous mon lit;
10 j'écoute . . . j'écoute . . . quoi? . . .

[. . .]

Puis, je me couche, et j'attends le sommeil comme on attendrait le bour-reau.

Je dors—longtemps—deux ou trois heures—puis un rêve—non—un
15 cauchemar m'étreint. Je sens bien que je suis couché et que je dors . . . Je le sens et je le vois . . . et je sens aussi que quelqu'un s'approche de moi, me regarde, me palpe, monte sur mon lit, s'agenouille sur ma poitrine, me prend le cou entre ses mains et serre . . . serre . . . de toute sa force pour m'étrangler.

20   Moi, je **me débats, lié** par cette impuissance atroce, qui nous paralyse   résiste / attaché
dans les songes; je veux crier—je ne peux pas;—je veux remuer;—je ne
peux pas;—j'essaie, avec des efforts **affreux,** en haletant, de me tourner, de   terribles, atroces
rejeter cet être qui m'écrase et qui m'étouffe—je ne peux pas!

Et soudain, je m'éveille, affolé, couvert de **sueur.** J'allume une bougie. Je   transpiration
25 suis seul.

Après cette crise, qui se renouvelle toutes les nuits, je dors enfin, avec
calme, jusqu'à **l'aurore.**   au lever du soleil

[. . .]

17 août. —Ah! quelle nuit! quelle nuit! Et pourtant il me semble que je
30 devrais me réjouir. Jusqu'à une heure du matin, j'ai lu! Hermann Herestauss,
docteur en philosophie et en **théogonie,** a écrit l'histoire et les manifesta-   mythologie
tions de tous les êtres invisibles rôdant autour de l'homme ou rêvés par lui.

Il décrit leurs origines, leur domaine, leur puissance. Mais aucun d'eux ne ressemble à celui qui me hante. On dirait que l'homme, depuis qu'il pense,
35 a pressenti et redouté un être nouveau, plus fort que lui, son successeur en ce monde, et que, le sentant proche et ne pouvant prévoir la nature de ce maître, il a créé, dans sa terreur, tout le peuple fantastique des êtres occultes, fantômes vagues nés de la peur.

Donc, ayant lu jusqu'à une heure du matin, j'ai été m'asseoir ensuite
40 auprès de ma fenêtre ouverte pour rafraîchir mon front et ma pensée au vent calme de l'obscurité.

Il faisait bon, il faisait tiède. Comme j'aurais aimé cette nuit-là autrefois!

Pas de lune. Les étoiles avaient au fond du ciel noir des scintillements frémissants. Qui habite ces mondes? Quelles formes, quels vivants, quels ani-
45 maux, quelles plantes sont là-bas? Ceux qui pensent dans ces univers

Le Cri, 1893 d'Edvard Munch (peintre et dessinateur norvégien, 1863–1944), symbolise la terreur et l'obsession de la mort souvent présentes dans sa peinture.

lointains, que savent-ils plus que nous? Que peuvent-ils plus que nous? Que voient-ils que nous ne connaissons point? Un d'eux, un jour ou l'autre, traversant l'espace, n'apparaîtra-t-il pas sur notre terre pour la conquérir, comme les Normands jadis traversaient la mer pour asservir des peuples
50 plus faibles?

Nous sommes si infirmes, si désarmés, si ignorants, si petits, nous autres, sur ce grain de **boue** qui tourne **délayé** dans une goutte d'eau.　　　　terre mouillée / noyé, dilué / m'endormis

Je **m'assoupis** en rêvant ainsi au vent frais du soir.

Or, ayant dormi environ quarante minutes, je rouvris les yeux sans faire
55 un mouvement, réveillé par je ne sais quelle émotion confuse et bizarre. Je ne vis rien d'abord, puis, tout à coup, il me sembla qu'une page du livre resté ouvert sur ma table venait de tourner toute seule. Aucun souffle d'air n'était entré, par ma fenêtre. Je fus surpris et j'attendis. Au bout de quarante minutes environ, je vis, je vis, oui, je vis de mes yeux une autre page se soulever et
60 **se rabattre** sur la précédente, comme si un doigt l'**eût** feuilletée. Mon fau-　　tomber / avait
teuil était vide, semblait vide; mais je compris qu'il était là, lui, assis à ma place, et qu'il lisait. D'un bond furieux, d'un bond de bête révoltée, qui va **éventrer** son **dompteur,** je traversai ma chambre pour le saisir, pour l'étrein-　　ouvrir le ventre / personne qui domine
dre, pour le tuer! . . . Mais mon **siège,** avant que je l'eusse atteint, se renversa　　les bêtes sauvages /
65 comme si on **eût** fui devant moi . . . ma table oscilla, ma lampe tomba et　　chaise / avait / cessa de
s'éteignit, et ma fenêtre se ferma comme si un malfaiteur surpris se **fût**　　brûler / s'était jeté /
élancé dans la nuit, en prenant à pleines mains les **battants.**　　portes vitrées d'une fenêtre

Donc, il s'était sauvé; il avait eu peur, peur de moi, lui!

Alors . . . alors . . . demain . . . ou après . . . , ou un jour **quelconque** . . . , je　　n'importe lequel
70 pourrai donc le tenir sous mes poings et l'écraser contre le **sol**!　　terre

Vérifiez votre compréhension

A. Marquez les phrases suivantes *vraies* ou *fausses* selon ce que vous avez appris dans le conte. Corrigez celles qui sont fausses.

1. Le narrateur lit avec une concentration soutenue avant de se coucher chaque nuit.
2. Il fait de beaux rêves chaque nuit.
3. Quand il se réveille, il voit un fantôme.
4. Le livre de Herestauss décrit les origines des êtres invisibles.
5. Il faisait beau et chaud ce soir-là.

B. Répondez aux questions suivantes.

1. Décrivez le cauchemar que le narrateur a chaque nuit vers 4 ou 5 heures du matin.
2. Selon le livre de Herestauss, qu'est-ce que l'homme a toujours redouté?
3. Quelles réflexions le narrateur fait-il en regardant les étoiles scintillantes?

4. Décrivez l'expérience du narrateur ce soir-là.
5. Pourquoi l'être invisible s'est-il enfui?
6. Selon vous, que représente le horla?

Résumé

En vous servant de vos propres mots, écrivez un petit résumé de l'extrait du conte *Le Horla*. Essayez de paraphraser le texte, mais ne copiez pas de phrases.

EXPRESSION ÉCRITE

En révisant les instructions dans les leçons précédentes sur la composition d'une dissertation, vous avez sans doute remarqué la structure bipartite: on se prononce pour ou contre l'opinion énoncée dans la question. Cependant, il n'est pas toujours possible de se prononcer clairement sur une question en raison d'un manque de connaissances sur le sujet proposé, ou d'une hésitation devant une question controversée. En ce cas, il vaut mieux être prudent. Étudiez les expressions suivantes qui vous aideront à exprimer la probabilité, l'incertitude et l'impossibilité. Ensuite, choisissez une des questions, et étudiez la section *Expressions utiles* qui suit les expressions. Enfin, rédigez votre dissertation.

1. Pour exprimer la probabilité

Il y a de fortes chances que des êtres supérieurs à nous vivent dans l'univers.
On dirait que l'être humain a besoin de croire aux êtres invisibles.
Tout semble indiquer que l'imagination crée les fantômes.
Il se pourrait bien que nous allions sur Mars avant trente ans.
(Notez l'usage du subjonctif dans la dernière phrase.)

2. Pour exprimer le doute ou l'incertitude

Il est douteux que des êtres invisibles viennent sur la Terre. *(subjonctif)*
Les rapports sur les OVNI (Objets volants non identifiés) **ne** sont **pas forcément** objectifs.
Nous sommes encore dans l'incertitude en ce qui concerne les soucoupes volantes.
Rien ne permet de penser que ces objets existent.

3. Pour exprimer l'impossibilité   (Remarquez l'usage du subjonctif après ces expressions.)

Il est absolument exclu que nous allions sur Mars au 20e siècle.
Il est hors de question que les Martiens nous rendent visite.
Les connaissances actuelles sur Mars **ont rendu impossible** toute idée sur l'existence des Martiens.

Maintenant, choisissez un des sujets suivants, étudiez la section *Expressions utiles,* et écrivez votre brouillon.

1. Nous ne sommes pas les seuls êtres intelligents dans l'univers.
2. Le fait que tant de personnes ont vu des OVNI prouve qu'ils existent.
3. Le besoin d'expliquer son existence a mené l'être humain à créer la mythologie et la religion.
4. L'homme «a créé, dans sa terreur, tout le peuple fantastique des êtres occultes, fantômes vagues nés de la peur». (*Le Horla*)

Sempé
© Charillon-Paris

1. En quoi consiste le comique de la situation? Pensez-vous qu'un enfant trouverait drôle cette bande dessinée? Pourquoi? Pourquoi les enfants aiment-ils quelquefois se faire peur?
2. Quand on devient adulte, les craintes imaginaires disparaissent-elles? Les craintes imaginaires de l'adulte sont-elles acceptées par la société comme le sont celles de l'enfant? Pourquoi?

Expressions utiles

la vie
l'ordre } de l'intellect

la capacité
la vie } intellectuelle
l'activité

au niveau
dans le domaine } de l'imagination
sur le plan

l'association des idées, des images
l'intelligence, l'esprit
intellectuel, cérébral
la pensée, la réflexion
les considérations d'ordre pratique
le jugement
la compréhension, l'entendement
la créativité
l'intuition, la clairvoyance
la création (littéraire, artistique, scientifique)
découvrir, la découverte
inventer, l'invention
la structure
la métaphore, la pensée métaphorique
trouver des combinaisons nouvelles
l'imagination fertile
l'inspiration artistique
un esprit logique, un esprit intuitif

MISE EN ŒUVRE

Sujets de réflexion

1. Les féministes croient que le mythe d'Adam et Eve est sexiste. En quoi ont-elles raison? Commentez ce mythe. Michel Tournier a refait ce mythe pour qu'il démontre plutôt l'égalité des sexes. Pourriez-vous faire une autre version de ce mythe?

2. Les scientifiques ont montré la nécessité des rêves. Une personne qu'on empêche de rêver souffre de perturbations psychologiques. Certains psychologues soutiennent la théorie selon laquelle les rêves nous envoient des messages de l'inconscient et nous aident à intégrer toutes les informations reçues pendant la journée. À votre avis, pourquoi rêvons-vous? Que pouvons-nous apprendre de

nos rêves? Pourquoi les choses les plus extravagantes dans un rêve semblent-elles logiques et normales?

3. Depuis les temps préhistoriques, les êtres humains ont créé des récits mythologiques. Le mythe semble viser l'explication du monde et, de ce point de vue, est proche de la religion. Selon vous, pourquoi trouve-t-on chez tous les peuples et à toutes les époques des récits mythologiques? Comment la mythologie chrétienne influence-t-elle notre attitude à l'égard du monde, des hommes et des femmes?

4. Il y a quelques décennies, toute idée concernant les extra-terrestres faisait partie de la science-fiction. Pourtant, avec la technologie moderne, nous avons découvert d'autres galaxies, d'autres soleils. En vue de ces découvertes, n'est-il pas temps d'examiner et de corriger nos idées sur l'existence des extra-terrestres?

5. Le conte fantastique de Maupassant s'inspire de ses hallucinations et de son angoisse devant le mystère. Son art rappelle les poèmes, les contes et les nouvelles d'Edgar Poe, écrivain américain. Avez-vous jamais lu *Le Corbeau, La Chute de la Maison Usher* ou *Le Puits et le pendule*? Pourriez-vous résumer un conte fantastique ou un film d'épouvante que vous connaissez? Comment crée-t-on le suspens?

Mini-Théâtre

Préparez une des scènes suivantes avec un(e) camarade de classe.

1. Vous racontez un rêve que vous avez fait récemment dont le sens reste mystérieux. Votre ami essaie de vous aider à l'interpréter.

2. Vous croyez avoir vu une soucoupe volante, mais votre ami est sceptique.

3. Vous discutez avec un(e) camarade des phénomènes de la perception extra-sensorielle. Comment est-ce que certaines personnes prévoient les événements? Est-ce possible ou est-ce du charlatanisme? Pourquoi certains chefs d'état ont-ils fait appel à un(e) astrologue? Qu'en pensez-vous?

CONCEPTIONS DE LA VIE

occupe ce monsieur?
de l'importance?
son attitude?
moderne Sempé
sin? Connaissez-vous

—*Ce n'est pas de réaliser que je suis un
salaud qui m'inquiète, c'est le fait qu'il y
en a beaucoup . . .*

sempé
© Charillon-Paris

Que veut dire le préfixe du mot en italique? En latin, *facere* veut dire «faire».

2. Il ne faut pas *culpabiliser* ceux qui ne font pas dans l'action sociale: loin de les attirer, ça les ferait fuir.

Quel nom du lexique vous indique le sens du verbe en italique?

3. Ce n'est pas difficile de trouver des gens, il suffit de bien présenter les choses, d'une manière sympa, agréable, même *rigolote.*

Quel mot du lexique précédent vous indique le sens du mot en italique? Noter la forme féminine de cet adjectif.

Les Étudiants et la solidarité

Militants de la générosité

Par Liliane Delwasse

Aide au développement, mobilisation contre le racisme, action humanitaire, entraide scolaire ou de voisinage: les jeunes sont plus solidaires que jamais.

Cette génération souvent décrite comme individualiste et égoïste, préoccupée essentiellement de ses études et de sa réussite, s'avère avoir redécouvert une vertu **un tantinet** désuète et poussiéreuse, la charité, et la pratiquer comme monsieur Jourdain faisait de la prose: sans le savoir.[1] [. . .]

un petit peu

5   La Kès,[2] selon Bertrand, son actuel président, n'a aucun mal à recruter des élèves pour ses activités, bien au contraire. [. . .]

Olivier, lui, s'occupe de Ravacol, un organisme qui aide à la réfection des habitations de personnes âgées et **démunies.** Il a passé son dernier week-end avec un copain à repeindre le misérable deux-pièces d'une vieille dame.

qui manquent d'argent

10 S'étonne-t-on de cette activité par un beau dimanche de soleil où la pelouse du campus lui tendait les bras? «*Non,* **ça ne m'a pas pesé du tout,** affirme Olivier. *On a bien rigolé, on a pique-niqué sur un coin de cuisine avec la vieille dame. Si vous aviez vu son regard et son sourire! Cela faisait des années qu'elle n'avait pas reçu des jeunes chez elle. Elle était toute con-*

ça n'a pas du tout été un poids

15 *tente, elle est si seule, si vieille. J'y suis retourné le lendemain avec un*

[1]Monsieur Jourdain, personnage bouffon de Molière dans *Le Bourgeois gentilhomme,* ne comprenait pas qu'il n'y a que deux sortes de langage: la poésie et la prose. Il trouve extraordinaire le fait qu'il parle en prose.

[2]Kès: nom familier et phonétique utilisé à l'École polytechnique pour désigner le bureau des élèves, appelé le Bde

paquet de haricots verts frais. Je crois qu'elle ne mangeait que des conserves; c'est cher les haricots verts frais. Ils lui ont fait plus plaisir que des fleurs. Elle était tout émue . . . et moi aussi. »

20 «Ce n'est pas difficile de trouver des gens, il suffit de bien présenter les choses, d'une manière sympa, agréable, voire rigolote, pas **larmoyante.** Il ne faut surtout pas évoquer la misère ou la solitude sous des couleurs tristes et déprimantes, dit encore Bertrand. Ça ne marche pas. Il ne faut pas non plus culpabiliser ceux qui ne font pas dans l'action sociale: loin de les attirer, ça les ferait fuir. »

qui suscite des larmes

25 [. . .]

L'action humanitaire en direction des pays sous-développés motive très fortement les jeunes. Que ce soit sous forme de collecte de nourriture ou d'argent, d'aide à des projets de développement, la misère du tiers-monde est d'autant plus mal supportée que les étudiants sont jeunes. Les organis-
30 mes se sont multipliés depuis quelques années.

Ingénieurs sans frontières, association créée en 1982, à l'initiative d'élèves de l'École des ponts et chaussées,[3] afin de formaliser les actions d'assistance technique aux pays de l'Afrique francophone, compte vingt-quatre groupes réunissant un millier d'ingénieurs et d'élèves ingénieurs dont 400
35 actifs. Didier, vingt-trois ans, son président, est en troisième année à l'École centrale de Paris. Il raconte avec passion les prises de contact avec les communautés villageoises du Mali ou de Côte-d'Ivoire, les premiers voyages de reconnaissance durant les vacances d'été, où, logés dans une case, partageant la vie et les repas des villageois, les étudiants ingénieurs ont essayé de
40 sonder leurs besoins, de les aider à s'approprier le projet; l'année scolaire qui suit est consacrée à étudier et à mettre au point la réalisation de la pompe à eau, la réfection de la route ou la construction du barrage.

«Surtout, ne présentez pas comme des saints les jeunes qui font de l'aide humanitaire. Nous donnons certes beaucoup et nous avons besoin
45 de nous sentir utiles. Mais nous recevons tout autant: les contacts, la découverte d'un univers différent, insoupçonnable, sont très enrichissants. Et quelle expérience de travail en équipe! **De surcroît,** même en termes de carrière, bien que les bénévoles ne fonctionnent pas en termes de carrière, c'est valorisant. »

de plus, en outre

50 [. . .]

Un maître mot, ici comme ailleurs: la solidarité. [. . .]

«Qu'on ne vienne pas dire que les jeunes sont égoïstes»

[. . .] Sylvie, normalienne, termine un **DEA** de physique des solides. Ça ne l'empêche pas, grâce au Secours catholique, de donner des cours de mathé-
55 matiques à trois élèves de cinquième, un Turc, un Indien et un Français. Elle est visiblement anxieuse du peu de résultats qu'elle semble obtenir. *«Une*

Diplôme d'études approfondies

---

[3]École où les élèves ingénieurs étudient la construction et l'entretien des voies publiques

Vétérinaires sans frontières, association créée pendant les années 80, formalisent les actions d'assistance aux pays de l'Afrique francophone. Cette vétérinaire française aide une Nigérienne à soigner ses animaux.

heure par semaine c'est dérisoire, je me demande s'ils progressent vraiment. Par moments, j'ai l'impression qu'ils sont inaptes à l'abstraction, que tout ça ne sert à rien, qu'ils redoubleront malgré tout ou seront **orien-**
60 **tés** vu leur âge. Ils ont des charges d'adultes: ils s'occupent des frères et sœurs, du ménage, des rapports avec l'administration. Les adolescents de familles étrangères sont souvent médiateurs de l'insertion des parents en France. Comment faire des études dans ces conditions? Le poids des déterminismes sociaux m'accable comme une fatalité. » Elle soupire: «Ils
65 sont si heureux qu'on s'occupe d'eux, si avides d'amitié et d'attention. »
   Lorsqu'on leur demande pourquoi ils font ça plutôt que d'aller au cinéma, la réponse des jeunes étudiants vient sans hésiter: «Nous avons tellement reçu, nous sommes tellement privilégiés par la vie, par les études, par les parents, qu'on ressent le besoin de donner aux autres, de partager. Et de
70 rendre à ceux qui ont moins un peu de ce que le destin nous a offert. »

Le Monde de l'éducation, mai 1989

dirigés vers un programme d'études professionnelles

Vérifiez votre compréhension

A. Marquez les phrases suivantes *vraies* ou *fausses* selon ce que vous avez appris dans l'article. Corrigez celles qui sont fausses.

1. Cette génération est individualiste et égoïste.
2. Le président a du mal à recruter des élèves pour ses activités.
3. Ravacol est un organisme qui aide à refaire les habitations des personnes âgées démunies.
4. Olivier a donné un paquet de haricots à la vieille dame.
5. Elle aurait préféré des fleurs.

B. Complétez les phrases suivantes

1. Il n'est pas difficile de trouver des gens, il suffit de . . .
2. Les organismes s'occupent de collecte de . . .
3. Ingénieurs sans frontières est une association qui . . .
4. Ce qui plaît à Didier, président des Ingénieurs sans frontières, c'est les prises de contact avec . . .
5. Pour les jeunes, le mot maître est . . .

C. Répondez aux questions suivantes par une phrase complète.

1. Qu'est-ce que Didier a fait en Côte d'Ivoire et au Mali?
2. Selon Didier, que reçoivent les étudiants pour leurs efforts?
3. Décrivez les activités de Sylvie.
4. Pourquoi est-elle quelquefois déçue par les résultats obtenus par ses étudiants?
5. Quels problèmes empêchent les étudiants de mieux faire leurs études?
6. En général, pourquoi les jeunes étudiants préfèrent-ils aider les autres plutôt que d'aller au cinéma?

À votre avis

1. Selon vous, quel est le rôle des jeunes dans l'action humanitaire? Croyez-vous que les jeunes Américains s'occupent assez des pays du tiers monde, ou sont-ils plutôt préoccupés de leurs études et de leur réussite? En parcourant l'article, faites une petite liste des programmes auxquels participent les jeunes Français. Ensuite, comparez votre liste aux activités de votre école ou de votre université. Est-ce que vous ressentez le besoin de donner aux autres, à ceux qui ont moins, un peu de ce que le destin vous a offert? Comment réalisez-vous ce besoin?

2. Pensez-vous que ceux qui sont riches aient plus ou moins de chance d'être contents dans la vie? Quel est le rôle des biens matériels dans le bonheur individuel? Quelle est l'importance d'autrui? Quelle est l'importance de la profession? de la famille? Que vous faut-il pour être heureux (heureuse)?

3. Pensez-vous qu'il soit nécessaire d'adhérer à une religion pour pratiquer la charité? Les marxistes disent que la charité ne serait pas nécessaire si nous vivions dans un monde plus équitable. Qu'en pensez-vous? Comment peut-on redistribuer les richesses de la terre? Est-il possible de faire disparaître la pauvreté?

4. Les mouvements pour la démocratie ont bouleversé les gouvernements totalitaires dans plusieurs parties du monde. Selon vous, comment les pays occidentaux peuvent-ils aider ces nouvelles démocraties?

5. Le Marché commun forme une union économique entre la France, l'Allemagne unifiée, l'Italie, les Pays-Bas, la Belgique, le Luxembourg, la Grèce, la Grande-Bretagne, l'Irlande, le Danemark, l'Espagne et le Portugal. Pourtant, chaque pays a une culture différente qui comporte des attitudes diverses face à la vie. Comment peut-on réconcilier ces différences sans, pour autant, les faire disparaître, car personne ne veut perdre son identité culturelle?

Petit écrit

Écrivez une page sur une des questions précédentes.

—«J'ai essayé le christianisme . . . Puis le socialisme . . .
Le marxisme . . . Maintenant, je vais essayer l'érotisme . . .»

Sempé
© Charillon-Paris

1. Quelle est la différence entre les «-ismes» considérés par celui qui parle?
2. Comment montre-t-il l'évolution idéologique de notre siècle? Quel âge donnez-vous à ces messieurs? Leur âge est-il significatif dans la compréhension du dessin? Comment?

GRAMMAIRE

Le discours indirect et la concordance des temps

Quand on cite exactement les paroles de quelqu'un, on emploie des guillemets
(« . . . ») qui indiquent *le discours direct.* Par contre, *le discours indirect* rapporte les
paroles par l'intermédiaire d'un narrateur.

1. OBSERVEZ

Discours direct	*Discours indirect*
Olivier déclare: «On **rigole** bien chez la vieille.»	Il déclare qu'on **rigole** bien chez la vieille.
Il affirme: «Elle **était** toute contente.»	Il affirme qu'elle **était** toute contente.
Il dit: «J'y **suis retourné** hier.»	Il dit qu'il y **est retourné** hier.
Dans deux semaines il dira: «Demain, je **pars** pour la Côte d'Ivoire.»	Dans deux semaines il dira que demain il **part** pour la Côte d'Ivoire.
Il ajoutera: «Dans un an, j'**aurai visité** le Mali aussi.»	Il ajoutera que dans un an il aura visité le Mali aussi.
Il suggère: «**Soyez** généreux!»	Il suggère d'**être** généreux.

ANALYSE   Si le verbe *introductif* (**déclare, dira,** etc.) est au *présent* ou au *futur,* il n'y a *pas de changement de temps* en passant du discours direct au discours indirect. Remarquez, pourtant, que l'*impératif* se transforme en *infinitif* en passant au discours indirect (dernière phrase).

2. OBSERVEZ

Discours direct	*Discours indirect*
Il déclarait: «Ce n'**est** pas difficile de trouver des gens.»	Il déclarait que ce n'**était** pas difficile de trouver des gens.
Il a dit: «Nous **avons partagé** le repas des villageois.»	Il a dit qu'ils **avaient partagé** le repas des villageois.
Il a demandé: «**Irez**-vous au Mali aussi?».	Il a demandé **si** nous **irions** au Mali aussi.
Il a demandé: «**Aurez**-vous **terminé** la pompe à eau avant la fin de l'année?»	Il a demandé **si** nous **aurions terminé** la pompe à eau avant la fin de l'année.

ANALYSE   Si le verbe introductif (**Il déclarait; Il a affirmé,** etc.) est *au passé* (passé composé, passé simple ou imparfait), il y a *quatre changements de temps possibles* dans la seconde partie de la phrase. Le précis suivant vous aidera à voir ces changements. Notez aussi le changement des pronoms dans certaines phrases.

Discours direct	*Discours indirect*
«Qu'est-ce que c'est?» *(présent)* ⟶	Il a demandé **ce que c'était.** *(imparfait)*
«**Je partirai!**» *(futur)* ⟶	Il disait **qu'il partirait.** *(conditionnel)*
«Ne **m'avez-vous** pas **compris?**» *(passé composé)* ⟶	Il demanda **si nous** ne **l'avions** pas **compris.** *(plus-que-parfait)*
«**Nous aurons terminé** le travail **avant demain.**» *(futur antérieur)* ⟶	Il a dit **qu'ils auraient terminé** le travail **avant le lendemain.** *(conditionnel passé)*

3. OBSERVEZ

Discours direct	*Discours indirect*
Olivier a dit: «Cela **faisait** des années qu'elle n'**avait** pas **reçu** des jeunes chez elle.»	Il a dit que cela **faisait** des années qu'elle n'**avait** pas **reçu** des jeunes chez elle.
Il m'a dit: «**Hier,** j'**aurais voulu** t'inviter.»	Il m'a dit que **la veille** il **aurait voulu** m'inviter.
Il a ajouté: «**L'année prochaine,** je **voudrais** retourner en Côte d'Ivoire.»	Il a ajouté que **l'année suivante,** il **voudrait** retourner en Côte d'Ivoire.

ANALYSE Au discours indirect, il n'y a *pas de changement de temps* avec *l'imparfait,* le *plus-que-parfait,* le *conditionnel* ou le *conditionnel passé.* Pourtant, vous avez sans doute remarqué que les adverbes et les expressions de temps changent dans le discours indirect.

Discours direct	*Discours indirect*
aujourd'hui	ce jour-là
hier	la veille
demain	le lendemain
après-demain	le surlendemain
ce soir, ce matin, etc.	ce soir-là, ce matin-là, etc.
la semaine prochaine	la semaine suivante
l'année dernière	l'année précédente
maintenant (en ce moment)	à ce moment-là

4. OBSERVEZ

Discours direct	*Discours indirect*
Il m'a demandé:	Il m'a demandé . . .
«Que veux-tu?»	ce que je voulais.
«Qu'est-ce qui se passe?»	ce qui se passait.
«Est-ce que tu le veux?»	si je le voulais.
«Quelle heure est-il?»	quelle heure il était.
«Pourquoi pars-tu?»	pourquoi je partais.
«Où vas-tu?»	où j'allais.

ANALYSE Il n'y a pas d'inversion dans une question en discours indirect.

Pour varier et préciser la première proposition du discours indirect, il y a une quantité de verbes qui s'emploient. En voici quelques-uns:

affirmer	constater	exprimer	protester
assurer	crier	indiquer	répéter
avouer	déclarer	jurer	s'exclamer
chuchoter	expliquer	lancer	suggérer

EXEMPLE: Il s'est exclamé, furieux, qu'il n'était pas d'accord.

Pour indiquer la manière dont une chose est dite, on peut ajouter une expression adverbiale. Voici des exemples:

Il a demandé . . .

avec intérêt	brutalement	en bégayant	d'une voix tendre
avec assurance	calmement	en badinant	d'une voix douce
avec colère	clairement	en criant	d'un ton amer

EXEMPLE: Il a murmuré d'une voix tendre qu'il m'aimait.

Exercices

A. Mettez les remarques d'Olivier au discours indirect. Attention au temps des verbes.

1. Olivier a dit: «J'ai passé ce week-end à repeindre un deux-pièces.»
2. Il a affirmé: «Cela ne m'a pas pesé du tout. On a bien rigolé.»
3. Il expliquait: «Cela faisait des années qu'elle n'avait pas reçu des jeunes chez elle. Elle était toute contente.»
4. Il a avoué: «Elle est si seule, si vieille.»
5. Il a ajouté d'une voix émue: «Je crois qu'elle ne mangeait que des conserves; c'est cher les haricots.»
6. Il a fini par dire: «Les haricots verts lui ont fait plus de plaisir que des fleurs. Elle était tout émue . . . et moi aussi.»

B. Mettez les remarques de Bernard et de Didier au discours indirect.

    1.   Bernard a déclaré: «Ce n'est pas difficile de trouver des gens, il suffit de bien présenter les choses. Il ne faut surtout pas évoquer la misère. Ça ne marche pas. Il ne faut pas non plus culpabiliser ceux qui ne font pas dans l'action sociale: ça les ferait fuir.»

    2.   Didier nous expliquait: «Surtout, ne présentez pas comme des saints les jeunes qui font de l'aide humanitaire. Nous donnons certes beaucoup et nous avons besoin de nous sentir utiles. Mais nous recevons tout autant. De surcroît, même en termes de carrière, bien que les bénévoles ne fonctionnent pas en termes de carrière, c'est valorisant.»

C. Référez-vous à l'article précédent et mettez au discours indirect les propos de Sylvie.

D. Vous rapportez la conversation suivante que vous avez eue avec un(e) camarade. Variez les verbes introductifs ou modifiez-les en y ajoutant une expression adverbiale.

VOUS:	Hier, j'ai commencé à lire un article intéressant.
VOTRE CAMARADE:	Puis-je le voir?
VOUS:	Je te le donnerai quand je l'aurai terminé.
VOTRE CAMARADE:	Dis-moi plutôt de quoi il s'agit car j'aurai trop de travail pour le lire demain.
VOUS:	Il s'agit des façons de voir la vie et de la manière dont elles influencent sa qualité.
VOTRE CAMARADE:	Un tel sujet est très à la mode de nos jours et me semble bien intéressant.
VOUS:	En fait, quelle est ta conception personnelle de la vie?
VOTRE CAMARADE:	Ma conception est en train d'évoluer car j'ai été très influencé par ma famille. Maintenant, je suis à l'université, je rencontre toutes sortes de personnes ayant des idées diverses. En ce moment, je mets en question les valeurs traditionnelles. Et toi, qu'est-ce qui est important pour toi dans la vie?
VOUS:	Pour moi (ici, vous donnez vos idées personnelles).

E. En employant le discours indirect et en variant les verbes introductifs selon le cas, racontez une conversation que vous avez eue avec un(e) camarade, il y a quelques semaines.

Étude du lexique

Lisez à haute voix chaque mot ou expression, définition et exemple. Employez le nouveau mot ou la nouvelle expression dans votre réponse à chaque question.

1. **procurer**   donner, fournir

   Mon ami m'a procuré des billets pour *Les Misérables.*
   Son C. V. lui a procuré un emploi d'interprète.
   Comment peut-on procurer du plaisir à ses parents?

2. **le crépuscule**   lumière incertaine qui succède immédiatement au coucher du soleil, ≠ l'aube

   Il faut allumer les phares de sa voiture au crépuscule.
   La société américaine est-elle à son crépuscule? *(fig.)*
   Quels animaux sortent à l'heure du crépuscule?

3. **la lueur**   lumière faible et diffuse

   Une lueur crépusculaire couvrait la campagne.
   Il avait une lueur de colère dans les yeux.
   Aimez-vous dîner à la lueur pâle des bougies?

4. **l'aube** *(f.)*   première lueur du soleil levant, ≠ le crépuscule

   Demain il faut se lever à l'aube.
   Pourquoi la température est-elle toujours plus fraîche à l'aube?

5. **s'intégrer**   s'assimiler, s'incorporer

   Il s'est intégré à la collectivité.
   Est-il souhaitable de s'intégrer complètement à ses pairs?

6. **opprimer**   soumettre à une autorité excessive et injuste, persécuter

   Le gouvernement a opprimé le peuple.
   Dans quels pays du monde est-ce que le régime opprime l'opinion et la liberté?

7. **haïr**   avoir en haine, détester, exécrer, abhorrer

   Il hait la dictature; il l'a toujours haïe.
   Il haïssait d'être dérangé à chaque instant.
   Y a-t-il des choses que vous haïssez dans la vie?

8. **écarter**   séparer, éloigner

   À l'aube, elle a écarté les rideaux.
   Un éventail au-dessus des fruits écartait tous les insectes.
   Pensez-vous que la science nous écarte de la religion?

9. **le bout**   extrémité, fin, limite, terme

    Il n'est pas encore au bout de ses peines.
    Quelle est la différence entre le bout de la vie et le but de la vie?

10. **se noyer**   mourir asphyxié dans l'eau; se perdre (*fig.*)

    Il s'est noyé dans le lac.
    Descartes se noyait dans le doute avant de créer sa phrase célèbre: *Je pense donc je suis.*
    Comment peut-on aider une personne qui se noie?

11. **la tribu**   groupe social et politique fondé sur une parenté ethnique

    Il existe des tribus nomades et des tribus sédentaires.
    Combien de langues parlent les tribus africaines?

12. **aux dépens de quelqu'un**   en faisant payer, sur le compte de, aux frais de

    «*Tout bonheur me paraît haïssable qui ne s'obtient qu'aux dépens d'autrui.*» (Gide)
    Quand faut-il arrêter de vivre aux dépens de ses parents?

13. **l'ombre** *(f.)*   l'obscurité, les ténèbres; reflet affaibli

    Le vieillard n'est plus que l'ombre de lui-même.
    Aimez-vous vous reposer à l'ombre d'un arbre?

14. **parer**   décorer, orner, agrémenter, embellir

    Il a paré sa femme de bijoux.
    Comment parez-vous votre maison pour Noël?

15. **barrer la route à quelqu'un**   lui faire obstacle, l'empêcher de passer

    Lorsque nous sommes arrivés à la frontière entre la Yougoslavie et l'Albanie, nous avons constaté qu'on nous avait barré la route.
    Quand est-ce que les agents de police barrent la route aux voitures?

16. **aller de l'avant**   faire du chemin en avançant, agir hardiment sans se préoccuper des obstacles

    Je vais de l'avant dans cette affaire; il faut être courageux.
    Est-ce que vos études vous permettront d'aller de l'avant?

17. **se résigner**   supporter sans protester, se soumettre

    Je me suis résigné à ce que je ne pouvais pas changer.
    Qu'est-ce qu'il faut se résigner à accepter dans la vie?

LIRE ET COMPRENDRE

Violent était le vent

Zegoua Gbessi Nokan

Né en Côte d'Ivoire, dans une famille baoulée en 1936, Z. G. Nokan fait ses études dans sa ville natale, Yamoussoukro. Envoyé en France en 1952, il y fait son doctorat de philosophie. Après avoir enseigné à l'Université de Paris VIII (Vincennes), il rentre définitivement en Côte d'Ivoire en 1973. Il enseigne actuellement la sociologie à l'université d'Abidjan.

Le militantisme et la foi révolutionnaire caractérisent l'œuvre de Nokan: «Il nous faudra réaliser un socialisme purement africain et donner à notre pays un patrimoine culturel convenable» (avant-propos du Soleil noir point, *paru en 1962, mais écrit en 1959); «. . . il est bon que des artistes créent une esthétique pour les prolétaires africains dont le combat émancipateur continuera jusqu'à ce qu'ils aient atteint la liberté et le bonheur populaire» (derniers mots des* Petites Rivières, *1983).*

Dans les deux premières parties du roman Violent était le vent *(1966), Kossia, le héros, raconte son enfance, son adolescence et sa vie d'étudiant en France. Il aimera deux femmes, la blanche et la noire. S'il refuse d'épouser la blanche, car le devoir qu'il s'est donné est la lutte pour la liberté de son peuple, il ne retrouvera pas pour autant la noire (Affouet) qui, fatiguée de l'attendre, s'est mariée avec un autre.*

De retour au pays, Kossia se sent investi de grandes responsabilités envers la jeunesse. Sa mère essaie de modifier son attitude, mais Kossia ne veut pas tourner le dos à ce «monde de misère permanente». En lisant l'extrait du roman, comparez l'attitude de Kossia à celle de sa mère. Qu'est-ce qui est important pour elle? et pour lui?

Exercices de prélecture

A. *Prédire le contenu*

En tenant compte du titre du roman et de l'introduction, de quoi s'agit-il dans cet extrait? Est-ce un passage de faits, de fantaisie, ou d'expériences vécues?

B. *Mobilisez vos connaissances*

Dans la *Leçon 10,* vous avez lu un extrait de Chraïbi, *La Civilisation, ma mère!. . .* Que savez-vous déjà sur la vie africaine en général? Selon vous, en quoi cet extrait sera-t-il différent?

C. *Devinez le sens des mots inconnus*

1.   «Tout bonheur solitaire est *haïssable.* »

Quel mot du lexique précédent vous indique le sens de cet adjectif?

2. «Certes, le chemin est long et *pierreux,* mais il faut aller jusqu'au bout . . .»

Que veut dire le radical de ce mot? À quelle partie de discours appartient ce mot?

3. «La vie solitaire n'a que l'ombre pour *parure.*»

Quel mot du lexique vous indique le sens du mot *parure?* À quelle partie du discours appartient-il? Pourriez-vous en deviner le sens?

Mon retour lui procura une grande joie. Elle pensait que le crépuscule de sa vie allait être plus doux que son aube. Elle croyait voir se lever un soleil nouveau . . .

Ma mère pilait le manioc.[4] La **sueur** coulait tout le long de son buste   transpiration
5 d'ébène.

Mon beau-père dont le revenu s'élevait à dix mille francs voulut me faire manger à l'européenne. Je refusai. Ce soir-là, il me fallut donc avaler le foutou de manioc.[5] Mes demi-frères plongeaient en criant leurs mains sales dans la sauce de Kroilah.[6] Ma pauvre mère me dit: «c'est ce spectacle hon-
10 teux que tu dois abolir. Il paraît que tu es savant; fais descendre mon jour **envolé.** Il y a longtemps que la nuit m'enveloppe. J'en ai peur, tellement peur   disparu, parti que j'admettrais la monotonie d'un jour éternel. Délivre-moi, c'est la seule chose que je puisse te demander un peu de lueur avant la venue de **la grande ombre.**   la mort
15 —Je te promets vingt mille francs par mois; quand je serai un peu riche, je te construirai une maison. Tu auras un jardin où tu fileras le coton et rêveras.

—Intègre-toi au régime politique actuel. Qui veut faire «bonne route» ne doit pas oublier les réalités du voyage. En Afrique, on ne peut rien gagner
20 actuellement sans l'acceptation de ce qui est. Tu ne pourrais même pas travailler si tu contestais, comme certains de tes camarades, le pouvoir légitime.

—Mère, demande-moi tout, mais pas ça. Je n'accepterai jamais la dictature, le régime qui opprime le peuple. Tout bonheur solitaire est haïssable.
25 Je ne peux vivre heureux parmi mes frères malheureux. Des amis et moi avons pris la décision de sauver notre pays. Personne ne nous écartera de notre voie. Certes, le chemin est long et pierreux, mais il faut aller jusqu'au bout, délivrer des mères qui souffrent, des familles semblables à la nôtre.

—Occupe-toi d'abord de nous. Lorsque le danger approche, crie «ma
30 tête, ma tête», dit un sage. Cherche ton propre salut avant celui des autres. Depuis l'arrivée des Européens, l'individu est devenu lui-même. Il ne s'agit plus de se noyer dans la mer tribale. Le voisin peut mourir sans déranger

---

[4]Petit arbre des régions tropicales dont la racine fournit le tapioca

[5]Plat à base de tapioca

[6]Nom d'une feuille servant à préparer une sauce, en pays baoulé, Côte d'Ivoire

La vitesse spectaculaire de sa croissance a rendu la Côte-d'Ivoire le pays le plus favorisé d'Afrique francophone. Il est aussi un des plus stables.

notre bonheur. La grande leçon des Blancs, c'est qu'on ne vit bien qu'aux dépens des autres. Comprends-la, rends-nous libres.

35 —Ne parle pas d'individualité, mère, elle n'existe pas.

La danse la plus exaltante, c'est celle qui réunit **maintes** gens.   beaucoup de

La chanson la plus agréable est chantée pour tous.

Les paroles destinées à tout le monde ont un sens profond.

La vie solitaire n'a que l'ombre pour parure.

40 La chanson sublime est écoutée par tous.

—Naguère, on pensait que les vieux possédaient le secret de l'univers, qu'ils disposaient de toute la sagesse. Maintenant les jeunes paraissent tenir la vérité. Si vous l'avez vraiment, vous connaîtrez la victoire. Je ne veux pas barrer ta route; tu peux aller de l'avant. D'ailleurs, j'ai l'habitude de me rési-

45 gner. Rends, quand même, notre vie décente.»

Violent était le vent (Paris: Ed. Présence Africaine, 1966)

Vérifiez votre compréhension

A. Marquez les phrases suivantes *vraies* ou *fausses*. Corrigez celles qui sont fausses.

1. La Côte d'Ivoire se trouve sur la côte ouest de l'Afrique.
2. Zegoua Gbessi Nokan a fait son doctorat à Abidjan.
3. Kossia arrive chez sa mère au crépuscule.
4. Kossia donne vingt mille francs à sa mère.
5. On a mangé à l'européenne ce soir-là.

B. Complétez les phrases suivantes.

1. La mère de Kossia lui demande de . . .
2. La mère de Kossia a peur de . . .
3. Kossia lui promet que lorsqu'il sera riche, il . . .
4. La mère de Kossia lui demande de s'intégrer au régime politique actuel parce que . . .
5. Kossia n'accepte pas parce que . . .

C. Répondez aux questions suivantes par une phrase complète.

1. À quoi est-ce que la mère de Kossia compare sa vie et sa mort?
2. Quelle conception la mère de Kossia a-t-elle de la vie?
3. Dans quelle mesure est-ce que la conception de la vie de Kossia diffère de celle de sa mère?
4. Selon la mère de Kossia, quelle est la morale des Européens? Pourquoi l'a-t-elle acceptée?
5. En quoi la réponse de Kossia à sa mère est-elle philosophique et poétique?
6. En quoi la mère de Kossia démontre-t-elle sa sagesse?

Résumé

En employant le discours indirect, écrivez un résumé de l'extrait *Violent était le vent.*

EXPRESSION ÉCRITE

Dans la leçon précédente, vous avez appris un bon nombre d'expressions pour exprimer la probabilité, le doute ou l'incertitude, et l'impossibilité. Ajoutons deux catégories utiles pour l'expression écrite: la comparaison et l'explication.

La comparaison

En comparaison des pays européens, les pays africains sont pauvres.
Comparée aux pays africains, l'Europe occidentale est très riche.

Si l'on **compare** les pays africains **aux** pays européens, on voit un abîme économique entre les deux continents.

Les ventes de produits ont considérablement augmenté **par rapport à** celles de l'année dernière.

Il devient **de plus en plus (de moins en moins)** difficile de prévoir l'avenir.

Les structures économiques des deux continents **ne se ressemblent en rien.**

La conquête coloniale de l'Afrique **ressemble à** un viol.

Il existe **un contraste frappant** entre le nord et le sud.

Il n'y a vraiment aucune comparaison possible entre les deux continents.

L'explication

On ne peut pas toujours accepter de l'assistance économique **à cause des** conditions.

Il a refusé, **pour des raisons de** fierté.

Ils ont réussi **grâce à** l'aide financière fournie par la Banque mondiale.

On n'a pas fini la construction routière, **faute d'**argent.

Il fallait suspendre la construction **en raison des** conditions météorologiques.

Avec toutes les dettes impayées, la Banque mondiale a dû limiter les emprunts.

On a annulé bien des projets **à la suite des** changements de régime.

En échange de la collaboration gabonaise, la France lui a accordé une assistance économique.

Maintenant, choisissez un des sujets suivants, étudiez la section *Expressions utiles,* et écrivez votre brouillon.

1. L'ère coloniale a donné à l'Afrique des routes, des chemins de fer, des écoles, des hôpitaux et des barrages. Elle a donc été avantageuse pour l'Afrique.
2. L'ère coloniale de l'Afrique ressemble à un viol.
3. La langue française permet aux nombreux pays africains de communiquer. C'est donc elle que l'on devrait favoriser et non pas les langues nationales.
4. Pour certains pays, la francophonie n'est qu'une nouvelle forme de colonialisme. Ont-ils raison?

Expressions utiles

l'ère coloniale, le colonialisme, la colonisation

l'esclavage

l'abolition de l'esclavage

les guerres fratricides

les Noirs

les Arabes

les Berbères: ensemble des populations d'Afrique du Nord qui parlent un des dialectes berbères: Marocains, Algériens, Touaregs, etc.

les Kabyles: population montagnarde d'origine berbère, plus ou moins arabisée

un régime discriminatoire
la liberté, l'égalité *(f.),* la fraternité
la civilisation négro-africaine traditionnelle
la civilisation islamique
la civilisation judéo-chrétienne
les terres cultivables inexploitées
les ressources du sous-sol africain: le pétrole, le fer, le cuivre, l'or, les diamants, le
    manganèse, les phosphates, les minerais stratégiques, les ressources forestières
l'exploitation des richesses
l'évolution politique   l'effondrement des économies nationales
la souveraineté nationale   le racisme

MISE EN ŒUVRE

Mini-théâtre

Préparez une des scènes suivantes avec un(e) camarade pour présenter devant la classe.

1. Vous avez passé votre jeunesse au Sénégal où vous avez vécu au rythme de la nature. De passage à Paris, vous rencontrez un agent de change qui vend des actions à la Bourse. Pourriez-vous vous entendre?
2. Vous avez participé à l'organisation américaine de Coopération pour l'aide aux pays en voie de développement (*Peace Corps*). Vous aimez tant le pays où vous êtes allé(e) que vous décidez de vous y installer. Vous en parlez à vos parents.
3. Comment expliquer à vos parents que vous voulez vous marier avec un(e) Zaïrois(e)? Vont-ils l'accepter?

Sujets de réflexion

1. L'Afrique compte une cinquantaine d'États et 350 millions d'habitants, dont la moitié a moins de vingt ans. Le taux de chômage parmi ces jeunes est très élevé. L'effondrement des économies nationales et les coups d'État continuent de retarder le développement de l'Afrique. Les inondations et la sécheresse dévastent l'agriculture d'un bon nombre de pays qui ne survivent que grâce à la générosité internationale. Que peuvent faire les pays occidentaux pour promouvoir la démocratisation et le développement de ces pays?
2. On dit souvent que la différence entre les pays occidentaux et les pays d'Afrique est une question de mentalité. En sociologie, le terme *mentalité* veut dire l'«ensemble des croyances et habitudes d'esprit qui informent et commandent la pensée d'une collectivité, communes à chaque membre de cette collectivité» (*Petit Robert*). À votre avis, comment la mentalité est-elle formée? Quel rôle jouent la culture, l'hérédité, le climat, la nature dans sa formation?

3. Référez-vous à la carte suivante pour trouver les pays francophones de l'Afrique noire: le Bénin, le Burkina-Faso, le Cameroun, la République centrafricaine, le Congo, la Côte-d'Ivoire, le Gabon, la Guinée, la République démocratique de Madagascar, le Mali, le Niger, le Tchad, le Togo et le Zaïre. On dit souvent que la langue française est un principe d'unification parmi les pays africains. Pourtant, un nombre important d'Africains perçoivent cette langue comme une manifestation de l'oppression coloniale qui risque de tuer les langues et les cultures nationales. Selon vous, comment peut-on encourager le développement des langues et des cultures nationales tout en reconnaissant l'utilité d'une langue de communication générale?

LES ARTS

TEXTE I
Diane Dufresne (extrait),
Geneviève Beauvarlet

GRAMMAIRE
La voix passive
Faire «causatif»

TEXTE II
Oscar et Erick,   *Marcel Aymé*

Décrivez les sentiments
de la mère et de sa fille.
Pourquoi certains parents
forcent-ils leurs enfants à
suivre des cours de
piano? Pensez-vous que
ce soit une bonne idée?

sempé
© Charillon-Paris

351

Étude du lexique

Lisez à haute voix chaque mot ou expression, définition et exemple. Employez le mot nouveau ou l'expression nouvelle dans votre réponse à chaque question.

1. **la tenue**   la manière dont une personne est habillée, dont elle se présente

    Pour le bal masqué, je suis venu en tenue militaire, mon ami en tenue de vol d'aviateur. Luc ne s'est pas déguisé; il était en tenue de sport.
    Quand est-ce que vous vous mettez en tenue de bain?

2. **escalader**   faire l'ascension de, monter, grimper

    En se sauvant, les voleurs ont escaladé le mur du jardin.
    Des alpinistes escaladeront le mont Blanc cet été.
    Quel équipement faut-il pour escalader une montagne?

3. **sursauter**   réagir par un mouvement brusque, par un sursaut

    Le bruit du téléphone m'a fait sursauter.
    Dans quelles conditions sursautez-vous?

4. **se déguiser en**   s'habiller de manière à être méconnaissable, se travestir

    Elle s'est déguisée en danseuse, lui en vedette de cinéma.

    un déguisement   un habit qui cache l'identité d'une personne

    Il a pris deux heures pour se maquiller et pour mettre son déguisement.
    En quoi aimez-vous vous déguiser? Décrivez votre déguisement.

5. **apaiser**   calmer, adoucir

    La présence d'un bon ami m'apaise beaucoup.
    Quel médicament vous apaise lorsque vous avez mal à la tête?

6. **soulager**   débarrasser quelqu'un partiellement de ce qui pèse sur lui (douleur, remords, inquiétude), consoler, apaiser

    Son appel téléphonique m'a soulagé.
    Il n'y aura pas d'examen aujourd'hui? Ah! cela me soulage!
    Qu'est-ce qui vous soulage quand vous êtes inquiet?

7. **un éloge**   un jugement favorable, une louange, un compliment

    Les critiques ont couvert la star d'éloges.
    À quelle occasion prononce-t-on un éloge?

8. **une esplanade**   le terrain devant un édifice, une terrasse, une place

    L'esplanade du vieux port à Montréal fut le site du concert.
    Quelles sortes de fleurs peut-on planter sur une esplanade?

9. **rendre compte à quelqu'un**   se justifier devant quelqu'un

    Depuis qu'il a gagné le grand prix, il a quitté son travail; il n'a plus de compte à rendre à personne.

Je dois rendre compte à mon patron de mes dépenses professionnelles.
À qui est-ce que vous rendez compte de vos sorties?

10. **insolite**   qui étonne; étrange, rare, excentrique, inhabituel

Les jeunes de nos jours s'habillent de façon insolite; à vrai dire, c'est le culte de l'insolite et du bizarre!
Aimeriez-vous choisir une vocation insolite ou ordinaire?

11. **le délire**   folie, frénésie, surexcitation, enthousiasme exubérant

La foule était en délire devant la chanteuse.
Que se passe-t-il quand une star apparaît en scène?

12. **faire preuve de**   montrer

Il a fait preuve d'objectivité et de flexibilité.
Faites-vous preuve de bonne volonté quand on vous demande un service?

LIRE ET COMPRENDRE

Exercices de prélecture

A.   *Prédire le contenu*

Lisez rapidement le premier paragraphe du passage qui s'intitule *Diane Dufresne*. S'agit-il de fiction ou de faits? De qui parle-t-on? Qui est-elle?

B.   *Mobilisez vos connaissances*

Que savez-vous sur le culte de la star? Comment les admirateurs réagissent-ils à un concert? et après? Êtes-vous jamais allé(e) à un concert rock? Comment les admirateurs traitent-ils leur idole?

C.   *Devinez le sens des mots inconnus*

1.   Elle a fait de la *déraison* un art.

Quel est le sens du préfixe? et du radical? Que veut dire ce mot?

2.   Entre Diane et ses admirateurs, il y a en permanence une sorte d'*escalade* dans l'extravagance.

Quel mot du lexique précédent vous indique le sens du mot *escalade*? À quelle partie du discours appartient ce mot? Pourriez-vous en deviner le sens?

3.   En *s'immolant* au dieu Spectacle, au dieu Public, elle apaise, elle soulage, elle console.

Quel mot anglais vous indique le sens du mot *s'immolant*? Quel sacrifice faisait-on aux dieux dans les religions antiques?

4. Les Français ignoraient que la population du Québec venait de *subir* une fantastique mutation. Le Québec changeait. À grands pas, il courait vers le XXIe siècle.

En considérant le contexte, pourriez-vous deviner le sens du mot *subir*?

Diane Dufresne

Geneviève Beauvarlet

Elle a fait de la déraison un art, du délire un moyen d'expression. Depuis ses débuts, elle **heurte,** elle choque. . . . Pas gratuitement, pour le plaisir, pour la joie de faire sursauter les autres. Mais parce que c'est ainsi que **jaillit l'étin-celle.** [. . .] La France l'admire, le Québec la vénère, personne ne s'en étonne.
5 N'est-elle pas en cette fin de siècle la seule star de la chanson de langue française?

Montréal, 28 octobre 1982. En début de soirée, les avenues et les rues du centre sont **envahies** par une foule étrange, **grimée, bigarrée** et joyeuse. Ils sont là des milliers qui convergent vers le Forum, haut lieu du spectacle de la
10 ville. Des jeunes en majorité, tous vêtus de tenues extravagantes et insolites. Maquillés, déguisés en clowns, en religieuses, en lampes chinoises ou en soldats, ils avancent. L'ambiance est au rire, à la fête.

Car c'est à une fête qu'ils se rendent. Diane Dufresne les y a **conviés.** [. . .]

Diane est vêtue d'une longue robe chromée, surmontée d'une haute
15 **corolle** faite de miroirs qui reflètent ses deux profils. Une tenue choquante, même pour un public habitué à ses folies vestimentaires. Mais entre elle et ses admirateurs, il y a en permanence une sorte d'escalade dans l'extrava-gance. [. . .]

De cette fête du déguisement qu'est Halloween, Diane fait revivre les fan-
20 tômes, les symboles et les fantasmes. [. . .]

Puis elle s'en va, traversant la salle en lançant: «J'veux pas que tu t'en ailles.»

Elle disparue, ses admirateurs continuent la fête toute la nuit. Dans la rue Sainte-Catherine, dans la rue Saint-Denis, ils stoppent la circulation. Ils
25 entrent dans les cafés, les boîtes de nuit, chantent et poussent les consom-mateurs à chanter aussi. L'énergie que Diane leur a communiquée les rend audacieux, les rend invulnérables. [. . .] Luc Plamondon, le **parolier** de Diane, explique: «Diane personnifie les fantasmes de son public. Il y a, entre les spectateurs et elle, un extraordinaire phénomène d'identification. [. . .]»
30 C'est pour la soutenir qu'ils ont commencé à se travestir pour venir à ses shows. La tradition est née en 1978, alors que Diane inaugurait la réouver-ture du Théâtre Saint-Denis. Pour thème de son spectacle, elle avait choisi «Comme un film de Fellini»[1] et avait demandé à son public de se déguiser

(ici) scandalise
sort en un jet subit / *spark*

remplies / maquillée pour le théâtre / multicolore

invités

ensemble des pétales d'une fleur

auteur des paroles d'une chanson

[1]Federico Fellini, cinéaste italien très célèbre

Diane Dufresne habillée de sa robe garnie d'instruments de musique au spectacle «Symphonique 'n roll» du Colisée de Québec.

pour le soir de première. [. . .] Le public avait fait preuve d'imagination.
35 Diane devait aller plus loin que lui. C'est en robe de mariée qu'elle apparaît sur scène. Un choix symbolique. Diane: «Je m'étais dit que je ne me marierais jamais et j'ai décidé, un soir, d'épouser mon public.» [. . .]

Ces **épousailles** entre Diane, son public et la presse ont été fécondes.   célébrations de mariage
Aujourd'hui, elle est devenue ce que furent Edith Piaf en France ou Janis
40 Joplin aux États-Unis. Plus qu'une star, qu'une grande dame de la chanson: un personnage mythique dont la vie quotidienne et la présence sur scène s'accordent totalement. Elle n'est pas seulement une **interprète** qu'on va   chanteuse voir, entendre et applaudir, ou une merveilleuse «meneuse de show». Elle est autre. Elle porte dans sa voix et sur son corps les exploits et les malheurs
45 des autres. En s'immolant au dieu Spectacle, au dieu Public, elle apaise, elle soulage, elle console. Elle lance comme une invitation: «Donnez-moi vos fantasmes—Que je les exorcise—Donnez-moi votre violence—Que je la neutralise», et on lui obéit. Dans chaque chanson, elle joue sa vie, elle donne son corps et son âme. [. . .]

50 En 1965, elle fait connaissance avec la scène. Elle a 21 ans. [...]

L'année suivante, Diane quitte Montréal pour la France, pour Paris. Une
ville dont elle a rêvé. Elle **déchante.** Les Français ne sont pas encore prêts à   perd ses illusions
accueillir à bras ouverts leurs cousins d'Amérique. Du Québec, ils ignorent
tout. Ils voient encore le vieux Canada en termes de clichés: Maria Chapde-
55 laine, les trappeurs, les traîneaux, la police montée, les grands espaces gla-
cés et enneigés. . . . Les Canadiens français, c'est ainsi qu'on appelle les
Québécois à Paris, sont les habitants d'une lointaine province, sympathi-
ques, certes, mais un peu **demeurés,** un peu attardés. La langue qu'ils par-   intellectuellement
lent est démodée, elle a deux siècles de retard. Et puis, il y a leur accent,   retardés
60 pesant, insistant, presque insupportable. La mode régionaliste et le sno-
bisme aidant, on trouvera plus tard cet accent savoureux et irrésistible. Mais
le moment n'est pas encore venu, et les quelques Québécois égarés dans la
capitale française ne s'y sentent pas à l'aise. «Ce n'était pas facile de vivre
avec les Français, dans ces années-là, explique Diane. Quand j'ouvrais la
65 bouche, je comprenais aux sourires qu'on se moquait de moi. À cause de
mon accent. Je me sentais ridicule.»

Ceux qui riaient alors des tournures de phrases **désuètes** ne s'imagi-   démodée, vieille
naient certainement pas que Montréal était déjà une ville ultramoderne, très
américanisée. Plus moderne en tout cas que Paris. Ils ignoraient que sa
70 population venait de subir une fantastique mutation. Le Québec changeait.
À grands pas, il courait vers le XXIe siècle. Jusqu'en 1959, il avait vécu sous
la tutelle paternaliste de Maurice Duplessis, un Premier ministre **affairiste** et   peu scrupuleux
confit en dévotion. Duplessis est mort. Un homme moderne, Jean Lesage, a   fixé, figé *(fig.)*
pris sa place, et se déroule alors ce phénomène social qu'on appellera la
75 Révolution tranquille. En quelques mois l'oppression et la dictature **cléri-**   relatives au clergé/
cales qui pesaient sur le Québec ont disparu. Une **brèche** s'est ouverte, un tor-   ouverture
rent libérateur submerge les villes et les campagnes de la Belle Province.

C'est en 1978 que sont célébrées les véritables noces entre Paris et la star
du Québec. Enthousiasme dans la salle, éloges sans nuances dans la
80 presse. [...] Désormais, l'habitude est prise. On a adopté Diane et, semble-t-
il, définitivement. On éprouve du bonheur à la voir et à l'entendre. Ce bonheur, Jacques Martin, journaliste et animateur de télévision, le traduit
parfaitement dans un article qu'il confie au *Matin de Paris* et qu'il a intitulé:
«Je vous aime, Diane Dufresne».
85 Le but est atteint. La France a totalement adopté Diane. Elle est nôtre.
Comme au Québec? Pas tout à fait? «En France, dit Luc Plamondon, Diane
est une chanteuse, au Québec, elle est une légende vivante.» Diane le prou-
vera le 24 juin 1981, lorsqu'elle chantera pour la Saint-Jean[2] à Montréal
devant 300 000 personnes sur l'esplanade du vieux port, dans un décor
90 ornementé de fleurs de lys.

Extrait de Geneviève Beauvarlet, *Diane Dufresne* (Paris: Éditions Seghers, 1984)

[2]La fête de la Saint-Jean, le saint patron du Québec

UNE FILLE FUNKY

J'ai laissé tomber mon make-up
y'a plus personne pour me dire stop
depuis que j'suis dev'nue
une fille funky
95   mon ancien chum me r'connaît **pus**   plus (language parlé)
quand **y** m'voit passer dans sa rue   il (language parlé)
depuis que j'suis dev'nue
une fille funky

tout le monde me trouve pas mal o.k.
100   o.k. o.k. o.k. o.k.
depuis qu'j'suis dev'nue une fille funky
funky, funky, funky
une fille funky

tous les matins j'fais mon jogging
105   j'ai l'impression qu'j'vas m'envoler
j'me laisse aller à mes feelings
j'me laisse pus marcher sur les pieds

j'passe pus mes jours devant mon four
j'vis d'amour et de yaourt
110   Faut qu'j'fasse attention à ma **ligne**   silhouette
depuis que j'suis une fille qui swingue
[. . .]
j'ai pus d'compte à rendre à personne
j'passe pus ma vie au téléphone
115   j'suis dev'nue un peu plus **maligne**   astucieuse, rusée
depuis que j'suis seule sur ma **ligne**   ligne téléphonique

moi qui fumais comme une usine
mois qui m'stonais aux aspirines
j'suis dev'nue un peu plus maligne
120   de temps en temps je sniffe ma ligne
[. . .]
j'ai laissé tomber mon make-up
y'a pus personne pour me dire stop.

Paroles: Luc Plamondon
Musique: Germain Gauthier
© 1980 Éditions Mondon

Vérifiez votre compréhension

1. Où se situe le Québec par rapport aux États-Unis et à la France? En quoi le Québec est-il influencé linguistiquement par sa situation géographique?
2. Qui est Diane Dufresne? Quel est son effet sur son public?
3. Décrivez les milliers de fans qui sont venus l'entendre chanter au Forum à Montréal en 1982.
4. Comment Diane est-elle vêtue?
5. Que font ses admirateurs après le spectacle?
6. Qui est Luc Plamondon? Comment la décrit-il?
7. Qu'est-ce que Diane Dufresne a demandé à ses admirateurs en 1978?
8. Comment est-elle apparue le soir de première? Pourquoi?
9. À quelles autres vedettes peut-on comparer Diane Dufresne?
10. Décrivez l'effet qu'elle a sur ses admirateurs.
11. Pourquoi était-elle déçue par la France?
12. Pourquoi les Français n'étaient-ils pas prêts à la recevoir en 1966? Comment les Français voyaient-ils le Québec? Que pensaient-ils de la langue?
13. Comment Diane se sentait-elle devant les Français? Pourquoi?
14. Comparez Paris et Montréal à l'époque.
15. Qui était Maurice Duplessis? Quand est-il mort? Qui est Jean Lesage?
16. Qu'est-ce qui s'est passé pendant la Révolution tranquille?
17. Comment les Français ont-ils accueilli Diane Dufresne en 1978?
18. Décrivez le spectacle qu'elle a donné pour la Saint-Jean en 1981.

À votre avis

1. À votre avis, que veut dire le mot *funky* d'après la chanson de Diane Dufresne? Avec un(e) camarade de classe, faites ressortir tous les mots qui viennent de l'anglais. Ensuite, donnez leurs équivalents en français. Pourquoi y a-t-il tant de mots anglais? Selon vous, quel est le sens métaphorique du premier vers de la chanson? Repérez les expressions qui parlent de la liberté. Comment cette chanson révèle-t-elle la prise de conscience des Québécois? En quoi parle-t-elle de la femme québécoise moderne?
2. La chanson populaire joue un rôle très important pour les jeunes comme pour les contestataires, qui sont souvent les mêmes. À votre avis, a-t-on le droit de censurer les paroles d'une chanson? Que pensez-vous du rock qui parle des choses inacceptables pour le pouvoir établi? Quelle est l'influence des chansons sur les jeunes et sur la population en général?
3. La montée de la droite pose des problèmes importants dans le domaine des arts; c'est le problème de la censure. Dans les domaines de la peinture, de la sculpture, et du film, ce mouvement ultra-conservateur veut limiter la liberté d'expression en refusant les subventions gouvernementales. Pensez-vous que ce groupe ait le droit de dicter aux artistes ce qu'ils peuvent créer? A-t-il le droit de décider ce que le public peut voir?

4. Allez-vous quelquefois au musée? Quelles sortes de tableaux préférez-vous? les tableaux réalistes, les tableaux impressionnistes, les peintures fauvistes, les toiles abstraites? Pourquoi? Connaissez-vous des artistes français? Connaissez-vous les tableaux de Degas, de Chagall, de Monet, de Manet, de Chardin, de Boucher? Aimeriez-vous visiter le Louvre à Paris? Choisissez un peintre et décrivez une ou deux de ses toiles.

5. Aimez-vous la photographie? Avez-vous un appareil photo simple ou complexe? Êtes-vous un bon photographe? Étudiez-vous l'angle de la lumière quand vous prenez une photo ou en prenez-vous spontanément? Quelle sorte de pellicule achetez-vous? Votre appareil photo produit-il des diapositives en couleurs ou des négatifs? A-t-il un flash, un objectif à grand angle? un téléobjectif, un trépied? Qu'aimez-vous photographier quand vous êtes en vacances? des monuments, des gens, des maisons, des rues? Avez-vous un album de photographies? Avez-vous une caméra? un vidéo?

Petit écrit

Écrivez une page sur la question numéro 2 ou 3.

G R A M M A I R E

La voix passive

L'AGENT ET L'OBJET DE L'ACTION

1. OBSERVEZ   La France **a adopté** Diane. (*voix active*)

Diane **a été adoptée par** la France. (*voix passive*)

ANALYSE   Les deux phrases expriment la même idée. Pourtant, dans la première phrase, on met l'accent sur la France, sujet de la phrase. Dans la seconde phrase, l'accent est mis sur Diane.

	Sujet	*Verbe*	*Objet direct*	*Complément d'agent*
Voix active	La France	a adopté	Diane.	
Voix passive	Diane	a été adoptée		par la France.

Le sujet de la voix active, **La France,** est mis au second plan dans la phrase passive, tandis que l'objet de la phrase active, **Diane,** en devenant le sujet de la phrase passive, prend la place principale.

2. OBSERVEZ Un torrent libérateur **submergeait** les villes.
Les villes **étaient** submergées par un torrent libérateur.
Ses admirateurs **continuent** la fête toute la nuit.
La fête **est** continuée toute la nuit par ses admirateurs.

ANALYSE Pour former la voix passive, on emploie le verbe **être** au temps voulu et le participe passé du verbe de la phrase active. Vous voyez, par exemple, que **submergeait** à l'imparfait devient **étaient** (pluriel pour un sujet pluriel, **villes**) + **submergées.** Le participe passé a, alors, la valeur d'un adjectif.

VERBE MODÈLE: être aimé

Présent	elle est aimée
Imparfait	elle était aimée
Passé simple	elle fut aimée
Futur	elle sera aimée
Conditionnel	elle serait aimée
Passé composé	elle a été aimée
Plus-que-parfait	elle avait été aimée
Passé antérieur[3]	elle eut été aimée
Futur antérieur	elle aura été aimée
Conditionnel passé	elle aurait été aimée

Subjonctif

Présent	qu'elle soit aimée
Imparfait[3]	qu'elle fût aimée
Passé[4]	qu'elle ait été aimée
Plus-que-parfait[3]	qu'elle eût été aimée

3. OBSERVEZ Les paroles de ses chansons ont été écrites **par** Plamondon.
Les avenues sont envahies **par** une foule joyeuse.
Diane est aimée **de** son public.
Elle est admirée **de** la foule.
Elle est obéie **de** ses admirateurs.

ANALYSE La préposition **par** introduit *l'agent* de la phrase **(Plamondon, la foule joyeuse).** Cet agent joue un rôle actif dans l'action de la phrase. La

[3]Voir *Leçon 14 (facultative).*

[4]Voir *Leçon 10.*

préposition **de** remplace **par** avec les verbes qui expriment une émotion ou un état:

$$\text{Il est} \begin{cases} \text{admiré de} & \text{méprisé de} \\ \text{aimé de} & \text{accompagné de} \\ \text{craint de} & \text{écouté de} \\ \text{détesté de} & \text{obéi de} \\ \text{haï de} & \text{suivi de} \end{cases} \text{tous.}$$

EXEMPLE: Il est taché **de** sang. Il est couvert **de** piqûres.

Exercices

A.   Transformez les phrases actives en phrases passives.

1. La France admire Diane.
2. Le Québec la vénère.
3. Une foule grimée et joyeuse envahit les rues du centre.
4. Diane a convié la foule à une fête.
5. Diane choque un certain nombre de personnes.
6. Ils stoppent la circulation.
7. Pour thème de son spectacle, Diane avait choisi «Comme un film de Fellini.»
8. Elle soulage et console ses admirateurs de leurs douleurs.
9. Plamondon a écrit la plupart des chansons de Diane.
10. La France a totalement adopté Diane.

B.   En employant les expressions dans *Observez,* numéro 3, faites la description d'un chanteur ou d'une chanteuse que vous connaissez.

MODÈLE: Elle est admirée des jeunes, mais détestée des parents.

LE PASSIF AVEC *ON*

OBSERVEZ   En 1965, elle n'était pas acceptée en France.

En 1965, **on** ne l'acceptait pas en France.

Le Canada est vu en termes de clichés.

On voit le Canada en termes de clichés.

La Révolution tranquille a été déclenchée en 1960.

On a déclenché la Révolution tranquille en 1960.

ANALYSE   Le complément d'agent peut disparaître de la phrase passive. Alors, la phrase active se construit avec **on.**

Exercices

A. Vous préparez un spectacle. Donnez la forme active des phrases suivantes en employant le pronom **on.**

1. La salle a été louée.
2. Un éclairage spécial a été installé.
3. L'agent de l'artiste a été contacté.
4. L'artiste a été engagé.
5. Les billets ont été imprimés.
6. Le microphone a été mis en place.
7. La salle a été nettoyée.
8. La publicité a été faite.
9. Tous les billets ont été vendus.
10. Des ouvreuses ont été engagées pour le spectacle.

B. Avec un(e) ami(e), vous préparez un tour artistique de la France. Vous espérez voir des spectacles, des concerts, des opéras, des ballets, aussi bien que de l'architecture. En employant le pronom **on,** parlez entre vous de votre tour.

MODÈLE: Est-ce que l'hôtel a été réservé à Paris?
Oui, on l'a réservé pour le 1er juin.

LE PASSIF PRONOMINAL

OBSERVEZ **Le français se parle** à Québec.   **On parle** français à Québec.
Ça **ne se fait pas** en France.   On **ne fait pas** ça en France.
Des journaux français **se**   Ici, **on vend** des journaux
  vendent ici.   français.

ANALYSE La construction pronominale à sens passif peut remplacer la phrase avec **on** dans le cas d'un fait général. On emploie cette construction seulement à la 3e personne.

Exercice

Employez la construction pronominale à sens passif dans les phrases suivantes.

1. On parle anglais à Ottawa.
2. On parle français à Chicoutimi au Québec.
3. On parle français et anglais à Montréal.
4. Dans le temps, on vend des périodiques français dans ce magasin.
5. On comprend cela tout de suite.
6. On voit cela partout de nos jours.
7. On ne fait pas ça en France.
8. On ne dit pas cela au Québec.

Faire «causatif»

1. OBSERVEZ   Diane **fait chanter** la foule. (La foule chante.) *(sens actif)*
Son impresario **fait préparer** la salle. (La salle est préparée.) *(sens passif)*

ANALYSE   Dans les deux phrases, le sujet **(Diane, Son impresario)** *ont causé* l'action. Dans la première phrase, l'objet **(la foule)** accomplit l'action. Par contre, dans la seconde phrase, l'objet **(la salle)** joue un rôle passif.

2. OBSERVEZ   Diane a fait écrire ses **chansons** par Plamondon. (Il a écrit les chansons pour Diane.)
Elle **les** a fait écrire par Plamondon.
Elle les **lui** a fait écrire.

L'imprésario de Diane a fait rédiger **des articles** par les journalistes. (Les journalistes ont rédigé des articles.)
Il **en** a fait rédiger par les journalistes.
Il **leur** en a fait rédiger.

ANALYSE   Dans la deuxième phrase de chaque groupe, notez que le pronom représentant l'objet de la phrase **(ses chansons, des articles)** précède le verbe **faire**. Dans la troisième phrase de chaque groupe, l'agent **(Plamondon, les journalistes)** devient l'objet indirect de la phrase **(lui, leur)** et précède le verbe **faire** dans l'ordre normal des compléments d'objets directs et indirects.

REMARQUES

1.   Quand il y a deux objets dans la phrase, c'est toujours la personne ou le complément d'agent qui deviennent l'objet indirect.
2.   Le participe du verbe **faire (fait)** reste *toujours invariable* dans la construction causative.
3.   Dans une phrase telle que «L'impresario a fait lire des poèmes à Diane», il y a ambiguïté. On ne sait pas si Diane a lu des poèmes ou si quelqu'un d'autre lit des poèmes à Diane. Pour éviter cette ambiguïté, on emploie la préposition **par** à la place de **à** comme dans la première phrase de chaque groupe sous *Observez,* numéro 2: **L'imprésario a fait lire des poèmes par Diane.**

3. OBSERVEZ   Il **a fait faire** le ménage par les ouvriers.
Diane **s'est fait faire** une robe de mariée.
Elle **s'est fait insulter** en France.

ANALYSE   Suivi d'une expression contenant déjà le verbe **faire (faire le ménage, faire une robe, faire la cuisine,** etc.), **faire** est employé deux fois de suite. Dans la deuxième phrase, le pronom **se** montre que la robe a été faite *pour* Diane. La troisième phrase a un sens passif: Elle a été insultée. La construction avec **se faire** est bien plus élégante et plus française.

4. OBSERVEZ Diane a fait inviter **les critiques.**
Elle les a fait inviter.
Elle a fait chanter **la foule.**
Elle **l'**a fait chanter.

ANALYSE Lorsqu'il n'y a *qu'un seul objet* dans la phrase, c'est un *objet direct,* même si l'objet est une personne.

Exercices

A. Transformez les phrases suivantes selon le modèle.

> MODÈLE: La foule a chanté. (Diane)
> Diane a fait chanter la foule.

1. La foule a couru dans les rues. (Diane)
2. La foule a dansé dans les bars. (Diane)
3. Diane a chanté. (la foule)
4. Ses admirateurs criaient. (Diane)
5. Les critiques français ont écrit des éloges. (le talent de Diane)

B. Transformez les phrases suivantes selon le modèle.

> MODÈLE: On l'a admirée.
> Elle a été admirée.
> Elle s'est fait admirer.

1. On l'a écoutée.
2. On l'a adorée.
3. On l'a vénérée.
4. On l'a applaudie.
5. On l'a désirée.
6. On l'a imitée.

C. Votre ami vous pose des questions à propos des voisins qui sont très riches. Répondez-lui selon les modèles.

> MODÈLE: Ils nettoient leur maison? *(Non, la bonne)*
> Non, ils la font nettoyer par la bonne.
>
> Ont-ils construit un pavillon?
> Non, ils se sont fait construire un pavillon.

1. Conduisent-ils leur voiture? *(Non, le chauffeur)*
2. Soignent-ils leur chien? *(Non, le vétérinaire)*
3. Arrosent-ils leur jardin? *(Non, le jardinier)*
4. Écrivent-ils leurs lettres? *(Non, la secrétaire)*
5. Ont-ils bâti un chalet?

6. Ont-ils construit un château?
7. Est-ce que Madame fait ses robes?
8. Est-ce que Madame fait la cuisine?
9. Fait-elle le ménage?
10. Est-ce que Monsieur se coupe les cheveux?

D. Une de vos voisines est très curieuse et vous pose tout un tas de questions. Vous êtes patient(e) et vous lui répondez.

MODÈLE: As-tu construit ta maison? *(des ouvriers)*
Non, je l'ai fait construire par des ouvriers.

C'est toi qui t'es coupé les cheveux? *(le coiffeur)*
Non, je me les suis fait couper par le coiffeur.

1. C'est toi qui as préparé le repas? *(Non, la bonne)*
2. As-tu fait ce gâteau? *(Non, ma grand-mère)*
3. C'est toi qui t'es fait cette jolie robe? *(Non, la couturière)*
4. As-tu écrit cette lettre? *(Non, mon professeur)*
5. C'est toi qui as pris cette photo? *(Non, le photographe)*
6. C'est vous qui avez planté ces arbres? *(Non, nous, le jardinier)*
7. Est-ce vous qui nettoyez la maison? *(Non, nous, une domestique)*
8. C'est vous qui lavez la voiture? *(Non, nous, le garagiste)*

E. On vous pose des questions sur votre amie. Répondez selon le modèle.

MODÈLE: A-t-elle fait bâtir ce chalet par des ouvriers?
Oui, elle le leur a fait bâtir.

1. A-t-elle fait construire ce petit pavillon par des menuisiers?
2. Est-ce qu'elle fait réciter des prières par ses enfants?
3. Est-ce qu'elle fait faire leurs devoirs à ses enfants?
4. A-t-elle fait lire les contes de fée de Perrault par ses enfants?
5. Est-ce qu'elle fait faire leurs lits à ses enfants?
6. Est-ce qu'elle fait fabriquer des meubles à son mari?
7. Est-ce qu'elle fait laver l'auto par son domestique?
8. Fait-elle extirper les mauvaises herbes du jardin par son jardinier?
9. A-t-elle fait faire sa belle robe par une couturière?
10. A-t-elle fait nettoyer les chiens par son fils?

F. Vous organisez un concert avec un(e) ami(e) et vous discutez de ce qu'il faut faire: faire louer la salle, faire engager l'artiste, faire imprimer des billets et des programmes, faire connaître la date du concert, faire faire de la publicité, faire organiser la réception, etc.)

MODÈLE: Je ferai louer la salle de concert par la secrétaire.
Pourrais-tu lui faire organiser une réception?

© Charillon-Paris

1. D'où vient le violiniste?
2. À quelle classe de la société appartient-il? Et celui qui l'écoute?
3. Comment leurs vies diffèrent-elles?
4. Imaginez les pensées de chaque personnage. Selon vous, quelle conception de la nature le violiniste a-t-il? Et le cultivateur?
5. Quel est le comique de la situation?

Étude du lexique

Lisez à haute voix chaque mot ou expression, définition et exemple. Employez le mot nouveau ou l'expression nouvelle dans votre réponse à chaque question.

1. **un navire**   un grand bateau, un vaisseau

    Sur l'horizon, on voyait venir de grands navires de guerre.
    Que peut-on faire avec les navires quand ils sont vieux?

2. **sauvegarder**   défendre, conserver, préserver, protéger

Il faut être toujours vigilant pour sauvegarder sa liberté.

Comment peut-on sauvegarder les démocraties naissantes dans les pays de l'Est?

3. **franchir**   passer par-dessus (un obstacle), aller au-delà d'une limite, surmonter

Il y a bien des barrières à franchir avant d'arriver au but.

Pourquoi les autobus ouvrent-ils les portes avant de franchir la voie ferrée?

4. **se frayer un chemin**   ouvrir un chemin en écartant les obstacles

Elle s'est frayé un chemin à travers le bois.

Par quel moyen peut-on se frayer un chemin dans la vie?

5. **une toile**   ce sur quoi un artiste peint; la peinture elle-même

Les toiles de Picasso sont extraordinaires.

Que pensez-vous des toiles de Chagall?

6. **dire que . . . !**   quand on pense que . . . ! (expression d'indignation, de surprise)

Dire qu'on a tout fait pour lui! L'ingrat!

Que peuvent s'exclamer les parents lorsque leur enfant laisse tomber ses études?

7. **un atelier**   le lieu où travaille un artiste

Des toiles de toutes les grandeurs remplissaient l'atelier.

Qu'est-ce qu'on trouve dans l'atelier d'un sculpteur?

8. **le zèle**   la ferveur, le dévouement, l'enthousiasme

Il travaillait avec tant de zèle qu'il finissait son tableau en peu de temps.

Pourquoi les politiciens cherchent-ils toujours des employés pleins de zèle pour le service?

9. **griffonner**   écrire ou dessiner à la hâte

Il a griffonné quelques dessins qui ne valaient pas grand-chose.

Écrivez-vous avec soin ou griffonnez-vous vos devoirs?

10. **de bonne grâce**   de bonne volonté, avec douceur, avec gentillesse

Il m'a rendu ce service de bonne grâce.

Écoutez-vous les critiques de bonne grâce ou de mauvaise grâce?

11. **étaler**   exposer; déplier, montrer avec ostentation

Il a étalé sa marchandise sur le quai.

Quand vous faites la connaissance d'une personne intéressante, est-ce que vous étalez vos charmes, ou êtes-vous plutôt timide?

Répétition à l'École de danse de l'Opéra de Paris

12. **hérisser**   dresser les cheveux, les poils, les épines (plantes)

Le froid et la peur hérissent les poils.
Dans quelles circonstances est-ce que le chat hérisse ses poils?

13. **rugir**   pousser des cris terribles comme un lion, un tigre

Son père rugissait de colère.
Que fait le lion de Metro-Goldwyn-Mayer?

14. **C'est une autre paire de manches**   c'est tout à fait différent, plus difficile

Lucien réussit dans tout ce qu'il entreprend, mais son frère, ah! ça c'est une
  autre paire de manches.
Vous comparez l'école secondaire à l'université. Comment décrivez-vous l'université?

15. **s'enfoncer**   pénétrer profondément, s'avancer

Simone s'est enfoncée dans son fauteuil.
Il s'enfonçait de plus en plus dans une rêverie fantastique.
Pendant combien d'années faut-il s'enfoncer dans les études si on veut obte-
  nir un doctorat?

LIRE ET COMPRENDRE

Oscar et Erick

Marcel Aymé

*Nouvelliste, romancier, dramaturge et essayiste, Marcel Aymé (1902–1967) est un des prosateurs les plus originaux de son temps. Son œuvre romanesque aussi bien que théâtrale mélange de façon ingénieuse le merveilleux et le quotidien, le fantastique et le réel. Dans ses récits en prose—*La Jument verte *(1930),* Le Passe-muraille *(1934),* Le Chemin des écoliers *(1947),* En Arrière *(1950), dont est tiré «Oscar et Erick»—on trouve un réalisme fantaisiste et des personnages savoureux et comiques. Marcel Aymé ironise avec irrévérence l'absurdité et la banalité du monde journalier qui essaie d'imposer sa vision médiocre sur les esprits imaginatifs—un monde où règne une «vigilante hypocrisie . . . trop consciente pour qu'on la puisse habiller du nom honorable de conformisme.»*

Dans «Oscar et Erick», Aymé montre que même dans le domaine des beaux-arts la tyrannie s'exerce sur ceux qui désirent sauvegarder leur liberté de l'imagination. Cette nouvelle est proche de l'apologue—c'est-à-dire, une petite fable visant essentiellement à illustrer une leçon morale.

Comment la famille d'Oscar limite-t-elle sa liberté? Le vieux Olgerson aime-t-il son fils ou bien le succès de son fils?

Exercices de prélecture

A. *Prédire le contenu*

D'après l'introduction d'*Oscar et Erick* que savez-vous déjà sur le contenu du conte? Qu'est-ce que c'est qu'une fable?

B. *Mobilisez vos connaissances*

Que savez-vous déjà sur la peinture? Quelle est la différence entre la peinture figurative et la peinture abstraite? Laquelle est plus difficile à comprendre? Pourquoi?

C. *Devinez le sens des mots inconnus*

1. Tous étaient célèbres et vénérés et si leur *renommée* n'avait pas franchi les frontières, c'est que le royaume d'Ooklan ne communiquait avec aucun autre.

Quels adjectifs dans la phrase vous indiquent la signification du mot en italique? Que veut dire le radical du mot? Quel mot anglais lui ressemble? Pourriez-vous en deviner le sens?

2. En entrant dans l'atelier, il demeura d'abord *muet* d'horreur.

À quelle partie du discours appartient le mot *muet*? Quel mot anglais ressemble à ce mot? En tenant compte du contexte, que veut dire *muet*?

3. À l'égard d'Erick, soupçonné de *corrompre* le goût de son frère, il fut décidé de l'éloigner pendant deux ans.

En tenant compte du contexte et de la ressemblance du mot *corrompre* avec un mot anglais, pourriez-vous en deviner la signification?

Il y a trois cents ans, au pays d'Ooklan,[5] vivait une famille de peintres qui portaient le nom d'Olgerson et ne peignaient que des chefs-d'œuvre. Tous étaient célèbres et vénérés et si leur renommée n'avait pas franchi les frontières, c'est que le **royaume** d'Ooklan, isolé en plein Nord, ne communiquait avec aucun autre. Ses navires ne prenaient la mer que pour la pêche ou la chasse, et ceux qui avaient cherché un passage vers le Sud s'étaient tous brisés sur des lignes de **récifs.** [. . .]

Hans, **formé à l'école** de ses dix-huit frères et sœurs, devint un admirable **paysagiste.** Il peignait les sapins, les **bouleaux, les prés,** les neiges, les lacs, les cascades, et avec tant de vérité qu'ils étaient sur la toile comme Dieu les avait faits dans la nature. [. . .]

Hans Olgerson se maria et eut deux fils. Erick, l'aîné, ne manifestait aucun **don** artistique. Il ne rêvait que chasse à l'ours [. . .] et s'intéressait passionnément à la navigation. **Aussi** faisait-il le désespoir de la famille et surtout du père [. . .]. Au contraire, Oscar, qui avait un an de moins que son frère, se révéla **dès** le jeune âge un extraordinaire artiste, d'une sensibilité et d'une sûreté de main incomparables. À douze ans, il brossait déjà des paysages à rendre jaloux tous les Olgerson. [. . .]

Ayant des goûts si opposés, les deux frères ne s'en aimaient pas moins tendrement. Lorsqu'ils n'étaient pas à la pêche ou à la chasse, Erick ne quittait pas l'atelier de son frère et Oscar ne se sentait jamais pleinement heureux qu'avec lui. Les deux frères étaient si unis qu'il n'était pour l'un ni joie ni peine que l'autre ne ressentît comme siennes.

À dix-huit ans, Erick était déjà un très bon marin et participait à toutes les grandes expéditions de pêche. Son rêve était de franchir les lignes de récifs [. . .]. Quoiqu'il n'eût encore que dix-sept ans, Oscar était devenu un maître. Son père déclarait avec **orgueil** n'avoir plus rien à lui apprendre. Or, le jeune maître, tout à coup, parut montrer un zèle moins vif pour la peinture. Au lieu de peindre des paysages sublimes, il se contentait de griffonner des **croquis** sur des feuilles volantes qu'il déchirait aussitôt. Alertés, les Olgerson, qui étaient encore au nombre de quinze, se réunirent pour le sonder. Parlant au

Marginal glosses:

pays gouverné par un roi

barrières de rochers sous l'eau / suivant l'exemple / peintre de paysages / *birches* / *fields*

talent

Par conséquent

à partir de, depuis

une fierté exagérée

esquisses rapides, dessins

[5]Pays imaginaire

nom de tous, le père demanda:

—Est-ce, mon doux fils, que vous seriez dégoûté de la peinture?

—Oh! non, mon père, je l'aime plus que jamais.

35 —Allons, voilà qui est bien [. . .]. Parlez, Oscar, et dites-nous s'il manque quelque chose à votre repos. Et si vous avez un désir, ne nous cachez rien.

—Eh bien, mon père, je vous demanderai de m'abandonner pour un an votre maison des montagnes du R'han. Je voudrais y faire une retraite. Il me semble que j'y travaillerais bien, surtout si vous autorisiez mon frère à m'ac-

40 compagner dans ces solitudes.

Le père accepta de bonne grâce et, le lendemain même, Oscar et Erick partaient en **traîneau** pour les montagnes [. . .]. Un an jour pour jour après le départ de ses fils, il prit lui-même la route et après un voyage d'une semaine arriva dans sa maison des montagnes du R'han. [. . .]

> véhicule à patins, luge

45 En entrant dans l'atelier, il demeura d'abord muet d'horreur. Sur toutes les toiles s'étalaient des objets d'une forme absurde, monstrueuse, auxquels leur couleur verte semblait vouloir conférer la qualité végétale. Certains de ces monstres étaient constitués par un assemblage d'énormes oreilles d'ours, vertes, hérissées de **piquants.** D'autres ressemblaient à des **cierges**

> épines longues et acérées / chandelles

50 et à des chandeliers à plusieurs branches. [. . .]

—Qu'est-ce que c'est que ces **saloperies**-là? rugit le père.

> saletés, cochonneries

—Mais, mon père, répondit Oscar, ce sont des arbres.

—Quoi? des arbres, ça?

—À vrai dire, je redoutais l'instant de vous montrer ma peinture et je

55 comprends qu'elle vous surprenne un peu. Mais telle est maintenant ma vision de la nature et ni vous ni moi n'y pouvons rien.[6]

—C'est ce que nous verrons! Ainsi, c'était pour vous livrer à ces dépravations que vous avez voulu vous retirer dans la montagne? Vous allez me faire le plaisir de rentrer à la maison. Quant à vous, Erick, c'est une autre paire de

60 manches! [. . .]

[. . .] À l'égard d'Erick, soupçonné de corrompre le goût de son frère, il fut décidé de l'éloigner pendant deux ans. Le jeune homme arma un **bâtiment** avec lequel il projeta de franchir les récifs pour explorer les mers d'au-delà. Sur le quai d'embarquement, après de tendres adieux où il mêla ses larmes

> *(ici)* navire

65 aux larmes de son frère, Erick lui dit:

—Mon absence durera sans doute de longues années, mais ayez confiance et n'oubliez jamais que vous êtes le terme de mon voyage.

Pour Oscar, les Olgerson avaient décidé de le tenir prisonnier dans son atelier jusqu'à ce qu'il eût retrouvé le goût de peindre honnêtement. [. . .]

70 Loin de revenir à une vision plus saine de la nature, il s'enfonçait chaque jour davantage dans l'absurde, et le mal paraissait sans remède.

—Voyons, lui dit un jour son père, comprenez donc une bonne fois que vos tableaux sont un **attentat** à la peinture. On n'a pas le droit de peindre autre chose que ce qu'on voit.

> tentative criminelle

---

[6]Nous ne pouvons rien faire pour changer la situation.

75 —Mais, répondit Oscar, si Dieu n'avait créé que ce qu'il voyait, il n'aurait jamais rien créé.

—Ah! il ne vous manquait plus que de philosopher! Petit malheureux, dire que vous n'avez jamais eu que de bons exemples sous les yeux! Enfin, Oscar, quand vous me voyez peindre un bouleau, un sapin. Au fait, qu'est-ce

80 que vous pensez de ma peinture?

—Excusez-moi, mon père.

—Mais, non, parlez-moi franchement.

—Eh bien, franchement, je la trouve bonne à **flanquer** au feu.   jeter

Hans Olgerson fit bonne contenance, mais quelques jours plus tard, sous

85 prétexte que son fils dépensait trop de bois pour se chauffer, il le chassait de sa maison sans lui donner un sou. Avec le peu d'argent qu'il avait sur lui, Oscar loua une **bicoque** sur le port et s'y installa avec sa boîte de couleurs.   habitation mal construite

Dès lors commença pour lui une existence misérable. [. . .] Non seulement sa peinture ne se vendait pas, mais elle était un objet de dérision. [. . .] On

90 l'appelait Oscar le fou. Les enfants lui crachaient **dans le dos,** les vieillards lui   derrière lui jetaient des pierres [. . .].

Un jour de quatorze juillet,[7] une grande rumeur **se propagea** dans le port   se répandit, courut et dans la ville. Un navire [. . .] venait d'être signalé par le veilleur de la tour. [. . .] Les autorités de la ville apprirent que le vaisseau était celui d'Erick reve-

95 nant d'un voyage autour du monde après une absence de dix années. Aussitôt informés, les Olgerson se frayèrent un chemin à travers la foule jusqu'au quai de débarquement. Vêtu d'une culotte de satin bleu, d'un habit brodé d'or et coiffé d'un tricorne, Erick mit pied à terre en face des Olgerson et **fronça les sourcils.**   fit des rides au front

100 —Je ne vois pas mon frère Oscar, dit-il à son père qui s'avançait pour l'embrasser. Où est Oscar?

—Je ne sais pas, répondit le père en rougissant. **Nous nous sommes**   Nous nous sommes **brouillés.**   disputés.

Cependant, un homme vêtu de **loques,** au visage **décharné,** parvenait à   étoffes déchirées / très

105 sortir de la foule.   maigre

Erick l'**étreignit** en pleurant et, lorsque son émotion fut un peu apaisée, il   serra dans ses bras se retourna aux Olgerson avec un visage dur.

—Vieux **birbes,** il n'a pas tenu à vous que mon frère ne meure de faim et   personnes ennuyeuses de misère.[8] [. . .] Sachez qu'il n'est pas de plus grand peintre qu'Oscar.   (pop.)

110 Les birbes se mirent à **ricaner** méchamment. Erick, s'adressant aux   rire matelots demeurés sur le navire, commanda:

—Amenez ici les cactus, les dattiers, [. . .] les bananiers [. . .].

Et à la stupéfaction de la foule, les matelots déposèrent sur le quai des arbres plantés dans des caisses, qui étaient les modèles très exacts de ceux

115 que peignait Oscar. [. . .] Du jour au lendemain, la peinture des vieux Olgerson fut entièrement **déconsidérée.** Les gens de goût ne voulaient plus que   discréditée

[7]La fête nationale française

[8]Ce n'est pas grâce à vous que mon frère a survécu.

des cactus et autres arbres exotiques. Les deux frères se firent construire
une très belle maison où vivre ensemble. Ils se marièrent et, malgré leurs
femmes, continuèrent à s'aimer tendrement. Oscar peignait des arbres de
120 plus en plus étranges, des arbres encore inconnus et qui n'existaient peut-
être nulle part.

Extrait de Marcel Aymé, *En Arrière* (© Éditions Gallimard, Paris, 1950)

Vérifiez votre compréhension

1. Qui vivait au pays d'Ooklan? Que faisait la famille? Pourquoi était-elle célèbre?
2. Pourquoi la renommée des peintres n'avait-il pas franchi les frontières?
3. Qu'est-ce qui arrivait aux navires qui avaient cherché un passage vers le sud?
4. Décrivez la manière de peindre de Hans.
5. Décrivez les deux fils de Hans. Quels étaient les rapports entre Oscar et Erick?
6. Pourquoi Oscar, à l'âge de dix-sept ans, parut-il montrer moins de zèle pour la peinture?
7. Que propose Oscar lorsque son père lui demande s'il manque quelque chose à son repos?
8. Comment Oscar et Erick partent-ils pour les montagnes du R'han?
9. Pourquoi le père est-il muet d'horreur en entrant dans l'atelier?
10. Comment Oscar s'explique-t-il?
11. Qu'est-ce que les Olgerson avaient décidé de faire à Oscar? et à Erick?
12. Que pense le père d'Oscar des tableaux de son fils?
13. Quel est l'avis d'Oscar sur les peintures de son père?
14. Pourquoi le vieux Olgerson chasse-t-il Oscar de la maison?
15. Décrivez la vie d'Oscar après qu'il quitte le domicile paternel.
16. Qu'arrive-t-il un jour de quatorze juillet des années plus tard?
17. Comment Erick est-il vêtu? Pourquoi fronce-t-il les sourcils?
18. Qu'est-ce qu'Erick ramène avec lui de son voyage?
19. Comment la vue des arbres exotiques change-t-elle la vogue chez les gens de «goût»? Comment est-ce que l'ironie de l'auteur souligne l'ignorance du public?
20. Que font les deux frères?
21. Comment le style d'Oscar évolve-t-il?
22. Selon Oscar, quel est le rapport entre l'art et la réalité? Comment l'opinion d'Oscar sur ce rapport diffère-t-elle de celle de son père?

Résumé

En employant vos propres mots, faites un résumé du conte *Oscar et Erick.*

EXPRESSION ÉCRITE

Dans la leçon précédente, vous avez appris un bon nombre d'expressions pour exprimer la comparaison et l'explication. Ajoutons deux catégories utiles pour l'expression écrite: la supposition et la mise en valeur d'un détail.

Pour indiquer une supposition

On est en droit de supposer que les subventions ont toujours été essentielles pour les arts.

Supposons que la censure devienne une loi. *(subjonctif)*

Le refus du gouvernement **laisse supposer que** les fonds nécessaires ne sont pas disponibles.

La montée de la droite **permet de penser que** les arts auront des problèmes croissants à l'avenir.

Étant donné la diction incompréhensible de bien des chanteurs, **on peut supposer que** les jeunes écoutent *(indicatif)* le rythme et la musique plutôt que les paroles des chansons.

Ceci expliquerait peut-être l'indifférence des jeunes à la question de la censure des paroles des chansons populaires.

Pour mettre un détail en valeur

Pour souligner la complexité du problème, il faut ajouter les conséquences de ces décisions sur le public. (Donnez quelques exemples.)

Précisons bien qu'il s'agit là d'une tactique couramment employée.

Cette décision **met en lumière** l'ignorance et les préjugés des politiciens.

N'oublions pas que l'art est une partie essentielle d'une société qui se respecte.

Il faut insister sur le fait qu'une telle loi n'aurait pas le soutien des artistes.

C'est cette restriction sur les subventions **qui** est à l'origine du débat.

Maintenant, choisissez un des sujets suivants. Étudiez la section *Expressions utiles,* et ensuite, écrivez votre brouillon.

1. Dans le domaine des arts, la chanson populaire est la meilleure façon d'atteindre le public. (Quelle est l'importance de la musique, des paroles? Quel est leur rapport? Quels sont les éléments d'un spectacle qui arrivent à capter le public?)
2. L'état devrait subventionner les arts à un plus haut niveau.
3. L'art est-il essentiel à la vie? (Après avoir assuré sa vie matérielle, l'être humain est-il entièrement content?)
4. Pour être pleinement épanouis, tous les jeunes devraient pouvoir suivre des cours d'expression artistique.
5. Les arts peuvent aider ceux qui ont des problèmes mentaux.
6. On ne devrait pas subventionner les œuvres qui portent atteinte à la morale.

1. Quel est le comique de la situation?
2. Comparez la sculpture de la femme nue à la peinture de la femme de ménage nue. Pourquoi, selon vous, le corps humain a-t-il toujours fasciné les peintres et les sculpteurs?

Expressions utiles

la littérature
   la poésie, le roman, la nouvelle, le conte, la pièce (de théâtre)
les beaux-arts
   les arts plastiques ou les arts de l'espace:
      l'architecture *(f.)*
      la peinture, la sculpture, la gravure
      la photographie
   les arts du temps: la danse, la musique, le théâtre, le cinéma
les artistes
   écrivain *(m.)*, auteur *(m.)*, poète *(m.)*, dramaturge *(m.)*
romancier/romancière
architecte *(m.)*, peintre *(m.)*, sculpteur *(m.)*, photographe *(m.* ou *f.)*
danseur/danseuse

musicien/musicienne

compositeur/compositrice

acteur/actrice

cinéaste *(m. ou f.)*, le metteur en scène

chanteur/chanteuse

le théâtre

la scène

le décor

l'avant-scène *(f.)*

les accessoires *(m.)* de théâtre

le rideau

les coulisses *(f.)*

la salle de spectacle

les galeries *(f.)*

le deuxième balcon

le premier balcon

le parquet

la loge d'artiste

le costume de théâtre

le maquillage

Mise en œuvre

Sujets de réflexion

1. On demande toujours de l'argent pour les arts. Pourtant, certains maintiennent qu'il y a des choses beaucoup plus importantes que les arts—par exemple, les problèmes des sans abris (ceux qui n'ont pas d'habitation), de la drogue, de l'éducation, de la nourriture, du Tiers Monde—et que toute subvention gouvernementale doit aller en priorité à ces choses-là. Qu'en pensez-vous?

2. Pourriez-vous imaginer un monde sans art? Que ferait-on de ses loisirs? Comment s'exprimerait-on? Quel est le rôle de l'art dans la vie? Quelle était la fonction de l'art il y a 15 000 ans? Est-ce que cette fonction a changé? Pourquoi est-ce que l'être humain est le seul animal à créer de l'art?

3. Le prix des peintures augmente de plus en plus. En 1990, un Japonais a payé 153 millions de dollars pour un Van Gogh et un Renoir. Les musées, manquant de subventions, vendent leurs peintures les plus précieuses afin d'obtenir des fonds pour de nouvelles acquisitions. Pourtant, le résultat est que le public ne peut plus voir ces chefs-d'œuvre. Que peut-on faire pour garder les chefs-d'œuvre du monde dans le domaine public?

4. Pour apprécier les arts, il faut y apporter un certain niveau de connaissances. L'art le plus difficilement abordable est peut-être l'opéra. Comment peut-on se préparer pour voir un opéra qu'on n'a jamais vu? Quels arts se combinent dans un opéra?

Mini-Théâtre

Préparez une des scènes suivantes à présenter en classe.

1. Il faut trois personnes pour la scène suivante. Une jeune personne veut devenir artiste, mais ses parents veulent qu'elle devienne avocate ou qu'elle entre dans les affaires.
2. Il faut deux personnes pour la scène suivante. Une personne soutient qu'il est nécessaire de faire la censure des paroles des chansons populaires pour protéger les jeunes, tandis que l'autre dit que la liberté d'expression est bien plus importante que les paroles d'une chanson.
3. Vous adorez Picasso, mais votre voisine pense que ses peintures sont pornographiques. Vous essayez de la convaincre qu'elle a tort.
4. Vous voulez aller au ballet, mais votre copain pense que c'est frivole. Vous essayez de l'éduquer.

L'AMOUR ET L'AMITIÉ

Commentez la maxime (563) de La Rochefoucauld: «L'amour-propre est l'amour de soi-même et de toutes choses pour soi; il rend les hommes idolâtres d'eux-mêmes, et les rendrait les tyrans des autres, si la fortune leur en donnait les moyens.» Peut-on s'aimer sans être narcissique?

Étude du lexique

Lisez à haute voix chaque mot ou expression, définition et exemple. Employez le mot nouveau ou l'expression nouvelle dans votre réponse à chaque question.

1. **la fleur de l'âge**   le moment le plus beau de son âge

   Le pauvre est mort à la fleur de l'âge.
   Selon vous, à quel moment est-on à la fleur de l'âge? Pourquoi?

2. **séduire**   débaucher, déshonorer, fasciner, charmer

   Il cherchait à séduire la jeune veuve.
   Vos idées me séduisent.
   Comment les politiciens essayent-ils de séduire le public?

3. **dupe** (*f.*)   victime, personne trompée

   Cette opération financière a fait de nombreuses dupes.
   Avez-vous jamais été dupe d'une publicité?

4. **empressé**   dévoué, attentionné, prévenant

   Alcibiade faisait une cour empressée à la prude.
   Est-ce que les femmes préfèrent les amants empressés ou réticents?

5. **prendre quelqu'un au mot**   prendre littéralement ce qu'il dit

   Moi, je voulais plaisanter, et voilà qu'il m'a pris au mot!
   Faut-il prendre un alcoolique au mot quand il dit qu'il ne boira plus?

6. **louer**   complimenter, glorifier

   «On ne loue d'ordinaire que pour être loué.» (La Rochefoucauld)
   Dieu soit loué! (expression de soulagement)
   Préférez-vous louer ou être loué?

7. **tenir bon**   résister aux difficultés, supporter, tenir le coup

   Malgré l'exigence de la demande de la prude, Alcibiade tint bon.
   Savez-vous tenir bon devant les exigences de la vie?

8. **faire la cour à quelqu'un**   chercher à obtenir ses faveurs, courtiser

   Il a fait la cour à son supérieur pour obtenir une promotion.
   Que fait-on pour faire la cour à une femme?

9. **avoir beau** + *infinitif*   faire quelque chose en vain

   J'ai beau lui parler, il ne m'écoute jamais.
   Il a beau faire la cour à cette femme, elle est impitoyable.
   Nous avons eu beau préparer un dîner élégant, il n'est pas venu.
   Que pouvez-vous dire si vous avez étudié pour un examen, mais que vous avez échoué quand même?

10. **un vœu**   un souhait, un désir, une prière

Je vous envoie mes vœux les plus sincères pour un bon anniversaire.
Pourquoi est-ce qu'on accorde toujours trois vœux dans les contes de fées?

11. **feindre**   faire semblant

Il feint de dormir, mais je sais qu'il est éveillé.
Peut-on être toujours honnête dans la vie, ou est-il quelquefois nécessaire de feindre certaines choses?

12. **à toute épreuve**   résistant, solide, inébranlable

Elle jouit d'une santé à toute épreuve.
Êtes-vous doué d'une patience à toute épreuve ou êtes-vous plutôt nerveux et vif?

13. **la démarche**   demande, requête, sollicitation

Elle a fait des démarches auprès de ses parents.
Quelles démarches avez-vous faites pour financer votre éducation?

14. **un coup de foudre**   événement désastreux (*vieux*); manifestation subite de l'amour

Quand il l'eut vue pour la première fois, ce fut le coup de foudre.
Avez-vous jamais eu un coup de foudre pour une personne ou un objet?

15. **s'emparer de**   prendre; conquérir, dominer

L'ennemi s'est emparé de la colline.
Comment empêcher les autres de s'emparer de nous?

16. **priver (de)**   enlever, frustrer

La peur nous prive de la logique.
Pourquoi y a-t-il tant de gens dans le monde qui sont privés (*adj.*) des nécessités de la vie?

LIRE ET COMPRENDRE

Alcibiade, ou le Moi

Jean-François Marmontel

Jean-François Marmontel (1723–1799), écrivain français, protégé et disciple de Voltaire, connut une grande célébrité à la Cour de Louis XV et de Louis XVI par ses Contes moraux *(1761) et par ses deux romans,* Bélisaire *et* Les Incas. *Comme tous les «philosophes» de la période, il favorisait la tolérance et condamnait l'esclavage; ses deux romans exposent ses idées sur l'intolérance et l'oppression.*

Il écrivit des articles pour l'Encyclopédie *aussi bien que ses* Mémoires d'un père *(inachevés) qui sont un témoignage précieux sur la société du XVIIIe siècle.*

«Alcibiade, ou le Moi», tiré des Contes moraux, *ironise sur l'obsession des jeunes: la recherche du «moi» et l'égoïsme que cette recherche implique. L'histoire se déroule dans la Grèce antique à l'époque du grand philosophe Socrate. Alcibiade, disciple favori de Socrate, veut être aimé pour «lui-même». Mais, ne sachant pas ce que c'est que ce «lui-même», il passe à côté de bien des femmes*[1] *qui auraient pu l'aimer. Dégoûté par tant d'expériences décevantes, il se console chez son maître, Socrate, qui lui donne un conseil surprenant pour ce philosophe.*

Alcibiade ne pense qu'à être aimé, mais sait-il aimer un autre?

Exercices de prélecture

A. *Prédire le contenu*

D'après le titre de cette leçon, le titre du conte et l'introduction, de quoi s'agit-il dans ce texte? Est-ce un passage de faits, d'opinion ou de réflexion philosophique?

B. *Mobilisez vos connaissances*

Que savez-vous déjà sur l'amour? Voulez-vous être aimé(e) pour vous-même? Qu'est-ce que c'est que ce «vous-même»? De quoi est-il composé?

C. *Devinez le sens des mots inconnus*

1. Je suis bien dupe de *prodiguer* mes soins à une femme qui ne m'aime peut-être que pour elle-même!

Pourriez-vous deviner le sens du mot en réfléchissant sur le contexte?

2. Les rideaux des fenêtres n'étaient qu'*entr'ouverts;* un jour tendre se glissait dans l'appartement.

En tenant compte du préfixe, du radical, de la partie du discours et du contexte, pourriez-vous deviner le sens du mot *entr'ouverts*?

3. Ce n'est pas moi qu'elle aime; elle me *mépriserait,* si elle n'avait point de rivales.

Le préfixe *mé-*est péjoratif (*ex.* méconnaissable, médire, méfait). Le verbe *priser* veut dire «estimer», «donner du prix à». Maintenant, pourriez-vous déchiffrer le sens du mot dans la phrase ci-dessus?

[1]Il ne les voit pas.

La nature et la fortune semblaient avoir conspiré au bonheur d'Alcibiade. Richesses, talents, beauté, naissance, la fleur de l'âge et de la santé; que de titres pour avoir tous les ridicules![2] Alcibiade n'en avait qu'un: il voulait être aimé pour lui-même. Depuis la coquetterie jusqu'à la sagesse,[3] il avait tout
5 séduit dans Athènes; mais en lui, était-ce bien lui qu'on aimait? Cette délicatesse lui prit un matin, comme il venait de faire sa cour à une **prude:** c'est le ·   puritaine hypocrite
moment des réflexions. Alcibiade en fit sur ce qu'on appelle le sentiment pur, la métaphysique de l'amour.[4] Je suis bien dupe, disait-il, de prodiguer mes soins à une femme qui ne m'aime peut-être que pour elle-même! [. . .]
10 S'il en est ainsi, elle peut chercher parmi nos athlètes un **soupirant** qui me ·   prétendant
remplace.

La belle prude, suivant **l'usage,** opposait toujours quelque faible résis- ·   coutume
tance aux désirs d'Alcibiade. C'était une chose épouvantable.[5] Elle ne pouvait y penser sans rougir. Il fallait aimer comme elle aimait, pour s'y
15 résoudre. Elle aurait voulu, pour tout le monde, qu'il fût moins jeune et moins empressé. Alcibiade la prit au mot. Je m'aperçois, madame, lui dit-il un jour, que ces **complaisances** vous coûtent: hé bien, je veux vous donner ·   indulgences, tolérances
une preuve de l'amour le plus parfait. Oui, je consens, puisque vous le voulez, que nos âmes seules soient unies, et je vous donne ma parole de n'exiger
20 rien de plus.

La prude loua cette résolution d'un air bien capable de la faire évanouir;[6] mais Alcibiade tint bon. Elle en fut surprise et **piquée;** cependant il fallut dis- ·   fâchée
simuler. [. . .]

[. . .] Il reçut le lendemain, à son réveil, un billet conçu en ces termes: «J'ai
25 passé la plus cruelle nuit; venez me voir. Je ne puis vivre sans vous.»

Il arrive chez la prude. Les rideaux des fenêtres n'étaient qu'entr'ouverts; un jour tendre se glissait dans l'appartement [. . .]. La prude était encore dans un lit **parsemé** de roses. Venez, lui dit-elle d'une voix plaintive, venez ·   couvert par endroits, çà
calmer mes inquiétudes. [. . .] Vous avez beau me promettre de vous vaincre,   et là
30 vous êtes trop jeune pour le pouvoir longtemps. Ne vous connais-je pas? Je sens que j'ai trop exigé de vous. [. . .] Sois heureux, j'y consens. Je le suis, madame, s'écria-t-il, du bonheur de vivre pour vous: cessez de me soupçonner et de me plaindre; vous voyez l'amant le plus fidèle, le plus tendre, le plus
respectueux. . . . Et le plus **sot,** interrompit-elle en tirant brusquement ses ·   bête
35 rideaux [. . .]. Alcibiade sortit furieux de n'avoir été aimé que comme un autre, et bien résolu de ne plus revoir une femme qui ne l'avait pris que pour son plaisir. Ce n'est pas ainsi, dit-il, qu'on aime dans l'âge de l'innocence; et

[2]Que de raisons pour éviter de paraître ridicule.

[3]Depuis les femmes jeunes et coquettes jusqu'aux femmes âgées et sages

[4]La réflexion métaphysique de l'amour

[5]Du point de vue de la prude

[6]En vérité elle désirait Alcibiade tout en faisant la difficile.

si la jeune Glicérie éprouvait pour moi ce que ses yeux semblent me dire, je
suis bien certain que ce serait de l'amour tout pur.

40   Glicérie, dans sa quinzième année, attirait déjà les vœux de la plus brillante jeunesse.[7] Qu'on imagine une rose au moment de s'épanouir; tels
étaient la fraîcheur et l'éclat de sa beauté.

Alcibiade se présenta, et ses rivaux se dissipèrent. [. . .] Quel dommage
qu'avec tant de charmes elle n'eût pas un cœur sensible! Je vous adore, lui
45   disait-il, et je suis heureux si vous m'aimez. Ne craignez pas de me le dire
[. . .]. Glicérie voulait, avant de s'expliquer, que leur **hymen** fût conclu. Alci-   mariage *(vieux)*
biade voulait qu'elle s'expliquât avant de penser à l'hymen. [. . .] —Hé bien,
soyez content, et ne me reprochez plus de n'avoir pas un cœur sensible; il
l'est du moins depuis que je vous vois. [. . .] Mais [. . .] j'exige de vous une
50   complaisance: c'est de ne me plus parler tête à tête que vous ne soyez d'accord avec ceux dont je dépends. [. . .] (Alcibiade) voulait voir jusqu'au bout
s'il était aimé pour lui-même. Je ne vous dissimulerai pas, lui dit-il, que la
démarche que je vais faire peut avoir un mauvais **succès.** Vos parents me   résultat
reçoivent avec une politesse froide, que j'aurais prise pour un **congé,** si le   renvoi
55   plaisir de vous voir n'eût vaincu ma délicatesse: mais si j'oblige votre père à
s'expliquer, il ne sera plus temps de feindre. Il est membre de l'Aréopage;[8]
Socrate, le plus vertueux des hommes, y est suspect et odieux: je suis l'ami
et le disciple de Socrate; et je crains bien que la haine qu'on a pour lui ne
s'étende jusqu'à moi. [. . .] Si votre père nous sacrifie à sa politique, s'il me
60   refuse votre main, à quoi vous déterminez-vous? À être malheureuse, lui
répondit Glicérie, et à céder à ma destinée.—Vous ne me verrez donc
plus?—Si l'on me défend de vous voir, il faudra bien que j'obéisse.—Vous
obéirez donc aussi si l'on vous propose un autre époux?—Je serai la victime
de mon devoir. [. . .] —Non, Glicérie, l'amour ne connaît point de loi; il est
65   au-dessus de tous les obstacles. Mais je vous rends justice: ce sentiment est
trop fort pour votre âge. [. . .] Vous êtes bien le maître, lui dit-elle les larmes
aux yeux, d'ajouter l'injure au reproche. Je ne vous ai rien dit que de tendre.
[. . .] Que me demandez-vous de plus? Je vous demande, lui dit-il, de me
jurer une constance à toute épreuve, de me jurer que vous serez à moi, quoi
70   qu'il arrive, et que vous ne serez qu'à moi. —En vérité, seigneur, c'est ce que
je ne ferai jamais. —En vérité, madame, je devais m'attendre à cette
réponse, et je rougis de m'y être exposé. À ces mots, il se retira **outré** de   scandalisé
colère, et se disant à lui-même: J'étais bien bon d'aimer un enfant qui n'a
point d'âme, et dont le cœur ne se donne que par avis de parents! [. . .]

75   *(Alcibiade devient l'amant d'une jeune veuve qui veut, par vanité, afficher
leur liaison.)*

Chaque jour elle se donnait plus d'aisance et de liberté. Au spectacle elle
exigeait qu'il fût assis derrière elle, qu'il lui donnât la main pour aller au

[7]C'est-à-dire, des plus beaux jeunes gens

[8]Ancien tribunal d'Athènes

Temple, qu'il fût de ses promenades et de ses soupers. Elle affectait surtout
80 de se trouver avec ses rivales; et au milieu de ce concours, elle voulait qu'il
ne vît qu'elle. Elle lui commandait d'un ton absolu [. . .]. J'ai pris des airs
pour des sentiments, dit-il avec un soupir: ce n'est pas moi qu'elle aime,
c'est l'**éclat** de ma conquête; elle me mépriserait, si elle n'avait point de riva-   brillance
les. Apprenons-lui que la vanité n'est pas digne de fixer l'amour.

85 *(Alcibiade commence à s'intéresser à Rodope, la femme d'un magistrat
qui ne se résout pas à se donner à lui à cause de son honneur.)*

Ne pensez pas qu'un fol espoir de vous séduire et de vous **égarer** se fût   détourner, tromper
glissé dans mon âme: la vertu, bien plus que l'esprit et la beauté, m'avait
enchaîné sous vos lois. Mais vous aimant d'un amour aussi délicat que ten-
90 dre, je me flattais de vous l'inspirer. [. . .]
    Elle tremblait surtout pour l'honneur et le repos de son mari. Alcibiade lui
fit le serment d'un secret inviolable; mais la malice du public le dispensa d'ê-
tre indiscret. [. . .] **Le bruit** en vint aux oreilles de l'époux. Il n'avait garde d'y   la rumeur
ajouter foi;[9] mais son honneur et celui de sa femme exigeaient qu'elle se mît
95 au-dessus du soupçon. Il lui parla de la nécessité d'éloigner Alcibiade. [. . .]
    Rodope, dès ce moment, résolut de ne plus voir Alcibiade. [. . .]
    Alcibiade, après tant d'épreuves, était bien convaincu qu'il ne fallait plus
compter sur les femmes [. . .].
    Dans cette inquiétude secrète, comme il se promenait un jour sur le bord
100 de la mer, il vit venir à lui une femme que sa **démarche** et sa beauté lui   air, allure
auraient fait prendre pour une déesse, s'il ne l'eût pas reconnue pour la courtisane Érigone. [. . .]

(Alcibiade devient l'amant d'Érigone.)

Deux mois s'écoulèrent dans cette union délicieuse, sans que la courtisane
105 **démentît** un seul moment le caractère qu'elle avait pris; mais le jour fatal   contredît
approchait, qui devait dissiper une illusion si flatteuse. [. . .]

*(Érigone abandonne Alcibiade pour Pisicrate qui gagne une course de
chars. Alcibiade ne le sait pas encore, mais il est **abattu** d'avoir perdu la   découragé, affligé
course.)*

110 Dès qu'Alcibiade fut revenu de son premier abattement: Tu es bien faible et
bien vain, se dit-il à lui-même, de t'affliger à cet excès! [. . .] J'ai même lieu de
m'applaudir de ce moment d'adversité: c'est pour son cœur[10] une nouvelle
épreuve, et l'amour me **ménage** un triomphe plus flatteur que n'eût été celui   prépare
de la course. Plein de ces idées consolantes, il arrive chez Érigone: il trouve le
115 char du vainqueur à la porte.

[9]Il n'avait aucunement l'intention d'y croire.

[10]Celui d'Érigone

Ce fut pour lui un coup de foudre. La honte, l'indignation, le désespoir s'emparent de son âme: éperdu et frémissant, ses pas égarés se tournent comme d'eux-mêmes vers la maison de Socrate. [. . .]

120 Alcibiade lui raconta ses aventures avec la prude, la jeune fille, la veuve, la femme du magistrat et la courtisane, qui dans l'instant même venait de le sacrifier. De quoi vous plaignez-vous? lui dit Socrate après l'avoir entendu: il me semble que chacune d'elles vous a aimé à sa façon, de la meilleure foi du monde. La prude, par exemple, aime le plaisir; elle le trouvait en vous: vous l'en priviez; elle vous renvoie: ainsi des autres. [. . .] Vous avouez donc, dit

125 Alcibiade, qu'aucune d'elles ne m'a aimé pour moi? Pour vous! s'écria le philosophe; ah! mon cher enfant, qui vous a mis dans la tête cette prétention ridicule? Personne n'aime que pour soi. L'amitié, ce sentiment si pur, ne

Jeunes amoureux à la Fontaine Stravinski près du Centre d'art et de culture Georges Pompidou à Paris

fonde elle-même ses préférences que sur l'intérêt personnel [. . .]. Je voudrais bien savoir quel est ce *moi* que vous voulez qu'on aime en vous? La
130 naissance, la fortune et la gloire, la jeunesse, les talents et la beauté ne sont
que des accidents. Rien de tout cela n'est vous, et c'est tout cela qui vous
rend aimable. Le moi qui réunit ces **agréments** n'est en vous que le canevas   charmes, grâces
de la tapisserie; la broderie en fait **le prix.** [. . .] N'exigez donc pas que l'amour   la valeur
soit plus généreux que l'héroïsme, et trouvez bon qu'une femme ne fasse
135 pour vous que ce qu'il lui plaît. Je ne suis pas fâché que votre délicatesse
vous ait détaché de la prude et de la veuve, ni que la résolution de Rodope et
la vanité d'Érigone vous aient rendu la liberté; mais je regrette Glicérie, et je
vous conseille d'y retourner. **Vous vous moquez,** dit Alcibiade: c'est une   vous plaisantez
enfant qui veut qu'on l'épouse. —Hé bien, vous l'épouserez. —L'ai-je bien
140 entendu? c'est Socrate qui me conseille le mariage! —Pourquoi non? Si
votre femme est sage et raisonnable, vous serez un homme heureux; si elle
est méchante ou coquette, vous deviendrez un philosophe: vous ne pouvez
jamais qu'y gagner.

Vérifiez votre compréhension

A. Marquez les phrases suivantes *vraies* ou *fausses* selon le conte. Corrigez celles qui sont fausses.

1. La nature et la fortune semblaient avoir conspiré contre le bonheur d'Alcibiade, il était pauvre, vieux et laid.
2. Il n'avait qu'un ridicule: il voulait être aimé pour lui-même.
3. La belle prude s'opposait aux désirs d'Alcibiade parce qu'elle ne le trouvait pas séduisant.
4. Elle trouvait Alcibiade un parfait amant.
5. Glicérie était aussi belle qu'une rose au moment de s'épanouir.

B. Complétez les phrases suivantes.

1. Glicérie voulait que leur mariage fût conclu avant de dire à Alcibiade qu'elle l'aimait, mais Alcibiade voulait que . . .
2. Glicérie demande une complaisance à Alcibiade: c'est de . . .
3. Alcibiade pense qu'elle ne l'aime pas parce qu'elle . . .
4. Alcibiade veut que Glicérie . . .
5. Alcibiade renonce à la jeune veuve parce que . . .

C. Répondez par une phrase complète aux questions suivantes.

1. Pourquoi est-ce que Rodope a peur de se donner à Alcibiade?
2. Qui est-ce qu'Alcibiade rencontre un jour au bord de la mer?
3. Comment sait-il qu'Erigone l'abandonne pour Pisicrate? Pourquoi le fait-elle?

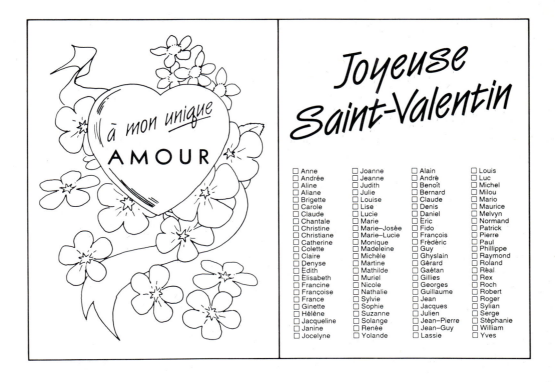

4. Qu'est-ce qu'Alcibiade raconte à Socrate?
5. Comment est-ce que Socrate se moque d'Alcibiade?
6. Quelle analyse Socrate fait-il de l'amitié et de l'amour?
7. Quel conseil donne-t-il à Alcibiade? Comment lui explique-t-il ce conseil insolite?

À votre avis

1. Quelle est l'attitude du narrateur à l'égard du désir d'être aimé pour soi-même? Êtes-vous d'accord avec lui? Que pensez-vous de ce qu'Alcibiade exige de Glicérie? Est-il juste envers elle? Est-il honnête avec lui-même en ce qui concerne Rodope? Qu'est-ce qu'Alcibiade semble découvrir chez toutes les femmes? Que pensez-vous de la définition du «moi» donnée par Socrate?

2. *(Pour les filles)* Aimez-vous qu'on vous fasse la cour? Comment? Aimez-vous les garçons qui vous donnent des fleurs, qui vous écrivent des poèmes? qui viennent vous chercher pour vous mener au restaurant et au cinéma? Que mettez-vous quand vous sortez? Jouez-vous à la prude ou à la coquette quelquefois? Êtes-vous franche avec les garçons? Aimez-vous qu'on soit franc avec vous? Préférez-vous un beau garçon à un garçon intelligent? Est-il important pour vous qu'un garçon sache faire la cuisine? Qu'il sache réparer une voiture? Pourquoi?

3.   *(Pour les garçons)* Croyez-vous qu'une fille doive payer sa part quand vous sortez ensemble? Pourquoi? Ouvrez-vous les portes pour votre compagne? L'aidez-vous à s'asseoir? De quoi aimez-vous parler quand vous sortez avec une fille? S'il fallait choisir, préféreriez-vous sortir avec une jolie fille ou une fille intelligente? En général, croyez-vous que les jolies filles soient bêtes? Qu'est-ce que vous cherchez chez une fille? Croyez-vous qu'il soit important qu'une fille sache faire la cuisine? Pourquoi? Croyez-vous qu'une fille doive savoir réparer une voiture? Pourquoi?

Petit écrit

Écrivez une page sur une question ci-dessus.

© Charillon-Paris

1.   Qui était Don Juan?
2.   Pour quelles raisons était-il célèbre?
3.   Quel est le comique de la situation?

GRAMMAIRE

L'imparfait du subjonctif[11]

OBSERVEZ

Proposition principale au passé	Imparfait du subjonctif
Glicérie **voulait**	que leur hymen **fût** conclu.
Alcibiade **voulait**	qu'elle s'**expliquât** avant de penser à l'hymen.
Il **fut étonné**	qu'on **publiât** son aventure.
La veuve **exigeait**	qu'il lui **donnât** la main pour aller au Temple.
Son honneur **demandait**	que sa femme **se mît** au-dessus du soupçon.
Elle **aurait voulu**	qu'il **fût** moins jeune.
Je **voudrais**	qu'il **sût** la vérité.

ANALYSE   Dans le style littéraire, *l'imparfait du subjonctif* s'emploie lorsque (1) la proposition principale exigeant le subjonctif dans la proposition subordonnée est *au passé* ou *au conditionnel* et que (2) l'action de la proposition subordonnée est *contemporaine* ou *postérieure* à celle de la proposition principale.

ATTENTION!   Dans la langue parlée, *le présent du subjonctif* remplace l'imparfait du subjonctif.

EXEMPLE: Elle n'était pas fâchée qu'il **connaisse** la vérité.

Le radical de l'imparfait du subjonctif vient du passé simple.

Verbes modèles

aimer (passé simple: **-ai, -as, -a**)	**mettre** (passé simple: **-is, -is, -it**)	**savoir** (passé simple: **-us, -us, -ut**)
que j'aimasse	que je misse	que je susse
que tu aimasses	que tu misses	que tu susses
qu'il/elle aimât	qu'il/elle mît	qu'il/elle sût
que nous aimassions	que nous missions	que nous sussions
que vous aimassiez	que vous missiez	que vous sussiez
qu'ils/elles aimassent	qu'ils/elles missent	qu'ils/elles sussent

[11]Comme avec le passé simple, il est plus important de reconnaître les formes et comprendre la fonction des temps littéraires présentés dans cette leçon que de les reproduire.

avoir	être	faire
que j'eusse	que je fusse	que je fisse
que tu eusses	que tu fusses	que tu fisses
qu'il/elle eût	qu'il/elle fût	qu'il/elle fît
que nous eussions	que nous fussions	que nous fissions
que vous eussiez	que vous fussiez	que vous fissiez
qu'ils/elles eussent	qu'ils/elles fussent	qu'ils/elles fissent

Référez-vous à *l'Appendice D* pour la conjugaison des autres verbes irréguliers.

Le plus-que-parfait du subjonctif

1. OBSERVEZ

Proposition principale au passé	*Plus-que-parfait du subjonctif*
Alcibiade **fut** outré	qu'Érigone **eût accepté** Pisicrate.
Il **aurait voulu**	qu'elle **fût restée** fidèle.
Il **partit**	sans qu'elle **eût pu** lui parler.
Rodope **craignait**	que son mari **eût cru** la rumeur.
Il **nia**	qu'un espoir de la séduire **se fût** **glissé** dans son âme.

ANALYSE Dans le style littéraire, *le plus-que-parfait du subjonctif* s'emploie lorsque (1) la proposition principale qui exige le subjonctif est *au passé* ou *au passé du conditionnel* et que (2) l'action de la proposition subordonnée est *antérieure* à celle de la principale.

ATTENTION! Dans le langage courant, *le passé du subjonctif* remplace le plus-que-parfait du subjonctif.

EXEMPLE: Il était affligé qu'elle ne **soit** pas **venue.**

Le plus-que-parfait du subjonctif se forme avec *l'imparfait du subjonctif du verbe auxiliaire* **avoir** ou **être** et *le participe passé* du verbe qui indique l'action.

Verbes modèles

voir	aller
que j'eusse vu	que je fusse allé(e)
que tu eusses vu	que tu fusses allé(e)
qu'il/elle eût vu	qu'il/elle fût allé(e)
que nous eussions vu	que nous fussions allé(e)s
que vous eussiez vu	que vous fussiez allé(e)(s)
qu'ils/elles eussent vu	qu'ils/elles fussent allé(e)s

2. OBSERVEZ

Langage courant

Cependant, **aurais-je épousé** mille femmes, je vous trouverais belle.

L'amour me ménage un triomphe plus flatteur que n'**aurait été** celui de la course.

Style littéraire

Cependant, **eussé-je**[12] **épousé** mille femmes, je vous trouverais belle.

L'amour me ménage un triomphe plus flatteur que n'**eût été** celui de la course.

ANALYSE Dans le style littéraire, *le plus-que-parfait du subjonctif* exprime une idée de *conditionnel.*

3. OBSERVEZ

Il **serait tombé** amoureux, s'il ne l'**avait** pas **reconnue** pour Érigone.
Il serait tombé amoureux, s'il ne l'**eût** pas **reconnue** pour Érigone.
Il **fût tombé** amoureux, s'il ne l'avait pas reconnue pour Érigone.
Il **fût tombé** amoureux, s'il ne l'**eût** pas **reconnue** pour Érigone.

ANALYSE Dans les phrases hypothétiques de cette espèce (contraire à la réalité = irréel), le plus-que-parfait du subjonctif peut remplacer soit le conditionnel passé, soit le plus-que-parfait, soit les deux, *dans le style littéraire.*

Exercices

A. Remplacez l'imparfait du subjonctif par le présent du subjonctif selon le modèle.

MODÈLE: Il fallait qu'Alcibiade *s'en allât.*
Il fallait qu'il *s'en aille.*

1. Il l'aimait toujours, quoiqu'il n'*osât* plus le lui faire paraître.
2. On ne pouvait soupçonner qu'elle *fût* une courtisane.
3. Il ne croyait pas que sa femme lui *fût* infidèle.
4. Encore fallait-il qu'Alcibiade *trouvât* une femme idéale.
5. Alcibiade voulait que Glicérie *fût* à lui pour tout jamais.
6. Il désirait qu'elle *désobéît* à ses parents.
7. Glicérie n'était pas libre, quoi que *prétendît* Alcibiade.
8. Il voulait qu'elles l'*aimassent* pour lui-même.
9. Il ne comprenait pas pourquoi les femmes ne *fussent* pas parfaites.
10. Il exigeait que Rodope le *préférât* à son mari.

[12]Dans l'inversion avec je, on ajoute un accent aigu pour l'euphonie: [ysez̯].

B. Remplacez les temps littéraires par les temps du langage courant selon le modèle.

MODÈLE: Elle s'en alla sans qu'il eût pu lui parler.
Elle s'en est allée sans qu'il ait pu lui parler.

1. Elle partit avant qu'il lui eût parlé.
2. Il fut affligé qu'elle ne fût pas restée fidèle.
3. Elle craignait que son mari eût appris la vérité.
4. Il s'étonna que les invités fussent venus si tard.
5. Il aurait voulu que les femmes eussent mieux compris ses désirs.
6. Il s'abandonna à de noires pensées jusqu'à ce qu'il en fût devenu fou.

C. Remplacez les temps littéraires par les temps du langage courant.

1. Rien ne l'eût arrêtée d'aimer son ami.
2. Quel amour n'eût pas paru banal après celui qu'elle vivait à ce moment-là?
3. À peine de retour, il eût voulu s'abandonner à ses pensées.
4. Si son mari eût su la vérité, il se fût fâché.
5. Érigone était la plus belle femme qu'il eût pu choisir.
6. Alcibiade eût été heureux, si les femmes l'eussent aimé pour lui-même.

Le passé antérieur

OBSERVEZ

Première action	*Deuxième action*
Alcibiade revint de sa déception.	Il rentra chez Érigone.

Quand ⎱
Lorsque ⎰ Alcibiade **fut revenu** de sa déception, il rentra chez Érigone.

Dès ⎱
Aussitôt ⎰ qu'Alcibiade **fut revenu** de sa déception, il rentra.

Après qu'il **eut perdu** la course, les spectateurs ne l'estimèrent plus.

ANALYSE Le passé antérieur est un temps littéraire qui indique une action *immédiatement antérieure* à une autre action. Il se trouve après les adverbes de temps tels que **aussitôt que, sitôt que, dès que, quand, lorsque, après que, à peine que.**[13]

ATTENTION! Après **à peine,** il faut faire l'inversion.

EXEMPLE: À peine le roi **fut-il mort** que l'intrigue éclata.

[13]Référez-vous à la *Leçon 3* pour comparer l'usage du passé antérieur avec celui du plus-que-parfait.

Le passé antérieur se forme avec *le passé simple du verbe auxiliaire* et *le participe passé* du verbe qui indique l'action. Le passé antérieur s'emploie avec le passé simple.

Le passé surcomposé

OBSERVEZ Aussitôt que
Dès que
Lorsque   j'**ai eu appris** la nouvelle, je suis rentré.
Quand
Après que

ANALYSE Le passé surcomposé est l'équivalent du passé antérieur dans la langue parlée et s'emploie avec le passé composé. Il est formé du passé composé de l'auxiliaire **avoir** et du *participe passé* du verbe qui indique l'action.[14]

ATTENTION! Il existe rarement avec **être**.

Exercices

A. Transformez selon le modèle.

MODÈLE: On porta le roi dans son lit et on l'examina aussitôt.
Aussitôt (Dès que, Lorsque, À peine,[15] *etc.*) qu'on eut porté le roi dans son lit, on l'examina.

1. Le roi fut blessé et on le porta au château aussitôt.
2. On l'examina et on découvrit la gravité de sa blessure tout de suite.
3. Elle revint chez elle et elle s'abandonna à ses pensées aussitôt.
4. Son mari revint et il se désola aussitôt.

B. Substituez aux temps littéraires les temps du langage courant.

MODÈLE: Dès qu'elle eut vu le duc, elle rentra.
Dès qu'elle a eu vu le duc, elle est rentrée.

1. Lorsqu'il eut compris la vérité, il se désola.
2. Quand elle eut rangé la lettre, elle ferma le tiroir.
3. Aussitôt que son mari eut appris la vérité, il sombra dans le désespoir.
4. Dès que les courtisans eurent compris, ils commencèrent à intriguer.
5. Après qu'elle eut vu le roi, elle comprit qu'il mourait.
6. À peine eut-il bu la potion, il mourut.

---

[14]Référez-vous à la *Leçon 3* pour comparer l'usage du passé surcomposé et celui du plus-que-parfait.

[15]N'oubliez pas de faire l'inversion après l'expression **à peine.**

Étude du lexique

Lisez à haute voix chaque mot ou expression, définition et exemple. Employez le mot nouveau ou l'expression nouvelle dans votre réponse à chaque question.

1. **le cas échéant**   si l'occasion se présente, à l'occasion

   Je pourrais toujours te prêter de l'argent le cas échéant.
   Êtes-vous capable de travailler toute la nuit le cas échéant?

2. **recevoir**   accueillir des amis (voir *Étude du lexique, Leçon 1,* p. 18)

   Les Dupont reçoivent mercredi soir et ils *savent* recevoir; le dîner est délicieux et la conversation est scintillante.
   Est-ce que vos parents reçoivent souvent ou très peu? Et vous?

3. **s'arranger pour**   se débrouiller pour, faire en sorte de

   Tu arrives à l'aéroport demain? On va s'arranger pour y être.
   Pourriez-vous vous arranger pour aller à Paris cet été?

4. **rendre service à quelqu'un**   lui apporter une aide

   Tu m'as vraiment rendu service en gardant mon chat et je t'en remercie.
   À qui avez-vous rendu service dernièrement? Qu'avez-vous fait?

5. **échanger**   donner et recevoir (des choses équivalentes)

   Les mariés ont échangé leurs anneaux.
   Qu'est-ce que vous échangez avec vos amis? des lettres, des appels téléphoniques, des timbres, des livres, des vêtements, des cadeaux de Noël?

6. **à tour de rôle**   chacun à son tour, l'un après l'autre, tour à tour

   Dans notre groupe, chacun invite les autres au café à tour de rôle.
   Dans votre famille, est-ce que chaque membre prépare le dîner à tour de rôle, ou est-ce toujours la même personne qui fait le travail?

7. **miner**   affaiblir, diminuer, user, ronger

   Trop de travail mine ses forces et sa santé.
   Qu'est-ce qui peut miner une amitié naissante?

8. **renforcer**   rendre plus fort, plus résistant, plus solide

   Ce que vous me dites me renforce dans mon opinion.
   Comment peut-on renforcer l'amitié?

9. **un lien**   attache, liaison, relation

   En se mariant avec un étranger, elle risquait de tendre les liens avec sa famille.
   Quels liens sont plus forts, les liens de famille ou les liens de l'amitié? Pourquoi?

10. **une saute d'humeur**   un brusque changement d'humeur

Il est sujet aux sautes d'humeur les plus surprenantes.
Êtes-vous sujet(te) aux sautes d'humeur ou êtes-vous plutôt d'humeur égale?

11. **mettre les pieds dans le plat**   intervenir maladroitement

Ce type manque totalement de diplomatie; il met toujours les pieds dans le plat.
Avez-vous jamais mis les pieds dans le plat avec quelqu'un? Donnez un exemple.

12. **un poids**   (*fig.*) une responsabilité, une obligation pénible

Passer tous ses week-ends chez ses parents est devenu un poids.
Le poids de l'impôt tombe-t-il plus sur les riches ou sur les pauvres?

13. **s'accommoder de**   accepter, se contenter de

Il est très facile à vivre; il s'accommode de tout.
Êtes-vous exigeant avec vos amis ou vous accommodez-vous facilement de leurs sautes d'humeur et de leurs petites manies?

14. **s'attendre à ce que** + *subjonctif*   penser que cette chose arrivera, prévoir, imaginer

Je m'attendais à ce que tu viennes me voir cette fin de semaine.
Quand un ami part en voyage, est-ce que vous vous attendez à ce qu'il vous écrive en premier ou est-ce que vous êtes le premier à lui écrire?

15. **le réconfort**   consolation, secours moral qui donne du courage

Le réconfort de mes amis m'encourage beaucoup.
Quand avez-vous besoin de réconfort?

16. **avoir recours à**   faire appel à

En temps de guerre, on a parfois recours à des moyens extrêmes.
Dans quelles circonstances avez-vous recours à vos amis?

L I R E   E T   C O M P R E N D R E

Exercices de prélecture

A. *Prédire le contenu*

Lisez le titre et parcourez rapidement la première phrase de chaque paragraphe. Pourriez-vous prédire le contenu du passage?

B. *Mobilisez vos connaissances*

À votre avis, quelles sont les responsabilités de l'amitié? Avez-vous jamais lu *Le Petit Prince* de Saint-Exupéry?[16] Avez-vous des amis français? Si oui, quelles sont les différences entre l'amitié à la française et l'amitié à l'américaine?

C. *Contenu culture*

En lisant l'essai, dressez une liste des différences entre la conception française de l'amitié et la conception américaine.

Évidences invisibles

Raymonde Carroll

L'amitié

Une raison pour laquelle j'ai des amis est que leur présence est une source de plaisir, que je sois français ou américain. Pour des Français, cela se traduit par de fréquentes sorties ensemble, restaurants, cinéma, pique-niques, et autres activités qui varient selon l'âge. Il est donc possible que Zoé invite
5 plusieurs fois de suite son amie Géraldine (et son partenaire ou mari le cas échéant) à des dîners chez elle, sans que cela ne gêne Géraldine qui, elle, reçoit rarement. La règle de réciprocité entre amis va cependant être respectée: Géraldine s'arrangera pour faire des petits cadeaux «pour rien», sans occasion spéciale, et pour rendre service, payer à Zoé le cinéma ou le théâ-
10 tre, lui garder les enfants, ou faire quelque chose d'équivalent. Parfois, la présence même de Géraldine à un dîner de Zoé est un service rendu à Zoé: le dîner est ce qu'on est convenu d'appeler «une fonction», et Zoé a demandé à Géraldine de «ne pas la laisser seule».

Il me semble que dans un contexte parallèle, semblable, des Américains
15 préféreraient des échanges de même nature. On dîne l'un chez l'autre à tour de rôle, sans que l'alternance doive être respectée de façon rigide. Des cadeaux répondent à des cadeaux, et ainsi de suite. Cela élimine la possibilité que l'un ou l'autre se sente exploité, ce qui minerait l'amitié. D'ailleurs, revendiquer «son tour» est un moyen de renforcer l'amitié. Dans les cas où
20 l'échange est pratiquement impossible (une expédition en canoë par exemple), le partage des responsabilités est clair et fait à l'avance, là encore pour éviter toute pression dangereuse sur les liens d'amitié (ce qui ne veut pas dire qu'il n'y ait pas d'Américains qui agissent tout autrement et gardent à jamais leurs amis).
25 La différence vient peut-être du fait que pour les Français, les liens d'amitié une fois établis (et l'on sait que ce n'est pas si facile, nous avons tous lu *le Petit Prince,*[16] n'est-ce pas?), ils sont assez solides pour résister à toutes

---

[16]*Le Petit Prince* (1943), récit de Antoine de Saint-Exupéry (1900–1945) qui expose la force, la fragilité et les responsabilités de l'amitié.

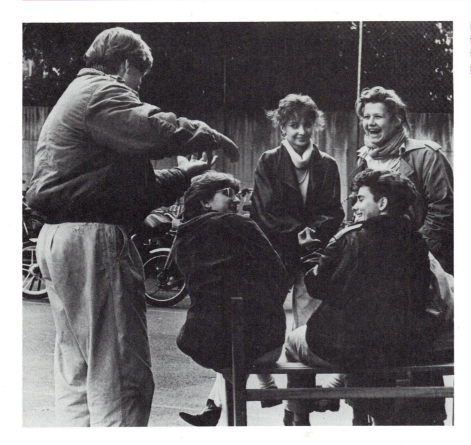

sortes d'**intempéries.** Mes amis connaissent mon sale caractère, mes petites manies, mes sautes d'humeur, mon habitude de mettre les pieds dans le
30 plat, mon manque de tact, que sais-je? S'ils sont mes amis, c'est parce qu'ils
savent tout cela sur moi, mais qu'ils trouvent autre chose en moi qui com-
pense, fasse supporter mes défauts, ou encore qu'ils se retrouvent en moi.
[. . .]
    Pour les Américains, cependant, l'amitié la plus solide semble contenir en
35 elle un élément constant de fragilité. Une multitude de dangers la menace: la
séparation, la distance, le silence (absence de communications régulières,
lettres, coups de téléphone, visites), mais aussi tout ce que l'on pourrait
résumer par le mot «trop», c'est-à-dire tout ce qui menace l'équilibre de la
relation, qui repose sur l'égalité et l'échange, l'alternance. Ainsi, selon une
40 informante américaine, une relation de dépendance qui deviendrait trop
forte signalerait la fin de l'amitié. Un Américain m'expliquait ainsi le problème posé par le déséquilibre: «Timothy et moi sommes en train de devenir de bons amis, je peux lui parler librement, et lui de même. Mais je

adversités, rigueurs

m'inquiète parce qu'il a l'air de me considérer comme son meilleur ami. Je
45 l'aime beaucoup mais il ne sera probablement jamais mon meilleur ami
parce que, franchement, il est un peu ennuyeux. Mais s'il me traite comme
son meilleur ami, je suis obligé de «faire comme si» pour ne pas lui faire de
la peine, et il deviendra pour moi un poids, une obligation, une responsabilité, ce que je ne veux absolument pas.»

50   Cette insistance sur l'égalité et la mutualité, qui diffèrent de la réciprocité,   aspect
ne me paraît pas un **trait** important de l'amitié française, qui semble très
bien s'accommoder de la complémentarité, d'une sorte de répartition des
rôles.

        Ainsi, américain(e), je m'attends à ce que mon ami(e) «laisse tout tom-
55 ber» pour venir à mon secours quand j'en ai besoin. Mais là encore, je dois
faire attention à ne pas dépasser le «trop», la limite. J'ai donc le réconfort de
savoir que mon ami(e) «fera tout pour moi», mais je dois avoir le bon sens
de ne pas tester cette conviction au-delà du possible, de ne pas «exagérer»,
par crainte de détruire l'équilibre qui **sauvegarde** notre amitié. Cela ne serait   protège
60 pas le cas en France, où je peux partager avec mes amis «crise» après
«crise» sans plus de remords qu'une phrase du genre: «Je t'embête, hein,
avec mes histoires.» C'est d'ailleurs ce rôle des amis qui a longtemps donné
au recours à la psychanalyse une image négative en France (une «triste
nécessité» pour «ceux qui n'ont pas d'amis», «ceux qui ont besoin de payer
65 quelqu'un pour les écouter», etc.). C'est aussi dans cette perspective
que l'on peut comprendre le succès de la psychanalyse aux États-Unis: le
refus **d'accabler** (overburden) les amis par un partage inéquitable, dispro-
portionné de problèmes.

Raymonde Carroll, *Évidences invisibles. Américains et Français au quotidien.* (Paris: © Éditions du Seuil, 1987)

Vérifiez votre compréhension

A. Complétez les phrases suivantes en consultant l'article.

1. Une des raisons pour lesquelles on a des amis est que leur présence . . .
2. Avec leurs amis, les Français . . .
3. Chez les Américains, on préfère des échanges de même nature, ce qui élimine . . .
4. Pour les Français, les liens d'amitié sont . . .
5. Cependant, pour les Américains, l'amitié semble . . .

B. Répondez aux questions suivantes par une phrase complète.

1. Chez les Français, comment respecte-t-on la règle de réciprocité entre
amis?
2. Pour les Français, quels traits de caractère sont acceptés dans un ami?
3. De quoi est-ce qu'une amitié est menacée chez les Américains?

4. Quel est l'exemple qu'un Américain donne pour illustrer le problème posé par le déséquilibre dans l'amitié? Qu'en pensez-vous?
5. Quel exemple Raymonde Carroll donne-t-elle pour illustrer l'idée que l'insistance sur l'égalité et la mutualité ne lui paraît pas un trait important de l'amitié française?
6. Pourquoi est-ce que le recours à la psychanalyse a une image négative parmi les Français? Pourquoi est-elle si populaire aux États-Unis?

Résumé

En vous servant des questions suivantes comme guide, résumez le passage sur l'amitié du livre *Évidences invisibles*.

Quel est le but du passage? Qu'est-ce qu'il démontre? Quels exemples illustrent les différences entre l'amitié française et l'amitié américaine? En quoi la conception de l'amitié influence-t-elle l'attitude des Français à l'égard de la psychanalyse?

EXPRESSION ÉCRITE

Pour terminer votre étude de l'art d'écrire, nous allons ajouter d'autres expressions utiles. Étudiez les expressions ci-dessous avant de choisir une des questions qui suivent.

Non seulement la passion et l'amitié sont incompatibles, **mais** elles sont antithétiques.
Cela ne veut pas dire que la passion est (*ou* soit) mauvaise en soi, **mais plutôt qu'**elle est une chose peu durable.
Bien loin de nous transformer en bêtes, la passion nous élève au plus haut point de notre capacité.
Cette incompréhension de la question **est due à** une attitude puritaine.
Elle **provient de** notre passé.
L'erreur **vient de ce que** nous ne disposions pas des renseignements nécessaires.
La montée de la droite **a provoqué** l'exacerbation de cette attitude.
Elle **est liée à** notre histoire.
C'est pour cette raison qu'il est nécessaire d'analyser la complexité de la question.

Maintenant, choisissez une des questions suivantes, étudiez la section *Expressions utiles*, organisez vos idées selon la structure d'une dissertation, et essayez d'employer les expressions ci-dessus.

1. L'amour et l'amitié sont-ils incompatibles?
2. L'amitié est plus durable que l'amour.
3. Il n'y a qu'un seul grand amour.

4. Si l'on ne s'aime pas, on ne peut pas aimer les autres. (Comment est-ce que le rapport qu'on a avec soi-même influence le rapport qu'on peut avoir avec les autres?)

5. Le mariage tue l'amour.

Expressions utiles

Qualités

l'affection *(f.),* un attachement, la tendresse, l'inclination *(f.)*
être attaché à, s'attacher à, chérir, se dévouer à quelqu'un
se lier d'amitié avec quelqu'un
vouloir le bien d'un autre
la générosité, l'altruisme *(m.),* la fraternité
l'amour maternel, paternel, fraternel, filial
rapports amicaux, amour platonique ≠ amour érotique = la passion
les relations sexuelles
l'amour passager = une amourette, une caprice, une passade
filer le parfait amour = se donner réciproquement des témoignages constants d'un amour partagé
avoir une liaison amoureuse avec quelqu'un, une aventure amoureuse
la fidélité ≠ l'infidélité *(f.)*

Défauts

la jalousie, l'égoïsme *(m.),* la possessivité, la domination, l'envie *(f.),* la colère, l'exigence *(f.)*
les chagrins *(m.),* les tortures *(f.)* de la jalousie
la crainte de perdre l'être aimé
un soupçon
l'arrogance, l'orgueil

MISE EN ŒUVRE

Sujets de réflexion

Pascal, La Rochefoucauld, La Bruyère et Vauvenargues, célèbres moralistes français, écrivaient pendant le XVIIᵉ et XVIIIᵉ siècles. Leurs écrits constituent une réflexion sur les mœurs (habitudes de vie et coutumes d'une société), et sur la nature et la condition humaine. La maxime, sorte d'aphorisme ou de proverbe, rendue célèbre par La Rochefaucauld, fut très à la mode en France au XVIIᵉ siècle. Nous allons en étudier quelques-unes qui traitent de l'amour et de l'amitié.

1. «Il est difficile de définir l'amour: ce qu'on en peut dire est que, dans l'âme, c'est une passion de régner; dans les esprits, c'est une sympathie; et dans le corps, ce n'est qu'une envie cachée et délicate de posséder ce que l'on aime après beaucoup de mystères.» (67, La Rochefoucauld) Commentez la maxime de La Rochefoucauld. Pensez-vous qu'il ait raison? Comment définissez-vous l'amour? Quelles en sont les composantes?

2. «Si on juge de l'amour par la plupart de ses effets, il ressemble plus à la haine qu'à l'amitié.» (72, La Rochefoucauld) En quoi est-ce que cette maxime est vraie? En quoi est-elle fausse? Pourriez-vous donner des exemples?

3. «L'absence diminue les médiocres passions et augmente les grandes, comme le vent éteint les bougies, et allume le feu.» (276, La Rochefoucauld) Croyez-vous que la distance augmente une grande passion? Comment une grande passion diffère-t-elle d'une petite? Quel est le rôle de l'imagination dans l'amour? En l'absence de la personne aimée, n'avons-nous pas tendance à fabriquer un être idéal qui ne correspond pas à la réalité?

1. En quoi consiste le comique de la situation?
2. Pourquoi les amoureux aiment-ils s'écrire de si longues lettres?
3. Aimez-vous recevoir des lettres d'amour? Aimez-vous en écrire? Pourquoi?

4. «C'est l'insuffisance de notre être qui fait naître l'amitié, et c'est l'insuffisance de l'amitié même qui la fait périr.» (*De l'Amitié,* Vauvenargues) Cette maxime a deux parties. En considérant la première partie, croyez-vous que Vauvenargues ait raison de dire que c'est pour combler le vide que nous recherchons des amis? Et vous, pour quelles raisons recherchez-vous des amis? Que fait naître l'amitié pour vous? Dans la 2ᵉ partie, Vauvenargues dit que ce qui fait mourir l'amitié c'est qu'elle n'arrive pas à satisfaire tous nos désirs. Ce qu'on voit de loin a plus d'attraits que ce qu'on possède déjà. Croyez-vous que nous ayons tendance à vouloir dominer nos amis et que lorsque nous n'y arrivons pas, l'amitié meurt?

5. La réflexion suivante vient du *Discours sur les passions de l'amour* de Pascal.

    «Tant plus le chemin est long dans l'amour, tant plus un esprit délicat sent le plaisir.

    Il y a certains esprits à qui il faut donner longtemps des espérances, et ce sont les délicats. Il y en a d'autres qui ne peuvent pas résister longtemps aux difficultés et ce sont les plus grossiers. Les premiers aiment plus longtemps et avec plus d'agrément; les autres aiment plus vite, et avec plus de liberté, et finissent bientôt.»

    Quelle comparaison fait-il entre les deux sortes d'esprit. Lequel préfèrent les femmes? Pourquoi? Quel est le rôle de l'élaboration de l'imagination dans l'amour? En quoi est-ce que les esprits «les plus grossiers» ressemblent plutôt aux animaux?

Mini-Théâtre

Préparez avec un(e) camarade une des scènes suivantes à jouer devant la classe.

1. Un jeune homme timide essaie de faire comprendre à une jeune femme qu'il est amoureux d'elle. Il a du mal à s'exprimer.
2. Vous avez vu votre petit(e) ami(e) avec un(e) autre. Vous êtes jaloux(-se). Vous discutez.
3. Un copain tombe amoureux de vous. Vous essayez de le raisonnez.
4. Vous êtes assis dans un café en France et vous voyez une charmante personne avec un chien. Vous essayez de faire connaissance avec elle.

L E S   P R É P O S I T I O N S   D E   E T   À

En français, comme dans toutes les langues, il existe des choses qui ne s'apprennent que par l'usage; c'est le cas de l'emploi des prépositions. Les listes et les phrases suivantes serviront d'aide-mémoire en cas de doute.

Verbes et expressions suivis de la préposition *de*

abuser de	Il abuse **de** ma patience!
accepter de	J'accepte **de** faire ce travail.
être accompagné de	Madame est accompagnée **de** son mari.
accoucher de	Elle a accouché **d'**un enfant à l'hôpital.
accuser de	Il m'a accusé **d'**avoir abusé de sa confiance.
âgé de	C'est un homme âgé **de** 40 ans.
s'agir de	Dans cet essai, il s'agit **du** nationalisme.
agrémenté de	Le jardin est agrémenté **d'**une belle fontaine.
s'apercevoir de	Je me suis aperçu **de** leur petit jeu.
arrêter de	Arrête **de** faire l'idiot!
avoir envie de	J'ai envie **de** partir.
avoir hâte de	J'ai hâte **de** te retrouver à Québec.

bénéficier de qqch.*	Il bénéficie **de** sérieux avantages aux élections.
blâmer qqn. de qqch.*	Il nous a blâmés **d'**avoir négligé notre enfant.
cesser de	On a cessé **de** faire ce bruit intolérable.
charger de	On m'a chargé **de** surveiller les comptes.
choisir de	Elle a choisi **de** faire ce travail.
commander de	Ils nous commandent **de** partir.
commencer de (à)	Il commence **d'**apprécier ses avantages.
conscient de	Il faut être conscient **de** ses limites.
conseiller de	On m'a conseillé **de** reprendre mes études.
se contenter de	Il faut se contenter **de** ce qu'on a dans la vie.
continuer de (à)	Il continue **de** fréquenter cette femme.
convaincre de	Elle l'a convaincu **de** rester jusqu'à minuit.
craindre de	Il craint **de** tomber malade.
décider de	J'ai décidé **d'**aller voir mes parents à Noël.
défendre de	Je te défends **de** lire mon journal intime!
demander de	Il m'a demandé **de** l'accompagner.
se dépêcher de	Dépêche-toi **de** finir ce travail!
dire de	Il m'a dit **de** le rejoindre chez lui.
se douter de	Je me suis douté **de** sa culpabilité quand j'ai vu son petit sourire.
s'efforcer de	Il s'est vraiment efforcé **de** finir l'examen.
empêcher de	Vous m'avez empêché **de** terminer mon devoir!
s'empresser de	Il s'est empressé **de** l'aider.
essayer de	Il faut essayer **de** comprendre.
s'étonner de	On s'étonne **de** voir sa grande réussite.
être obligé de	On est obligé **de** faire son devoir.
éviter de	Il a évité **de** me parler.
s'excuser de	Il s'excuse **d'**avoir été si gauche.
faire bien de	Tu ferais bien **de** t'excuser!
faire semblant de	Vous faites semblant **de** ne pas être responsable!
féliciter de	Il m'a félicité **d'**avoir reçu mon diplôme.
finir de	Nous avons fini **de** préparer notre examen.
garnir de	Elle a garni la table **de** fleurs.
guérir qqn. de qqch.	Il m'a guéri **de** mes illusions.
interdire de	Je t'interdis **de** venir dans ma chambre!
jouir de	Il jouit **de** tous les avantages dans la vie.
manquer de	Il manque **de** courage.
menacer de	Ils l'ont menacé **d'**aller chez le directeur.
mériter de	Cet étudiant mérite **de** réussir.
se moquer de	Je me moque **de** ce qu'il pense!
mourir de	Vite au restaurant ou on va mourir **de** faim!
négliger de	Ne néglige pas **de** fermer la porte à clef.
s'occuper de	Je dois m'occuper **de** ma correspondance.

*qqch.: abréviation de **quelque chose**; **qqn.:** abréviation de **quelqu'un.**

ordonner de	Le ministre les a ordonné **de** se taire.
oublier de	J'ai oublié **de** vous dire la suite de cette histoire.
parler de	**De** quoi parlez-vous?
se passer de	Je peux facilement me passer **de** vos observations!
penser de	Que pensez-vous **de** ma proposition?
permettre de	Permettez-moi **d**'ajouter une remarque.
persuader de	Il m'a persuadé **d**'annuler mon rendez-vous.
se plaindre de	**De** quoi vous plaignez-vous, madame?
prier de	On nous prie **de** répondre au plus tôt.
promettre de	Je te promets **d**'arriver avant les autres.
refuser de	Il a refusé **de** m'aider, le méchant!
regretter de	Nous regrettons **de** vous informer de notre décision.
remercier de	Je vous remercie **de** votre charmante lettre.
	Je vous remercie **de** m'avoir envoyé les renseignements nécessaires.
reprocher de	Sa mère lui a reproché **d**'avoir oublié son anniversaire.
rêver de	Hier soir, j'ai rêvé **de** toi.
risquer de	Les skieurs risquent **de** se casser le cou.
souffrir de	Il souffre **d**'une mauvaise grippe.
se souvenir de	Te souviens-tu **de** moi?
suggérer de	Je te suggère **d**'aller voir un médecin.
tâcher de	Il a tâché **d**'oublier son chagrin.
tenter de	Il a tenté **de** s'enfuir.
venir de	Je n'ai pas faim; je viens **de** manger.

Verbes et expressions suivis de la préposition *à*

s'accoutumer à	Il s'est accoutumé **à** se passer de viande.
aider à	Cette liste m'a aidé **à** éviter des erreurs.
s'amuser à	Elle s'amuse **à** raconter des histoires.
s'appliquer à	Il faut s'appliquer **à** apprendre la grammaire.
apprendre à	J'apprends **à** jouer aux échecs.
	La maîtresse d'école a appris **à** lire à cet enfant.
arriver à	Nous n'arrivons pas **à** comprendre le système.
s'attendre à	Il faut s'attendre **à** tout dans la vie.
avoir à	J'ai **à** faire des courses aujourd'hui.
chercher à	Ne cherche pas **à** me convaincre.
commencer à (de)	Il commence **à** pleuvoir.
consacrer à	Je consacre mon énergie **à** mes études.
se consacrer à	Elle se consacre **à** préparer sa thèse.
consister à	La générosité consiste **à** donner à propos.
continuer à (de)	Il continue **à** neiger.
se décider à	Elle s'est décidée **à** partir en voyage.
encourager à	Je vous encourage **à** consulter une grammaire.

enseigner à	Il m'a enseigné **à** jouer aux cartes.
être accoutumé à	Je suis accoutumé **à** ne plus le fréquenter.
être bon à	Ce vieux pull est bon **à** jeter dans la poubelle.
se faire à	Nous nous sommes faits **à** son comportement.
forcer à	Les événements l'ont forcé **à** faire un compromis.
s'habituer à	Avec le temps, on s'habitue **à** tout.
hésiter à	N'hésite pas **à** consulter le dictionnaire.
inciter à	La publicité incite **à** acheter.
s'intéresser à	Cette femme s'intéresse **à** tout.
inviter à	Ils nous ont invités **à** dîner.
se mettre à	Il se met **à** grêler.
penser à	Nous pensons **à** lui rendre visite à Noël.
persister à	Il persiste **à** croire qu'il est supérieur.
se plaire à	Il se plaît **à** faire l'idiot.
prendre plaisir à	Elle prend plaisir **à** taquiner sa petite sœur.
se préparer à	Il se prépare **à** confronter son adversaire.
renoncer à	Le ministre a renoncé **à** poursuivre son projet.
se résoudre à	Il s'est résolu **à** continuer le programme.
réussir à	J'ai réussi **à** convaincre mon adversaire.
servir à	**À** quoi sert cet ustensile? Il sert **à** râper le fromage.
songer à	Nous songeons **à** partir en Italie.
suffire à	Nous ne pouvons pas suffire **à** nos besoins.
tenir à	Je tiens **à** te voir ce soir!
en venir à	J'en suis venu **à** comprendre de quoi il s'agissait.

Verbes suivis directement de l'infinitif

aimer	J'aime aller au cinéma.
aimer mieux	Mais j'aime mieux aller au théâtre.
aller	Nous allons voir nos parents.
avoir beau	Tu as beau étudier, tu ne réussiras pas.
compter	Il compte visiter Paris.
désirer	Je désire faire du cinéma.
détester	Elle déteste aller chez le dentiste.
devoir	On doit rentrer maintenant.
écouter	Écoute chanter les oiseaux!
espérer	Il espère devenir musicien.
être censé	Vous êtes censé étudier ce soir! (Vous en avez l'obligation.)
faire	Il m'a fait lire son roman.
falloir	Il faut rentrer à minuit.
laisser	Il a laissé aller son travail.
monter	Je suis monté voir les enfants.
oser	Comment osez-vous faire cela?

penser	Ils pensent aller en France cet été.
pouvoir	Pourriez-vous m'aider ce soir?
préférer	Je préfère rester chez moi.
regarder	Il aime regarder danser les filles.
retourner	Je suis retourné voir mon ami.
revenir	Reviens me rendre visite un de ces jours.
savoir	Je sais jouer aux échecs.
sembler	Il semble comprendre la question.
souhaiter	Elle souhaite vous accompagner.
valoir mieux	Il vaut mieux étudier ce soir.
venir	Il vient me voir toutes les semaines.
vouloir	Je voudrais aller au Québec.

P R O V E R B E S

Les proverbes en disent long sur une civilisation. C'est pour cette raison que nous trouvons utile de présenter un certain nombre qui éclaire quelques aspects de la pensée française.

À chaque jour suffit sa peine.
Supportons les maux d'aujourd'hui sans penser à ceux que l'avenir peut nous réserver.

À cœur vaillant rien d'impossible.
Avec du courage, on vient à bout de tout.

L'appétit vient en mangeant.
Plus on a, plus on veut avoir.

Après la pluie, le beau temps.
La joie succède souvent à la tristesse.

Au royaume des aveugles, les borgnes sont rois.
Avec un mérite médiocre, on brille au milieu des ignorants.

Autres temps, autres mœurs.
Les mœurs changent d'une époque à l'autre.

Bien faire et laisser dire.
Il faut faire son devoir sans se préoccuper des critiques.

Les bons comptes font les bons amis.
Pour rester amis, il faut s'acquitter exactement de ce que l'on se doit l'un à l'autre.

C'est en forgeant qu'on devient forgeron.
À force de s'exercer à une chose, on y devient habile.

Le chat parti, les souris dansent.
Quand maîtres ou chefs sont absents, écoliers ou subordonnés mettent à profit leur liberté.

Comme on fait son lit, on se couche.
Il faut s'attendre en bien ou en mal à ce qu'on s'est préparé à soi-même par sa conduite.

Contentement passe richesse.
Le bonheur est préférable à la fortune.

Dis-moi qui tu hantes, je te dirai qui tu es.
On juge une personne d'après la société qu'elle fréquente.

L'enfer est pavé de bonnes intentions.
Les bonnes intentions ne suffisent pas si elles ne sont pas réalisées.

L'habit ne fait pas le moine.
Ce n'est pas sur l'extérieur qu'il faut juger les gens.

Il faut battre le fer pendant qu'il est chaud.
Il faut pousser activement une affaire qui est en bonne voie.

Il n'est pire aveugle que celui qui ne veut pas voir.
On ne peut pas ouvrir les yeux à une personne qui refuse de voir.

Il n'y a que le premier pas qui coûte.
Le plus difficile en toute chose est de commencer.

Mieux vaut tard que jamais.
Il vaut mieux, en certains cas, agir tard que ne pas agir du tout.

La nuit porte conseil.
La nuit est propre à nous inspirer de sages réflexions.

Nul n'est prophète en son pays.
Personne n'est apprécié à sa vraie valeur là où il vit habituellement.

On ne fait pas d'omelette sans casser d'œufs.
On n'arrive pas à un résultat sans peine ni sacrifices.

Petit à petit, l'oiseau fait son nid.
À force de persévérance, on vient à bout d'une entreprise.

Plus on est de fous, plus on rit.
La gaieté devient plus vive avec le nombre de joyeux compagnons.

Qui a bu boira.
On ne se corrige jamais d'un défaut devenu une habitude.

Qui aime bien châtie bien.
Un amour véritable est celui qui ne craint pas d'user d'une sage sévérité.

Qui ne dit mot consent.
Ne pas élever d'objection, c'est donner son adhésion.

Qui ne risque rien n'a rien.
Un succès ne peut s'obtenir sans quelque risque.

Qui trop embrasse mal étreint.
Qui entreprend trop de choses à la fois n'en réussit aucune.

Tout nouveau tout beau.
La nouveauté a toujours un charme particulier.

Trop de précaution nuit.
L'excès de précaution tourne souvent à notre désavantage.

Une hirondelle ne fait pas le printemps.
On ne peut rien conclure d'un seul cas, d'un seul fait.

Un tiens vaut mieux que deux tu l'auras.
Posséder peu, mais sûrement, vaut mieux qu'espérer beaucoup, sans certitude.

Le vin est tiré, il faut le boire.
L'affaire est engagée, il faut en accepter les suites, même fâcheuses.

Vouloir, c'est pouvoir.
On réussit lorsqu'on a la ferme volonté de réussir.

TABLEAU DES NOMBRES

Nombres cardinaux		*Nombres ordinaux*
1	un, une	premier, première, (1er, 1ère)
2	deux	deuxième (2e); second, seconde*
3	trois	troisième (3e)
4	quatre	quatrième (4e)
5	cinq	cinquième (5e)
6	six	sixième (6e)
7	sept	septième (7e)
8	huit	huitième (8e)
9	neuf	neuvième (9e)
10	dix	dixième (10e)
11	onze	onzième (11e)
12	douze	douzième (12e)
13	treize	treizième (13e)
14	quatorze	quatorzième (14e)
15	quinze	quinzième (15e)
16	seize	seizième (16e)
17	dix-sept	dix-septième (17e)

*Quand il n'y a que deux

Nombres cardinaux

		Nombres ordinaux
18	dix-huit	dix-huitième (18ᵉ)
19	dix-neuf	dix-neuvième (19ᵉ)
20	vingt	vingtième (20ᵉ)
21	vingt et un	vingt et unième (21ᵉ)
22	vingt-deux	vingt-deuxième (22ᵉ)
23	vingt-trois . . .	etc. (Tous les nombres ordinaux sont formés avec le suffixe **-ième.**)

Nombres cardinaux

30	trente	81	quatre-vingt-un
31	trente et un	82	quatre-vingt-deux . . .
32	trente-deux	90	quatre-vingt-dix
33	trente-trois . . .	91	quatre-vingt-onze
40	quarante	92	quatre-vingt-douze . . .
41	quarante et un	100	cent
42	quarante-deux . . .	101	cent un
50	cinquante	102	cent deux . . .
51	cinquante et un	200	deux cents
52	cinquante-deux . . .	201	deux cent un
60	soixante	202	deux cent deux . . .
61	soixante et un	300	trois cents
62	soixante-deux . . .	301	trois cent un
70	soixante-dix	302	trois cent deux . . .
71	soixante et onze	400	quatre cents
72	soixante-douze . . .	401	quatre cent un
80	quatre-vingts	402	quatre cent deux . . .

999	neuf cent quatre-vingt-dix-neuf
1 000	mille*
1 001	mille un
1 002	mille deux . . .
1 100	mille cent *ou* onze cents
1 200	mille deux cents *ou* douze cents
2 000	deux mille . . .
9 999	neuf mille neuf cent quatre-vingt-dix-neuf
10 000	dix mille
99 999	quatre-vingt-dix neuf mille neuf cent quatre-vingt-dix-neuf
100 000	cent mille
100 001	cent mille un
100 100	cent mille cent
101 000	cent un mille
1 000 000	un million
1 000 000 000	un milliard

Mil dans les dates: La Révolution française a commencé en mil sept cent quatre-vingt-neuf.

APPENDICE **D**

C O N J U G A I S O N S

A11

avoir

Indicatif

Présent

j'	ai
tu	as
il/elle	a
nous	avons
vous	avez
ils/elles	ont

Imparfait

j'	avais
tu	avais
il/elle	avait
nous	avions
vous	aviez
ils/elles	avaient

Passé simple

j'	eus
tu	eus
il/elle	eut
nous	eûmes
vous	eûtes
ils/elles	eurent

Passé composé

j'	ai eu
tu	as eu
il/elle	a eu
nous	avons eu
vous	avez eu
ils/elles	ont eu

Plus-que-parfait

j'	avais eu
tu	avais eu
il/elle	avait eu
nous	avions eu
vous	aviez eu
ils/elles	avaient eu

Passé antérieur

j'	eus eu
tu	eus eu
il/elle	eut eu
nous	eûmes eu
vous	eûtes eu
ils/elles	eurent eu

Futur

j'	aurai
tu	auras
il/elle	aura
nous	aurons
vous	aurez
ils/elles	auront

Futur antérieur

j'	aurai eu
tu	auras eu
il/elle	aura eu
nous	aurons eu
vous	aurez eu
ils/elles	auront eu

Conditionnel

Présent

j'	aurais
tu	aurais
il/elle	aurait
nous	aurions
vous	auriez
ils/elles	auraient

Passé

j'	aurais eu
tu	aurais eu
il/elle	aurait eu
nous	aurions eu
vous	auriez eu
ils/elles	auraient eu

Impératif

(tu)	aie
(nous)	ayons
(vous)	ayez

Subjonctif

Présent

que j'	aie
que tu	aies
qu'il/elle	ait
que nous	ayons
que vous	ayez
qu'ils/elles	aient

Imparfait

que j'	eusse
que tu	eusses
qu'il/elle	eût
que nous	eussions
que vous	eussiez
qu'ils/elles	eussent

Passé composé

que j'	aie eu
que tu	aies eu
qu'il/elle	ait eu
que nous	ayons eu
que vous	ayez eu
qu'ils/elles	aient eu

Plus-que-parfait

que j'	eusse eu
que tu	eusses eu
qu'il/elle	eût eu
que nous	eussions eu
que vous	eussiez eu
qu'ils/elles	eussent eu

Infinitif

Présent

avoir

Passé

avoir eu

Participe

Présent	Passé
ayant	eu(eue)

Antérieur

ayant eu

être

Indicatif				Subjonctif	

Indicatif

Présent

je	suis
tu	es
il/elle	est
nous	sommes
vous	êtes
ils/elles	sont

Imparfait

j'	étais
tu	étais
il/elle	était
nous	étions
vous	étiez
ils/elles	étaient

Passé simple

je	fus
tu	fus
il/elle	fut
nous	fûmes
vous	fûtes
ils/elles	furent

Passé composé

j'	ai été
tu	as été
il/elle	a été
nous	avons été
vous	avez été
ils/elles	ont été

Plus-que-parfait

j'	avais été
tu	avais été
il/elle	avait été
nous	avions été
vous	aviez été
ils/elles	avaient été

Passé antérieur

j'	eus été
tu	eus été
il/elle	eut été
nous	eûmes été
vous	eûtes été
ils/elles	eurent été

Futur

je	serai
tu	seras
il/elle	sera
nous	serons
vous	serez
ils/elles	seront

Futur antérieur

j'	aurai été
tu	auras été
il/elle	aura été
nous	aurons été
vous	aurez été
ils/elles	auront été

Conditionnel

Présent

je	serais
tu	serais
il/elle	serait
nous	serions
vous	seriez
ils/elle	seraient

Passé

j'	aurais été
tu	aurais été
il/elle	aurait été
nous	aurions été
vous	auriez été
ils/elles	auraient été

Impératif

(tu)	sois
(nous)	soyons
(vous)	soyez

Subjonctif

Présent

que je	sois
que tu	sois
qu'il/elle	soit
que nous	soyons
que vous	soyez
qu'ils/elles	soient

Imparfait

que je	fusse
que tu	fusses
qu'il/elle	fût
que nous	fussions
que vous	fussiez
qu'ils/elles	fussent

Passé composé

que j'	aie été
que tu	aies été
qu'il/elle	ait été
que nous	ayons été
que vous	ayez été
qu'ils/elles	aient été

Plus-que-parfait

que j'	eusse été
que tu	eusses été
qu'il/elle	eût été
que nous	eussions été
que vous	eussiez été
qu'ils/elles	eussent été

Infinitif

Présent

être

Passé

avoir été

Participe

Présent	*Passé*
étant	été

Antérieur

ayant été

LES PARTICIPES PASSÉS IRRÉGULIERS _____

En -u

avoir	eu	parvenir	parvenu
battre	battu	plaire	plu
boire	bu	pleuvoir	plu
combattre	combattu	pouvoir	pu
contenir	contenu	recevoir	reçu
convaincre	convaincu	savoir	su
courir	couru	survivre	survécu
croire	cru	tenir	tenu
déplaire	déplu	vaincre	vaincu
devenir	devenu	valoir	valu
devoir	dû	venir	venu
falloir	fallu	vivre	vécu
lire	lu	vouloir	voulu
maintenir	maintenu		

En -i

rire	ri
sourire	souri
suffire	suffi
suivre	suivi
servir	servi

En -is

admettre	admis	conquérir	conquis
apprendre	appris	éprendre	épris
asseoir	assis	mettre	mis
comprendre	compris	prendre	pris
compromettre	compromis	promettre	promis

En -int

atteindre	atteint	peindre	peint
craindre	craint	plaindre	plaint
éteindre	éteint	rejoindre	rejoint
feindre	feint	teindre	teint
joindre	joint		

En -ert

couvrir	couvert
découvrir	découvert
offrir	offert
ouvrir	ouvert
recouvrir	recouvert
souffrir	souffert

En -it

conduire	conduit
dire	dit
écrire	écrit
inscrire	inscrit
produire	produit
traduire	traduit

Divers

distraire	distrait
être	été
faire	fait
mourir	mort
naître	né

PREMIÈRE CONJUGAISON

Verbes réguliers en -er

Modèle: chanter

Indicatif

Présent

je	chante
tu	chantes
il/elle	chante
nous	chantons
vous	chantez
ils/elles	chantent

Passé composé

j'	ai chanté
tu	as chanté
il/elle	a chanté
nous	avons chanté
vous	avez chanté
ils/elles	ont chanté

Imparfait

je	chantais
tu	chantais
il/elle	chantait
nous	chantions
vous	chantiez
ils/elles	chantaient

Plus-que-parfait

j'	avais chanté
tu	avais chanté
il/elle	avait chanté
nous	avions chanté
vous	aviez chanté
ils/elles	avaient chanté

Passé simple

je	chantai
tu	chantas
il/elle	chanta
nous	chantâmes
vous	chantâtes
ils/elles	chantèrent

Passé antérieur

j'	eus chanté
tu	eus chanté
il/elle	eut chanté
nous	eûmes chanté
vous	eûtes chanté
ils/elles	eurent chanté

Futur

je	chanterai
tu	chanteras
il/elle	chantera
nous	chanterons
vous	chanterez
ils/elles	chanteront

Futur antérieur

j'	aurai chanté
tu	auras chanté
il/elle	aura chanté
nous	aurons chanté
vous	aurez chanté
ils/elles	auront chanté

Conditionnel

Présent

je	chanterais
tu	chanterais
il/elle	chanterait
nous	chanterions
vous	chanteriez
ils/elles	chanteraient

Passé

j'	aurais chanté
tu	aurais chanté
il/elle	aurait chanté
nous	aurions chanté
vous	auriez chanté
ils/elles	auraient chanté

Subjonctif

Présent

que je	chante
que tu	chantes
qu'il/elle	chante
que nous	chantions
que vous	chantiez
qu'ils/elles	chantent

Passé composé

que j'	aie chanté
que tu	aies chanté
qu'il/elle	ait chanté
que nous	ayons chanté
que vous	ayez chanté
qu'ils/elles	aient chanté

Imparfait

que je	chantasse
que tu	chantasses
qu'il/elle	chantât
que nous	chantassions
que vous	chantassiez
qu'ils/elles	chantassent

Plus-que-parfait

que j'	eusse chanté
que tu	eusses chanté
qu'il/elle	eût chanté
que nous	eussions chanté
que vous	eussiez chanté
qu'ils/elles	eussent chanté

Impératif

(tu)	chante
(nous)	chantons
(vous)	chantez

Infinitif

Present	chanter
Passé	avoir chanté

Participe

Présent	chantant
Passé	chanté (chantée)
Antérieur	ayant chanté

Verbes qui présentent des changements orthographiques

Indic. Prés.	Imparfait	Passé simple	Futur	Cond. Prés.	Impératif	Subj. Prés.	Subj. Imparf.
appeler, appelant, appelé(e), j'appelle, j'appelai							
appelle	appelais	appelai	appellerai	appellerais		appelle	appelasse
appelles	appelais	appelas	appelleras	appellerais	appelle	appelles	appelasses
appelle	appelait	appela	appellera	appellerait		appelle	appelât
appelons	appelions	appelâmes	appellerons	appellerions	appelons	appelions	appelassions
appelez	appeliez	appelâtes	appellerez	appelleriez	appelez	appeliez	appelassiez
appellent	appelaient	appelèrent	appelleront	appelleraient		appellent	appelassent
créer, créant, créé(e), je crée, je créai (et tous les verbes terminés par -éer)							
crée	créais	créai	créerai	créerais		crée	créasse
crées	créais	créas	créeras	créerais	crée	crées	créasses
crée	créait	créa	créera	créerait		crée	créât
créons	créions	créâmes	créerons	créerions	créons	créions	créassions
créez	créiez	créâtes	créerez	créeriez	créez	créiez	créassiez
créent	créaient	créèrent	créeront	créeraient		créent	créassent
employer, employant, employé(e), j'emploie, j'employai (et tous les verbes terminés par -oyer ou -uyer)							
emploie	employais	employai	emploierai	emploierais		emploie	employasse
emploies	employais	employas	emploieras	emploierais	emploie	emploies	employasses
emploie	employait	employa	emploiera	emploierait		emploie	employât
employons	employions	employâmes	emploierons	emploierions	employons	employions	employassions
employez	employiez	employâtes	emploierez	emploieriez	employez	employiez	employassiez
emploient	employaient	employèrent	emploieront	emploieraient		emploient	employassent
envoyer, * envoyant, envoyé(e), j'envoie, j'envoyai							
envoie	envoyais	envoyai	enverrai	enverrais		envoie	envoyasse
envoies	envoyais	envoyas	enverras	enverrais	envoie	envoies	envoyasses
envoie	envoyait	envoya	enverra	enverrait		envoie	envoyât
envoyons	envoyions	envoyâmes	enverrons	enverrions	envoyons	envoyions	envoyassions
envoyez	envoyiez	envoyâtes	enverrez	enverriez	envoyez	envoyiez	envoyassiez
envoient	envoyaient	envoyèrent	enverront	enverraient		envoient	envoyassent

*Ce verbe est irrégulier au futur et au conditionnel.

Indic. Prés.	Imparfait	Passé simple	Futur	Cond. Prés.	Impératif	Subj. Prés.	Subj. Imparf.
espérer, espérant, espéré(e), j'espère, j'espérai (et tous les verbes ayant **é** à l'avant-dernière syllabe de l'infinitif)*							
espère	espérais	espérai	espérerai	espérerais		espère	espérasse
espères	espérais	espéras	espéreras	espérerais	espère	espères	espérasses
espère	espérait	espéra	espérera	espérerait		espère	espérât
espérons	espérions	espérâmes	espérerons	espérerions	espérons	espérions	espérassions
espérez	espériez	espérâtes	espérerez	espéreriez	espérez	espériez	espérassiez
espèrent	espéraient	espérèrent	espéreront	espéreraient		espèrent	espérassent
jeter, jetant, jeté(e), je jette, je jetai (et la plupart des verbes en **-eter**)							
jette	jetais	jetai	jetterai	jetterais		jette	jetasse
jettes	jetais	jetas	jetteras	jetterais	jette	jettes	jetasses
jette	jetait	jeta	jettera	jetterait		jette	jetât
jetons	jetions	jetâmes	jetterons	jetterions	jetons	jetions	jetassions
jetez	jetiez	jetâtes	jetterez	jetteriez	jetez	jetiez	jetassiez
jettent	jetaient	jetèrent	jetteront	jetteraient		jettent	jetassent
lever, levant, levé(e), je lève, je levai (et la plupart des verbes ayant **e** à l'avant-dernière syllabe de l'infinitif).†							
lève	levais	levai	lèverai	lèverais		lève	levasse
lèves	levais	levas	lèveras	lèverais	lève	lèves	levasses
lève	levait	leva	lèvera	lèverait		lève	levât
levons	levions	levâmes	lèverons	lèverions	levons	levions	levassions
levez	leviez	levâtes	lèverez	lèveriez	levez	leviez	levassiez
lèvent	levaient	levèrent	lèveront	lèveraient		lèvent	levassent
manger, mangeant, mangé(e), je mange, je mangeai (et tous les verbes terminés par **-ger**)‡							
mange	mangeais	mangeai	mangerai	mangerais		mange	mangeasse
manges	mangeais	mangeas	mangeras	mangerais	mange	manges	mangeasses
mange	mangeait	mangea	mangera	mangerait		mange	mangeât
mangeons	mangions	mangeâmes	mangerons	mangerions	mangeons	mangions	mangeassions
mangez	mangiez	mangeâtes	mangerez	mangeriez	mangez	mangiez	mangeassiez
mangent	mangeaient	mangèrent	mangeront	mangeraient		mangent	mangeassent

*Sauf les verbes comme créer.

†Sauf les verbes comme **jeter** et **appeler** qui doublent la consonne qui suit l'**e** muet.

‡Les verbes en **-ger** ajoutent un **e** devant les lettres **a** et **o**.

DEUXIÈME CONJUGAISON

Verbes réguliers en -ir (indicatif présent en -is, part. prés. en -issant)*

Modèle: finir

Indicatif

Présent

je	finis
tu	finis
il/elle	finit
nous	finissons
vous	finissez
ils/elles	finissent

Imparfait

je	finissais
tu	finissais
il/elle	finissait
nous	finissions
vous	finissiez
ils/elles	finissaient

Passé simple

je	finis
tu	finis
il/elle	finit
nous	finîmes
vous	finîtes
ils/elles	finirent

Futur

je	finirai
tu	finiras
il/elle	finira
nous	finirons
vous	finirez
ils/elles	finiront

Passé composé

j'	ai fini
tu	as fini
il/elle	a fini
nous	avons fini
vous	avez fini
ils/elles	ont fini

Plus-que-parfait

j'	avais fini
tu	avais fini
il/elle	avait fini
nous	avions fini
vous	aviez fini
ils/elles	avaient fini

Passé antérieur

j'	eus fini
tu	eus fini
il/elle	eut fini
nous	eûmes fini
vous	eûtes fini
ils/elles	eurent fini

Futur antérieur

j'	aurai fini
tu	auras fini
il/elle	aura fini
nous	aurons fini
vous	aurez fini
ils/elles	auront fini

Conditionnel

Présent

je	finirais
tu	finirais
il/elle	finirait
nous	finirions
vous	finiriez
ils/elles	finiraient

Passé

j'	aurais fini
tu	aurais fini
il/elle	aurait fini
nous	aurions fini
vous	auriez fini
ils/elles	auraient fini

Impératif

(tu)	finis
(nous)	finissons
(vous)	finissez

Subjonctif

Présent

que je	finisse
que tu	finisses
qu'il/elle	finisse
que nous	finissions
que vous	finissiez
qu'ils/elles	finissent

Passé composé

que j'	aie fini
que tu	aies fini
qu'il/elle	ait fini
que nous	ayons fini
que vous	ayez fini
qu'ils/elles	aient fini

Imparfait

que je	finisse
que tu	finisses
qu'il/elle	finît
que nous	finissions
que vous	finissiez
qu'ils/elles	finissent

Plus-que-parfait

que j'	eusse fini
que tu	eusses fini
qu'il/elle	eût fini
que nous	eussions fini
que vous	eussiez fini
qu'ils/elles	eussent fini

Infinitif

Présent	finir
Passé	avoir fini

Participe

Présent	finissant
Passé	fini (finie)
Antérieur	ayant fini

*Le verbe **haïr** a un tréma dans toute sa conjugaison, excepté aux trois personnes du singulier du présent: *Je hais, tu hais, il hait* et à la 2e pers. sing. de l'impératif: *hais.*

Verbes réguliers en -ir (indicatif présent en -s)*

Modèle: sentir

Indicatif

Présent
je	sens
tu	sens
il/elle	sent
nous	sentons
vous	sentez
ils/elles	sentent

Imparfait
je	sentais
tu	sentais
il/elle	sentait
nous	sentions
vous	sentiez
ils/elles	sentaient

Passé simple
je	sentis
tu	sentis
il/elle	sentit
nous	sentîmes
vous	sentîtes
ils/elles	sentirent

Futur
je	sentirai
tu	sentiras
il/elle	sentira
nous	sentirons
vous	sentirez
ils/elles	sentiront

Passé composé
j'	ai senti
tu	as senti
il/elle	a senti
nous	avons senti
vous	avez senti
ils/elles	ont senti

Plus-que-parfait
j'	avais senti
tu	avais senti
il/elle	avait senti
nous	avions senti
vous	aviez senti
ils/elles	avaient senti

Passé antérieur
j'	eus senti
tu	eus senti
il/elle	eut senti
nous	eûmes senti
vous	eûtes senti
ils/elles	eurent senti

Futur antérieur
j'	aurai senti
tu	auras senti
il/elle	aura senti
nous	aurons senti
vous	aurez senti
ils/elles	auront senti

Conditionnel

Présent
je	sentirais
tu	sentirais
il/elle	sentirait
nous	sentirions
vous	sentiriez
ils/elles	sentiraient

Passé
j'	aurais senti
tu	aurais senti
il/elle	aurait senti
nous	aurions senti
vous	auriez senti
ils/elles	auraient senti

Subjonctif

Présent
que je	sente
que tu	sentes
qu'il/elle	sente
que nous	sentions
que vous	sentiez
qu'ils/elles	sentent

Imparfait
que je	sentisse
que tu	sentisses
qu'il/elle	sentît
que nous	sentissions
que vous	sentissiez
qu'ils/elles	sentissent

Passé composé
que j'	aie senti
que tu	aies senti
qu'il/elle	ait senti
que nous	ayons senti
que vous	ayez senti
qu'ils/elles	aient senti

Plus-que-parfait
que j'	eusse senti
que tu	eusses senti
qu'il/elle	eût senti
que nous	eussions senti
que vous	eussiez senti
qu'ils/elles	eussent senti

Impératif
(tu)	sens
(nous)	sentons
(vous)	sentez

Infinitif

Présent sentir

Passé avoir senti

Participe

Présent sentant

Passé senti (sentie)

Antérieur ayant senti

*Se conjuguent de même: **mentir, dormir, servir** (auxiliaire **avoir**), **partir, sortir** (auxiliaire **être**).
EXEMPLES: *Je dors, nous dormons; je sors, nous sortons.*

TROISIÈME CONJUGAISON

Verbes réguliers en -re (indicatif présent en -s)

Modèle: vendre

Indicatif

Présent
je	vends
tu	vends
il/elle	vend
nous	vendons
vous	vendez
ils/elles	vendent

Imparfait
je	vendais
tu	vendais
il/elle	vendait
nous	vendions
vous	vendiez
ils/elles	vendaient

Passé simple
je	vendis
tu	vendis
il/elle	vendit
nous	vendîmes
vous	vendîtes
ils/elles	vendirent

Futur
je	vendrai
tu	vendras
il/elle	vendra
nous	vendrons
vous	vendrez
ils/elles	vendront

Passé composé
j'	ai vendu
tu	as vendu
il/elle	a vendu
nous	avons vendu
vous	avez vendu
ils/elles	ont vendu

Plus-que-parfait
j'	avais vendu
tu	avais vendu
il/elle	avait vendu
nous	avions vendu
vous	aviez vendu
ils/elles	avaient vendu

Passé antérieur
j'	eus vendu
tu	eus vendu
il/elle	eut vendu
nous	eûmes vendu
vous	eûtes vendu
ils/elles	eurent vendu

Futur antérieur
j'	aurai vendu
tu	auras vendu
il/elle	aura vendu
nous	aurons vendu
vous	aurez vendu
ils/elles	auront vendu

Conditionnel

Présent
je	vendrais
tu	vendrais
il/elle	vendrait
nous	vendrions
vous	vendriez
ils/elles	vendraient

Passé
j'	aurais vendu
tu	aurais vendu
il/elle	aurait vendu
nous	aurions vendu
vous	auriez vendu
ils/elles	auraient vendu

Subjonctif

Présent
que je	vende
que tu	vendes
qu'il/elle	vende
que nous	vendions
que vous	vendiez
qu'ils/elles	vendent

Imparfait
que je	vendisse
que tu	vendisses
qu'il/elle	vendît
que nous	vendissions
que vous	vendissiez
qu'ils/elles	vendissent

Passé composé
que j'	aie vendu
que tu	aies vendu
qu'il/elle	ait vendu
que nous	ayons vendu
que vous	ayez vendu
qu'ils/elles	aient vendu

Plus-que-parfait
que j'	eusse vendu
que tu	eusses vendu
qu'il/elle	eût vendu
que nous	eussions vendu
que vous	eussiez vendu
qu'ils/elles	eussent vendu

Impératif

(tu)	vends
(nous)	vendons
(vous)	vendez

Infinitif

Présent
vendre

Passé
avoir vendu

Participe

Présent
vendant

Passé
vendu (vendue)

Antérieur
ayant vendu

CONJUGAISON AVEC L'AUXILIAIRE ÊTRE

Modèle: aller (irrégulier)

Indicatif

Présent		Passé composé	
je	vais	je	suis allé
tu	vas	tu	es allé
il/elle	va	il	est allé
nous	allons	elle	est allée
vous	allez	nous	sommes allés
ils/elles	vont	vous	êtes allé(s)
		ils	sont allés
		elles	sont allées

Imparfait		Plus-que-parfait	
j'	allais	j'	étais allé
tu	allais	tu	étais allé
il/elle	allait	il	était allé
nous	allions	elle	était allée
vous	alliez	nous	étions allés
ils/elles	allaient	vous	étiez allé(s)
		ils	étaient allés
		elles	étaient allées

Passé simple		Passé antérieur	
j'	allai	je	fus allé
tu	allas	tu	fus allé
il/elle	alla	il	fut allé
nous	allâmes	elle	fut allée
vous	allâtes	nous	fûmes allés
ils/elles	allèrent	vous	fûtes allé(s)
		ils	furent allés
		elles	furent allées

Futur		Futur antérieur	
j'	irai	je	serai allé
tu	iras	tu	seras allé
il/elle	ira	il	sera allé
nous	irons	elle	sera allée
vous	irez	nous	serons allé(e)s
ils/elles	iront	vous	serez allé(e)(s)
		ils	seront allés
		elles	seront allées

Conditionnel

Présent		Passé	
j'	irais	je	serais allé
tu	irais	tu	serais allé
il/elle	irait	il	serait allé
nous	irions	elle	serait allée
vous	iriez	nous	serions allé(e)s
ils/elles	iraient	vous	seriez allé(e)(s)
		ils	seraient allés
		elles	seraient allées

Impératif

(tu)	va
(nous)	allons
(vous)	allez

Subjonctif

Présent		Passé composé	
que j'	aille	que je	sois allé
que tu	ailles	que tu	sois allé
qu'il/elle	aille	qu'il	soit allé
que nous	allions	qu'elle	soit allée
que vous	alliez	que nous	soyons allé(e)s
qu'ils/elles	aillent	que vous	soyez allé(e)(s)
		qu'ils	soient allés
		qu'elles	soient allées

Imparfait		Plus-que-parfait	
que j'	allasse	que je	fusse allé
que tu	allasses	que tu	fusses allé
qu'il/elle	allât	qu'il	fût allé
que nous	allassions	qu'elle	fût allée
que vous	allassiez	que nous	fussions allé(e)s
qu'ils/elles	allassent	que vous	fussiez allé(e)(s)
		qu'ils	fussent allés
		qu'elles	fussent allées

Infinitif

Présent	Passé
aller	être allé(e)(s)

Participe

Présent	Passé	Antérieur
allant	allé (allée)	étant allé(e)(s)

Ind. Prés.	Imparfait	Passé simple	Futur	Cond. Prés.	Impératif	Subj. Prés.	Subj. Imparf.
acquérir, acquérant, acquis(e), j'acquiers, j'acquis							
acquiers	acquérais	acquis	acquerrai	acquerrais		acquière	acquisse
acquiers	acquérais	acquis	acquerras	acquerrais	acquiers	acquières	acquisses
acquiert	acquérait	acquit	acquerra	acquerrait		acquière	acquît
acquérons	acquérions	acquîmes	acquerrons	acquerrions	acquérons	acquérions	acquissions
acquérez	acquériez	acquîtes	acquerrez	acquerriez	acquérez	acquériez	acquissiez
acquièrent	acquéraient	acquirent	acquerront	acquerraient		acquièrent	acquissent
bouillir, bouillant, bouilli(e), je bous, je bouillis							
bous	bouillais	bouillis	bouillirai	bouillirais		bouille	bouillisse
bous	bouillais	bouillis	bouilliras	bouillirais	bous	bouilles	bouillisses
bout	bouillait	bouillit	bouillira	bouillirait		bouille	bouillît
bouillons	bouillions	bouillîmes	bouillirons	bouillirions	bouillons	bouillions	bouillissions
bouillez	bouilliez	bouillîtes	bouillirez	bouilliriez	bouillez	bouilliez	bouillissiez
bouillent	bouillaient	bouillirent	bouilliront	bouilliraient		bouillent	bouillissent
courir, courant, couru(e), je cours, je courus							
cours	courais	courus	courrai	courrais		coure	courusse
cours	courais	courus	courras	courrais	cours	coures	courusses
court	courait	courut	courra	courrait		coure	courût
courons	courions	courûmes	courrons	courrions	courons	courions	courussions
courez	couriez	courûtes	courrez	courriez	courez	couriez	courussiez
courent	couraient	coururent	courront	courraient		courent	courussent
cueillir, cueillant, cueilli(e), je cueille, je cueillis							
cueille	cueillais	cueillis	cueillerai	cueillerais		cueille	cueillisse
cueilles	cueillais	cueillis	cueilleras	cueillerais	cueille	cueilles	cueillisses
cueille	cueillait	cueillit	cueillera	cueillerait		cueille	cueillît
cueillons	cueillions	cueillîmes	cueillerons	cueillerions	cueillons	cueillions	cueillissions
cueillez	cueilliez	cueillîtes	cueillerez	cueilleriez	cueillez	cueilliez	cueillissiez
cueillent	cueillaient	cueillirent	cueilleront	cueilleraient		cueillent	cueillissent

Indic. Prés.	Imparfait	Passé simple	Futur	Cond. Prés.	Impératif	Subj. Prés.	Subj. Imparf.
fuir, fuyant, fui(e), je fuis, je fuis							
fuis	fuyais	fuis	fuirai	fuirais		fuie	fuisse
fuis	fuyais	fuis	fuiras	fuirais	fuis	fuies	fuisses
fuit	fuyait	fuit	fuira	fuirait		fuie	fuît
fuyons	fuyions	fuîmes	fuirons	fuirions	fuyons	fuyions	fuissions
fuyez	fuyiez	fuîtes	fuirez	fuiriez	fuyez	fuyiez	fuissiez
fuient	fuyaient	fuirent	fuiront	fuiraient		fuient	fuissent
mourir, mourant, mort(e), je meurs, je mourus							
meurs	mourais	mourus	mourrai	mourrais		meure	mourusse
meurs	mourais	mourus	mourras	mourrais	meurs	meures	mourusses
meurt	mourait	mourut	mourra	mourrait		meure	mourût
mourons	mourions	mourûmes	mourrons	mourrions	mourons	mourions	mourussions
mourez	mouriez	mourûtes	mourrez	mourriez	mourez	mouriez	mourussiez
meurent	mouraient	moururent	mourront	mourraient		meurent	mourussent
offrir, offrant, offert(e), j'offre, j'offris							
offre	offrais	offris	offrirai	offrirais		offre	offrisse
offres	offrais	offris	offriras	offrirais	offre	offres	offrisses
offre	offrait	offrit	offrira	offrirait		offre	offrît
offrons	offrions	offrîmes	offrirons	offririons	offrons	offrions	offrissions
offrez	offriez	offrîtes	offrirez	offririez	offrez	offriez	offrissiez
offrent	offraient	offrirent	offriront	offriraient		offrent	offrissent
ouvrir, ouvrant, ouvert(e), j'ouvre, j'ouvris							
ouvre	ouvrais	ouvris	ouvrirai	ouvrirais		ouvre	ouvrisse
ouvres	ouvrais	ouvris	ouvriras	ouvrirais	ouvre	ouvres	ouvrisses
ouvre	ouvrait	ouvrit	ouvrira	ouvrirait		ouvre	ouvrît
ouvrons	ouvrions	ouvrîmes	ouvrirons	ouvririons	ouvrons	ouvrions	ouvrissions
ouvrez	ouvriez	ouvrîtes	ouvrirez	ouvririez	ouvrez	ouvriez	ouvrissiez
ouvrent	ouvraient	ouvrirent	ouvriront	ouvriraient		ouvrent	ouvrissent

tenir, tenant, tenu(e), je tiens, je tins

Indic. Prés.	Imparfait	Passé simple	Futur	Cond. Prés.	Impératif	Subj. Prés.	Subj. Imparf.
tiens	tenais	tins	tiendrai	tiendrais		tienne	tinsse
tiens	tenais	tins	tiendras	tiendrais	tiens	tiennes	tinsses
tient	tenait	tint	tiendra	tiendrait		tienne	tint
tenons	tenions	tînmes	tiendrons	tiendrions	tenons	tenions	tinssions
tenez	teniez	tîntes	tiendrez	tiendriez	tenez	teniez	tinssiez
tiennent	tenaient	tinrent	tiendront	tiendraient		tiennent	tinssent

venir, venant, venu(e), je viens, je vins

Indic. Prés.	Imparfait	Passé simple	Futur	Cond. Prés.	Impératif	Subj. Prés.	Subj. Imparf.
viens	venais	vins	viendrai	viendrais		vienne	vinsse
viens	venais	vins	viendras	viendrais	viens	viennes	vinsses
vient	venait	vint	viendra	viendrait		vienne	vint
venons	venions	vînmes	viendrons	viendrions	venons	venions	vinssions
venez	veniez	vîntes	viendrez	viendriez	venez	veniez	vinssiez
viennent	venaient	vinrent	viendront	viendraient		viennent	vinssent

Indic. Prés.	Imparfait	Passé simple	Futur	Cond. Prés.	Impératif	Subj. Prés.	Subj. Imparf.
s'asseoir, s'asseyant, assis(e), je m'assieds, je m'assis							
m'assieds	m'asseyais	m'assis	m'assiérai	m'assiérais		m'asseye	m'assisse
t'assieds	t'asseyais	t'assis	t'assiéras	t'assiérais	assieds-toi	t'asseyes	t'assisses
s'assied	s'asseyait	s'assit	s'assiéra	s'assiérait		s'asseye	s'assît
nous asseyons	nous asseyions	nous assîmes	nous assiérons	nous assiérions	asseyons-nous	nous asseyions	nous assissions
vous asseyez	vous asseyiez	vous assîtes	vous assiérez	vous assiériez	asseyez-vous	vous asseyiez	vous assissiez
s'asseyent	s'asseyaient	s'assirent	s'assiéront	s'assiéraient		s'asseyent	s'assissent
devoir, devant, dû (dus, due, dues), je dois, je dus							
dois	devais	dus	devrai	devrais		doive	dusse
dois	devais	dus	devras	devrais		doives	dusses
doit	devait	dut	devra	devrait		doive	dût
devons	devions	dûmes	devrons	devrions		devions	dussions
devez	deviez	dûtes	devrez	devriez		deviez	dussiez
doivent	devaient	durent	devront	devraient		doivent	dussent
falloir, —, fallu, il faut, il fallut							
il faut	il fallait	il fallut	il faudra	il faudrait		qu'il faille	qu'il fallût
pouvoir,* pouvant, pu, je peux, je pus							
peux, puis*	pouvais	pus	pourrai	pourrais		puisse	pusse
peux	pouvais	pus	pourras	pourrais		puisses	pusses
peut	pouvait	put	pourra	pourrait		puisse	pût
pouvons	pouvions	pûmes	pourrons	pourrions		puissions	pussions
pouvez	pouviez	pûtes	pourrez	pourriez		puissiez	pussiez
peuvent	pouvaient	purent	pourront	pourraient		puissent	pussent
pleuvoir, pleuvant, plu, il pleut, il plut							
il pleut	il pleuvait	il plut	il pleuvra	il pleuvrait		qu'il pleuve	qu'il plût

*Interrogatif = puis-je?

recevoir* recevant, reçu(e), je reçois, je reçus

Indic. Prés.	Imparfait	Passé simple	Futur	Cond. Prés.	Impératif	Subj. Prés.	Subj. Imparf.
reçois	recevais	reçus	recevrai	recevrais		reçoive	reçusse
reçois	recevais	reçus	recevras	recevrais	reçois	reçoives	reçusses
reçoit	recevait	reçut	recevra	recevrait		reçoive	reçût
recevons	recevions	reçûmes	recevrons	recevrions	recevons	recevions	reçussions
recevez	receviez	reçûtes	recevrez	recevriez	recevez	receviez	reçussiez
reçoivent	recevaient	reçurent	recevront	recevraient		reçoivent	reçussent

savoir, sachant, su, je sais, je sus

Indic. Prés.	Imparfait	Passé simple	Futur	Cond. Prés.	Impératif	Subj. Prés.	Subj. Imparf.
sais	savais	sus	saurai	saurais		sache	susse
sais	savais	sus	sauras	saurais	sache	saches	susses
sait	savait	sut	saura	saurait		sache	sût
savons	savions	sûmes	saurons	saurions	sachons	sachions	sussions
savez	saviez	sûtes	saurez	sauriez	sachez	sachiez	sussiez
savent	savaient	surent	sauront	sauraient		sachent	sussent

valoir, valant, valu(e), je vaux, je valus

Indic. Prés.	Imparfait	Passé simple	Futur	Cond. Prés.	Impératif	Subj. Prés.	Subj. Imparf.
vaux	valais	valus	vaudrai	vaudrais		vaille	valusse
vaux	valais	valus	vaudras	vaudrais		vailles	valusses
vaut	valait	valut	vaudra	vaudrait		vaille	valût
valons	valions	valûmes	vaudrons	vaudrions		valions	valussions
valez	valiez	valûtes	vaudrez	vaudriez		valiez	valussiez
valent	valaient	valurent	vaudront	vaudraient		vaillent	valussent

voir, voyant, vu(e), je vois, je vis

Indic. Prés.	Imparfait	Passé simple	Futur	Cond. Prés.	Impératif	Subj. Prés.	Subj. Imparf.
vois	voyais	vis	verrai	verrais		voie	visse
vois	voyais	vis	verras	verrais	vois	voies	visses
voit	voyait	vit	verra	verrait		voie	vît
voyons	voyions	vîmes	verrons	verrions	voyons	voyions	vissions
voyez	voyiez	vîtes	verrez	verriez	voyez	voyiez	vissiez
voient	voyaient	virent	verront	verraient		voient	vissent

vouloir, voulant, voulu(e), je veux, je voulus

Indic. Prés.	Imparfait	Passé simple	Futur	Cond. Prés.	Impératif	Subj. Prés.	Subj. Imparf.
veux	voulais	voulus	voudrai	voudrais		veuille	voulusse
veux	voulais	voulus	voudras	voudrais	veuille	veuilles	voulusses
veut	voulait	voulut	voudra	voudrait		veuille	voulût
voulons	voulions	voulûmes	voudrons	voudrions	veuillons	voulions	voulussions
voulez	vouliez	voulûtes	voudrez	voudriez	veuillez	vouliez	voulussiez
veulent	voulaient	voulurent	voudront	voudraient		veuillent	voulussent

*Ce verbe a 3 radicaux: **reçois, recevons** et **reçoivent**. Il n'y a que 6 verbes qui se conjuguent ainsi: **apercevoir, concevoir, décevoir, percevoir, recevoir** et **devoir.**

VERBES IRRÉGULIERS EN -RE

Indic. Prés.	Imparfait	Passé simple	Futur	Cond. Prés.	Impératif	Subj. Prés.	Subj. Imparf.
battre, battant, battu(e), je bats, je battis							
bats	battais	battis	battrai	battrais		batte	battisse
bats	battais	battis	battras	battrais	bats	battes	battisses
bat	battait	battit	battra	battrait		batte	battît
battons	battions	battîmes	battrons	battrions	battons	battions	battissions
battez	battiez	battîtes	battrez	battriez	battez	battiez	battissiez
battent	battaient	battirent	battront	battraient		battent	battissent
boire, buvant, bu(e), je bois, je bus							
bois	buvais	bus	boirai	boirais		boive	busse
bois	buvais	bus	boiras	boirais	bois	boives	busses
boit	buvait	but	boira	boirait		boive	bût
buvons	buvions	bûmes	boirons	boirions	buvons	buvions	bussions
buvez	buviez	bûtes	boirez	boiriez	buvez	buviez	bussiez
boivent	buvaient	burent	boiront	boiraient		boivent	bussent
conclure, concluant, conclu(e), je conclus, je conclus							
conclus	concluais	conclus	conclurai	conclurais		conclue	conclusse
conclus	concluais	conclus	concluras	conclurais	conclus	conclues	conclusses
conclut	concluait	conclut	conclura	conclurait		conclue	conclût
concluons	concluions	conclûmes	conclurons	conclurions	concluons	concluions	conclussions
concluez	concluiez	conclûtes	conclurez	concluriez	concluez	concluiez	conclussiez
concluent	concluaient	conclurent	concluront	concluraient		concluent	conclussent
conduire, conduisant, conduit(e), je conduis, je conduisis (et tous les verbes en -uire, sauf luire, reluire et nuire)							
conduis	conduisais	conduisis	conduirai	conduirais		conduise	conduisisse
conduis	conduisais	conduisis	conduiras	conduirais	conduis	conduises	conduisisses
conduit	conduisait	conduisit	conduira	conduirait		conduise	conduisît
conduisons	conduisions	conduisîmes	conduirons	conduirions	conduisons	conduisions	conduisissions
conduisez	conduisiez	conduisîtes	conduirez	conduiriez	conduisez	conduisiez	conduisissiez
conduisent	conduisaient	conduisirent	conduiront	conduiraient		conduisent	conduisissent

connaître, connaissant, connu(e), je connais, je connus

Indic. Prés.	Imparfait	Passé simple	Futur	Cond. Prés.	Impératif	Subj. Prés.	Subj. Imparf.
connais	connaissais	connus	connaîtrai	connaîtrais		connaisse	connusse
connais	connaissais	connus	connaîtras	connaîtrais	connais	connaisses	connusses
connaît	connaissait	connut	connaîtra	connaîtrait		connaisse	connût
connaissons	connaissions	connûmes	connaîtrons	connaîtrions	connaissons	connaissions	connussions
connaissez	connaissiez	connûtes	connaîtrez	connaîtriez	connaissez	connaissiez	connussiez
connaissent	connaissaient	connurent	connaîtront	connaîtraient		connaissent	connussent

craindre, craignant, craint(e), je crains, je craignis (et tous les verbes en -indre)

Indic. Prés.	Imparfait	Passé simple	Futur	Cond. Prés.	Impératif	Subj. Prés.	Subj. Imparf.
crains	craignais	craignis	craindrai	craindrais		craigne	craignisse
crains	craignais	craignis	craindras	craindrais	crains	craignes	craignisses
craint	craignait	craignit	craindra	craindrait		craigne	craignît
craignons	craignions	craignîmes	craindrons	craindrions	craignons	craignions	craignissions
craignez	craigniez	craignîtes	craindrez	craindriez	craignez	craigniez	craignissiez
craignent	craignaient	craignirent	craindront	craindraient		craignent	craignissent

croire, croyant, cru(e), je crois, je crus

Indic. Prés.	Imparfait	Passé simple	Futur	Cond. Prés.	Impératif	Subj. Prés.	Subj. Imparf.
crois	croyais	crus	croirai	croirais		croie	crusse
crois	croyais	crus	croiras	croirais	crois	croies	crusses
croit	croyait	crut	croira	croirait		croie	crût
croyons	croyions	crûmes	croirons	croirions	croyons	croyions	crussions
croyez	croyiez	crûtes	croirez	croiriez	croyez	croyiez	crussiez
croient	croyaient	crurent	croiront	croiraient		croient	crussent

dire, disant, dit(e), je dis, je dis

Indic. Prés.	Imparfait	Passé simple	Futur	Cond. Prés.	Impératif	Subj. Prés.	Subj. Imparf.
dis	disais	dis	dirai	dirais		dise	disse
dis	disais	dis	diras	dirais	dis	dises	disses
dit	disait	dit	dira	dirait		dise	dît
disons	disions	dîmes	dirons	dirions	disons	disions	dissions
dites	disiez	dîtes	direz	diriez	dites	disiez	dissiez
disent	disaient	dirent	diront	diraient		disent	dissent

Indic. Prés.	Imparfait	Passé simple	Futur	Cond. Prés.	Impératif	Subj. Prés.	Subj. Imparf.
écrire, écrivant, écrit(e), j'écris, j'écrivis							
écris	écrivais	écrivis	écrirai	écrirais		écrive	écrivisse
écris	écrivais	écrivis	écriras	écrirais	écris	écrives	écrivisses
écrit	écrivait	écrivit	écrira	écrirait		écrive	écrivît
écrivons	écrivions	écrivîmes	écrirons	écririons	écrivons	écrivions	écrivissions
écrivez	écriviez	écrivîtes	écrirez	écririez	écrivez	écriviez	écrivissiez
écrivent	écrivaient	écrivirent	écriront	écriraient		écrivent	écrivissent
faire, faisant, fait(e), je fais, je fis (et tous les verbes composés de **faire**; **forfaire** et **parfaire** sont rares)							
fais	faisais	fis	ferai	ferais		fasse	fisse
fais	faisais	fis	feras	ferais	fais	fasses	fisses
fait	faisait	fit	fera	ferait		fasse	fît
faisons	faisions	fîmes	ferons	ferions	faisons	fassions	fissions
faites	faisiez	fîtes	ferez	feriez	faites	fassiez	fissiez
font	faisaient	firent	feront	feraient		fassent	fissent
joindre, joignant, joint(e), je joins, je joignis							
joins	joignais	joignis	joindrai	joindrais		joigne	joignisse
joins	joignais	joignis	joindras	joindrais	joins	joignes	joignisses
joint	joignait	joignit	joindra	joindrait		joigne	joignît
joignons	joignions	joignîmes	joindrons	joindrions	joignons	joignions	joignissions
joignez	joigniez	joignîtes	joindrez	joindriez	joignez	joigniez	joignissiez
joignent	joignaient	joignirent	joindront	joindraient		joignent	joignissent
lire, lisant, lu(e), je lis, je lus							
lis	lisais	lus	lirai	lirais		lise	lusse
lis	lisais	lus	liras	lirais	lis	lises	lusses
lit	lisait	lut	lira	lirait		lise	lût
lisons	lisions	lûmes	lirons	lirions	lisons	lisions	lussions
lisez	lisiez	lûtes	lirez	liriez	lisez	lisiez	lussiez
lisent	lisaient	lurent	liront	liraient		lisent	lussent

Indic. Prés.	Imparfait	Passé simple	Futur	Cond. Prés.	Impératif	Subj. Prés.	Subj. Imparf.
mettre, mettant, mis(e), je mets, je mis							
mets	mettais	mis	mettrai	mettrais		mette	misse
mets	mettais	mis	mettras	mettrais	mets	mettes	misses
met	mettait	mit	mettra	mettrait		mette	mît
mettons	mettions	mîmes	mettrons	mettrions	mettons	mettions	missions
mettez	mettiez	mîtes	mettrez	mettriez	mettez	mettiez	missiez
mettent	mettaient	mirent	mettront	mettraient		mettent	missent
naître, naissant, né(e), je nais, je naquis							
nais	naissais	naquis	naîtrai	naîtrais		naisse	naquisse
nais	naissais	naquis	naîtras	naîtrais	nais	naisses	naquisses
naît	naissait	naquit	naîtra	naîtrait		naisse	naquît
naissons	naissions	naquîmes	naîtrons	naîtrions	naissons	naissions	naquissions
naissez	naissiez	naquîtes	naîtrez	naîtriez	naissez	naissiez	naquissiez
naissent	naissaient	naquirent	naîtront	naîtraient		naissent	naquissent
peindre, peignant, peint(e), je peins, je peignis							
peins	peignais	peignis	peindrai	peindrais		peigne	peignisse
peins	peignais	peignis	peindras	peindrais	peins	peignes	peignisses
peint	peignait	peignit	peindra	peindrait		peigne	peignît
peignons	peignions	peignîmes	peindrons	peindrions	peignons	peignions	peignissions
peignez	peigniez	peignîtes	peindrez	peindriez	peignez	peigniez	peignissiez
peignent	peignaient	peignirent	peindront	peindraient		peignent	peignissent
plaire, plaisant, plu(e), je plais, je plus							
plais	plaisais	plus	plairai	plairais		plaise	plusse
plais	plaisais	plus	plairas	plairais	plais	plaises	plusses
plaît	plaisait	plut	plaira	plairait		plaise	plût
plaisons	plaisions	plûmes	plairons	plairions	plaisons	plaisions	plussions
plaisez	plaisiez	plûtes	plairez	plairiez	plaisez	plaisiez	plussiez
plaisent	plaisaient	plurent	plairont	plairaient		plaisent	plussent

Indic. Prés.	Imparfait	Passé simple	Futur	Cond. Prés.	Impératif	Subj. Prés.	Subj. Imparf.
prendre, prenant, pris(e), je prends							
prends	prenais	pris	prendrai	prendrais		prenne	prisse
prends	prenais	pris	prendras	prendrais	prends	prennes	prisses
prend	prenait	prit	prendra	prendrait		prenne	prît
prenons	prenions	prîmes	prendrons	prendrions	prenons	prenions	prissions
prenez	preniez	prîtes	prendrez	prendriez	prenez	preniez	prissiez
prennent	prenaient	prirent	prendront	prendraient		prennent	prissent
résoudre, résolvant, résolu(e) ou résous (résoute),* je résous, je résolus							
résous	résolvais	résolus	résoudrai	résoudrais		résolve	résolusse
résous	résolvais	résolus	résoudras	résoudrais	résous	résolves	résolusses
résout	résolvait	résolut	résoudra	résoudrait		résolve	résolût
résolvons	résolvions	résolûmes	résoudrons	résoudrions	résolvons	résolvions	résolussions
résolvez	résolviez	résolûtes	résoudrez	résoudriez	résolvez	résolviez	résolussiez
résolvent	résolvaient	résolurent	résoudront	résoudraient		résolvent	résolussent
rire, riant, ri(e), je ris, je ris							
ris	riais	ris	rirai	rirais		rie	risse
ris	riais	ris	riras	rirais	ris	ries	risses
rit	riait	rit	rira	rirait		rie	rît
rions	riions	rîmes	rirons	ririons	rions	riions	rissions
riez	riiez	rîtes	rirez	ririez	riez	riiez	rissiez
rient	riaient	rirent	riront	riraient		rient	rissent
rompre, rompant, rompu(e), je romps, je rompis							
romps	rompais	rompis	romprai	romprais		rompe	rompisse
romps	rompais	rompis	rompras	romprais	romps	rompes	rompisses
rompt	rompait	rompit	rompra	romprait		rompe	rompît
rompons	rompions	rompîmes	romprons	romprions	rompons	rompions	rompissions
rompez	rompiez	rompîtes	romprez	rompriez	rompez	rompiez	rompissiez
rompent	rompaient	rompirent	rompront	rompraient		rompent	rompissent

*Exemple: *Le brouillard s'est résous en pluie* (sens de *transformé changé*).

Indic. Prés.	Imparfait	Passé simple	Futur	Cond. Prés.	Impératif	Subj. Prés.	Subj. Imparf.
suivre, suivant, suivi(e), je suis, je suivis							
suis	suivais	suivis	suivrai	suivrais		suive	suivisse
suis	suivais	suivis	suivras	suivrais	suis	suives	suivisses
suit	suivait	suivit	suivra	suivrait		suive	suivît
suivons	suivions	suivîmes	suivrons	suivrions	suivons	suivions	suivissions
suivez	suiviez	suivîtes	suivrez	suivriez	suivez	suiviez	suivissiez
suivent	suivaient	suivirent	suivront	suivraient		suivent	suivissent
taire, taisant, tu(e), je tais, je tus							
tais	taisais	tus	tairai	tairais		taise	tusse
tais	taisais	tus	tairas	tairais	tais	taises	tusses
tait	taisait	tut	taira	tairait		taise	tût
taisons	taisions	tûmes	tairons	tairions	taisons	taisions	tussions
taisez	taisiez	tûtes	tairez	tairiez	taisez	taisiez	tussiez
taisent	taisaient	turent	tairont	tairaient		taisent	tussent
vaincre, vainquant, vaincu(e), je vaincs, je vainquis							
vaincs	vainquais	vainquis	vaincrai	vaincrais		vainque	vainquisse
vaincs	vainquais	vainquis	vaincras	vaincrais	vaincs	vainques	vainquisses
vainc	vainquait	vainquit	vaincra	vaincrait		vainque	vainquît
vainquons	vainquions	vainquîmes	vaincrons	vaincrions	vainquons	vainquions	vainquissions
vainquez	vainquiez	vainquîtes	vaincrez	vaincriez	vainquez	vainquiez	vainquissiez
vainquent	vainquaient	vainquirent	vaincront	vaincraient		vainquent	vainquissent
vivre, vivant, vécu(e), je vis, je vécus							
vis	vivais	vécus	vivrai	vivrais		vive	vécusse
vis	vivais	vécus	vivras	vivrais	vis	vives	vécusses
vit	vivait	vécut	vivra	vivrait		vive	vécût
vivons	vivions	vécûmes	vivrons	vivrions	vivons	vivions	vécussions
vivez	viviez	vécûtes	vivrez	vivriez	vivez	viviez	vécussiez
vivent	vivaient	vécurent	vivront	vivraient		vivent	vécussent

V E R B E S   P R O N O M I N A U X

Le participe passé des verbes de la liste suivante s'accorde toujours.

s'absenter	se dépêcher	s'évanouir
s'abstenir	se diriger	s'éveiller
s'agenouiller	se disputer avec	se fâcher contre
s'en aller	se douter de	se faire à
s'amuser	s'échapper	s'habiller
s'apercevoir de	s'écrier	s'habituer à
s'approcher	s'efforcer	se hâter
s'arrêter	s'éloigner	s'inscrire
s'attacher à	s'emparer de	s'intéresser à
s'attaquer à	s'endormir	se lamenter
s'attendre à	s'enfuir	se lever
s'avancer	s'ennuyer	se marier avec
s'aviser de	s'entendre	se méfier de
se cacher	s'éprendre de	se moquer de
se coucher	s'étonner	se plaindre
se couvrir	s'évader	s'y prendre

se presser	se résoudre à	se soucier de
se promener	se réunir	se souvenir de
se raviser	se réveiller	se taire
se réjouir	se sentir	se tromper
se repentir	se servir de	se voir

APPENDICE **F**

CARTES

Pays de langue française
Le Québec
La France

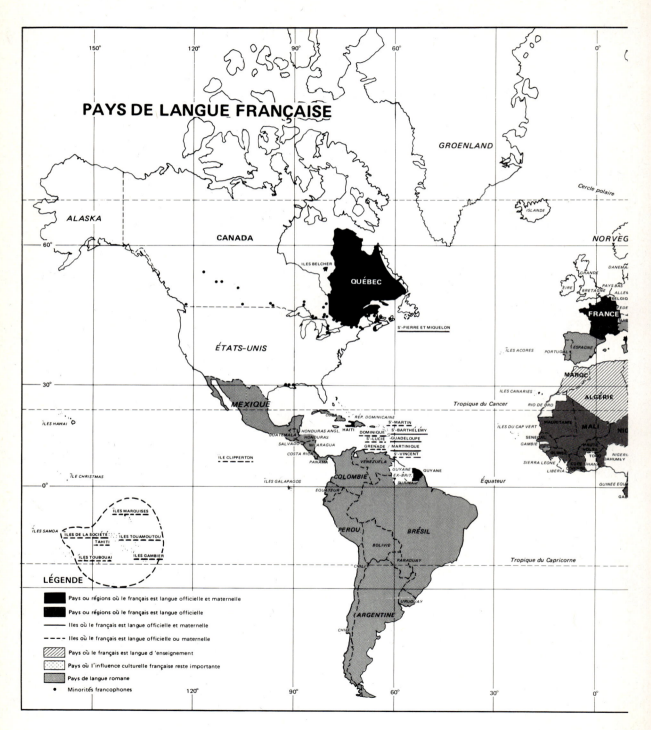

PAYS DE LANGUE FRANÇAISE

GROENLAND

Cercle polaire

ISLANDE

ALASKA

CANADA

NORVEG

GRANDE
DANEMA
ÉIRE BRETAGNE
PAYS BAS
ALLEM
BELGIQ

ÎLES BELCHER

QUÉBEC

FRANCE
SUIS

S¹-PIERRE ET MIQUELON

ÉTATS-UNIS

ÎLES ACORES

PORTUGAL ESPAGNE

MAROC

ÎLES CANARIES

Tropique du Cancer

ALGÉRIE

MEXIQUE

RIO DE ORO

ÎLES HAWAI

CUBA

RÉP. DOMINICAINE

S¹-MARTIN

ÎLES DU CAP VERT

MAURITANIE

MALI

NIG

GUATEMALA HONDURAS ANGL. HAITI

HONDURAS

DOMINIQUE

S¹-BARTHÉLÉMY

SÉNÉGAL

SALVADOR NICARAGUA

S¹-LUCIE GUADELOUPE

GAMBIE

HAUTE

ÎLE CLIPPERTON

COSTA RICA

GRENADE MARTINIQUE

GUINÉE

VOLTA
NIGERIA

PANAMA

S¹-VINCENT

SIERRA LEONE

COTE GHANA DAHOMEY

VENEZUELA

LIBERIA

ÎLE CHRISTMAS

ÎLES GALAPAGOS

Équateur

GUYANE
EX-BRIT.

GUYANE

GUINÉE EQU

COLOMBIE

SURINAM

GAB

ÉQUATEUR

PÉROU

BRÉSIL

ÎLES SAMOA

ÎLES MARQUISES

ÎLES DE LA SOCIÉTÉ

ÎLES TOUAMOUTOU

TAHITI

BOLIVIE

ÎLES TOUBOUAI

ÎLES GAMBIER

PARAGUAY

Tropique du Capricorne

CHILI

LÉGENDE

URUGUAY

Pays ou régions où le français est langue officielle et maternelle

Pays ou régions où le français est langue officielle

ARGENTINE

Iles où le français est langue officielle et maternelle

CHILI

- - - Iles où le français est langue officielle ou maternelle

Pays où le français est langue d'enseignement

Pays où l'influence culturelle française reste importante

Pays de langue romane

• Minorités francophones

SUEDE

FINLANDE

ASIE

R.D.A.
AGNE   POLOGNE
IE   TCHÉCOSLOVAQUIE
ALE   AUTRICHE
    HONGRIE
YOUGOSLAVIE   ROUMANIE
    ALBANIE   BULGARIE
ITALIE   GRÈCE

60°

KAMCHATKE

ÎLES ALÉOUTIENNES

MONGOLIE

TURQUIE
    SYRIE
LIBAN   IRAK
    JORDANIE
ISRAEL
R.A.U
IRAN

AFGHANISTAN

CHINE

CORÉE DU NORD

CORÉE DU SUD   JAPON

30°

ÎLES RIU-KIU

LIBYE

PAKISTAN

NÉPAL

ARABIE SAOUDITE

INDE

BIRMANIE
    LAOS
    VIÊT-NAM
    NORD
THAILANDE   VIÊT-NAM
CAMBODGE   SUD

ÎLES MARIANNES

ER
TCHAD
SOUDAN
TERRITOIRE FRANÇAIS
DES AFARS ET DES ISSAS
ETHIOPIE

CEYLAN

PHILIPPINES

ÎLE SPRATLY

RÉPUBLIQUE
CENTRAFRICAINE
CAMEROUN
CONGO   OUGANDA
BRAZZAVILLE   KENYA   SOMALIE
CONGO   RWANDA
KINSHASA   BURUNDI
TANZANIE

MALAISIE

ÎLES CAROLINES

ÎLES MARSHALL

ÎLES GILBERT

0°

ÎLES SEYCHELLES

ÎLE TCHAGOS

INDONÉSIE

NOUV.
GUINÉE

ÎLES SALOMON

ÎLES WALLIS   ÎLES SAMOA

ANGOLA
ZAMBIE   MALAWI

MADAGASCAR
ÎLES MASCAREIGNES

NOUVELLES
HÉBRIDES

ÎLES FIDJI

SUD-OUEST
RHODÉSIE
BOTSWANA   MOZAMBIQUE
AFRICAIN
AFRIQUE
SWAZILAND
LESOTHO

RODRIGUES
MAURICE
RÉUNION

NOUVELLE
CALÉDONIE

AUSTRALIE

30°

NOUVELLE AMSTERDAM

ÎLE S¹-PAUL

NOUVELLE
ZÉLANDE

ÎLE DU PRINCE ÉDOUARD
ÎLE MARION

ÎLES CROZET

ÎLES KERGUELEN

30°   60°   90°   120°   150°   180°

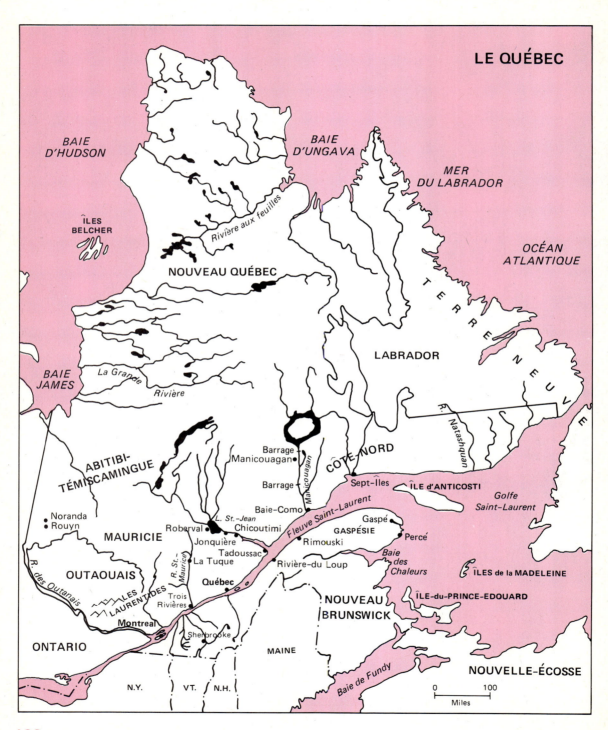

LE QUÉBEC

BAIE D'HUDSON

BAIE D'UNGAVA

MER DU LABRADOR

ÎLES BELCHER

OCÉAN ATLANTIQUE

Rivière aux feuilles

NOUVEAU QUÉBEC

T E R R E N E U V E

LABRADOR

BAIE JAMES

La Grande Rivière

R. Natashquan

Barrage Manicouagan

CÔTE-NORD

ABITIBI-TÉMISCAMINGUE

Barrage

Sept-Îles

ÎLE d'ANTICOSTI

Golfe Saint-Laurent

Baie-Como

Noranda
Rouyn

MAURICIE

L. St.-Jean
Roberval   Chicoutimi
Jonquière

Gaspé

Percé

Fleuve Saint-Laurent

GASPÉSIE

Rimouski

ÎLES de la MADELEINE

Tadoussac

Baie des Chaleurs

OUTAOUAIS

R. des Outanais

R. St.-Maurice

La Tuque

Rivière-du Loup

ÎLE-du-PRINCE-EDOUARD

LES LAURENTIDES

Québec

Trois Rivières

NOUVEAU BRUNSWICK

Montreal

ONTARIO

Sherbrooke

MAINE

NOUVELLE-ÉCOSSE

N.Y.   VT.   N.H.

Baie de Fundy

0   100
Miles

A38

GRANDE BRETAGNE

Pas-de-Calais Dunkerque

BELGIQUE

ALLEMAGNE

NORD
PAS-DE-
CALAIS

Lille

MANCHE

Amiens

LUXEMBOURG

Le Havre

Rouen

PICARDIE

Laon

Reims

Metz

Beauvais

Caen

HAUTE
NORMANDIE

★ Paris

Châlons-
sur-Marne

Nancy

ALSACE

BASSE-
NORMANDIE

Versailles

ILE
DE
FRANCE

Vaux le-
Vicomte

LORRAINE

Strasbourg

Brest

Chartres

Saint-Benoît-sur-Loire

CHAMPAGNE
ARDENNES

Colmar

BRETAGNE

Rennes

Le Mans

Orléans

FRANCE

Mulhouse

Angers

Tours

Blois

Chambord

Vézelay

Dijon

FRANCHE-
COMTE

Besançon

Nantes

Chenonceaux

SUISSE

Azay-le-Rideau

Bourges

BOURGOGNE

Autun

PAYS
DE LA
LOIRE

Poitiers

CENTRE

Loire

Tournus

Saint-Savin-sur-Gartempe

OCÉAN ATLANTIQUE

POITOU-
CHARENTES

La Rochelle

LIMOUSIN

Limoges

AUVERGNE

Clermont-
Ferrand

Lyon

RHÔNE
ALPES

Saintes

Royan

Saint-Étienne

ITALIE

MASSIF
CENTRAL

Grenoble

Bordeaux

Conques

AQUITAINE

Garonne

Moissac

MIDI-
PYRÉNÉES

Nîmes

Orange

PROVENCE
ALPES
CÔTE D'AZUR

Avignon

Nice

Toulouse

Montpellier

Aix-en-Provence

Antibes

LANGUEDOC-
ROUSSILLON

Marseille

Toulon

P Y R E N E E S

Perpignan

ESPAGNE

0   100

Kilometers

LA FRANCE

MER MÉDITERRANÉE

Bastia

CORSE

Ajaccio

5°   0°   5°

50°

45°

0°   5°

Rhin

VOSGES

JURA

ALPES

Saône

Rhône

Seine

L E X I Q U E

Etant donné le nombre restreint d'entrées que nous offrons, les mots élémentaires ainsi que les mots apparentés ne figureront pas dans ce lexique.

Tableau d'abréviations

adj.	adjectif	*péj.*	péjoratif
adv.	adverbe	*pl.*	pluriel
astron.	astronomie	*pol.*	politique
auto.	automobile	*pop.*	usage populaire
conj.	conjonction	*pr.*	pronom
culin.	culinaire	*prép.*	préposition
dém.	démonstratif	*pron.*	pronominal
f.	substantif féminin	*qqch.*	quelque chose
fam.	usage familier	*qqn.*	quelqu'un
impers.	impersonnel	*rel.*	relatif
indéf.	indéfini	*subj.*	subjonctif
intr.	intransitif	*tr.*	transitif
invar.	invariable	*v.*	verbe
m.	substantif masculin	'	devant *h* signale un *h* aspiré,
n.	substantif (nom) *m.* ou *f.*		qui empêche la liaison et l'élision

A

abaissement *m.* lowering
abaisser *v.tr.* to lower
abattre *v.tr.* to cut down (*arbre*), to shoot down (*oiseau*); **s'abattre** to swoop down on
abattu(e) *adj.* discouraged, afflicted
abîmer *v.tr.* to ruin, to damage
d'abord *adv.* at first
abordable *adj.* approachable
aborder *v.tr.* to approach
abrité(e) *adj.* sheltered, protected
accablé(e) *adj.* overcome; showered with
accessoire *m.* (*théâtre*) prop
accord *m.* permission; **s'accorder avec** to agree with, to get on well with; **être d'accord** to agree
accouchement *m.* birth
accourir *v. intr.* to come running, to rush toward
accrocher *v.tr.* to hang up, to suspend; to catch on (*qqch.*); **accrocher le regard** to catch the eye
accroissement *m.* growth
s'accroître *v.pron.* to grow
accueillant(e) *adj.* welcoming, friendly
accueillir *v.tr.* to welcome
achat *m.* purchase
acier *m.* steel; **acier inoxydable** stainless steel
acquérir *v.tr.* to acquire
actuel(le) *adj.* present, current; **à l'heure actuelle** at the present time; **le monde actuel** the world today
adoucir *v.tr.* to soften
affaire *f.* matter, business, deal, transaction
affairiste *m., adj.* racketeer
affaissé(e) *adj.* collapsed, sunken down, slumped
s'affaisser *v.pron.* to slump down, to cave in
affectif (affective) *adj.* emotional
affiche *f.* poster
afficher *v.tr.* to post, to bill, to stick up; **défense d'afficher** post no bills

affligé(e) *adj.* afflicted
s'affoler *v.pron.* to lose one's head
s'affranchir de *v.pron.* to free oneself from
affreux (affreuse) *adj.* awful
affriolant, e *adj.* enticing, tempting, exciting
affronter *v.tr.* to confront, to face, to brave; **s'affronter** to confront each other
afin que *conj.* in order that
agacer *v.tr.* to irritate, to aggravate
s'agenouiller *v.pron.* to kneel
agir *v.intr.* to act; **s'agir de** to be about: **il s'agit de** it is about, it concerns
agneau *m.* lamb
agréer *v.tr.* to accept; **veuillez agréer, Monsieur, l'expression de mes sentiments distingués** yours faithfully (*correspondance formelle*)
aigrelet, -te *adj.* piercing, shrillish
aigri(e) *adj.* embittered
aigu(ë) *adj.* acute
aiguille *f.* needle
aile *f.* wing
ailleurs *adv.* somewhere else; **par ailleurs** otherwise, in other respects; **d'ailleurs** besides, moreover
aîné(e) *n., adj.* older, oldest (*d'une famille*)
ainsi *adv.* thus; **il faut procéder ainsi** you have to proceed in this manner; **ainsi de suite** et cetera
aisance *f.* ease; **avec aisance** with ease
aise *n.* ease; **être à l'aise** to be at ease, comfortable; **être bien aise** to be happy
aisément *adv.* easily
ajouter *v.tr.* to add
aliment *m.* food
aller *v.intr.* to go; **s'en aller** to go away
aller simple *m.* one-way ticket
allongé(e) *adj.* stretched out
alors que *adv.* while, whereas
allumer *v.tr.* to turn on, to light
allure *f.* bearing, look; speed, pace
alourdi(e) *adj.* weighted down
amas *m.* heap, pile, mass

améliorer *v.tr.*   to become better, to improve

aménagement *m.*   development, improvement

amener *v.tr.*   to bring (*qqn.*)

amer (amère) *adj.*   bitter

amoindrir *v.tr.*   to lessen, to weaken, to diminish, to reduce

amorphe *adj.*   shapeless, amorphous; lifeless

amuser (s') *v.pron.*   to have fun

ananas *m.*   pineapple

anéantir *v.tr.*   to annihilate

angelot *m.*   little angel

angine *f.*   sore throat, pharyngitis, tonsillitis

angoisse *f.*   anxiety

annuaire *m.*   telephone book

apaisé(e) *adj.*   assuaged, appeased

apercevoir *v.tr.*   to catch a glimpse of; **s'apercevoir de**   to become aware of, to notice (*erreur, complot*)

aplatir *v.tr.*   to flatten out, to crush

apparaître *v.intr.*   to appear

appareil *m.*   apparatus, device; telephone; **appareil de photos, appareil photo**   camera

appartenir à *v.tr.*   to belong to

appétissant, e *adj.*   appetizing

apport *m.*   contribution

apprendre *v.tr.*   to learn

apprentissage *m.*   learning, apprenticeship

d'après *prép.*   according to; **d'après moi**   in my opinion

s'apprêter *v.pron.*   to ready oneself

approfondir *v.tr.*   to examine, explore, penetrate

appuyer *v.tr.*   to press, to push, to support; **appuyer sur un bouton**   to press a button; **appuyer sa thèse**   to support one's thesis; **s'appuyer contre le mur**   to lean against the wall

arachide *f.*   peanut; **beurre d'arachide**   peanut butter

araignée *f.*   spider

arborer *v.tr.*   to sport, wear

arbrisseau *m.*   shrub

arbuste *m.*   bush

archi- *préfixe*   extremely; **archibondé(e)**   chock full; **archiconnu(e)**   enormously well known

ardoise *f.*   slate

ardu(e) *adj.*   arduous, difficult

argot *m.*   slang

armoire *f.*   wardrobe, cupboard

arpent *m.*   Canadian measure equal to 191.8 feet

arpenter *v.tr.*   to pace up and down

arracher *v.tr.*   to tear away from, to snatch away from

arrêt *m.*   stop (*bus, train*)

arrêter *v.tr.*   to stop

arroser *v.tr.*   to water

ascenseur *m.*   elevator

assaisonner *v.tr.*   to season

s'assoupir *v.pron.*   to nod off

astiquer *v.tr.*   to polish (*meubles*)

atelier *m.*   workshop

atteindre *v.tr.*   to reach, to attain

attendre *v.tr.*   to wait for; **s'attendre à**   to expect to

attentat *m.*   assassination attempt; offense

attente *f.*   wait

atterrir *v.intr.*   to land (*avion*)

atterrissage *m.*   landing

attirance *f.*   attraction

attirer *v.tr.*   to attract, to entice, to lure

attraper *v.tr.*   to catch

attrayant(e) *adj.*   attractive

aube *f.*   dawn

aucun(e) *pr.indéf.*   not one, none, no

audace *f.*   audacity

auprès *prép.*   with, close by; **rester auprès d'un malade**   to stay with an invalid

aurore *f.*   dawn

aussitôt *adv.*   right away, immediately

autant *adv.;* **autant de**   as much; **autant que**   as much as; **d'autant que, d'autant plus que**   all the more so because

autel *m.*   alter

autour *adv.*   around

autrefois *adv.*   in the past

autrui *pr.*   others; **respecter le bien d'autrui**   to respect the property of other people

auvent *m.* awning
d'avance *adv.* beforehand
avant *prép.* before (*dans le temps*); **il est parti avant nous** he left before we did
avare *n.* miser; *adj.* stingy
avenir *m.* future
s'avérer *v.pron.* to be authenticated, to be proved; **ce raisonnement s'est avéré juste** this reasoning turned out to be correct
avertir *v.tr.* to inform, to warn
aveugle *n.* blind person; *adj.* blind
aveugler *v.tr.* to blind
avilir *v.tr.* to degrade, to debase, to demean
avilissant(e) *adj.* degrading, shameful, demeaning
aviron *m.* oar; **faire de l'aviron** to paddle; to crew
avis *m.* opinion, warning, point of view
aviser *v.tr.* to notify, to inform; **s'aviser de faire qqch.** to take it into one's head to do something
avocat(e) *n.* lawyer, attorney
avoir *v.tr.* to have; **avoir 20 ans** to be 20 years old; **avoir beau** to do something in vain; **il a beau insister, je ne le crois pas** he can insist all he likes, I don't believe him
avortement *m.* abortion; **se faire avorter** to have an abortion
avouer *v.tr.* to admit

B

badaud(e) *n.* gaping onlooker
badiner *v.intr.* to banter, to jest
bague *f.* ring
baguette *f.* wand; stick; long bread
se baigner *v.intr.* to go swimming
bâiller *v.intr.* to yawn
bain *m.* bath
baiser *m.* kiss
baisser *v.tr.* to lower
se balader *v.pron.* (*fam.*) to take a walk
balai *m.* broom

balance *f.* scale; **Balance** (*astron.*) Libra
balayer *v.tr.* to sweep (away)
ballotter *v.* to toss about
bande dessinée *f.* comic strip
banlieue *f.* suburb
barrer *v.tr.* to block
bas(se) *adj.* low
bas *m.* stocking
bataille *f.* battle
bâton *m.* stick
beaux-arts *m.pl.* (*Art*) the fine arts; (*école*) the Art School
bégayer *v.intr.* to stammer, to stutter
beignet *m.* doughnut
bélier *m.* ram; **Bélier** (*astron.*) Aries
bercer *v.tr.* to rock
berger (bergère) *n.* shepherd (shepherdess)
besoin *n.* need; **avoir besoin de** to need
bête *f.* animal; *adj.* stupid
bêtise *f.* stupidity, foolishness
beurrer *v.tr.* to butter
biberon *m.* baby's bottle
biche *f.* doe
bicoque *f.* shack
bien des *adv.* a good many; **bien des gens sont venus** a good many people showed up
bien entendu *adv.* of course
bien-être *m.* well-being
bien que *conj.* although (+ *subj.*)
bienveillant(e) *adj.* well-meaning, well-intentioned
bigarré(e) *adj.* multicolored
bijou *m.* jewel
bilan *m.* list; balance sheet; **faire le bilan** to take stock, to assess
billet *m.* ticket, letter; **billet simple** one-way ticket; **billet aller-et-retour** round-trip ticket
blessant(e) *adj.* wounding
blessé(e) *adj.* wounded, hurt
blesser *v.tr.* to wound, to hurt
bocal, *pl.* **boucaux** *m.* jar
bois *m.* wood; **une table de bois** a wooden table; **se promener au bois** to walk in the woods
boisson *f.* drink

boîte *f.* box; **boîte de conserve** can; **boîte de nuit** nightclub

bondé(e) *adj.* jammed, full to bursting

bonheur *m.* happiness; **par bonheur** fortunately

bonhomme *m.* **de neige** snowman

bord *m.* edge; **au bord de** *adv.* on, to the edge of

borne *f.* limit, bound

bosse *f.* bump, lump, hump

bouc *m.* billy goat

bouchée *f.* mouthful

boucher *v.tr.* to stop up, to block, to stuff; **boucher le nez** to hold one's nose

boue *f.* mud

bouffe *f.* (*fam.*) grub, food

bouger *v.intr.* to move (about)

bouillant(e) *adj.* boiling; hotheaded

boulanger (boulangère) *n.* baker

boulangerie *f.* bakery

bouleau *m.* birch tree

bouleverser *v.tr.* to upset

bourrade *f.* thump, dig, poke, prod

bourré,e *adj.* stuffed

bourreau *m.* executioner; **bourreau de travail** workaholic

bourrer *v.tr.* to stuff, to cram full; **se bourrer** to stuff oneself (**de** with)

bourse *f.* scholarship; purse; stock exchange

bout *m.* end

bouton *m.* button

braillard(e) *adj.* bawling, howling, yelling

branché,e *adj.* connected (to); (*argot*) with it

brèche *f.* breach, opening, gap

bricoler *v.intr.* to do odd jobs, to putter about

brin *m.* blade (*herbe*); tiny quantity, little bit

brio *m.* brilliance

brisé(e) *adj.* broken

briser *v.tr.* to break

brodé(e) *adj.* embroidered

brouette *f.* wheelbarrow

brouillard *m.* fog

brouillé(e) *adj.* muddled, confused, mixed up; **des œufs brouillés** scrambled eggs; **être brouillé avec qqn.** to be angry with someone; **se brouiller** to have a falling out

brouillon *m.* rough draft

brugnon *m.* nectarine

bruit *m.* noise

brûler *v.tr.* to burn

brume *f.* mist, fog

bruyant(e) *adj.* noisy

buée *f.* steam, condensation, mist

burette *f.* (*liturg.*) chalice

but *m.* aim, objective, purpose

buveur (buveuse) *n.* drinker

C

câblé,e *adj.* (*argot*) with it

cachet *m.* pill

cachottier (cachottière) *adj.* secretive

cadeau *m.* present, gift

cadet(te) *n., adj.* younger, youngest (*d'une famille*)

cadre *m.* frame; framework, context; executive

cahier *m.* notebook

caillou *m.* pebble

câlin(e) *adj.* cuddly, tender, loving

câliner *v.tr.* to fondle, to cuddle

calomniateur (calomniatrice) *n.* slanderer; *adj.* slanderous

calomnie *f.* slander, libel

Cambodge *m.* Cambodia

camion *m.* truck

campagne *f.* country(side); campaign

cancrelat *m.* cockroach

caneton *m.* duckling

se cantonner *v.pron.* to isolate oneself

caractères gras *m.pl.* bold letters, bold type

carré *m.* square

cartable *m.* schoolbag, satchel

cas *m.* case; **le cas échéant** if the case arises

case *f.* hutte, cabin, square, box, compartment; **cases numérotées** numbered squares

casquette *f.* cap

catégoriquement *adv.* flatly, dogmatically

cauchemar *m.* nightmare, bad dream

causer *v.intr.* to chat; *v.tr.* to cause

cave *f.* cellar

céder *v.tr.* to give up, to yield

celui (celle) *pr.dém.* the one; **celui-ci (celui-là)** this (that) one, the former (the latter)

cercueil *m.* coffin

cerveau *m.* brain

cesser *v.tr.* to cease, to stop

chacun(e) *pr.indéf.* each (one)

chahuter *v.intr.* to make a commotion, to create an uproar

chaleur *f.* heat

chameau *m.* camel

champ *m.* field

chance *f.* luck; **bonne chance** good luck

chandail *m.* sweater

chandelier *m.* candlestick, candelabra

changer *v.tr.* to change; **changer d'avis** to change one's mind, opinion

chapelure *f.* bread crumbs

chaque *adj.* each

char *m.* tank; car (*Québec*); chariot

charbon *m.* coal

chargé(e) *adj.* loaded, heavy

charger *v.tr.* to load

chasser *v.tr.* to hunt, to chase

chasseur (chasseuse) *n.* hunter (huntress)

chaton *m.* kitten

chaumière *f.* thatched cottage

chaussure *f.* shoe

chavirer *v.intr.* to capsize, to overturn; to shatter, to crumble

chef *m.* boss

cheminée *f.* fireplace

chêne *m.* oak tree

cher (chère) *adj.* dear; expensive

chère *f.* food, fare; **faire bonne chère** to eat well

chèvre *f.* goat

chevreau *m.* (*animal, peau*) kid

chiffre *m.* number

chimère *f.* dream, chimera, illusion

chimie *f.* chemistry

chiot *m.* puppy

chœur *m.* chorus, choir

choisir *v.tr.* to choose

choix *m.* choice

chômage *m.* unemployment

chou *m., pl.* **choux** cabbage

chouette *adj.* (*pop.*) great, terrific

choux-fleur *m.* cauliflower

chuchoter *v.intr.* to whisper

chum *m.* boyfriend (*Québec*)

chute *f.* fall

Chypre Cyprus

ci-dessous *adv.* below

ci-dessus *adv.* above

ci-inclus(e) *adj.* included

ci-joint(e) *adj.* attached

cible *f.* target

cierge *m.* candle

cil *m.* eyelash

citadin(e) *n.* city dweller

citoyen(ne) *n.* citizen

citron *m.* lemon

civet *m.* stew

clair(e) *adj.* light

clair *m.* **de lune** moonlight

claque *f.* slap

claquer *v.tr.* to slam, to slap

clavier *m.* keyboard

clef (ou clé) *f.* key; **fermer la porte à clef** to lock the door

climatiseur *m.* air conditioner

clochard *m.* tramp, bum

clocher *v.intr.* (*fam.*) to be cock-eyed; **c'est ce qui cloche** that's what's wrong

clôture *f.* fence

clou *m.* nail

cloué(e) *adj.* nailed down; rooted to the spot

clouer *v.tr.* to nail down

coche *f.* check mark

cocher *v.tr.* to check (off)

cochonnet *m.* piglet

coco *m.* term of affection

cocotier *m.* coconut palm

se coiffer *v.pron.* to comb one's hair

coin *m.* corner

colère *f.* anger; **se mettre en colère** to become angry

colis *m.* package, parcel

collant *m.* pantyhose

colombe *f.* dove

combien *adv.* how much, how many

comble *m.* height; **c'est le comble du ridicule!** that's the height of absurdity; **être au comble de la joie** to be overjoyed

comestible *adj.* edible

comme il faut as one ought (to do something)

commérages *m.pl.* gossip

commerçant(e) *n.* merchant, shopkeeper

commère *f.* gossip (the person)

commis *m.* **voyageur** traveling salesman

compact *m.* compact disk

compagnon (compagne) *n.* friend

compenser *v.tr.* to compensate

comportement *m.* behavior

se comporter *v.pron.* to behave, to act

comprimé *m.* pill, tablet

compte *m.* account; **prendre en compte** to take into account

compter *v.tr.* to count; **compter avec** to deal with, to take into account

con *adj.* bloody stupid; *n.* bloody idiot, damn fool

concevoir *v.intr.* to conceive

conclure *v.intr.* to conclude

concours *m.* competition

conçu(e) *adj.* conceived

conduire *v.tr.* to drive

se confier à *v.pron.* to confide in

confit(e) *adj.* preserved, candied; **confit(e) en dévotion** steeped in piety

confondre *v.tr.* to confuse, to mix up

confus(e) *adj.* (*personne*) embarrassed, ashamed; (*chose, texte, bruit*) muddled, confused

congé *m.* holiday; **un jour de congé** a day off; **donner congé à un employé** to give an employee notice

congélateur *m.* freezer

conjoint(e) *n.* spouse

conjurer *v.tr.* to avert, to ward off

connaissance *f.* knowledge; **faire la connaissance de qqn.** to make the acquaintance of someone

connaître *v.tr.* to be familiar with, to know (*personne, ville*)

connerie *f.* stupidity

consacrer *v.* to devote, dedicate

conseil *m.* advice

conseiller *v.tr.* to advise; to recommend (*qqch. à qqn.*)

conserves *f.pl.* canned food; **en conserve** canned

consonne *f.* consonant

constater *v.tr.* to take note of, to ascertain

conte *m.* tale, story

contingence *f.* everyday occurrence, chance happening

contraindre *v.tr.* to constrain; **se contraindre** to constrain oneself

contre *prép.* against; **par contre** on the other hand

contrevenir à *v.tr.* to violate, to break (*loi, règlement*)

convaincre *v.tr.* to convince

convenable *adj.* appropriate, suitable, fitting; **il convient de** it is advisable to

convier *v.tr.* to invite; to urge someone to do something

copain (copine) *n.* friend, pal

coquillage *m.* seashell; shellfish

coquin,e *adj.* et *n.* mischievous (person)

cor *m.* horn; **à cor et à cri** with clamoring, with hue and cry

cornichon *m.* pickle; stupid person

corolle *f.* corolla

corps *m.* body

corriger *v.tr.* to correct

corrompre *v.tr.* to corrupt

côté *m.* side; **à côté de** next to

côtoyer *v.tr.* to go along(side)

coucher *m.* act of going to bed; **coucher du soleil** sunset

se coucher *v.pron.* to go to bed

coude *m.* elbow

coudre *v.tr.* to sew; **cousu d'or** rolling in riches

couler *v.intr.* to flow, run, pour down

coulisse *f.* (*théâtre*) backstage area; **dans les coulisses** backstage, in the wings, behind the scenes

coup *m.* blow, abrupt action, stroke, move; **coup de dés** throw of the dice; **coup de foudre** lightning bolt; love at first sight; **coup de poing** punch; **coup de pied** kick; **coup de soleil** sunburn; **coup de téléphone** (*ou fil*) telephone call

coupable *adj.* guilty

couper *v.tr.* to cut

couramment *adv.* fluently

courant *m.* current (*eau, électricité*); draft (*air*)

courber *v.tr.* to bend, bow

courir *v.intr.* to run

courrier *m.* mail, correspondence

cours *m.* course (of study); **suivre des cours** to take courses

course *f.* race; errand

court(e) *adj.* short

couteau *m.* knife

coûter *v.intr.* to cost

couvercle *m.* (*culin.*) cover

cracher *v.intr.* to spit

craindre *v.tr.* to fear

crainte *f.* fear; **de crainte que** + *subj.* for fear that

crédule *adj.* credulous

crépuscule *m.* twilight, dusk

cresson *m.* watercress

crevaison *f.* blowout (*pneu*)

crevé(e) *adj.* exhausted, burst; died

crever *v.intr.* to burst (*pneu*); to wear out; (*fam.*) to croak; **crever de faim, de fatigue** to die of hunger, of fatigue

criblé,e *adj.* riddled with

croire *v.tr.* to believe

croissant,e *adj.* growing

croiser *v.tr.* to pass, to cross

croix *f.* cross

croquis *m.* sketch

croyant(e) *n., adj.* (person) who believes (in God)

cru,e *adj.* raw

cruauté *f.* cruelty

cruche *f.* pitcher; stupid person

cueillir *v.tr.* to gather (*fleurs*)

cuillerée *f.* spoonful

cuir *m.* leather

cuire *v.tr.* to cook

cuisson *f.* cooking; **temps de cuisson** cooking time; **ceci demande une longue cuisson** this needs to be cooked (baked) for a long time

cuite *f.* (*fam.*) **prendre une cuite** to get plastered

culotte *f.* pants

culpabilité *f.* guilt

cumuler *v.tr.* to accumulate

curer *v.tr.* to clean out, to scrape out

cuvette *f.* basin

D

davantage *adv.* more

dé *m.* thimble, die; **jouer aux dés** to play dice

débarrasser *v.tr.* to clear (*table*); **se débarrasser de** to get rid of

débat *m.* debate

se débattre *v.pron.* to struggle; **se débattre contre les difficultés**

débaucher *v.tr.* to debauch, to corrupt

débile *adj.* (*esprit*) feeble; **un débile mental** a mentally deficient person; (*péj.*) moron

débit *m.* rate of flow; delivery (*élocution*)

débiter *v.tr.* to recite

déborder *v.intr.* to overflow

debout *adv.invar.* standing (up)

déboutonner *v.tr.* to unbutton

se débrouiller *v.pron.* to get along

début *m.* beginning

débutant(e) *n.* beginner

décapotable *adj.* convertible (*auto.*)

décennie *f.* decade

décevant(e) *adj.* disappointing; deceptive

décevoir *v.tr.* to disappoint; to deceive

déchanter *v.intr.* to become disillusioned

décharné(e) *adj.* emaciated, all skin and bone

déchiffrer *v.tr.* to decipher

déchirer *v.tr.* to tear (up)

déclencher *v.tr.*   to set off, to activate, to trig-
ger, to launch, to provoke

déconcertant(e) *adj.*   disconcerting

déconcerter *v.tr.*   to disconcert; to thwart, to
frustrate

déconsidéré(e) *adj.*   discredited

découper *v.tr.*   to cut out

décrocher *v.tr.*   *téléphone (pour répondre)*
to pick up, lift; *(pour l'empêcher de sonner)*   to take off the hook; *(obtenir) prix,
contract, poste*   to get, to land

décroître *v.intr.*   to decrease, diminish, decline

dédaigner *v.tr.*   to scorn, to disdain

dedans *adv.*   inside

dédicace *f.*   dedication, inscription

défaut *m.*   flaw, defect; **à défaut de**   in the
absence of

déferlant(e) *adj.*   breaking *(vague)*

défilé *m.*   parade

défunt(e) *n.*   dead person, deceased

dégager *v.tr.*   to disengage, to extricate, to free

dégât *m.*   damage

dégonfler *v.tr.*   to deflate, to let the air out of

dégoût *m.*   disgust

déguiser *v.tr.*   to disguise, to mask; **se déguiser**   to disguise oneself

dehors *adv.*   outside; **en dehors de**   outside of

délavé,e *adj.*   faded, washed-out

délire *m.*   madness, delirium

démanger *v.intr.*   to itch

démarche *f.*   gait, walk; step, procedure

démarrer *v.intr.*   *(moteur, véhicule)* to start
(up)

démêlé *m.*   dispute, quarrel

déménager *v.intr.*   to move (out); **déménager
ses meubles**   to remove one's furniture

dément(e) *adj.*   insane, mad; unbelievable

démesure *f.*   excessiveness, immoderation

démesuré(e) *adj.*   disproportionate, inordinate

demeuré(e) *adj.*   half-witted

dénatalité *f.*   fall or decrease in the birth rate

dénicher *v.tr.*   to unearth, to hunt out

dénouement *m.*   ending

dent *f.*   tooth

dentelle *f.*   lace

départ *m.*   departure

dépaysé(e) *adj.*   disoriented, feeling like a fish
out of water

dépaysement *m.*   disorientation, feeling of
strangeness

dépeindre *v.tr.*   to depict

dépense *f.*   expenditure

déplaire à *v.tr.*   to displease

déploiement *m.*   unfurling, spreading

déployer *v.tr.*   to open out, to unfurl, to spread
out

déprimant(e) *adj.*   depressing

déprimé(e) *adj.*   depressed

depuis *prép.*   since; **depuis combien de
temps**   for how long; **depuis quand**   since
when

dérailler *v.intr.*   to derail

déranger *v.tr.*   to bother

déraper *v.intr.*   to skid

déréglé(e) *adj.*   unsettled, dissolute

dérisoire *adj.*   pathetic, derisory

dernier (dernière) *adj.*   last

se dérouler *v.pron.*   to unfold, to progress, to
develop

dérouté(e) *adj.*   disconcerted

dès *prép.*   from *(dans le temps)*; **dès son
retour**   as soon as he gets back; **dès maintenant**   from now on; **dès sa première
année**   right from his first year; **dès que**   as
soon as

désespoir *m.*   despair

désobligeant,e *adj.*   disagreeable, unpleasant

désoler *v.tr.*   to distress, upset

désormais *adv.*   henceforth, from now on

dessin *m.*   drawing; **dessin humoristique**
cartoon

destin *m.*   destiny, fate

destinée *f.*   personal destiny

désuet (désuète) *adj.*   outdated, antiquated

détendu(e) *adj.*   relaxed

détente *f.*   relaxation

détruire *v.tr.*   to destroy

devenir *v.tr.*   to become

dévêtir *v.tr.*   to undress

deviner *v.tr.*   to guess

devise *f.*   motto

dévoiler *v.tr.*   to unveil, to disclose, to reveal

devoir *m.*   duty; homework

devoir *v.tr.*   to owe, to have the obligation (to do something); must

dévouement *m.*   devotion

dévouer *v.tr.*   to devote; **se dévouer à**   to devote oneself to

dictée *f.*   dictation

différend *m.*   difference of opinion, disagreement

dinde *f.*   turkey

dire *v.tr.*   to say

directive *f.*   instruction, direction

diriger *v.tr.*   to direct

diseuse *f.* **de bonne aventure**   fortune teller

disparaître *v.intr.*   to disappear

disponible *adj.*   free, available

distraire *v.tr.*   to distract

distrait(e) *adj.*   absent-minded, inattentive

divers(e) *adj.*   diverse, varied, different

se divertir *v.pron.*   to have a good time, to amuse oneself

domicile *m.*   home, place of residence

domicilié,e *adj.*   living

dommage *m.*   damage, injury; **c'est dommage**   it's a pity, too bad

donc *conj.*   therefore

dont *pr.rel.*   of which, about which, whose, etc.

dorer *v.tr.*   (*culin.*) to glaze, to brown; to tan

dos *m.*   back; **le dos de la main**   the back of the hand

dosage *m.*   proportioning, measuring out

douane *f.*   board of customs

douanier *m.*   customs officer

douche *f.*   shower

se doucher *v.pron.*   to take a shower

doué(e) *adj.*   talented

douillet,te *adj.*   snug, cozy

douleur *f.*   pain

douloureux (douloureuse) *adj.*   painful

douter de *v.tr.*   to doubt, to question; **se douter de**   to suspect

dramaturge *m.*   playwright, dramatist

se dresser *v.pron.*   to stand up straight; to stand on end (*cheveux*)

droit,e *adj.*   straight; **tout droit**   straight ahead; **à droite**   to the right

droit *m.*   right; **étudier le droit**   to study law

drôle *adj.*   funny, comical, strange

durée *f.*   duration

durer *v.intr.*   to last

E

eau bénite *f.*   holy water

ébahi(e) *adj.*   astounded, dumbfounded

ébloui(e) *adj.*   dazzled

écarter *v.tr.*   to separate, to push away, to push aside

échange *m.*   exchange

échanger *v.tr.*   to exchange

échapper à *v.tr.*   to escape from

écharpe *f.*   scarf

échéance *f.*   deadline, settlement date; **à longue (courte) échéance**   long-term (short-term); **à longue échéance**   in the long run; **à courte échéance**   before long

échec *m.*   setback, failure; **jeu d'échecs**   chess game; **jouer aux échecs**   to play chess

échelle *f.*   ladder, scale

échouer *v.tr.*   to fail

éclair *m.*   bolt of lightning

éclairé(e) *adj.*   lit up; enlightened

éclat *m.*   brilliance

éclatant,e *adj.*   brilliant

éclater *v.intr.*   to break out, to burst, to explode

école *f.*   school; **grande école**   top school for the training of the French élite

écolier (écolière) *n.*   student (*à l'école primaire*)

écoulement *m.*   flow; **écoulement des voitures**   flow of traffic

écran *m.*   screen

écraser *v.tr.*   to squash, to crush

écourter *v.tr.*   to shorten

écrit *m.*   piece of writing; **mettre par écrit**   to put in writing

écume *f.*   foam, froth

effacer *v.tr.*   to erase

effectivement *adv.*   actually, really, in fact

efficace *adj.*   effective

efficacité *f.*   effectiveness

effondrer (s') *v.pron.*   to collapse, cave in

s'efforcer de *v.pron.*   to try hard, to endeavor

effrayant(e) *adj.*   frightening

égard *m.*   regard, **à l'égard de**   regarding, concerning

égarer *v.tr.*   to mislead

égoutter *v.tr.*   to drain

élan *m.*   surge, rush

s'élancer sur (*ou* **vers**) *v.pron.*   to throw oneself at

élargir *v.tr.*   to widen

élevé(e) *adj.*   raised

élever *v.tr.*   to raise

éleveur (éleveuse) *n.*   breeder

élire *v.tr.*   to elect

éloge *m.*   praise

éloigner *v.tr.*   to take away; to banish, to ward off, to avert

élu,e *adj.*   chosen

emballer *v.tr.*   to wrap; **s'emballer** *v.pron.* to get carried away

embauche *f.*   hiring, taking on

embaucher *v.tr.*   to hire

d'emblée *adj.*   right away, at the very first

embouteillage *m.*   traffic jam

émis,e *adj.*   broadcast

emmener *v.tr.*   to take (*qqn*)

émoi *m.*   emotion, excitement

émotif (émotive) *adj.*   emotional

émouvoir *v.tr.*   to affect, to stir, to move, to touch, to rouse

s'emparer de *v.pron.*   to seize, to grab; to invade

empêcher *v.tr.*   to prevent, to stop

emploi *m.*   employment; use

employer *v.tr.*   to use

empoigner *v.tr.*   to seize, grab

empoisonner *v.tr.*   to poison

emporte-pièce *m.*   punch; **à l'emporte-pièce**   incisive, biting

emporter *v.tr.*   to carry off

empreinte de *adj.*   tinged with, marked with

empressement *m.*   attentiveness

s'empresser *v.pron.*   to be attentive

emprunter *v.tr.*   to borrow

ému(e) *adj.*   touched, moved

en faisant *géron.*   by doing, while doing

en quoi   in what way(s)

enceinte *f.*   loudspeaker

enceinte *adj.*   pregnant

enclin(e) *adj.*   inclined

à l'encontre de *adv.*   contrary to, counter to

endormir *v.tr.*   to put to sleep; **s'endormir**   to fall asleep

endroit *m.*   place; **à l'endroit**   right side out (*étoffe, vêtement*)

endurci(e) *adj.*   hardened

enfer *m.*   hell

enfin *adv.*   finally

enfoncer *v.tr.*   to drive in, to thrust in (*clou*); **s'enfoncer dans**   to plunge into, to sink into

enfreindre *v.tr.*   to violate, to break (*loi*)

s'enfuir *v.pron.*   to flee, to run away

engeance *f.*   (*péj.*) mob, crew

engendrer *v.tr.*   to beget, to create, to breed

engin *m.*   machine, instrument

engouffrer *v.tr.*   to devour, to swallow

enhardir *v.tr.*   to make bolder; **s'enhardir**   to become bolder

ennui *m.*   trouble, worry, boredom

ennuyer *v.tr.*   to bore (*qqn.*); **s'ennuyer**   to be bored

enregistrement *m.*   recording

enregistrer *v.tr.*   to record

enrichir *v.tr.*   to enrich

enrichissement *m.*   enrichment

enseigner *v.tr.*   to teach

ensevelir *v.tr.*   to bury

ensevelissement *m.*   burial

ensuite *adv.*   then, next, afterwards

entaché(e) de *adj.*   tainted with

entasser *v.tr.*   accumulate

entendement *m.*   understanding

entendre *v.tr.*   to hear; **s'entendre**   to get along, to understand each other

enterrement *m.* burial

en-tête *m.* heading; **papier à en-tête** business stationery

entourer *v.tr.* to circle

entrailles *f.pl.* entrails, viscera

entraîner *v.tr.* to lead to, to bring about

entrefaites *f.pl.;* **sur ces entrefaites** at that moment, in the midst of all this

entreprenant(e) *adj.* enterprising, forward

entretenir *v.tr.* to converse with, to talk about

entretien *m.* formal conversation

entrevoir *v.tr.* to glimpse, to catch sight of

entrevue *f.* interview

envahir *v.tr.* to invade

envers *m.* reverse side, back (*vêtement, pièce de monnaie*)

envers *prép.* toward

envie *f.* desire; **avoir envie de faire qqch.** to feel like doing something

envier *v.tr.* to envy

environ *adv.* about, thereabouts, approximately

envisager *v.tr.* to view, to contemplate, to consider

s'envoler *v.pron.* to fly away

envoyer *v.tr.* to send

épais(se) *adj.* thick

épaisseur *f.* thickness

épanouir *v.intr.* to blossom, to open up, to bloom

épanouissement *m.* blossoming, blooming

épargner *v.tr.* to save, to put aside

épaule *f.* shoulder

épauler *v.tr.* to back up, to support, to help

épeler *v.tr.* to spell

éperdument *adv.* desperately, passionately, madly, frantically

épinards *m.pl.* spinach

éplucher *v.tr.* to peel (*légumes*)

épouser *v.tr.* to marry

épousseter *v.tr.* to dust

épouvante *f.* fright

épouvanter *v.tr.* to frighten, to scare

s'éprendre de *v.pron.* to fall in love with

épreuve *f.* test; (*publishing*) galley proof; (*photo*) proof, print; **à toute épreuve** resistant

éprouver *v.tr.* to feel, to experience

épuisant(e) *adj.* exhausting

épuisé(e) *adj.* exhausted

équilibre *m.* balance; **perdre (garder) son équilibre** to lose (keep) one's balance

équipe *f.* team

équitation *f.* horseback riding

erable *m.* maple

ère *f.* era

ériger *v.tr.* to set up, to establish, to erect

errer *v.intr.* to wander

escadrille *f.* (*aviation*) flight

escalade *f.* climbing, scaling

escalader *v.tr.* to climb, to scale

escamoter *v.tr.* to evade, skip, dodge

esclave *n.* slave

espèce *f.* type, sort

espérer *v.tr.* to hope

espoir *m.* hope

esprit *m.* mind, spirit

esquisser *v.tr.* to sketch

essor *m.* growth

essouflé(e) *adj.* breathless

essuyer *v.tr.* to wipe dry; **essuyer les assiettes** to dry the dishes; **s'essuyer les mains** to wipe one's hands; **essuyer une injure** to endure an insult

estampiller *v.tr.* to stamp

estomper *v.tr.* to blur, to dim, to soften

établi *m.* work table

étalage *m.* display

étaler *v.tr.* to spread out, to display

étang *m.* pond

étape *f.* stopping place, stage

état *m.* state

éteindre *v.tr.* to turn out, extinguish (*lumière*)

étendre *v.tr.* to spread out, to hang up; **s'étendre** to lie down, to stretch out, to extend

étendu(e) *adj.* stretched out

étincelle *f.* spark

s'étioler *v.pron.* to languish, to decline, to wither

étirer (s') *v.pron.*   to stretch
étoffe *f.*   material, fabric
étoile *f.*   star
étonnant,e *adj.*   astonishing
étonné(e) *adj.*   astonished
étouffer *v.tr.*   to suffocate
étourdissant,e *adj.*   stunning, staggering
étourdissement *m.*   dizziness, blackout
étranger (étrangère) *n.*   foreigner; *adj.* foreign;
    partir à l'étranger   to go abroad
étrangeté *f.*   strangeness
être *m.*   being; **être humain**   human being
être *v.intr.*   to be; **être en train de**   to be in the
    midst of
étreindre *v.tr.*   to embrace
étroit(e) *adj.*   narrow
évanouir *v.intr.*   to faint
éviter *v.tr.*   to avoid
exaucer *v.tr.*   to fulfill, to grant (*vœu*)
exigeant(e) *adj.*   demanding, hard to please
exiger *v.tr.*   to require
exigu(ë) *adj.*   tiny
exprès *adv.*   on purpose, intentionally
extrait *m.*   excerpt
extraverti(e) *adj.*   extroverted ≠ **introverti**

F

fâché(e) *adj.*   angry
se fâcher *v.intr.*   to become angry (**contre
    qqn.**   with someone)
façon *f.*   way, manner
facteur *m.*   mailman
factice *adj.*   artificial
facture *f.*   bill, invoice
facultatif (facultative) *adj.*   optional
faible *adj.*   weak
faire *v.tr.*   to do, to make; **faire de la
    raquette**   to snowshoe; **faire face à**   to face
    up to; **faire la cour**   to court, to woo; **faire le
    point**   to evaluate, to sum things up; **faire
    semblant**   to pretend
fait *m.*   fact
falaise *f.*   cliff

falloir *v.impers.*   to be necessary; **il faut le
    faire**   it has to be done
fantaisiste *adj.*   whimsical, fanciful
faon *m.*   fawn
farce *f.*   (*culin.*) stuffing
farcir *v.tr.*   to stuff
farouche *adj.*   shy, timid, unsociable; fierce;
    unshakable
faucher *v.tr.*   to scythe, to mow, to cut
faucille *f.*   sickle
se faufiler *v.pron.*   to edge one's way in
faute *f.*   error
fauteuil *m.*   armchair
faux, fausse *adj.*   false, wrong
faux *f.*   scythe
faveur *f.*   favor; **à la faveur de**   thanks to,
    owing to
fébrilement *adv.*   feverishly
fée *f.*   fairy
feindre *v.tr.*   to feign, to pretend
feinte *f.*   pretense
féliciter *v.tr.*   to congratulate
fendu,e *adj.*   slit
fer *m.*   iron; **fer à repasser**   iron (*pour
    vêtement*)
fermer *v.tr.*   to close; (*radio, lumière*) to turn
    off
fesses *f.pl.*   buttocks, the bottom
fêter *v.tr.*   to celebrate
feu *m.*   fire; **feu vert (rouge)**   green (red) light
feuille *f.*   leaf; **feuille de papier**   sheet of
    paper
feuilleter *v.tr.*   to leaf through, glance through,
    skim
fiable *adj.*   trustworthy, reliable
ficeler *v.tr.*   to tie up with string
ficelle *f.*   string
fidèle *adj.*   faithful
fier (fière) *adj.*   proud
se fier à *v.pron.*   to trust
figé(e) *adj.*   fixed, rigid
figure *f.*   face
figurer *v.intr.*   to appear; **figurer sur une liste,
    dans l'annuaire**   to appear on a list, in the
    directory

filer *v.intr.* to leave quickly; *v.tr.* to spin; **filer le parfait amour** to spin out love's sweet dream

filière *f.* (*carrière*) path, channel

fils *m.* son

fixer *v.tr.* to determine, to decide; **fixer la date** to set the date

flacon *m.* flask

flairer *v.tr.* (*fam.*) to smell

flambeau *m.* torch

flanquer *v.tr.* to toss

fleur *f.* flower; **la fleur de l'âge** the prime of life

flot *m.* wave; flowing mane

foi *f.* faith

foie *m.* liver

fois *f.* time; **trois fois** three times; **à la fois** at the same time; **il était une fois** once upon a time

fond *m.* bottom; depth; far end (*d'une cour, d'une pièce*)

fonds *m.* fund; assets

forçat *m.* convict

forfait *m.* fixed sum

fort(e) *adj.* strong; *adv.* very

fougue *f.* passion

fouiller *v.tr.* to search, to go through, to frisk, to scour, to comb, to excavate

foulard *m.* scarf

foule *f.* crowd

four *m.* oven; **four à micro-ondes** microwave oven

fourneau *m.* furnace, stove

fournir *v.tr.* to provide, to supply

fourre-tout *m.* junk cupboard, holdall

fourrure *f.* fur

foyer *m.* home, family; fireplace

fracas *m.* din, crash

framboise *f.* raspberry

franchir *v.tr.* to cross, step across

frappant,e *adj.* striking

frapper *v.tr.* to strike, to hit; **frappé de** struck by

frayer *v.tr.* to open up, to clear (*un chemin*); **frayer le passage à** to clear the way for; **se frayer un chemin** to plough one's way through

fredonner *v.tr.* to hum

frein *m.* brake

frêle *adj.* frail

frémir *v.intr.* to quake, to tremble, to shiver

frire *v.tr.* to fry

frisson *m.* shiver

frissonner *v.intr.* to shiver

froncer *v.tr.* to gather (*tissu*); **froncer les sourcils** to knit one's brow, to frown

fronder *v.intr.* to criticize, to satirize

front *m.* forehead

frontière *f.* boarder

frottement *m.* rubbing

frotter *v.tr.* to rub

fugace *adj.* fleeting, transient

fuir *v.tr.* to flee

fuite *f.* flight, leak

fumée *f.* smoke

fusil *m.* rifle, gun

G

gâcher *v.tr.* to waste, to spoil, to ruin

gagnant *m.* winner

gagner *v.tr.* to win, to earn; **gagner de l'argent** to make money

galère *f.* galley

gamme *f.* (*série*) [*couleurs, articles*] range

garde-à-vous *m.inv.* (*mil*) standing to attention

garder *v.tr.* to keep, to retain; **garder des enfants** to watch children

gâter *v.tr.* to spoil

gauche *f., adj.* left

gavé(e) *adj.* full to bursting

gaver (se) *v.pron.* to stuff oneself

gazon *m.* lawn

géant,e *adj.* giant

geler *v.intr.* to freeze, to ice over

Gémeaux *m.pl.* (*astron.*) Gemini
gêner *v.tr.* to bother
genou *m.* knee
gentil(le) *adj.* nice, kind
germe *m.* seed, source; **en germe** in the seed
germer *v.intr.* to sprout, to germinate
gestion *f.* management, administration
glabre *adj.* clean-shaven, hairless
glace *f.* ice
glacer *v.tr.* to freeze, to chill, to ice
glaçon *m.* ice cube
glissant(e) *adj.* slippery
glisser *v.intr.* to slip, to slide
gluant(e) *adj.* sticky
gorgée *f.* mouthful; **boire à petites gorgées** to take little sips; **boire à grandes gorgées** to gulp
gouffre *m.* abyss, chasm
gourbi *m.* shack
se gourer *v.pron.* (*fam.*) to be wrong, to goof
goût *m.* taste
goûter *m.* snack; *v.tr.* to taste
goutte *f.* drop
grand-chose *m.invar.* much; **pas grand-chose** not much
gratin *m.* (*culin.*) cheese (-topped) dish
gratiner *v.tr.* to cook au gratin; to stick to the pan
gratte-ciel *m.inv.* skyscraper
gratuit(e) *adj.* free of charge
gratuitement *adv.* without motivation, gratuitously
gré *m.* will; **à votre gré** to your liking, as you like; **au gré de sa fantaisie** as the fancy took him; **au gré des événements** according to the way things go, at the mercy of events **savoir gré** to be grateful
griffe *f.* (*couturier*) maker's label, signature
griffonner *v.tr.* to scribble
grillade *f.* grilled meat
grille-pain *m.* toaster
griller *v.tr.* to grill, to toast
grimé(e) *adj.* in greasepaint
grimper *v.tr.* to climb

grincer *v.intr.* to grate, to scratch, to creak, to gnash
grincheux (grincheuse) *adj.* grouchy
gris(e) *adj.* gray; tipsy
grisaille *f.* grayness, colorlessness, dullness, gloom
griser *v.tr.* to make tipsy, to intoxicate slightly
grogner *v.intr.* to grumble, to moan, to complain, to grunt
gronder *v.tr.* to scold, to reprimand
gros(se) *adj.* fat; large, bulky; **en gros** roughly speaking; wholesale
guère *adv.* hardly, not much
guerre *f.* war
guerrier *m.* warrior
guichet *m.* window, counter

H

habillement *m.* way of dressing, dress
habit *m.* clothing
s'habituer à *v.pron.* to get used to
'hache *f.* axe
'hacher *v.tr.* to chop up; **bifteck haché** ground beef
'haïr *v.tr.* to hate, to detest
'haleter *v.intr.* to pant
'hanter *v.tr.* to haunt
'harcèlement *m.* harassment
'harceler *v.tr.* to harass
'hardi(e) *adj.* courageous, audacious
'hargneux (hargneuse) *adj.* belligerent, aggressive
'haricot *m.* bean
'hasard *m.* chance; **laisser au hasard** to leave to chance; **par hasard** by chance; **un jeu de hasard** a game of chance
'hasardeux (hasardeuse) *adj.* risky
'hâte *f.* haste, impatience
'haut(e) *adj.* high; **le haut** the top
à haute voix *f.* out loud
'hauteur *f.* height
hebdomadaire *m., adj.* weekly

'**hérisser** v.tr.   (chat, porc-épic) to bristle
heure f.   hour, time; **heure de pointe**   rush hour; **quelle heure est-il?**   what time is it?; **à l'heure**   on time
'**heurter** v.tr.   to strike, to hit, to collide with; to clash with, to upset
'**hibou** m.   owl
'**honte** f.   shame
'**honteux (honteuse)** adj.   shameful
horaire m.   schedule
horloge f.   clock; **horloge à poids**   weighted clock
hôtel m. **de ville**   town hall
'**housse** f.   dust cover
huile f.   oil
huiler v.tr.   to oil
'**hurler** v.tr.   to shout
hypothèse f.   hypothesis

I

idem adj.   ditto, of the same kind
il se peut que + subj.   it is possible that
il y a . . .   there is, there are; **il y a deux ans que j'étudie le français**   I've been studying French for 2 years; **il y a deux ans, je suis allé en France**   Two years ago, I went to France
île f.   island, isle
impensable adj.   unthinkable
importer v.intr.   to matter; **n'importe**   no matter
imprévu(e) adj.   unexpected
impunément adj.   with impunity
inaperçu(e) adj.   unnoticed; **passer inaperçu(e)**   to go unnoticed
inapte adj.   incapable
inatteignable adj.   unattainable
inattendu(e) adj.   unexpected
inconnu(e) adj.   unknown
inconvenant(e) adj.   unseemly, improper
inculte adj.   uncultivated, uneducated
incursion f.   foray, incursion
indécis(e) adj.   uncertain
s'indigner v.pron.   to become indignant

induire v.tr.; **induire en erreur**   to mislead someone, lead someone astray
inébranlable adj.   unshakable, unwavering, steadfast
inépuisable adj.   inexhaustible
infatigable adj.   tireless
informatique f.   computer science, data processing
ingrat(e) adj.   ungrateful
inlassablement adv.   untiringly
innombrable adj.   innumerable, countless
inondé(e) adj.   flooded
inouï(e) adj.   unheard-of, unprecedented, incredible
inquiet (inquiète) adj.   worried
inquiétude f.   worry
inscrire v.tr.   to write down; **s'inscrire à l'université**   to enroll at the university
insensé(e) adj.   demented, insane, mad
insolite adj.   extraordinary, unusual
intempéries f.pl.   adversity, bad weather
interdire v.tr.   to forbid
interim m.   temporary, interim
interligne m.   double space; between the lines
intervenir v.intr.   to intervene, to occur, to be reached, to be taken (décision, mesure)
intrigue f.   plot
intriguer v.intr.   to scheme
issue f.   solution, exit, way out
ivre adj.   drunk
ivrogne (ivrognesse) n.   drunkard; adj. addicted to drink

J

jadis adv.   long ago, of olden days
jaillir v.intr.   to spout, to gush forth, to spurt
japper v.intr.   to yap, yelp
jaunir v.intr.   to yellow
jeter v.tr.   to throw
jeu m.   game
jouer v.intr., v.tr.   to play
jouet m.   toy
joueur (joueuse) n.   player

jumeau (jumelle) *n.* twin
jument *f.* mare
jupe *f.* skirt
jusqu'à *prép.* until, as far as, up to

L

lâcher *v.tr.* to let go; to blurt out; **attention! tu vas lâcher le verre** be careful! you're going to drop the glass
laid(e) *adj.* ugly
laine *f.* wool
laisser *v.tr.* to leave, to abandon; to let
lait *m.* milk; **produits laitiers** dairy products
lancer *v.tr.* to throw; to launch
languir *v.intr.* to languish, to suffer
larme *f.* tear
larmoyant(e) *adj.* tearful, maudlin
lavabo *m.* bathroom sink
lave-vaisselle *m.* dishwasher
lèche-bottes *m.invar.* bootlicker
léger (légère) *adj.* light, slight
légèreté *f.* lightness; frivolity, rashness
léguer *v.tr.* to bequeath, to hand down
lendemain *m.* the next day
lequel, laquelle, lesquels, lesquelles *pron. rel.* which
lestement *adv.* agilely, nimbly, sprightly
lèvre *f.* lip
lexique *m.* lexicon, vocabulary
libertin(e) *adj.* dissolute
libre *adj.* free, unrestrained
lien *m.* link, attachment
lier *v.tr.* to link; **lié(e) à** linked to
lieu *m.* place; **avoir lieu** to take place; **au lieu de** instead of
lieue *f.* league (*mesure*), seven kilometers
ligne *f.* line; silhouette, figure; **surveiller sa ligne** to watch one's weight
linge *m.* wash; linen
lisser *v.tr.* to smooth down
litière *f.* litter
livrer *v.tr.* to deliver; to give up; **se livrer** to surrender

locuteur (locutrice) *n.* speaker
loger *v.* to live; (*amis*) to put up
loi *f.* law, bill
loin *adv.* far
loisir *m.* leisure; **à loisir** as much as one desires
longueur *f.* length
loque *f.* rag
lors de *adv.* at the time of
lorsque *conj.* when
losange *m.* diamond shape
lot *m.* (*fig.*) fate, destiny
louer *v.tr.* to rent; to praise
loup *m.* wolf
lourd(e) *adj.* heavy
loyer *m.* rent
lucarne *f.* little round window
lueur *f.* faint light
lunettes *f.pl.* glasses, spectacles
lutin *m.* pixie
lys *m.* lily

M

machine *f.* **à écrire** typewriter
magnétoscope *m.* videotape recorder
maigre *adj.* thin
maigrir *v.intr.* to become thin, to lose weight
maille *f.* stitch, mesh
maillot *m.* leotard, jersey; **maillot de bain** bathing suit
maire *m.* mayor
mairie *f.* town hall
maison *f.* house; company, firm
majorité *f.* majority; **atteindre sa majorité** to come of age
majuscule *f.* capital letter
mal *m.* (*pl.* **maux**) evil; **le bien et le mal** good and evil; **le mal du pays** homesickness; *adv.* badly; **de mal en pis** from bad to worse **avoir le mal de mer** to be seasick
malgré *prép.* despite
malle *f.* (*bagage*) trunk
malpropre *adj.* dirty

mamelle *f.* breast; udder

Manche *f.* English Channel

manœuvre *m.* laborer

manquer *v.tr.* to miss; to be missing, to lack; **tu me manques** I miss you

maquiller *v.tr.* to make up; **se maquiller** to make oneself up

marchander *v.tr.* to bargain, to haggle

marché *m.* market; **par-dessus le marché** on top of all that; **bon marché** *adj.invar.* cheap; **articles bon marché** inexpensive items

marge *f.* margin; **en marge de** on the fringe of

marin *m.* sailor, seaman

mariner *v.tr.* to marinate (*culin.*)

marre *adv.;* **en avoir marre (de)** to be fed up with, sick of

marron *adj.* brown; *n.m.* chestnut

matelas *m.* mattress

matelot *m.* sailor

matière *f.* subject (*école*); matter; **matière grise** gray matter, brain

maudire *v.tr.* to curse

maudit,e *adj.* cursed

méchanceté *f.* spitefulness, maliciousness

médaille *f.* medal

méduse *f.* jellyfish

méfiance *f.* distrust

méfiant(e) *adj.* distrustful

mêlée *f.* scuffle, free-for-all

mêler *v.tr.* to mix, to mingle, to jumble

même *adj.* same, even; **à même** directly; **être à même de** to be in a position to; **de même** in the same way

ménage *m.* married couple; household; housekeeping; **faire le ménage** to do the housework; **femme de ménage** cleaning lady

ménager, ère *adj.;* **travaux ménagers** housework

ménagère *f.* housewife

mendier *v.tr.* to beg

mener *v.tr.* to lead

mensonge *m.* lie; **dire un mensonge** to lie

mensuel(le) *n., adj.* monthly

mentalité *f.* attitude

mentir *v.intr.* to lie; **tu mens!** you're a liar!

menton *m.* chin

mépris *m.* scorn, disdain

méprisant,e *adj.* scornful

merle *m.* blackbird; **chercher le merle blanc** to seek the impossible, to seek one's dream man or woman

mesquin(e) *adj.* mean, stingy, petty

mesquinerie *f.* meanness, pettiness, stinginess

messe *f.* (*liturg*) mass; **messe haute** high mass; **messe basse** low mass

mesure *f.* measurement, measure; **à mesure que** as

métier *m.* profession

métissage *m.* interbreeding, crossbreeding

mettre *v.tr.* to put, to place; **mettre au point** to set the record straight, to clarify; **mettre au supplice** to torture; **se mettre à** to begin to

meuble *m.* piece of furniture; **une chambre meublée** a furnished room

meugler *v.intr.* to moo, to low

miette *f.* crumb

mijoter *v.tr.* to simmer

milieu *m.* middle, center

millefeuille *m.* (*culin.*) Napoleon

mince *adj.* slender

mine *f.* expression, look, appearance, air

miner *v.tr.* to undermine

minuscule *f.* lowercase letter

mirifique *adj.* marvelous

mise *f.* **en œuvre** implementation; **être de mise** to be acceptable

mitrailler *v.tr.* to pelt, to machine-gun

mobile *m.* motive

mœurs *f.pl.* customs, habits

moins *adv.* less; **de moins en moins** less and less; **à moins que** unless

moitié *f.* half

mollasson *n.* lazy lump

mondain(e) *adj.* wordly

se moquer de *v.pron.* to make fun of; **vous vous moquez!** you're kidding!

mordre *v.tr.* to bite

mot *m.*   word

moteur *m.*   motor

mou (molle) *adj.*   soft, limp, weak

mouchoir *m.*   handkerchief

mouette *f.*   sea gull

mouiller *v.tr.*   to wet

moule *m.*   mold

moulin à café *m.*   coffee mill

mousse *f.*   foam

moyen *m.*   way; means

moyenne *f.*   average; **en moyenne**   on the average

muet(te) *adj.*   mute, silent; not pronounced

muraille *f.*   thick wall

mûr(e) *adj.*   ripe; adult, grown-up; **ayant réfléchi mûrement**   after lengthy deliberation

mûre *f.*   blackberry

N

nageur (nageuse) *n.*   swimmer

naguère *adv.*   a short while ago

naissance *f.*   birth

naître *v.intr.*   to be born

nappe *f.*   tablecloth

napper *v.tr.*   (*culin.*) to coat: **napper un gâteau de chocolat**

narine *f.*   nostril

natation *f.*   swimming

nature *f.* **morte**   still life

navet *m.*   turnip

navette *f.*   shuttle

navire *m.*   ship

néanmoins *adv.*   nevertheless, yet

néant *m.*   nothingness, nought

nef *f.*   (*archit.*) nave; vessel, ship

néfaste *adj.*   harmful, unlucky

nerf *m.*   nerve

net(te) *adj.*   clean, neat, precise, clear

netteté *f.*   clarity

nettoyer *v.tr.*   to clean

ni . . . ni *conj.*   neither . . . nor

nid *m.*   nest

nier *v.tr.*   to deny, to negate

niveau *m.*   level

nœud *m.*   bow, knot

nom *m.*   name; noun

note *f.*   grade; note; bill

noter *v.tr.*   to take note of, to remark

nourrice *f.*   nurse

nourrir *v.tr.*   to nourish, to feed

nourrisson *m.*   nursing baby

nourriture *f.*   food

nouvelle *f.*   short story

noyer *v.tr.*   to drown

nu(e) *adj.*   nude, naked

numéroter *v.tr.*   to number

O

objectif *m.*   lens

obscurité *f.*   darkness, obscurity

occuper *v.tr.*   to occupy; **s'occuper de**   to take care of

œuf *m.*   egg; **œuf à la coque**   soft-boiled egg; **œuf sur le plat**   fried egg

œuvre *f.*   work (*livre, peinture*); works (*production artistique*)

offrir *v.tr.*   to offer

oie *f.*   goose

oiseau *m.*   bird

ombre *f.*   shadow, shade

omettre *v.tr.*   to leave out, to omit

onde *f.*   wave

onéreux (onéreuse) *adj.*   costly, burdensome

opprimer *v.tr.*   to oppress

optique *f.*   perspective; **dans cette optique**   in this perspective, from this point of view; **situer un argument dans une optique historique**   to situate an argument in a historical perspective

or *m.*   gold

ordinateur *m.*   computer

ordure *f.*   filth; **les ordures**   household garbage

oreille *f.*   ear

oreiller *m.*   pillow

orgueil *m.*   pride, hubris

orgueilleux (orgueilleuse) *adj.* proud, conceited
orthographe *f.* spelling
oser *v.tr.* to dare
otage *m.* hostage
où que + *subj.* wherever
ouf! *interg.* expression of relief
ours *m.* bear
outil *m.* tool
outrancier,ère *adj.* extreme, excessive
outre *prép.* in addition to; **en outre** moreover, besides, furthermore; *adv.* beyond; **passer outre** to go beyond, to surmount; **outre-mer** overseas
ouvrage *m.* work, piece of work (*livre, construction, broderie*)
ouvre-boîte *m.* canopener
ouvrier (ouvrière) *n.* worker
ouvrir *v.tr.* to open

P

pagne *m.* loincloth
païen(ne) *n.* pagan
paillasse *f.* straw mattress
paille *f.* straw
paix *f.* peace
palper *v.tr.* to feel, finger
pamplemousse *m.* grapefruit
panier *m.* basket
panne *f.* mechanical breakdown; **tomber en panne** to break down
pansement *m.* bandage
panser *v.tr.* to bandage
papier *m.* **à lettres** stationery
pâquerette *f.* daisy
par-delà *prép.* beyond
paraître *v.intr.* to appear, to seem; to be published
parapluie *m.* umbrella
parcourir *v.tr.* to cover, to travel
parcours *m.* distance, journey, route, course
pareil(le) *adj.* similar
parer *v.tr.* to decorate, to adorn, to dress

paresseux (paresseuse) *adj.* lazy
parfaire *v.tr.* to perfect, to put the finishing touches on
parfois *adv.* sometimes
parmi *prép.* among
parolier *m.* lyricist
parrainage *m.* patronage, sponsorship
parsemer *v.tr.* to sprinkle, to strew
partager *v.tr.* to share
parti *m.* (*pol.*) party
particulier *m.* individual, person
parties *f.pl.* **du discours** parts of speech
partir *v.intr.* to leave; **à partir de 18 ans** from the age of 18
parvenir *v.tr.* to reach, to get to; **ma lettre lui est parvenue** my letter reached him
passade *f.* passing fancy, whim, fad
passager (passagère) *adj.* transitory, provisional
passer un examen to take a test; **se passer de** to do without
passoire *f.* sieve, strainer
patelin *m.* village
patin *m.* ice skate; **patins à roulettes** roller skates
patinoire *f.* ice-skating rink
patron(ne) *n.* boss
pavoiser *v.intr.* to exult, rejoice, put out the flags
pays *m.* country
paysagiste *n.* landscape painter
peau *f.* skin
pêcher *v.tr.* to fish; **pêcheur (pêcheuse)** *n.* fisher
pécher *v.intr.* to sin; **pécheur (pécheresse)** *n.* sinner
peindre *v.tr.* to paint
peine *f.* trouble, effort, sorrow, sadness; **avoir de la peine** to be upset; **à peine** scarcely; **la peine de mort** capital punishment
peler *v.tr.* to peel
pellicule *f.* film
pelouse *f.* lawn
pendant *adv.* during, for, while
pendant(e) *adj.* hanging down

pendre *v.tr.* to hang; **se pendre** to hang one-self

pénible *adj.* painful

percé(e) *adj.* pierced

perclus(e) *adj.* paralyzed, frozen

percutant(e) *adj.* percussive, forceful, explosive

perdant *m.* loser

périodique *n., adj.* periodical

permis *m.* **de conduire** driver's license

persifleur (persifleuse) *n.* mocker; *adj.* mocking

persil *m.* parsley

personne *pr.indéf.* no one

pesant(e) *adj.* heavy

peser *v.tr., v.intr.* to weigh

pétard *m.* bomb

petite-fille *f.* granddaughter

petit-fils *m.* grandson

peur *f.* fear; **avoir peur (de)** to be afraid (of)

phallocrate *m.* male chauvinist

phare *m.* lighthouse

pièce *f.* (*de théâtre*) play

pied *m.* foot; **à pied** on foot

piège *m.* trap

piéton(ne) *n.* pedestrian; **rue piétonne** (*ou* **piétonnière**) pedestrian precinct

pilule *f.* pill

piquant *m.* quill, spine, prickle, barb

piqué(e) *adj.* annoyed

piquer *v.tr.* to sting; to stab at

piqûre *f.* insect bite; injection

pire *adv.* worse

placard *m.* closet

plaindre *v.tr.* to pity, to feel sorry for; **se plain-dre** to complain, to grumble

plaire à *v.tr.* to please

plaisanter *v.intr.* to jest, to joke

plaisir *m.* pleasure

plan *m.* plane, level; **au second plan** of secondary importance

planche *f.* board, plank; **planche à voile** wind surfboard

plancher *m.* floor

planer *v.intr.* to glide, to soar, to hover; to be lost in a dream world

planifier *v.tr.* to plan

plat *m.* dish; **servir un plat chaud** to serve a hot dish

plat(e) *adj.* flat; boring

plein(e) *adj.* full; **en plein hiver** in the middle of winter

pleurer *v.intr.* to cry

pleurnicher *v.intr.* to whine

pli *m.* fold, pleat, crease

plier *v.tr.* to bend, to fold; **plier baggage** to pack up and go

plissement *m.* creasing, folding

plisser *v.tr.* to pleat (*jupe*); to fold over, to crease

plomb *m.* (*métal*) lead

plonge *f.* (*fam.*) dishwashing; **faire la plonge** to be a dishwasher

plonger *v.intr.* to dive

plongeur (plongeuse) *n.* diver

plumer *v.tr.* to pluck

plupart *f.* most; **la plupart des gens accep-tent** most people accept (*verbe au pluriel*); **la plupart pense que** most (of them) think (*verbe au singulier*); **la plupart de mon temps** most of my time

plus de *adv.;* **plus d'excuses** no more excuses

plusieurs *pr.,adj.invar.* several

plutôt *adv.* rather, instead

pneu *m.* tire

poche *f.* pocket

poêle *m.* stove (for heating)

poêle *f.* frying pan

poids *m.* weight; **prendre (perdre) du poids** to gain (lose) weight

poignet *m.* wrist

poing *m.* fist

à point (*viande*) medium; **ne . . . point** not at all

pointe *f.* point; pointed remark

pointer *v.tr.* to point out, to show up

pointure *f.* size (*chaussure*)

poisson *m.* fish; **Poissons** (*astrol.*) Pisces

poivre *m.* pepper; **poivrer** *v.tr.* to pepper

poli(e) *adj.*   polite; polished

polir *v.tr.*   to polish

pompon *m.*   tassle; **avoir** (*ou* **tenir**) **le pompon**   to take the cake; **c'est le pompon**   that's the limit, that beats everything

pondre *v.tr.*   (*œufs*) to lay

porter *v.tr.*   to wear, carry; **porter un jugement sur**   to make a judgment concerning

poser *v.tr.*   to place; to ask (*une question*); **poser un lapin à qqn.**   to stand someone up

poteau *m.*   pole

pou *m.pl.* **poux**   louse, *pl.* lice

poubelle *f.*   garbage pail

poudre *f.*   powder

poulain *m.*   foal

pourboire *m.*   tip

pourrir *v.intr.*   to rot

poursuite *f.*   pursuit; prosecution

poursuivre *v.tr.*   to pursue (*un ennemi, un animal*); to strive for (*un idéal, un réve*); to prosecute (*un criminel*)

pousser *v.tr.*   to push; **pousser un cri**   to let out a cry; *v.intr.*   to grow

poussière *f.*   dust

poussin *m.*   chick

pré *m.*   meadow

préciser *v.tr.*   to specify

préjugé *m.;* **avoir des préjugés**   to be prejudiced

prendre *v.tr.*   to take, to have; **prendre le déjeuner à midi**   to have lunch at noon; **s'y prendre**   to set about doing it; **s'y prendre bien (mal) pour faire qqch.**   to set about doing something in the right (wrong) way

prescrire *v.tr.*   to prescribe, to stipulate

pressé(e) *adj.*   rushed, in a hurry

pressentir *v.tr.*   to sense, to have a foreboding of

preuve *f.*   proof

prévenir *v.tr.*   to warn, to let know

prévoir *v.tr.*   to foresee, to anticipate

prévoyance *f.*   foresight

primesautier (primesautière) *adj.*   impulsive

priser *v.tr.*   to value, to prize

priver *v.tr.*   to deprive; **privé(e) de**   deprived of

prix *m.*   prize; price; **à prix modique**   at a moderate price; **à tout prix**   whatever it may cost

procédé *m.*   process

processus *m.*   process

prochain(e) *adj.*   next; **la semaine prochaine**   next week; **la prochaine fois**   next time

proche *adj.*   near, at hand; **dans un proche avenir**   in the near future; **proche de la ville**   near the town

procurer *v.tr.*   to get, obtain; **se procurer**   to get for oneself, to buy

prodigue *adj.*   extravagant, wasteful, prodigal

proie *f.*   prey; **être en proie à la douleur**   to be racked with pain

se propager *v.pron.*   to spread (*nouvelle, idée, théorie*)

propos *m.*   remarks, words

proposition *f.*   (*gram*) clause

propreté *f.*   cleanliness

prosateur *m.*   prose writer

prouesse *f.*   feat; **faire des prouesses pour convaincre qn**   to work minor miracles, to stand on one's head to convince someone

prune *f.*   plum

pruneau *m.*   prune

puer *v.intr.*   to stink

puis *adv.*   then

puiser *v.tr.*   to draw, to take

Q

quant à *adv.*   as for, as to, regarding; **quant à moi**   as for me

quel(le) *adj.*   what; **quelle heure est-il?**   what time is it?; **quel que soit**   whatever be

quelqu'un *pr.indéf.*   someone

queue *f.*   line; tail

qui que + *subj.*   whomever

quoi que + *subj.*   whatever; **quoi qu'il en soit**   be that as it may

quoique *conj.*   although

quotidien(ne) *n.adj.*   daily (*journal, expérience*)

R

rabâcher *v.tr.* to harp on, to keep repeating, to go over and over

rabattre *v.tr.* to knock down

raccommoder *v.tr.* to mend, to repair

raccourcir *v.tr.* to shorten

racé(e) *adj.* thoroughbred, purebred, of natural distinction

raconter *v.tr.* to tell

radis *m.* radish

raffoler de *v.tr.* to adore, to be wild about

ralentir *v.intr.* to slow down

ralentissement *m.* slowing down

ramasser *v.tr.* to gather up

ramener *v.tr.* to take (someone) back; **il va me ramener après le concert** he is going to take me home after the concert

rampe *f.* (*théâtre*) footlights

ramper *v.intr.* to crawl, to creep, to slither

rancune *f.* rancor, grudge; **garder rancune à** to hold a grudge against

randonnée *f.* hike; **ski de randonnée** cross-country skiing

rang *m.* rank, row

ranger *v.tr.* to tidy up

rapprocher *v.tr.* to bring closer, nearer

raquette *f.* snowshoe; **faire de la raquette** to go snowshoeing

se raser *v.pron.* to shave

rassassié(e) *adj.* satiated, full (*après avoir mangé*)

rater *v.tr.* to misfire, to fail, to mess up, to miss

ravi(e) *adj.* delighted

rayer *v.tr.* to cross out

rayon *m.* (*lumière*) ray

réagir *v.intr.* to react

se rebiffer *v.pron.* to revolt, to rebel

au rebours *m.* the other way around, contrariwise

récépissé *m.* receipt

recette *f.* recipe, formula

recevoir *v.tr.* to receive

récif *m.* reef

récit *m.* narrative, account, story

réclame *f.* advertisement; **en réclame** on sale, marked down

réclamer *v.tr.* to call for, to demand

récolter *v.tr.* to harvest

réconforter *v.tr.* to comfort

recueil *m.* anthology

recueillir *v.tr.* to gather

rédiger *v.tr.* to compose (*lettre, essai*), to write up

redoubler *v.tr.* (*scol.*) [*une classe*] to repeat a grade

redoutable *adj.* fearsome, fearful

redressement *m.* putting right, recovery

réfléchir *v.intr.* to reflect upon

refoulé(e) *adj.* repressed

refoulement *m.* repression

refouler *v.tr.* to repress; **se refouler** to repress oneself

régime *m.* (*pol.*) system (of government)

règle *f.* rule

régler *v.tr.* to settle (*un problème, la note, ses dettes, un compte*)

régner *v.intr.* to reign

regonfler *v.tr.* to reinflate (*pneu*)

rejeter *v.tr.* to reject

réjouir (se) *v.pron.* to rejoice

rembourser *v.tr.* to reimburse

remords *m.* remorse

remplir *v.tr.* to fill (*verre*); to fulfill (*obligation*)

remuer *v.tr.* to move, to stir

rémunéré,e *adj.* remunerated, paid

rendre *v.tr.* to make, to render; to return; **tu me rends heureux** you make me happy; **rends tes livres** return your books; **se rendre compte de** to realize; **rendre visite à qqn.** to visit someone; **rendre service à qqn.** to do someone a favor

renfermer *v.tr.* to contain, to hold

renforcer *v.tr.* to reinforce

se renfrogner *v.pron.* to scowl, to put on a sour face

renne *m.* reindeer

renommé(e) *adj.* renowned, famous

renseignement *m.* information

renseigner *v.tr.* to inform; **se renseigner** to inform oneself

rentabiliser *v.tr.* to make profitable

rentrée *f.* start of a new school year

rentrer *v.intr.* to go back, to return (*chez soi*)

renvoyer *v.tr.* to send back, to send away, to dismiss

repartie *f.* retort, repartée

repas *m.* meal

repasser *v.tr.* to iron

repentir *m.* repentance, regret

se repentir de *v.pron.* to be sorry for, to regret

repérable *adj.* which can be spotted

repérer *v.tr.* to pick out, to spot

repos *m.* rest, peace of mind, peace and quiet

repu(e) *adj.* full (*après avoir mangé*)

réseau *m.* network

résolu(e) *adj.* resolved

résoudre *v.tr.* to resolve

ressentir *v.tr.* to feel

résonner *v.intr.* to resonate

ressortir *v.tr.* to stand out; **faire ressortir** to make something stand out, to bring out

ressortissant(e) *n.* national, citizen

résultat *m.* result

retenir *v.tr.* to retain, to reserve; **retenir une place au théâtre** to reserve a theater seat

retentir *v.intr.* to ring out, to echo

retouche *f.* touch-up, alteration

retraite *f.* retirement

retraité(e) *n.* retired person

retrouvailles *f.pl.* reunion

réussir *v.intr.* to succeed; **réussir à un examen** to pass a test

réussite *f.* success

revanche *f.* revenge; **en revanche** on the other hand

rêve *m.* dream

revêche *adj.* surly, foul-tempered

réveille-matin *m.* alarm clock

réveiller *v.tr.* to wake up

réveillon *m.* night before; **le réveillon du jour de l'an** New Year's Eve

revendiquer *v.tr.* to claim (*un droit*)

rêver *v.intr.* to dream

réviser *v.tr.* to review

révision *f.* review

revoir *v.tr.* to see again, to have another look at, to revise

revue *f.* magazine

rhume *m.* cold

ricaner *v.intr.* to snigger, to giggle

ridé(e) *adj.* wrinkled

rideau *m.* curtain

rien *pr. indéf.* nothing; **rien n'est arrivé** nothing happened

rigoler *v.intr.* (*fam.*) to laugh

de rigueur *adj.* obligatory

rincer *v.tr.* to rinse

rire *v.intr.* to laugh

riz *m.* rice

robinet *m.* faucet

rôder *v.tr.* to lurk, to prowl about

rôdeur (rôdeuse) *n.* prowler

roman *m.* novel

romancier (romancière) *n.* novelist

rompre *v.tr.* to rupture, to break

ronfler *v.intr.* to snore

ronronnement *m.* purring, whirring

ronronner *v.intr.* to purr, to whir

rosée *f.* dew

rosier *m.* rosebush

rosserie *f.* nastiness, horridness

rôtie *f.* roast; toast (*Québec*)

roue *f.* wheel; **La roue de la Fortune** the wheel of fortune

rouge *m.* **à lèvres** lipstick

rougir *v.intr.* to blush

rouillé,e *adj.* rusty

rouleau *m.* roll, cylinder, roller; **rouleau à pâtisserie** rolling pin

royaume *m.* kingdom, realm

rubrique *f.* heading, rubric

rugir *v.intr.* to roar

ruse *f.* craftiness, cunning, trickery

S

sable *m.* sand

saignant(e) *adj.* bloody; (*viande*) rare

sain(e) *adj.*   healthy

saisir *v.tr.*   to grasp, to understand

salaud *m.*   (*pop.*) swine, bastard

sale *adj.*   dirty

salé(e) *adj.*   salty

sang *m.*   blood

sanglant(e) *adj.*   bloody

sangle *f.*   strap

sanglot *m.*   sob

sanguin(e) *n.*   optimist; *adj.*   optimistic

sans *prép.*   without

santé *f.*   health

saoul(e) *ou* **soûl(e)** *adj.*   drunk

sapin *m.*   pine tree

saucisse *f.*   sausage

sauf *prép.*   except, but, save; **tout le monde sauf lui**   everyone except him

saule *m.*   willow; **saule pleureur**   weeping willow

sauter *v.tr.*   to jump

sauvegarder *v.tr.*   to safeguard

sauver *v.tr.*   to rescue, to save, to redeem; **sauver la vie à qqn.**   to save someone's life; **se sauver**   to run away (**de** from), to be off

savant(e) *n.*   scientist, scholar; *adj.*   learned, scholarly

savate *f.*   worn-out old slipper

savon *m.*   soap

sceptique *adj.*   skeptical

schéma *m.*   outline, sketch, diagram

scier *v.tr.*   to saw

scintillement *m.*   sparkling, twinkling, glittering

scolopendre *f.*   centipede

scruter *v.tr.*   to scrutinize

seau *m.pl.* **seaux**   pail

sec (sèche) *adj.*   dry

sèche-linge *m.*   clothes dryer

sécher *v.tr.*   to dry; **sécher un cours**   to cut a class

secouer *v.tr.*   to shake

secours *m.*   help; **au secours!**   help!

secousse *f.*   jolt, shock, jerk

séduire *v.tr.*   to seduce

sein *m.*   breast, bosom; **au sein de**   in the midst of

séjour *m.*   stay, sojourn; **faire un séjour d'une semaine à Paris**   to stay a week in Paris

selon *prép.*   according to

semblable *adj.*   similar

sembler *v.impers.*   to seem; **il semble que tu sois fatigué**   it seems that you are tired, you seem to be tired

semer *v.tr.*   to strew, to sow, to scatter

sens *m.*   meaning; direction

sensibilité *f.*   feelings, emotions, sensitivity

sentier *m.*   path; **sentiers battus**   trodden paths

sentir *v.tr.*   to feel, to smell

sermonner *v.tr.*   to give a lecture, a talking to

serpent *m.*   snake

serré(e) *adj.*   tight, tightly packed

serrer *v.tr.*   to press; **il m'a serré dans ses bras**   he hugged me

servir *v.tr.*   to serve

seuil *m.*   threshold, doorstep

sève *f.*   sap; vigor

si . . . que + *subj.*   no matter how; **si étrange qu'il paraisse**   no matter how strange he seems

SIDA *m.*   AIDS

siècle *m.*   century

siège *m.*   seat, place, headquarters

siffler *v.intr., v.tr.*   to whistle

sillon *m.*   furrow

sitôt *adv.*   so soon

ski *m.* **alpine**   downhill skiing; **ski nordique**   cross-country skiing

slip *m.*   underpants

soigner *v.tr.*   to take care of

soin *m.*   care; **avec soin**   carefully

sol *m.*   ground

sommeil *m.*   sleep; **avoir sommeil**   to be sleepy

sommet *m.*   summit, top

sondage *m.*   poll

sonder *v.tr.*   to poll, to take a poll

sonner *v.tr.*   to ring

sonnerie *f.*   ringing
sot(te) *adj.*   stupid
sottise *f.*   stupidity
sou *m.*   cent; **ne pas avoir le sou**   not to have a cent
souci *m.*   worry; **se faire du souci (des soucis)**   to worry; **vivre sans soucis**   to live carefree; **soucis d'argent**   money problems; **se soucier de** *v.pron.*   to care about, to show concern for
soudain(e) *adj.*   sudden; *adv.*   suddenly, all of a sudden
souffle *m.*   breath
souffrir *v.*   to suffer
souhait *m.*   wish; **à souhait**   as much as desired
souhaiter *v.tr.*   to hope for, to wish
soulager *v.tr.*   to relieve, to soothe
soulever *v.tr.*   to lift up
souligner *v.tr.*   to underline
soumettre *v.tr.*   to subject, to subjugate; **se soumettre**   to submit
soupçonner *v.tr.*   to suspect
soupe *f.* **au lait**   person who flies off the handle easily
soupir *m.*   sigh
soupirer *v.intr.*   to sigh
souple *adj.*   flexible, supple
sourcil *m.*   eyebrow
sourd(e) *adj.*   deaf
soutenir *v.tr.*   to sustain, to hold; **soutenir une thèse**   to defend a thesis
soutien-gorge *m.*   bra
souvenir (se) *v.pron.*   to remember
stage *m.*   training period
standardiste *n.*   telephone operator
statut *m.*   status, place in society
store *m.*   shade, awning, blind
subir *v.tr.*   to be subjected to, to undergo, to suffer
substantif *m.*   noun
se succéder *v.pron.*   to follow one another, to succeed each other
sucer *v.tr.*   to suck

sueur *f.*   sweat
suffire *v.intr.*   to be enough, to be sufficient, to suffice; **ça suffit!**   that's enough!; **il suffit de s'inscrire pour devenir étudiant**   enrolling is all it takes to become a student
suif *m.*   tallow
suite *f.*   continuation, what comes next
suivant(e) *adj.*   following
suivre *v.tr.*   to follow; **suivre un cours**   to take a course
surgir *v.intr.*   to spring up, to arise suddenly, to loom up
surmonter *v.tr.*   to overcome
supporter *v.tr.*   to tolerate
surplis *m.*   (*liturg.*) surplice
surprenant(e) *adj.*   surprising
surprendre *v.tr.*   to surprise
sursaut *m.*   start, jump
surtout *adv.*   especially
surveiller *v.tr.*   to watch, to keep an eye on
susceptible *adj.*   sensitive, touchy

T

tableau *m.*   picture, board, chart, table; **tableau d'affichage**   notice board; **tableau d'honneur**   list of merit
tâche *f.*   task
tâcher de *v.intr.*   to try to
taille *f.*   height, size; **homme de taille moyenne**   man of average height; **la taille 42**   size 42
tailler *v.tr.*   to cut, to trim, to carve, to slice
se taire *v.pron.*   to be silent
talon *m.*   heel
tandis que *conj.*   while, whereas
tant *adv.*   so much; **tant pis**   too bad; **tant mieux**   so much the better; **tant bien que mal**   as well as can be expected
tantôt *adv.*   soon; a little while ago; **tantôt à pied, tantôt en voiture**   sometimes on foot, sometimes by car

taper *v.tr.* to hit, to rap, to tap; to typewrite; **taper sur les nerfs** to make nervous, to exasperate

taquiner *v.tr.* to tease

tarder *v.intr.* to delay (starting), put off

tas *m.* heap, pile

tassé(e) *adj.* packed, filled, copious

tâter *v.tr.* to feel, touch, grope

taureau *m.* bull; **Taureau** (*astron.*) Taurus

taux *m.* rate; **taux d'échange** exchange rate

teindre *v.tr.* to dye

tel(le) *adj.* such, like; **une telle réponse** such an answer; **tel père, tel fils** like father, like son

téléobjectif *m.* long-range lens

témoignage *m.* testimony

témoigner *v.intr.* to testify; to show, to display

témoin *m.* witness

temps *m.* weather; time; **de temps en temps, de temps à autre** from time to time; **plein temps** full-time; **mi-temps** half-time; **temps partiel** part-time; **à temps** in time

tendre *v.tr.* to hang; **tendre une tapisserie** to hang a tapestry; **tendre un piège** to set a trap

ténèbres *f.pl.* shadows, darkness

tenir *v.tr.* to hold; **tenir à** to value, to care about; **tenir en respect** to hold at a distance; **tenir compte de** to deal with, to reckon with; **tenir bon** to hold fast, to resist

tentative *f.* attempt

tenter *v.tr.* to attempt

tenture *f.* wall hanging, curtain

ténu(e) *adj.* tenuous, thin, flimsy, subtle

tenue *f.* way of dressing, dress, outfit

terme *m.* end, time limit, term

terminaison *f.* ending

ternir *v.tr.* to tarnish

terrassé(e) *adj.* overcome, floored, brought down (*de fatigue, d'émotion*)

Terre-Neuve *f.* New Foundland

têtu(e) *adj.* stubborn

tiède *adj.* lukewarm, tepid

tiers *m.* third

timbre *m.* stamp

timoré,e *adj.* timorous, fearful, timid

tinter *v.intr.* to tinkle

tiré(e) *adj.* taken, drawn

tirer *v.tr.* to pull

tiroir *m.* drawer

tissé,e *adj.* woven

tissu *m.* fabric

titre *m.* title; **à titre d'exemple** as an example

tituber *v.intr.* to stagger

toile *f.* canvas; piece of cloth

toit *m.* roof

tonalité *f.* (*téléphone*) dial tone

tondre *v.tr.* (*mouton*) to shear; (*gazon*) to mow

tonnerre *m.* thunder

toque *f.* chef's hat

torchon *m.* rag

tordre *v.tr.* to twist

tordu(e) *adj.* twisted

tôt *adv.* early; **tôt ou tard** sooner or later

touche *f.* key (on a keyboard)

tour *m.* turn; trip, outing; **faire le tour du parc** to go around the park; **faire un tour** to take a walk

tour *f.* tower

tournant *m.* turning point

tournure *f.* turn

tourtière *f.* pie tin, pie dish, pie plate

tout(e) (*pl.* **tous, toutes**) *pr.,adj.,adv.* all; **il a plu toute la nuit** it rained all night; **tous les lundis** every Monday; **il a tout fait** he did everything; **tout épuisé** completely exhausted; **tout à coup** abruptly, all of a sudden; **tout à l'heure** in a little while, a little while ago; **tout à fait** completely; **tout de même** nevertheless, even so; **tout de suite** immediately; **tout le temps** always; **à tout jamais** forever after; **à tout prendre** all things considered; **en tout cas** in any case; **tout compte fait** all things considered

traîneau *m.* sled

traire *v.tr.* to milk

trait *m.* aspect

trajet *m.* journey, distance, route

trame *f.* framework, web, texture

tranche *f.* slice

trancher *v.tr.* to slice, to cut; to conclude; to settle, to decide (*question, difficulté*); **trancher sur** to contrast strongly against; **dimanche tranche sur une semaine agitée** Sunday forms a sharp contrast to a busy week

à travers *prép.* through

trempe *f.* type, caliber

tremper *v.tr.* to dip, to dunk, to soak

trépied *m.* tripod

trépigner *v.intr.* to stamp one's feet with impatience/enthusiasm

trève *f.* truce

tri *m.* selection, sorting

tribu *f.* tribe

tricher *v.intr.* to cheat

trictrac *m.* backgammon

tromper *v.tr.* to deceive; **se tromper** to be wrong

troquer *v.tr.* to trade

trottoir *m.* sidewalk

trou *m.* hole

troupeau *m.* herd, drove, flock

trousser *v.tr.* to tuck up; to truss (*culin.*); to goose (*fam.*)

truffe *f.* truffle

truie *f.* sow

tuer *v.tr.* to kill

turbin *m.* (*fam.*) work

tympan *m.* eardrum

U

usine *f.* factory

usure *f.* wearing away, wear and tear

utile *adj.* useful

V

vacarme *m.* racket, din

vague *m.* vagueness; *adj.* vague

vague *f.* wave

vaincre *v.tr.* to conquer

vaincu(e) *n.,adj.* conquered

vainqueur *m.* conqueror, victor

vaisseau *m.* ship, vessel

vaisselle *f.* dishes; **faire la vaisselle** to wash the dishes

valable *adj.* valid, legitimate

valoir *v.intr.* to be worth; **il vaut mieux** it is better to

vanter *v.tr.* to speak highly of, to praise; **se vanter** to boast, to brag

veau *m.* calf; veal

veille *f.* night before

veillée *f.* vigil

veiller *v.intr.* to stay up, to sit up, to watch over

veilleur *m.* night watchman

velléité *f.* vague impulse, desire

venir *v.intr.* to come; **en venir à** to arrive at, to reach, to come to; **où voulez-vous en venir?** what are you getting at?; **venir de** to have just; **il vient de me parler** he just spoke to me

ventre *m.* belly

vérité *f.* truth

verrat *m.* boar

vers *m.* line of poetry

Verseau *m.* (*astron.*) Aquarius

verser *v.tr.* to pour

vertige *m.* vertigo, dizziness

se vêtir *v.pron.* to dress oneself

vêtu(e) *adj.* dressed

veuf (veuve) *n.* widower (widow)

vide *m.* emptiness, space, vacuum; *adj.* empty

vierge *f.* virgin; **Vierge** (*astron.*) Virgo

vif (vive) *adj.* vivacious, lively

viré,e *adj.* expulsed, kicked out

virer *v.intr.* to turn

virgule *f.* comma

visage *m.* face

viser *v.tr.* to aim at

vitesse *f.* speed

vitrail *m.* stained-glass window

vitre *f.* pane (*fenêtre*)

vœu *m.*   wish; **meilleurs vœux**   best wishes
voie *f.*   way, road
voile *m.*   veil
voile *f.*   sail; **faire de la voile**   to go sailing
voilier *m.*   sailboat
voire *adv.*   indeed
voisin(e) *n.*   neighbor
voisinage *m.*   neighborhood
voix *f.*   voice
vol *m.*   flight
volage *adj.*   inconstant, fickle, flighty
volaille *f.*   fowl
volant *m.*   steering wheel

volonté *f.*   will, willpower
volontiers *adv.*   willingly, gladly, with pleasure
vouloir *v.tr.*   to want, desire; **en vouloir à qn**   to have a grudge against someone, to hold something against someone
voûte *f.*   (*archit.*) vault
voyelle *f.*   vowel
vrai,e *adj.*   true

Z

zèle *m.*   zeal

INDEX